Alev Tekinay

GÜNAYDIN
Einführung in die moderne türkische Sprache

Teil 1

Alev Tekinay

GÜNAYDIN

Einführung in die moderne türkische Sprache

unter Mitwirkung von Osman Tekinay

Teil 1

Ein Lehrgang mit vielen Illustrationen, Karikaturen,
Gedichten, Anekdoten und Liedern

2., erweiterte und verbesserte Auflage

Dr. Ludwig Reichert Verlag · Wiesbaden

Die Deutsche Bibliothek - CIP-Einheitsaufnahme

Ein Titeldatensatz für diese Publikation ist bei
Der Deutschen Bibliothek erhältlich

© 2002 Dr. Ludwig Reichert Verlag Wiesbaden
2., erweiterte und verbesserte Auflage
ISBN 13: 978-3-89500-275-5
Das Werk einschließlich aller seiner Teile ist urheberrechtlich geschützt.
Jede Verwertung außerhalb der engen Grenzen des Urheberrechtsgesetzes
ist ohne Zustimmung des Verlages unzulässig und strafbar.
Das gilt insbesondere für Vervielfältigungen, Übersetzungen, Mikroverfilmungen
und die Einspeicherung und Verarbeitung in elektronischen Systemen

Inhaltsverzeichnis

Liste der Abkürzungen / Abbildungsnachweis XIV

Grammatikalische Termini XV

Zum Aufbau des Lehrgangs GÜNAYDIN XXIX

Einführungslektion XXXI

Lektion 1: Merhaba, Nasılsın? (Hallo, wie geht's?) 1

Grammatik:

1. Entsprechung für das Hilfsverb ‚sein' (3. Pers. Singular) und der Fragesatz; Fragewörter: ne, kim
2. bu-şu-o als Subjekt- und Demonstrativpronomen
3. Die Fragepartikel ‚mi'
4. Bejahung und Verneinung
5. Der Plural
6. Gruß und Abschied

Sprechsituationen:

1. Fragen nach Sachen und Personen, Benennung von Sachen und Personen
2. Begrüßen und Verabschieden

Lektion 2: Adım Arzu Ersoy (Mein Name ist Arzu Ersoy) 15

Grammatik:

1. (Selbst-)Vorstellung
2. Personalpronomen
3. Entsprechung für das Hilfsverb ‚sein' (alle Personen)
4. Das Fragewort ‚nereli'; die Wortbildungsendung ‚-li'
5. Die Partikel ‚de' (= auch)
6. Die Frage „... ne demek' (was heißt ...)
7. Anredetitel; Anwendung der Anredeformen ‚du' und ‚Sie'

Sprechsituationen:

1. Selbstvorstellung
2. Angaben zu anderen Personen erfragen
3. Angaben zur eigenen Person und zu anderen Personen machen

Zusatzmaterial:

Landkarte der Türkei

Lektion 3: Sende Kitap Var mı? (Hast du ein Buch?) 39

Grammatik:

1. Der Lokativ (Fragewörter: nerede, kimde)
2. Grundzahlen
3. Das Alter
4. Noch einmal zum Plural (Fragewörter: kaç, kaç tane)
5. Die Strukturwörter ‚var' und ‚yok'
6. Eine Wiedergabemöglichkeit für das Hilfsverb ‚haben'

Sprechsituationen:

1. Den Standort von Sachen und Personen erfragen und angeben
2. Angaben zur eigenen Person und zu anderen Personen mit dem Alter erweitern
3. Besitzverhältnisse ausdrücken

Aufbauwortschatz:

Entsprechungen für ‚Entschuldigung' und ‚bitte'

Lektion 4: Peter Türkçe Öğreniyor (Peter lernt Türkisch) 59

Grammatik:

1. Das bestimmte Präsens
2. Der unbestimmte Akkusativ
3. Stellung der Fragepartikel
4. Nationalitäten und Sprachenbezeichnungen; die Wortbildungsendung ‚-ce'
5. Übersicht über die Verneinung im Türkischen

Sprechsituationen:

1. Gegenwärtige Handlungen beschreiben
2. Angaben zur eigenen Person und zu anderen Personen mit dem Wohn- und Arbeitsort und gegebenenfalls mit dem Studienfach ergänzen

Zusatzmaterial:

Gruppenbild mit StudentInnen von einem Türkischkurs mit verschiedenen Nationalitäten

Lektion 5: Gönül Hanım Bakkaldan Alışveriş Ediyor (Frau Gönül kauft beim Lebensmittelhändler ein) 85

Grammatik:

1. Der Ablativ (Fragewörter im Ablativ: nereden; kimden)
2. Gewichte und Währung
3. yarım - buçuk (= halb)

4. Die Fragewörter ‚kaç tane - ne kadar' und Übersicht über die Fragewörter, die bis zur
5. Lektion gelernt wurden
5. Adjektiv und Adverb
6. Postpositionen mit dem Ablativ (başka, beri, itibaren, önce, sonra)
7. Konstruktionen mit dem Ablativ und Ablativ als Wortbildungsendung (‚-den')

Sprechsituationen:

1. Lokale und temporale Angaben machen
2. Sachen beschreiben
3. Lebensmittel einkaufen

Aufbauwortschatz:

1. Maßeinheiten
2. Lebensmittel und Getränke
3. Essen und Trinken

Lektion 6: Nereye Gidiyorsun? (Wohin gehst du?) **105**

Grammatik:

1. Der Dativ (Fragewörter: nereye; kime)
2. Die Postpositionen ‚için' und ‚ile'
3. Entsprechung für ‚brauchen'
4. neden - çünkü (warum - weil); Bindewort ‚çünkü'
5. Entsprechung für das Modalverb ‚wollen'
6. Der Imperativ
7. Adverbien mit ‚-le'

Sprechsituationen:

1. Richtung angeben
2. Bedürfnisse ausdrücken
3. Fragen stellen und Gründe angeben
4. Befehle erteilen
5. bei der Post

Aufbauwortschatz:

Post und Bank

Zusatzmaterial:

1. eine türkische Telefonkarte
2. Istanbuler U-Bahn vor und nach dem Bau
3. Bild mit Schattenspielfiguren aus ‚Karagöz und Hacivat'

Lektion 7: Hangi Kazağı Beğeniyorsun? (Welcher Pulli gefällt dir?) 127

Grammatik:

1. Der bestimmte Akkusativ (Fragewörter: neyi; kimi; nereyi)
2. Vergleich und Steigerung von Adjektiven (Komparativ und Superlativ)
3. Die Postpositionen ‚gibi' und ‚kadar'
4. ‚hangi' (welcher, welche, welches) und ‚nasıl bir' (was für ein/e)
5. Der Optativ (nur die 3. Person im Singular und Plural; vgl. auch Lektion 15!)
6. Noch einmal zum Imperativ
7. Wortbildungsendungen ‚-li' und ‚-siz' (mit - ohne)
8. ‚veya' und ‚yoksa' (oder)

Sprechsituationen

1. Personen und Sachen beschreiben und vergleichen
2. die persönliche Meinung ausdrücken
3. Einkaufen (Kleidung)

Aufbauwortschatz:

Kleidungsstücke

Zusatzmaterial:

Speise- und Getränkekarte von einem türkischen Café

Lektion 8: Saat Kaçta İstanbul'a Tren Var? (Um wieviel Uhr gibt es einen Zug nach Istanbul?) 151

Grammatik:

1. Die Uhrzeit (Fragewörter: saat kaç, saat kaçta; ne kadar)
2. Tageszeiten, Kalender und Datumsangabe
3. Wortbildungsendungen, die Zeit - adverbien und -adjektive ableiten: ‚-dir', ‚-leyin', ‚-ki', ‚-ce'
4. Postpositionen: ‚kadar', ‚doğru', ‚sularında'

Sprechsituationen:

1. Zeitdauer erfragen und angeben
2. Das Datum angeben
3. Den Tagesablauf berichten
4. Fahrpläne verstehen und beschreiben

Aufbauwortschatz:

1. Die Uhr
2. Wochentage, Monate, Jahreszeiten

Zusatzmaterial:

1. Türkischer Kalender
2. Zugfahrplan

Lektion 9: Sinan'ın Ailesi (Sinan's Familie) 173

Grammatik:

1. Possessivpronomen und -endungen
2. Entsprechung für das Hilfsverb ‚haben'
3. Der bestimmte Genitiv; Entsprechung für ‚gehören' (Fragewort: kimin); die Genitivverbindung
4. Deklination der Possessiv- und Genitivverbindungen; der Füllkonsonant ‚n'
5. Noch einmal zu ‚için', ‚ile' ‚gibi' und ‚kadar'
6. Übersicht über die Deklination im Türkischen; Besonderheiten der Deklination

Sprechsituationen:

1. Besitz und Verwandtschaftsverhältnisse ausdrücken
2. Telefonieren; Einladen; Geschenke aussuchen
3. Wohnung suchen

Aufbauwortschatz:

1. Verwandtschaftsbezeichnungen
2. Farben
3. Wendungen und Glückwünsche mit Possessivendungen

Zusatzmaterial:

1. Wohnungsannoncen
2. Foto von dem berühmten Popsänger Tarkan
3. Meerblick aus dem Fenster einer Wohnung in Cihangir

Lektion 10: Yolculuk Nasıl Geçti? (Wie war die Reise?).................... 207

Grammatik:

1. Die bestimmte Vergangenheit auf ‚-di'; Vergangenheitsbildung bei Vollverben und der Entsprechung für Hilfsverben
2. Das Wörtchen ‚hiç'
3. Angabe des Geburtsdatums
4. Die Funktionswörter ‚henüz', ‚daha', ‚hala', ‚çoktan', ‚bile', ‚artık'
5. ‚bütün' und ‚hepsi' (= ganz)
6. Wortbildungsendungen ‚-deki', ‚-cik', ‚-ceğiz'
7. Ordnungszahlen

Sprechsituationen:

1. Handlungen in Vergangenheit beschreiben
2. Brief und Bewerbung schreiben

Aufbauwortschatz:

1. Briefformeln
2. Wendungen in der Vergangenheit

Zusatzmaterial:

Ansichtskarten von
1. dem Überdachten Basar in Istanbul
2. Bursa
3. Konya
4. Antalya
5. einem Hamam, türkischen Badehaus, wie es früher ausgesehen hat

Lektion 11: Nereniz Ağrıyor? (Wo tut es Ihnen weh?) 234

Grammatik:

1. Lokalisierung der Schmerzen; Angabe der Krankheit
2. Deklination der Ortsadverbien ‚bura-',‚şura-',‚ora-'
3. ‚neresi' - ‚burası' - şurası' - orası'
4. Zusammengesetzte Wörter (der unbestimmte Genitiv) bzw. Wortbildung der Komposita
5. Himmelsrichtungen
6. Substantivierung des Adjektivs und Gebrauch in Genitivverbindungen
7. Verbformen mit Possessivendungen; Entsprechung für ‚brauchen'

Sprechsituationen:

1. Beim Arzt (Körperteile benennen; Schmerzen lokalisieren)
2. Landeskundliche Angaben zur Türkei machen (Lokalisierung der geographischen Regionen und Städte unter Benutzung der Himmelsrichtungen)
3. Immatrikulation
4. Gesuch und Lebenslauf schreiben

Aufbauwortschatz:

Körperteile; Gesundheit; Krankheit

Zusatzmaterial:

1. Landkarte der Türkei mit geographischen Regionen
2. Der menschliche Körper
3. Ansichtskarte mit ‚Kız Kulesi'

4. Ansichtskarte mit dem Topkapi Palast
5. Ansichtskarte mit der Süleyman-Moschee
6. Zeitungsausschnitte

**Lektion 12: Sen de Yazın Türkiye'ye Gidecek misin?
(Wirst du im Sommer auch in die Türkei fahren?)** 267

Grammatik:

1. Das Futur
2. Futurbildung bei der Entsprechung der Hilfsverben
3. Wortbildungsfunktion der Futurendung ‚-ecek'
4. Wichtige Ortsadverbien
5. Funktionswörter: ‚bile'/‚hatta'(sogar), ‚hem ... hem' (sowohl ... als auch), ‚ne ... ne' (weder noch), ‚ya ... ya' (entweder oder)
6. Das Hilfsverb ‚olmak'

Sprechsituationen:

1. Stadtverkehr und -besichtigung
2. Restaurant

Aufbauwortschatz:

1. Stadtverkehr und -besichtigung
2. Auto

Zusatzmaterial:

1. Stadtplan von Istanbul
2. Speisekarte eines türkischen Restaurants
3. Stadtführer von Istanbul (mit Sehenswürdigkeiten u.ä.)
4. Eintrittskarte fürs Museum

Lektion 13: Kahveyi Nasıl İçersiniz? (Wie trinken (oder ‚möchten') Sie (lieber) den Kaffee?) 298

Grammatik:

1. Der Aorist (das unbestimmte Präsens auf ‚-r');
2. Die höfliche Befehlsform
3. Die Endung ‚-dir' als Entsprechung für ‚ist' in besonderen Gebrauchssituationen/ die Synonymkonstruktion ‚olur'
4. ‚-mek için': Entsprechung für den Infinitivsatz mit ‚um ... zu'
5. Entsprechung für ‚nicht nur ... sondern auch'
6. Endungen an Zahlwörtern: ‚- er' (Distributivzahlen), ‚-z' (‚-ling')
7. Rechnen auf Türkisch
8. ‚böyle-şöyle-öyle'

Sprechsituationen:

1. Regelmäßige Handlungen beschreiben; Allgemeingültigkeit und Wahrscheinlichkeit ausdrücken
2. Höfliche Befehle erteilen
3. Besuch bei einer türkischen Familie; Unterhaltung über Wohnungseinrichtung und Freizeit
4. Reisen in der Türkei

Aufbauwortschatz:

Wendungen mit Aorist

Zusatzmaterial:

1. Lied: Ali Baba'nın Çiftliği (mit einer Tabelle von Tierlauten)
2. Fernsehprogramm
3. Filmplakate
4. Plakat vom türkischen Fremdenverkehrsamt
5. City-Info (Kulturkalender für Istanbul mit Theaterprogrammen usw.)

Lektion 14: Size Yardım Edebilirim (Ich kann Ihnen helfen) 327

Grammatik:

1. Entsprechung für die Modalverben ‚können' und ‚dürfen'; Möglichkeits- und Unmöglichkeitsform; Fähigkeitsform
2. Vergangenheit und Futur der Möglichkeits- und Unmöglichkeitsform
3. Funktionswörter ‚ancak', ‚yoksa', ‚nihayet'
4. Wortbildungsendungen ‚-ci', ‚-lik' (Berufe)
5. Beanstandungen
6. Pronomen mit Possessivendungen (Entsprechung für: ander-, manch-, meist-, einer - keiner - jemand - niemand - jeder - alle; alles - etwas - nichts; irgendein-; irgendwo; überall; der -, die -, dasselbe)

Sprechsituationen:

1. Möglichkeit, Unmöglichkeit und Fähigkeit ausdrücken
2. Verbotsschilder verstehen
3. Hotel, Zimmersuche, Anmeldung
4. Unterhaltung über Hobbys
5. Beanstandungen

Zusatzmaterial:

Verbotsschilder

Lektion 15: Vapura Yetişmemiz Gerek (Wir müssen das Schiff erreichen!) 355

Grammatik:

1. Notwendigkeitsform: Entsprechungen für das Modalverb ‚müssen' mit ‚gerek' (‚lazım'), ‚mecbur olmak', ‚zorunda olmak', (auch als eine Wiedergabemöglichkeit für ‚sollen') ,-meli/--malı'
2. Vergangenheit und Futur der Notwendigkeitsform
3. Gebrauch der Notwendigkeitsform bei der Entsprechung für Hilfsverben und als Ausdruck der Wahrscheinlichkeit
4. Der Optativ bzw. die "Wunsch-Befehlsform" (eine weitere Wiedergabemöglichkeit für das Modalverb ‚sollen')
5. Rektion der Verben und Entsprechung für den Infinitvsatz mit ‚zu'
6. Postpositionen ‚dolayı' (‚ötürü'), ‚yüzünden'; ‚yerine'; ‚rağmen' (‚karşın'); ‚sırasında'(‚esnasında')
7. Entsprechung für das unbestimmte Subjekt ‚man' bei der Notwendigkeitsform

Sprechsituationen:

1. Notwendigkeit ausdrücken
2. Intentionen, Wünsche und Befehle ausdrücken
3. Wetterbericht, Wetter- und Naturerscheinungen
4. Picknick

Aufbauwortschatz:

Wetter- und Naturerscheinungen

Zusatzmaterial:

1. Wetterbericht
2. Ansichtskarte von den Prinzeninseln

Grammatiktabellen 391

Sachregister 437

Inhaltsverzeichnis der Begleit-CDs 447

Liste der Abkürzungen

A.:	Der erste Abschnitt jeder Lektion, der Dialoge und Texte enthält
Altw.:	Altwort = das veraltete oder veraltende Synonym eines Wortes
B.:	Der zweite Abschnitt jeder Lektion, der die Übungen enthält
B/Ü:	Bilderübung
C.:	Der dritte Abschnitt jeder Lektion, der die Grammatikerklärungen enthält
D.:	Dialog
E.:	Einführungslektion
Neuw.:	Neuwort: Das neue Synonym eines Wortes
S:	Strukturen: die Grundformen der Grammatik, die in der betreffenden Lektion behandelt wird
S/Ü:	Sprechübung
T:	Text
T/D:	Text und Dialog
Ü:	Übung
W:	„Wörterkiste", die Wörterliste, der letzte Abschnitt in jeder Lektion
W 1.	Der erste Teil der ‚Wörterkiste', enthält Wörter und Wendungen aus Teil A und B und Beispielwörter aus Teil C in alphabetischer Reihenfolge
W 2:	Der zweite Teil der ‚Wörterkiste', enthält grammatische Termini aus Teil C
W 3:	Der dritte Teil der ‚Wörterkiste', enthält den Aufbauwortschatz, d. h. die zum Themenbereich der Lektion gehörenden, aber nicht in Lektionstexten aufgeführten Wörter (z. B. ‚Lebensmittel', ‚Kleidung', ‚Wetter' u. a.)
W 4:	Der letzte Teil der ‚Wörterkiste', enthält umgangssprachliche Wendungen, die die Formen der Lektionsgrammatik aufweisen
Z/M:	(authentisches) Zusatzmaterial, wie z. B. Kino- usw.- Programme, Ansichtskarten, Eintrittskarten u. ä.

Abbildungsnachweis

Zeichnungen von Michaela Wein; S. 240: Gudrun Schmidt.

Foto Petra Linscheid:
XVII; XVIII o; XX; XXI u; XXII m, u; XXIII o, u; XXIV; XXV; XXVI u; XXVII m, u; XXVIII o, u; XLIII; XLIV; 76 o; 85; 97; 164 m, u; 165 o, u; 292 u; 344 o, u; 345 o, u.

Foto Ara Güler:
98 (1954); 127 (1958).

Alle anderen Abbildungen, wenn nicht anders vermerkt: Alev Tekinay

Grammatikalische Termini

lateinische Bezeichnung — deutsche Bezeichnung

Substantiv, Nomen — **Hauptwort**
- Genus — grammatikalisches Geschlecht
- Maskulinum — männlich
- Femininum — weiblich
- Neutrum — sächlich

Numerus — **Zahl**
- Singular — Einzahl
- Plural — Mehrzahl

Artikel — **Geschlechtswort**
- bestimmter Artikel — bestimmtes Geschlechtswort
- unbestimmter Artikel — unbestimmtes Geschlechtswort

Pronomen — **Fürwort**
- Personalpronomen — persönliches Fürwort
- Reflexivpronomen — rückbezügliches Fürwort
- Possessivpronomen — besitzanzeigendes Fürwort
- Demonstrativpronomen — hinweisendes Fürwort
- Relativpronomen — bezügliches Fürwort
- Interrogativpronomen — Fragefürwort
- Indefinitpronomen — unbestimmtes Fürwort

Adjektiv — **Eigenschaftswort**
- Komparativ — 1. Steigerungsform
- Superlativ — 2. Steigerungsform

Numerale — **Zahlwort**
- Kardinalzahl — Grundzahl
- Ordinalzahl — Ordnungszahl

Verb — **Zeitwort**
- Vollverb — Zeitwort, das allein die Satzaussage bilden kann
- transitiv — Ein transitives Zeitwort kann eine direkte Ergänzung haben und kann auch die Leideform bilden
- intransitiv — Ein intransitives Zeitwort hat keine direkte Ergänzung und bildet höchstens eine unpersönliche Leideform
- Hilfsverb — Hilfszeitwort, das zur Bildung der zusammengesetzten Zeiten dient
- Modalverb — bestimmt die Art, wie sich ein anderes Geschehen oder Sein vollzieht

Adverb — **Umstandswort**
Präposition — **Verhältniswort**
Negation — **Verneinungswort**
Konjugation — **Bindewort**

Frau beim Börek-Backen

In den Dörfern wird das Brot noch im hauseigenen Ofen gebacken

Auslüften

Fischernetze

Holztablett eines Fischverkäufers

Der Hafen von Burgazada, einer der Prinzeninseln bei Istanbul

Vegetation auf Burgazada

Kalpazankaya, die ‚Geldfälscherfelsen': Ausflugsort auf Burgazada

Simit-Verkäufer mit typischem Verkaufswagen

Ein rollender Marktstand: alles, was der Haushalt braucht

Hühnermarkt

Cinaralti: Das Freilichtcafé ‚Unter der Platane' in Bayezid, dem Universitätsviertel von Istanbul

Markt für Tee- und sonstige Kochtöpfe

Büchermarkt in Bayezid, dem Universitätsviertel von Istanbul

Sattelmacher

Laden für Herstellung und Verkauf traditioneller Bettdecken

Verkaufswagen
für Nüsse

Hühnermarkt

Wassermelonenverkäufer

Auf dem Markt: Hausgemachter Käse und Halva

Auf dem Markt: Vielerlei Sorten Oliven

Knobi-Verkäufer

Kichererbsen,
Bohnen, Weizen,
Gries

Hof der Süleyman-
Moschee (Istanbul)

Die Bayezid-Moschee (Istanbul)

Küthaya-Fliese

Kütahya Fayansı

Osmanische Grabsteine

Ein Schuhputzer bei der Arbeit

Im Teehaus

Zum Aufbau des Lehrgangs GÜNAYDIN

Der Lehrgang GÜNAYDIN eignet sich sowohl für Gruppen- als auch für Selbstunterricht. Der vorliegende erste Band (Teil 1) beinhaltet eine ausführliche Einführungslektion mit wichtigen Informationen über die türkische Sprache und 15 Lektionen, die die Grund- und Mittelstufe der türkischen Grammatik und einen reichen Wortschatz vermitteln. In diesem Band finden Sie auch ausführliche Grammatiktabellen und ein umfangreiches Sachregister zum Nachschlagen. Darüber hinaus liegt ein Begleitheft vor, in dem Sie die Übersetzung aller Texte und Dialoge, den Schlüssel der Übungen und eine Gesamtwörterliste (über 2000 Wörter und Wendungen) finden.

Der komplette Türkisch-Lehrgang GÜNAYDIN umfaßt neben dem vorliegenden ersten Band auch einen zweiten Band (Teil 2). Während der erste Band nicht nur eine ausführliche Einführung in die moderne türkische Sprache, sondern auch eine feste Grundlage bildet, die zum Weiterlernen anregt, enthält der zweite Band die Oberstufe der türkischen Grammatik. Somit umfasst der Lehrgang GÜNAYDIN alle grammatischen Erscheinungsformen der türkischen Sprache in ihrer Vollständigkeit. Auch der zweite Band verfügt über ein Begleitheft mit der Übersetzung der Texte und Dialoge, dem Schlüssel der Übungen und einer Gesamtwörterliste.

Der dritte Band des Lehrgangs, ‚Teil 3. Türkische Texte. Lese- und Arbeitsbuch', bildet ein ergänzendes Unterrichtsmaterial für Anfänger und Fortgeschrittene. Das Lesebuch vermittelt nicht nur einen Überblick über die türkische Literatur mit ausgewählten Textbeispielen, sondern es enthält auch sachkundliche Texte. Karikaturen, Lieder, Bildgeschichten, Sprichwörter und Rätsel sind darüber hinaus über das ganze Buch verstreut.

Von GÜNAYDIN (Teil 1) liegen auch eine Audio-CD- und die Vokabellern-Software (SESATÜRK) vor, die den Lehrgang im Medienbereich ergänzen.

Zum Aufbau des vorliegenden Buches (Teil 1):

Jede Lektion besteht aus vier Teilen:

A. Dialog- und Textteil in türkischer Sprache

Dialoge und/oder Texte in türkischer Sprache stellen den grammatischen Stoff der betreffenden Lektion vor und dar. Sie spielen in konkreten Situationen des täglichen Lebens und vermitteln die lebendige türkische Umgangs- und Schriftsprache zusammen mit vielen landeskundlichen Informationen. Die grammatischen Formen werden zuerst in Minidialogen, ‚Strukturen' (Abkürzung S), gezeigt, dann in Form von längeren Dialogen (Abkürzung D) und/oder Texten (Abkürzung T; Abkürzung für Text und DialogT/D) vertieft. Die Texte, die meistens die Handlung der Dialoge zusammenfassend darstellen, eignen sich besonders für Nacherzählung und/oder Diktat.

In Teil A finden Sie auch manchmal Karikaturen, Lieder, Gedichte, Rätsel, Sprichwörter und Anekdoten, die die grammatischen Formen der betreffenden Lektionen enthalten.

B. Übungen (Abkürzung Ü)

Die vielfältigen Übungen vertiefen den grammatischen Stoff der Lektionen. Nach schriftlichen Übungen finden sich auch Sprech- und Bilderübungen (Abkürzung S/Ü, B/Ü).

C. Grammatische Erklärungen in deutscher Sprache mit methodischen Hinweisen

Die Grammatik ist sehr übersichtlich und meistens mit der deutschen Sprache vergleichend dargestellt. In manchen Lektionen ist Teil C durch einen Anhang ‚Grammatik zum Weiterlernen' erweitert, in dem grammatische Erscheinungsformen gezeigt werden, die in den Lektionstexten nicht oder nicht ausführlich dargestellt sind, aber in den Themenbereich der Lektion gehören.
Die Erklärungen zur Grammatik enthalten vorwiegend lateinische, aber teilweise auch deutsche Ausdrücke; im Sachregister sind beide aufgeführt (z. B.: Mehrzahl: s. Plural).

W. Wörter und Wendungen der betreffenden Lektion, ‚Wörterkiste' genannt

W 1 enthält Wörter und Wendungen aus Teil A. und B. und Beispielwörter aus Teil C. in alphabetischer Reihenfolge.
W 2 enthält grammatische Termini aus Teil C. In der 1. Lektion finden Sie unter W 2 auch die grammatischen Ausdrücke der Einführungslektion.
W 3 enthält den Aufbauwortschatz, d. h. die zum Themenbereich der Lektion gehörenden, aber nicht in Lektionstexten aufgeführten Wörter (z. B. Lebensmittel, Wetter; Kleidungsstücke usw.). Der Aufbauwortschatz ergänzt die Sprechsituationen jeder Lektion und regt zum selbständigen Weiterlernen an.
W 4 (Umgangssprachliches): umgangssprachliche Wendungen, die die Formen der Lektionsgrammatik enthalten.

Weitere Abkürzungen sind:
Altw.: Altwort (das veraltete oder veraltende Synonym eines Wortes)
E: Einführungslektion
Neuw.: Neuwort (das neue Synonym eines Wortes)
Z/M: Zusatzmaterial (meistens authentisch, wie z. B. Programme, Eintrittskarten, Ansichtskarten u. ä.)

Wegen der ständigen Inflation in der Türkei ändern sich die Preise sehr oft. Aus diesem Grund entfallen in den Dialogen von Lektion 5 bis 15 die Preisangaben.

Einführungslektion

1. Die Bedeutung des Türkischen

Türkisch ist die Muttersprache von ca. 3,5 Millionen Menschen in Westeuropa; über 2 Millionen davon leben in Deutschland. Als zweithäufigste Muttersprache ist das Türkische auf deutschem Gebiet eine wichtige Verkehrssprache geworden.
Darüber hinaus spielt das Türkische aufgrund seiner Struktur, die vom Indogermanischen stark abweicht, eine wichtige Rolle für die moderne vergleichende Sprachwissenschaft bzw. die Kontrastive Grammatik. Diese Bedeutung kommt am stärksten zum Ausdruck im Bereich der modernen Studiengänge wie Deutsch als Fremdsprache / Deutsch als Zweitsprache und Interkulturelle Germanistik.

2. Sprachraum, Sprachgruppe, Sprachgeschichte

Das Türkische ist die Staatssprache der Türkei (ca. 70 Mill. Einwohner). Da es die Amtssprache des Osmanischen Reiches war und deshalb bis zum Anfang des 20. Jahrhunderts in großen Teilen des Balkans und teilweise auch in einigen arabischen Ländern gesprochen wurde, wird es außerhalb der Türkei auch heute noch in manchen Gebieten der folgenden Länder von einem Teil der Bevölkerung weiterhin gepflegt: Albanien, Bulgarien (Südosten), Griechenland (Nordosten), Ex-Jugoslawien (hauptsächlich Makedonien), sowie auf Zypern und in manchen Teilen der nördlichen Arabischen Halbinsel.
Das Türkeitürkische und die Sprache der anderen Turkvölker weisen trotz morphologischer Unterschiede, aber wegen des nahezu einheitlichen Satzbaus große Ähnlichkeiten auf, so daß diese Sprachen z. T. gegenseitig verständlich sind.
Die anderen Turksprachen werden in folgenden Gebieten bzw. Staaten von folgenden Ethnien gesprochen:
– Im (Nord)Westen der VR China von den Uiguren;
– in fünf Republiken in der ehemaligen Sowjetunion wie Kasachstan, Kirgisistan, Usbekistan, Turkmenistan, Aserbaidschan;
– in unterschiedlichen Gegenden der russischen Föderation wie z. B. von Tataren;
– in Afghanistan von Turkmenen;
– im Iran von Aserbaidschanern;
– in der Mongolei von der tuwinischen Minderheit.

Das Türkeitürkische und die damit eng verwandten Turksprachen werden schätzungsweise von über 150 Mill. Menschen gesprochen.

In diesem Buch wird das moderne Türkeitürkische dargestellt, die Schriftsprache der heutigen Türkei, die einen breiten Raum innerhalb der Turksprachen einnimmt.
Die Turksprachen gehören zur ural-altaischen Sprachgruppe, die sich wiederum in zwei Gruppen, in die finno-ugrische (Finnisch, Ungarisch u. ä.) und altaische (= Turksprachen) gliedern läßt:

Ural-altaische Sprachen

Finno-ugrische Sprachen	Altaische Sprachen (Turksprachen):
Finnisch	(Türkei-) Türkisch
Estnisch	Aserbaidschanisch
	u. a. Turksprachen
	Mongolische Sprachen
Ugrische Sprachen:	(mit Vorbehalt:)
	Koreanisch
Ungarisch	Japanisch

Die charakteristischen Merkmale (vgl. unter 3) des Türkischen weisen alle ural-altaischen Sprachen auf.
Die Sprachgeschichte des Türkischen läßt sich wie die Geschichte der Türken bis in das 7. Jahrhundert zurückverfolgen.
Althochtürkisch (*oder Göktürkisch*): Die ersten schriftlichen Zeugnisse sind die Inschriften am Orchun und Jennisej in Zentralasien. Im 9. Jahrhundert trat an die Stelle des Göktürkischen das Uigurische infolge der Vorherrschaft des Turkstamms der Uiguren. Während Göktürken und Uiguren ihre eigenen Schriftzeichen hatten, die sich mit germanischen Runen vergleichen lassen, übernahmen die Turkvölker das arabische Alphabet nach ihrem Übertritt zum Islam im 11. Jahrhundert. So begann die Periode des *Mittelhochtürkischen*.
Da nicht alle Turkstämme sich an die Westwanderung anschlossen, gliedert sich das Mittelhochtürkische in zwei Gruppen: Die Sprache der in Zentralasien gebliebenen Turkvölker wird ‚Osttürkisch' oder ‚Tschagataisch' genannt; die Sprache der nach dem Westen gewanderten Turkvölker wird ‚Westtürkisch' oder ‚Oghusisch' genannt. Letztere bildet die Basis des heutigen Türkeitürkischen.
Im Jahre 1071 kamen die Oghusen in Anatolien an und gründeten das Seldschukische Reich (Hauptstadt Konya). Nach dessen Untergang im 14. Jahrhundert entstanden viele kleine Fürstentümer, unter denen das Osmanische Fürstentum die Macht ergriff und das

Reich gründete, das sich von der Arabischen Halbinsel bis zu den Toren Wiens erstreckte.
Die offizielle Schriftsprache wurde *Osmanisch*.
Während der Wortschatz dieser hochentwickelten künstlichen Hochsprache in großem Maße arabische und persische Elemente enthielt, war deren grammatische Struktur zum größten Teil türkisch geblieben. Das Osmanische war die Verkehrs- und die Dichtungssprache des Hofes, während die breite Masse der Bevölkerung weiterhin das Türkische pflegte.
Nach dem Untergang des Osmanischen Reiches nach dem 1. Weltkrieg und dem darauf folgenden Befreiungskrieg unter der Führung Kemal Atatürks (1919–1922) wurde am 29. Oktober 1923 die Türkische Republik ausgerufen.
Mit der Gründung der modernen Türkei durch Kemal Atatürk begann mit anderen Reformen auch die Sprachreform. Am 3. November 1928 wurde das arabische Alphabet abgeschafft, an dessen Stelle das lateinische trat. Es begann die Periode des *Türkeitürkischen*, das im folgenden ‚Türkisch' genannt wird.

3. Charakteristische Merkmale des Türkischen

Türkisch ist eine logische und systematisch aufgebaute Sprache, die nur sehr wenige Ausnahmen und keine unregelmäßigen Formen kennt. Deshalb steht sie in dem berechtigten Ruf, leicht erlernbar zu sein.

3.1. Vokalharmonie (Ses (oder Ünlü) Uyumu)
Auf der lautlichen Ebene wird das Türkische durch die *Vokalharmonie* charakterisiert. D.h. die Vokale innerhalb eines Wortes werden nach bestimmten Regeln aneinander angeglichen. Dunklen Vokalen folgen dunkle, hellen Vokalen folgen helle (vgl. unten 4.2.). Es gibt aber zahlreiche Wörter im Türkischen, die sich nicht nach dem Gesetz der Vokalharmonie richten. Diese sind entweder Lehn- oder zusammengesetzte Wörter.
Ein weiteres charakteristisches Merkmal auf der lautlichen Ebene ist, daß das Türkische keine Konsonantenhäufungen duldet. Aber auch hier bilden Lehnwörter (z. B. t*ren* (Zug), *sp*or (Sport), fi*lm* (Film)) eine Ausnahme.

3.2. Fehlen des grammatischen Geschlechts; Bestimmtheit – Unbestimmtheit
Im Türkischen gibt es kein grammatisches Geschlecht, d. h. weder männliche, noch weibliche, noch sächliche Substantive.
Den bestimmten Artikel (der, die, das) gibt es nicht, auch der Gebrauch des unbestimmten Artikels ‚bir', der mit dem Zahlwort ‚eins' identisch ist, ist relativ selten.
Das türkische Substantiv sagt nichts über Bestimmtheit und Unbestimmtheit aus, und

der Singular kann für den Plural gebraucht werden, der dann eine Kollektivbedeutung erhält.; ‚ev' kann z. B. je nach Satzkontext das ‚Haus', ‚ein Haus' und ‚Häuser' bedeuten. Aufgrund des Fehlens des grammatischen Geschlechts sind auch Berufsbezeichnungen geschlechtslos. ‚Doktor' kann z. B. sowohl ‚Arzt' als auch ‚Ärztin' bedeuten.
Um den Unterschied klarzumachen, kann das Geschlecht bei weiblichen Berufsbezeichnungen durch die Ergänzung ‚bayan' (oder ‚kadın') (Frau) gezeigt werden, z. B.: bayan doktor (Ärztin).

3.3. Agglutination (Bitişkenlik)

Auf der morphologischen Ebene herrscht das agglutinierende Prinzip, d. h. alle grammatischen Formen werden durch eine eigene, eindeutige Endung (sonek) angezeigt. Die Endungen werden in einer bestimmten Reihenfolge aneinander gehängt, also "agglutiniert", z. B.:

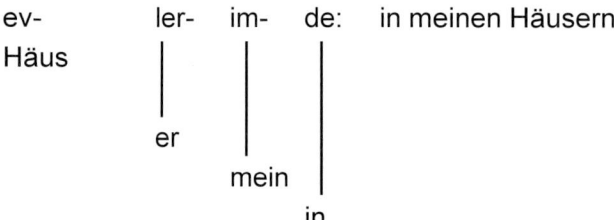

Als eine agglutinierende Sprache funktioniert das Türkische durch Suffixe, kennt aber – im Gegensatz zum Deutschen – keine Präfixe (önek), abgesehen von einigen Neuschöpfungen bzw. Lehnübersetzungen, die nach dem Muster europäischer Sprachen gebildet sind:

z. B.

3.4. Satzbau (Cümle yapısı)

Auf der syntaktischen Ebene wird das Türkische durch die S – O – V (Subjekt – Objekt – Verb)- Reihenfolge charakterisiert.

Der einfache Aussagesatz hat also die Struktur des deutschen Nebensatzes:

Ali kitap okuyor
Ali ein Buch liest ...

Allerdings ist zu bemerken, daß die S–O–V-Reihe in der schnell gesprochenen Umgangssprache, aber vorwiegend in der Dichtungssprache, nicht immer beachtet wird. Der Satz, der nicht mit dem Verb abgeschlossen wird, wird ‚devrik cümle' (wörtlich: umgekippter Satz) genannt.

Eine weitere Eigenschaft auf der syntaktischen Ebene sind die nachgestellten Verhältniswörter. Im Türkischen gibt es also keine Präpositionen, sondern Postpositionen (edatlar):

çocuk için
Kind für: für das Kind

Selten gibt es diese Struktur aber auch im Deutschen:
des Kindes wegen

Nebensätze wie im Deutschen kennt das Türkische nicht. Im Türkischen folgen Hauptsätze nicht Nebensätzen, sondern sie werden als Hauptsätze in die Nebensätze eingeordnet, z. B.:

Geldiğini gördüm: Dein Gekommensein ich habe gesehen (Ich habe gesehen, daß du gekommen bist.)

4. Lautlehre (Sesbilgisi)

4.1. Das Alphabet und die Aussprache

Phonetisch sind sich Deutsch und Türkisch sehr ähnlich. Fast alle Laute des Türkischen kennt das Deutsche auch. Deshalb ist es für den Deutschsprachigen leichter, Türkisch zu lernen als für die Lernenden mit anderer Muttersprache.

Im folgenden das türkische Alphabet (alfabe) mit Klein- und Großbuchstaben, der türkischen Bezeichnung und der türkischen Aussprache bzw. dem Lautwert:

Das türkische Alphabet

großer und kleiner Buchstabe	die türkische Bezeichnung	Aussprache
A, a	a	meistens kurz und dunkel
B, b	be	wie im Deutschen
C, c	ce (dsche)	stimmhaftes ‚dsch' wie in ‚Dschungel'
Ç ç	çe (tsche)	stimmloses ‚tsch' wie in ‚Tscheche'
D, d	de	wie im Deutschen
E, e	e	meistens kurz und offen
F, f	fe	wie im Deutschen
G, g	ge	wie im Deutschen
Ğ, ğ	yumuşak g (weiches g)	dient zur Dehnung von dunklen Vokalen; zwischen hellen Vokalen wird es als ‚j' ausgesprochen; steht nie im Anlaut
H, h	he	im Anlaut wie im Deutschen, im Auslaut manchmal wie ein schwaches ‚ch'
I, ı	ı, (i)	kurzes, sehr dumpfes i, ein dunkler Schwalaut wie das e in unbetonter Infinitivendung (z. B. in ‚machen')
İ, i	i	meistens kurz und offen
J, j	je	wie das französische j, z. B. in ‚Journalist'
K, k	ke	wie im Deutschen
L, l	le	in Verbindung mit hellen Vokalen und vor a wie im Deutschen, in Verbindung mit dunklen Vokalen ziemlich dunkel
M, m	me	wie im Deutschen
N, n	ne	wie im Deutschen
O, o	o	meistens kurz und offen
Ö, ö	ö	meistens kurz und offen
P, p	pe	wie im Deutschen
R, r	re	Im An- und Inlaut ein gerolltes Zungenspitzen-r, im Auslaut stimmlos
S, s	se	stimmloses s, wie das Doppel-s, z. B. in ‚lassen'
Ş, ş	şe (sche)	wie ‚sch' im Deutschen, z. B. in ‚Schule'
T, t	te	wie im Deutschen
U, u	u	meistens kurz und offen
Ü, ü	ü	meistens kurz und offen
V, v	ve (we)	wie das deutsche ‚w', z. B. in ‚Wasser'
Y, y	ye (je)	wie das deutsche ‚j', z. B. in ‚Junge'
Z, z	ze	stimmhaftes s, wie z. B. in ‚Sonne'

Die Aussprache
Die Aussprache des Türkischen ist genauso leicht wie seine Orthographie. Die Regel heißt: Schreib, wie du sprichst, bzw. sprich, wie du schreibst. Unterschiedliche Zeichen im Deutschen und Türkischen sind:
Nur im Deutschen, aber nicht im Türkischen vorhandene Buchstaben (harfler): ä, q, w, x, ß
Nur im Türkischen verwendet werden die Buchstaben:
ç, ğ, ı (I), ş
Als Laut sind ‚ç' und ‚ş' auch im Deutschen vorhanden, nämlich als ‚tsch' (z. B. Tscheche) und ‚sch' (z. B. Schule). Da ‚ğ' (weiches g, türkische Bezeichnung ‚yumuşak g') nie im Anlaut steht, dient es in der Umgebung von dunklen Vokalen zur Dehnung, etwa wie das Dehnungs-h im Deutschen, z. B. ‚dağ' (a wird lang gesprochen). Zwischen hellen Vokalen wird ‚ğ' wie ‚j' im Deutschen ausgesprochen, z. B. ‚eğe' (eje).
Das ‚ı', d. h. ‚i' ohne Punkt, ist ein dumpfer i-Laut, der im Deutschen nur eine annähernde Entsprechung findet z. B. in der unbetonten Infinitivendung (‚sag*en*', ‚mach*en*', ‚komm*en*' usw.). Man spreche ‚ı' mit zurückgezogener Zunge!
Für die Unterscheidung zwischen ‚ı' und ‚i' wird das ‚i' auch als Großbuchstabe mit Punkt geschrieben, z. B. İzmir.

Auch die Buchstaben c, j, s, v, y, z werden unterschiedlich ausgesprochen. ‚c' ist stimmhaft, im Deutschen als Laut vorhanden (als ‚dsch' wiedergegeben, oder in Fremdwörtern wie ‚Job'). Der Laut entspricht dem englischen ‚j' wie in ‚John', ‚June', ‚July' usw.
Das ‚j' wird wie das französische ‚j' ausgesprochen, im Deutschen in Fremd- und Lehnwörtern vorhanden wie ‚*J*alousie', ‚Gara*g*e' oder ‚Oran*g*e'.
Das ‚s' ist im Türkischen stimmlos wie das Doppel-s im Deutschen, z. B. ‚Ma*ss*e', ‚Ka*ss*e', ‚la*ss*en' usw. Aber ‚z' hingegen ist stimmhaft. Es ist kein ts-Laut wie in ‚Zug', ‚Zeitung' usw., sondern ein stimmhafter Laut wie das anlautende ‚s' im Deutschen (z. B. wie in ‚Saal', ‚Sonne', ‚Sahne' usw.). Man vergleiche:
sabun   zaman
Seife   Zeit.
Das türkische ‚v' ist stimmhaft und entspricht dem ‚w' im Deutschen: ve (we).
‚y' wird im Türkischen wie ‚j' im Deutschen ausgesprochen: ya (ja), und ‚a' und ‚y' wie ‚ei': ay (ei).
Die Aussprache der restlichen Buchstaben weicht vom Deutschen nicht ab. Zu bemerken ist noch, daß das ‚h' im Türkischen auch im Anlaut ausgesprochen wird und niemals zur Dehnung dient. Im An-, In- und Auslaut wird es wie das Anlaut-h im Deutschen (wie in ‚Hahn', ‚holen', ‚Hütte' usw.) ausgesprochen, im Auslaut bei arabischen und persischen Lehnwörtern etwas stärker (z. B. ‚sabah'), aber nur als ein schwaches ‚ch'. Kehllaute wie im Arabischen oder Schweizerdeutschen kennt die türkische Schriftsprache nicht.

Trotz der vielen französischen Lehnwörter gibt es im Türkischen auch keine Nasalierung, und das ‚r' ist niemals ein Gaumen-, sondern stets ein Zungen-r.

4.2. Vokale und Konsonanten (ünlüler ve ünsüzler)
Das türkische Alphabet weist 29 Buchstaben auf, darunter acht Vokale und 21 Konsonanten.

Vokale:	flache Vokale	runde Vokale
vordere Reihe	e, i	ö, ü
hintere Reihe	a, ı	o, u

Die Vokale der vorderen Reihe (e, i, ö, ü) sind helle Vokale, die Vokale der hinteren Reihe sind (a, ı, o, u) dunkle Vokale.

Vokalharmonie (ses uyumu)
Die kleine Vokalharmonie (küçük ses uyumu):
Ist der letzte Vokal ein heller, enthält die Endung ein ‚e'; ist der letzte Vokal ein dunkler, enthält die Endung ein ‚a'. Die Pluralendung unterliegt z. B. der kleinen Vokalharmonie:
ev ev*ler* / kitap kitap*lar*.

Die große Vokalharmonie (büyük ses uyumu):
Ist der letzte Vokal ein ‚e' oder ein ‚i', enthält die Endung ein ‚i' /
ist der letzte Vokal ein ‚a' oder ein ‚ı', enthält die Endung ein ‚ı' /
ist der letzte Vokal ein ‚ö' oder ein ‚ü', enthält die Endung ein ‚ü' /
ist der letzte Vokal ein ‚o' oder ein ‚u', enthält die Endung ein ‚u'.

Der Akkusativ unterliegt z. B. der großen Vokalharmonie:
ev ev*i* / bal bal*ı* / göz göz*ü* / okul okul*u*.
Bei der Behandlung jeder grammatischen Form wird immer angegeben, welcher Vokalharmonie sie unterliegt.
Diphthonge (au, ei, ie, eu) gibt es im Türkischen nicht, Doppelvokale nur selten in Lehnwörtern wie ‚m*a*alesef' oder ‚tab*ii*'.

Konsonanten (ünsüzler)

stimmhafte Konsonanten: b, c, d, g (ğ), j, l, m, n, r, v, y, z.

Im Auslaut wird ‚r' jedoch stimmlos und in der gesprochenen Sprache gänzlich weggelassen (z. B. ‚bi' statt ‚bir').

stimmlose Konsonanten:

Um die stimmlosen Konsonanten zu lernen, die wegen lautlicher Änderungen in Verbindung mit vokalischen Endungen (s. unten Konsonantenwandel) sehr wichtig sind, kann man sich den scherzhaften Ausdruck ‚Haifischpostkutsche' merken, indem alle stimmlosen Konsonanten vorhanden sind: h, f, ş, p, s, t, k, ç.

Konsonantenwandel:

p, k, ç, (mit Vorbehalt) t werden stimmhaft (b, ğ, c, d), wenn eine vokalische Endung angefügt wird: kitap kitabı / çocuk çocuğu / ağaç ağacı / kâğıt kâğıdı. Für einsilbige Wörter hingegen trifft diese Regel meistens nicht zu (vgl. Lektion 9: Deklinationsübersicht und Besonderheiten der Deklination).

Doppelkonsonanten:

Bei Doppelkonsonanten wird – im Gegensatz zum Deutschen – jeder Bestandteil ausgesprochen:
eli, aber elli (man spreche el-li);
biti, aber bitti (man spreche bit-ti).

4.3. Die Hilfszeichen

Das Zeichen ‚^', Zirkumflex (uzatma işareti), das die Länge des Vokals angibt, meistens um zwei mit den gleichen Buchstaben geschriebene Wörter voneinander zu unterscheiden, wird in der neuen Rechtschreibung fast nicht mehr benutzt.
z. B.: hala   hâlâ,   oder: adet   âdet
       (Tante)   (noch)   (Anzahl) (Gewohnheit),
Aber immer häufiger nur ‚hala' oder ‚adet', wobei der Bedeutungsunterschied nur aus dem Satzkontext abgeleitet werden kann.
Das ‚i' mit Zirkumflex, ‚î' wird ebenso immer seltener gebraucht:
‚ciddî' z. B. kaum mehr, aber immer häufiger ‚ciddi'.
Aber der Zirkumflex, der die Palatalisierung der Konsonanten ‚g' und ‚k' angibt, was ohnehin bei wenigen Lehnwörtern begegnet, wird nach wie vor verwendet (Aussprache wie ‚kj' oder ‚gj'):
z. B.: kâğıt, rüzgâr, sükût ...

4.4. Silbentrennung (hece ayırımı)

Die Silbentrennung erfolgt im Türkischen nach Sprechsilben:
prog-ram (im Gegensatz zum Deutschen, also nicht pro-gram!), oder Mus-ta-fa.

5. Betonung (vurgulama)

Im Türkischen wird im allgemeinen auf der letzten Silbe betont:
kapì, elmà, ateş ...
Fremdwörter hingegen haben ihren ursprünglichen Akzent beibehalten:
gazète, ràdyo, lokànta ...
Städte und Ortsnamen werden meistens auf der vorletzten Silbe betont: İstànbul Antàlya, Bandìrma ... Doch gibt es aber eine Reihe von Städte- und Ortsnamen, die auf der ersten Silbe betont werden: Ànkara, İzmir ... Wenn Suffixe antreten, kann der Akzent auf das Suffix übergehen, aber auch im Stamm bleiben. In jeder Lektion wird die Betonung der betreffenden Suffixe angegeben. Im allgemeinen ist der Unterschied zwischen betonter und unbetonter Silbe im Türkischen relativ gering. Der Akzent verteilt sich fast gleichmäßig über alle Silben, deshalb wird diese Art der Betonung ‚dezentralisierend' genannt.

6. Großschreibung

Mit großen Anfangsbuchstaben werden geschrieben:
* Wörter, die am Satzanfang stehen;
* Eigennamen (özel isimler)
    a) Vor- und Nachnamen von Personen: Ali Özer
    b) Völker- und Sprachenbezeichnungen: Türk, Türkçe; Alman, Almanca
    c) Länder, Städte, Orts- und allgemeine geographische Namen (Seen, Flüsse usw.): Türkiye, İstanbul, Taksim, Kızılırmak, Van Gölü
* Titel (Bücher, Zeitungen, Zeitschriften usw.) und Kapitelüberschriften:
    Fikrimin İnce Gülü (Roman von Adalet Ağaoğlu), Milliyet (türkische Tageszeitung), usw.
* Anredetitel auch mit Berufsbezeichnung:
    Mehmet Bey, Ayşe Hanım, Profesör Tunalı, General Evren
* Bezeichnungen von Ämtern und Institutionen:
    İstanbul Üniversitesi (Universität Istanbul),
    Kültür Bakanlığı (Kultusministerium),
    Dış Ticaret Bankası (Außenhandelsbank) ...

* Monatsnamen und Wochentage werden in der Regel groß oder auch klein, aber wenn es sich um ein bestimmtes Datum handelt, nur groß geschrieben:
Ekim oder ekim (Oktober), aber:
29 *E*kim 1923 (Gründung der Republik) ...

7. Interpunktion: (noktalama işaretleri)

Der Gebrauch der Satzzeichen ist zum größten Teil im Deutschen und Türkischen gleich. Allerdings nimmt der Gebrauch des Apostrophs (kesme işareti) in der türkischen Interpunktion eine wichtige Stelle ein:
Er trennt Eigennamen von Suffixen:
z. B.:   Ankara'dan: aus Ankara.
Ferner wird er auch nach Abkürzungen oder Zahlen gebraucht, wenn Suffixe antreten:
z. B.:   TRT'de: in der Türkischen Rundfunk- und Fernsehanstalt;
         1984'te (im Jahre 1984); oder 3'üncü (der dritte).
Die Kommaregeln sind im Türkischen nicht so stark ausgeprägt wie im Deutschen, weil es im Türkischen keine Nebensätze gibt.

Fehlen darf das Komma allerdings nicht bei:
* Aufzählungen:
   bir kitap, bir defter, iki kalem ... (ein Buch, ein Heft, zwei Stifte);
* bei aufeinanderfolgenden Sätzen:
   eve geldi, çay içti ... (er kam nach Hause, trank einen Tee...);
* bei zwei Hauptsätzen mit Konjunktion;
* nach der direkten Rede mit oder ohne Anführungszeichen:
   ‚Eve geliyorum', dedi / Eve geliyorum, dedi ... (‚Ich komme nach Hause', sagte er).

Außerdem wird das Komma oft bei längeren Sätzen nach dem Subjekt gebraucht:
Ali, yemekten sonra arkadaşlarıyla buluştu:
Ali traf sich nach dem Essen mit seinen Freunden ...
Oder aber in kurzen Sätzen, um Mißverständnisse zu vermeiden:
Bu, kitap: Das ist ein Buch. (Weil sonst ohne Komma ‚bu kitap' ‚dieses Buch' heißen würde, vgl. Lektion 1.)

8. Lehnwörter und Neologismen

Die Sprachreform, die mit der Gründung der Republik einsetzte und das Ziel verfolgte, arabische und persische Lehnwörter des Osmanischen durch türkische Wörter zu ersetzen, dauert heute noch an. Vom im Jahre 1932 in Ankara gegründeten Sprachverein (Türk Dil Kurumu) wurden zahllose neue Wörter abgeleitet. Der Spracherneuerungsprozeß ist in der Türkei noch nicht abgeschlossen.

Die Neologismen sind entweder ‚Rückneubildungen', d. h. Wörter, die in anderen zentralasiatischen Turkdialekten oder anatolischen Dialekten schon immer vorhanden waren und in die Schriftsprache neu eingeführt werden, oder Neuschöpfungen, die nach türkischen Wortbildungsregeln abgeleitet werden.

Die arabischen und persischen Lehnwörter sind dadurch zum größten Teil verdrängt worden (sie machen heute ca. 15% des gesamten Wortschatzes aus), aber viele, die sowohl in der Umgangs- als auch in der Schriftsprache fest verankert waren, bestehen noch entweder ohne ein türkisches Pendant, oder werden gleich häufig gebraucht mit dem türkischen Synonym. Bei solchen Wörtern werden in ‚Wörterkisten' der betreffenden Lektionen beide Entsprechungen angeführt (Neuw. als Abkürzung für Neuwort, Altw. als Abkürzung für veraltetes Synonym).

Während arabische Lehnwörter – wie die lateinischen im Deutschen – im religiösen Bereich oder im Bildungswesen einen breiten Platz einnehmen, begegnen im Türkischen auch Lehnwörter aus europäischen Sprachen, die sich mit gegenseitigen Kulturbeziehungen seit dem Anfang des 20. Jahrhunderts eingebürgert haben: Im kulturellen und technischen Bereich französische und deutsche (televizyon – Fernseher, asansör – Lift, şalter – Schalter), im Bereich ‚Kleidung und Mode' wiederum französische (jüpon – Unterrock, pantalon – Hose ...), bei Sportausdrücken englische (futbol – Fußball, maç – Match ...) und im Bank- und Finanzwesen italienische (banka – Bank, sigorta – Versicherung ...) Lehnwörter. Außerdem enthält das moderne Türkische zahlreiche Amerikanismen in allen Bereichen der Sprache.

Blumentöpfe auf der Gartenmauer (da viele Leute wenig Geld haben, müssen alte Oliven- oder Käse-Dosen als Blumentopf herhalten)

Jedem Fenster seine Reklame

Oliven vor dem Pressen

Das Auge der Fatima

Viele Begriffe des modernen Lebens sind aus dem Französischen übernommen, aber dann nach türkischen Lautgesetzen geschrieben

Lektion 1
Merhaba, Nasılsın? (Hallo, wie geht's?)

Grammatik:

1. Entsprechung für das Hilfsverb ‚sein' (3. Pers. Sing.) und der Fragesatz; Fragewörter: ‚ne', ‚kim'
2. bu-şu-o als Subjekt- und Demonstrativpronomen
3. Die Fragepartikel ‚mi'
4. Bejahung und Verneinung
5. Der Plural
6. Gruß und Abschied

Sprechsituationen:

1. Fragen nach Sachen und Personen, Benennung von Sachen und Personen
2. Begrüßen und Verabschieden

Der Strand bei Fethiye

1 A

 S

1A / 02

a) Bu ne?
   Bu, kitap.
   Ya şu ne?
   O, gazete.

b) Bu kim?
   Bu, Arzu Ersoy.
   Ya şu kim
   O, Metin Gürpınar.

c) Bu, bisiklet mi?
   Evet, bu bisiklet.
   Bu, radyo mu?
   Hayır, bu radyo değil, bu, televizyon.

d) Bu, Arzu Ersoy mu?
   Hayır, bu Arzu Ersoy değil,
   bu Metin Gürpınar

Lektion 1

e) Bunlar kim?
   Bunlar Ferdi ve Sinan.

f) Bunlar ne?
   Bunlar gazete.
   Bu gazeteler Türkçe mi?
   Evet, bu gazeteler Türkçe.
   Ya şu gazeteler?
   Onlar Türkçe değil, Almanca.

 D 1

1A / 03

Günaydın.
   Günaydın.
Nasılsınız?
   Teşekkür ederim, iyiyim. Ya siz?
Teşekkürler. Ben de iyiyim.
   Hoşça kalın.
Güle güle.

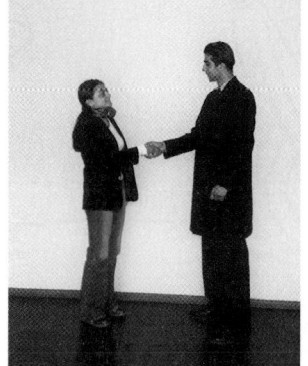

 D 2

1A / 04

Merhaba.
   Merhaba. Nasılsın?
Sağ ol, iyiyim. Ya sen?
   Sağ ol, ben de iyiyim.
Görüşürüz.
   Güle güle.

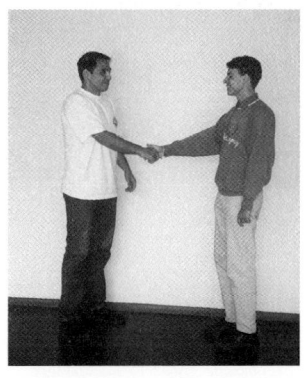

Karikatur

(aus: Gırgır)

1 B

 Ü 1   a) Sprechen Sie diese Wörter aus!

1B / 01

can çan cam çam cin Çin
kıl kil sızı sizi sakız sekiz
sil zil sor zor saman zaman
yağlı yalı bağrı barı sağrı sarı
iğri iri düğmen dümen
yağmur ağa uğur doğan boğa doğa
eğe beğen öğlen yeğen meğer eğer
ağa eğe öğlen oğlan yeğen yağan
eli elli kese kesse katı kattı batı battı
ılık kılık sığır sağır ağır
kâğıt rüzgâr imkân dükkân
yok yol yolcu yine yağmur
jilet jüpon Jale
ay Gülay aydın Ayhan Şenay
şu su şen sen şeker seker

b) Buchstabieren Sie diese Wörter!

 Ü 2   Übernehmen Sie die Rolle des 2. Sprechers!

1B / 02

a) 1. S.: Günaydın.
   2. S.: ...
   1. S.: Nasılsınız?
   2. S.: ...
   1. S.: Teşekkür ederim, ben de iyiyim.
   2. S.: ...
   1. S.: Güle güle.

b) 1. S.: Merhaba.
   2. S.: ...
   1. S.: Nasılsın?
   2. S.: ...
   1. S.: Sağ ol, ben de iyiyim.
   2. S.: ...
   1. S.: Güle güle.

Ü 3   kitap / defter: Bu kitap mı? Evet, bu kitap. / Hayır, bu kitap değil, bu, defter.

1B / 03

1. radyo / televizyon
2. sigara / çakmak
3. Arzu Ersoy/ Metin Gürpınar
4. otomobil / bisiklet
5. kalem / kâğıt
6. kapı / pencere
7. sandalye / masa
8. gözlük / lamba
9. pantalon / ceket
10. dolap / sandalye
11. otobüs / araba
12. tahta / tebeşir
13. kitap / çanta
14. gazete / dergi
15. manto / ceket

Ü 4   Welche Antwort paßt zu welcher Frage?

1B / 04   (A: 1, B:? ...)

A. Nasılsın?
B. Bu ne?
C. Bu Arzu Ersoy mu?
D. Ya siz nasılsınız?
E. Bu gazeteler Türkçe mi?
F. Bu kitap mı?
G. Bunlar ne?

1. Teşekkür ederim, iyiyim.
2. Bunlar kalem.
3. Evet, bu gazeteler Türkçe.
4. Bu, sandalye.
5. Hayır, bu Arzu Ersoy değil.
6. Teşekkürler, ben de iyiyim.
7. Hayır, bu kitap değil, bu dergi.

Lektion 1

 Ü 5   Geben Sie die türkische Entsprechung dieser Wörter an
und setzen Sie sie in den Plural!

1B / 05

Buch	Autobus	Stuhl
Radio	Hose	Fenster
Fernseher	Tür	Tasche
Fahrrad	Zeitung	Tisch

S/Ü   a) **Spielen Sie mit Ihrem Lernpartner einen Dialog
und benutzen Sie die Alternativantworten!**

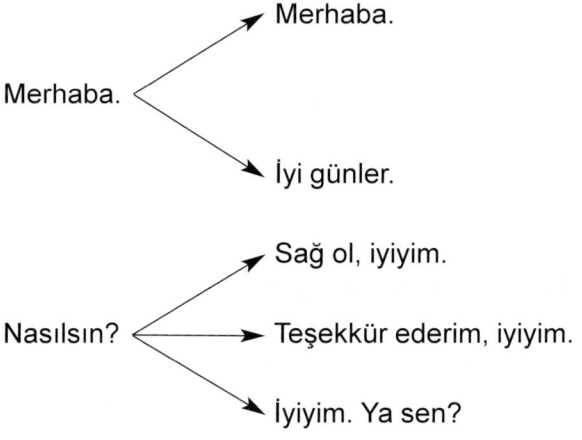

b) **Sagen Sie den Gegengruß
je nach Tageszeiten!**

Merhaba.   ....

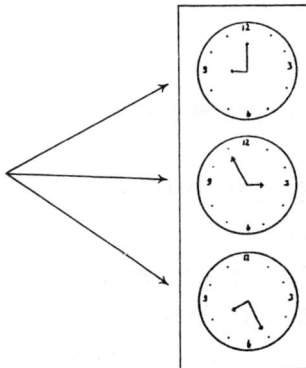

1 C

1. Entsprechung vom Hilfsverb (yardımcı fiil) sein (3. Pers. Sing.) und der Fragesatz

Um nach der Benennung von Sachen zu fragen, bilden wir den Fragesatz (soru cümlesi)

Bu ne?
Was ist das?

In der 3. Pers. Sing. (und manchmal auch im Plural, vgl. Lektion 2) fehlt im Türkischen in der gesprochenen Sprache die Hilfsverbform ‚ist', die Kopula, die im Türkischen eine Endung (ekfiil) ist und nur in bestimmten Situationen (vgl. Lektion 13) gebraucht wird. Die Antwort auf den Fragesatz ‚Bu ne?' lautet:

Bu, kitap.
Das ist ein Buch.

Nach ‚bu' (:das), das in diesem Satz das Subjektpronomen ist, ist ein Komma erforderlich, weil ‚bu' auch ein Demonstrativpronomen ist (s. unt. 2) und ‚bu kitap' (ohne Komma) ‚dieses Buch' bedeutet.
In diesem Antwortsatz fehlt auch der unbestimmte Artikel, der im Türkischen mit dem Zahlwort ‚eins' (bir) identisch ist. Der unbestimmte Artikel kann auch angeführt werden:

Bu bir kitap.

‚Das ist ein Buch', hebt aber auch zusätzlich hervor, daß es sich um genau einen Gegenstand handelt.
In der gesprochenen Sprache kann auch das Subjektpronomen ‚bu' weggelassen werden:

Bu ne?   Was ist das?
Kitap.   (Das ist ein) Buch.

Nach Personen fragen wir mit ‚kim' (wer) (vgl. S. 2, S b):

Bu kim?
Wer ist das?

2. bu-şu-o als Subjekt- und Demonstrativpronomen

Die drei Subjekt- und Demonstrativpronomen (işaret zamirleri) bu-şu-o unterscheiden sich durch die räumliche Entfernung. ‚Bu' und ‚şu' sind als Demonstrativpronomen als dieser, diese, dieses' zu übersetzen, während ‚bu' als Subjektpronomen die unmittelbare Nähe (das hier), ‚şu' hingegen eine geringe Entfernung (das da) ausdrückt. Bei ‚o' (als Demonstrativpronomen etwa jener, jene, jenes) ist die räumliche Entfernung größer (das dort), ‚O' kann aber auch als Synonym für ‚şu' gebraucht werden, um Wiederholungen zu vermeiden wie in S a und b (S. 2).
Das Subjekt- und Demonstrativpronomen ‚bu' kann auch als Ersatz des bestimmten Artikels gebraucht werden:

kitap	bu kitap
ein Buch	das Buch

3. Die Fragepartikel (Soru eki):

Die Fragepartikel ist unbetont und wird vom Bezugswort getrennt geschrieben. Sie unterliegt der großen Vokalharmonie und weist die folgenden Varianten auf:

nach e oder i: mi	Bu gazete mi?
nach a oder ı: mı	Bu kitap mı?
nach ö oder ü: mü	Bu gözlük mü?
nach o oder u: mu	Bu radyo mu?

Wir unterscheiden somit zwei Arten von Fragesätzen:

a) mit Fragewort: Bu *ne?*, Bu *kim?*
b) mit Fragepartikel: Bu kitap *mı?*

Merken Sie:
* Wenn in einem Fragesatz bereits ein Fragewort vorhanden ist (z. B. ‚ne', ‚kim'), gibt es keine Fragepartikel!

4. Bejahung und Verneinung (olumlu ve olumsuz cümle)

| Bu kitap mı? | Evet, bu kitap. |
| Ist das ein Buch? | Ja, das ist ein Buch. (vgl. S. 2, S c) |

| Bu kitap mı? | Hayır, bu kitap değil. |
| Ist das ein Buch? | Nein, das ist kein Buch. (vgl. S. 2, S c und d) |

Bei der Entsprechung des Hilfsverbs ‚sein' lautet das Verneinungswort *‚değil'* (kein, keine, nicht). Beim negativen Aussagesatz bildet es das letzte Satzglied.

Aufgabe: Machen Sie die Übung 3!

Bei einem negativen Fragesatz erscheint die Fragepartikel nach dem Verneinungswort ‚değil':
    Bu kitap değil mi?
    Ist das kein Buch?

5. Der Plural (çoğul)

Die Pluralendung ist im Türkischen – im Gegensatz zum Deutschen – einheitlich. Sie unterliegt der kleinen Vokalharmonie und weist die Varianten ‚-ler' und ‚-lar' auf:
    gazete*ler*,   kitap*lar*
    Zeitungen,   Bücher

Durch Anhängen von ‚-ler' oder ‚-lar' wird aus Einzahl (tekil) Mehrzahl (çoğul) gemacht. Das Pluralsuffix ist betont.

Aufgabe: Machen Sie die Übung 5!

Auch die Subjekt- und Demonstrativpronomen ‚bu'- ‚şu'-‚o' werden in den Plural gesetzt: bunlar, şunlar, onlar (vgl. S. 3, S e und f) und ersetzen dadurch das fehlende Hilfsverb ‚sind':
    Bunlar gazete.   Das sind Zeitungen.

Da die Mehrzahlendung bereits im Subjektpronomen vorhanden ist (bun*lar*), fehlt sie am Bezugswort (nur gazete, statt gazete*ler*): Die Verwendung von Endungen gleicher Art innerhalb eines Satzes ist im Türkischen nicht üblich!

Vergleichen Sie:

Bunlar gazete.	aber	bu gazeteler
Das sind Zeitungen.		diese Zeitungen
(ein vollständiger Satz)		(ein Satzteil bzw. ein Substantiv
Mehrzahl		mit Demonstrativpronomen)

Vergleichen Sie die folgenden Beispiele:
Bunlar kitap. Bu kitaplar Türkçe. =
    Das (hier) sind Bücher. Diese Bücher sind in türkischer Sprache.
Şunlar gazete. Şu gazeteler Almanca. =
    Das (dort) sind Zeitungen. Diese Zeitungen sind in deutscher Sprache.
Bunlar kalem. Bu kalemler kırmızı. =
    Das (hier) sind Stifte. Diese Stifte sind rot.
Bunlar telefon. Bu telefonlar yeni. =
    Das (hier) sind Telefone. Diese Telefone sind neu. Usw.

6. Gruß und Abschied

Für Anfangsdialoge sind Gruß- und Abschiedsformeln sehr wichtig (vgl. D 1, D 2). Die Grußwörter werden im Türkischen – wie im Deutschen – nach Tageszeiten benutzt, z. B. ‚günaydın' (‚Guten Morgen') vormittags, ‚iyi günler' (‚Guten Tag') nachmittags usw. Nur ‚merhaba' (etwa: ‚Grüß Gott') kann zu jeder Tageszeit gebraucht werden.

Finden Sie die Gruß- und Abschiedsformeln in der ‚Wörterkiste' und spielen Sie mit Ihrem Lernpartner die Dialoge D 1(Sie-Form) und D 2 (Du-Form). Die Ergänzung der Gruß- und Abschiedsformeln finden Sie im Aufbauwortschatz.

Den Abschiedsgruß ‚Güle güle' sagt der Bleibende. ‚Güle güle' ist eigentlich der formelhafte Gegengruß von ‚Allaha ısmarladık' (etwa ‚Auf Wiedersehen' bzw. ‚Behüte (Dich, Sie) Gott'), den der Gehende sagt. Allerdings ist ‚Allaha ısmarladık' etwas veraltet. Besonders die jüngere Generation verwendet immer häufiger den Abschiedsgruß ‚Görüşürüz' (= ‚Wir sehen uns') als eine Lehnübersetzung von bzw. in Anlehnung an ‚See you later'.

Aufgabe: Machen Sie den Lückentest (Ü 2), die Übung 4, und die Sprechübung (S/Ü)! Versuchen Sie, mit Hilfe der ‚Wörterkiste' die Karikatur zu verstehen. Verstehen Sie die Pointe? Vergleichen Sie die Begrüßungsgebräuche in Deutschland und in der Türkei! Antwortet man tatsächlich so wahrheitsgemäß auf die Frage ‚Nasılsın?' in den beiden Kulturen?

Wie Sie sicherlich schon gemerkt haben, weisen die Grußformeln (‚iyi gün*ler*', ‚iyi akşam*lar*' usw.) die Pluralendung auf. Obwohl der Gebrauch des Plurals im Türkischen relativ selten ist (vgl. Lektion 3), werden Gruß- und Glückwunschformeln mit der Mehrzahlendung gebildet.

In der Wörterkiste (W 4) finden Sie einige Glückwunschformeln. Lernen Sie sie und erweitern Sie Ihren Wortschatz! Auch das Grußwort ‚merhaba' kann in der Umgangssprache im Plural gebraucht werden: merhabalar.

Zusätzlich können Sie die Übung 1 machen, um Ihre Kenntnisse der türkischen Aussprache von der Einführungslektion zu festigen.

Wörterkiste

W 1

Allaha ısmarladık	Auf Wiedersehen (sagt der Gehende)
Almanca	Deutsch (hier: in deutscher Sprache)
araba	Wagen (umgangsspr.: Auto)
Arzu	weiblicher Vorname
ben de iyiyim	mir geht es auch gut
bir	ein(e); eins
bisiklet	Fahrrad
bu	das (ist); dieser, diese, dieses
bunlar ...	das sind ...
ceket	Jacke
çakmak	Feuerzeug
çanta	Tasche
değil	nicht, kein(e)
defter	Heft
dergi	Zeitschrift
dolap	Schrank
Ersoy	verbreiteter Familienname
evet	ja
Ferdi	nicht nur deutscher, sondern auch türkischer männl. Vorname
gazete	Zeitung
görüşürüz	Auf Wiedersehen (= Wir sehen uns)
gözlük	Brille
güle güle	Auf Wiedersehen (sagt der, der bleibt)
günaydın	Guten Morgen
Gürpınar	ein Familienname
hayır	nein
Hilmi	männlicher Vorname
hoşça kal	Auf Wiedersehen (etwa ‚mach's gut')
hoşça kalın	Mehrzahl oder die höfliche Form zu ‚hoşça kal'
iyiyim	es geht mir gut
kâğıt	Papier, Blatt, Zettel
kalem	Schreibzeug, Stift
kapı	Tür
kırmızı	rot
kim	wer
kitap	Buch
lamba	Lampe
manto	Mantel
masa	Tisch
merhaba	grüß Gott
merhabalar	(lässiger als ‚merhaba')
Metin	männlicher Vorname
nasılsın?	wie geht es dir?
nasılsınız?	wie geht es Ihnen?
ne	was
o	das (dort ist); jener, jene, jenes
onlar	das (da) sind
otobüs	Autobus
otomobil	Auto
pantalon	Hose
pencere	Fenster
radyo	Radio
sağ ol	danke (Du-Form)
sandalye	Stuhl
sigara	Zigarette
Sinan	männlicher Vorname
şu	das (da ist); dieser, diese, dieses
şunlar	das (da sind)
tahta	(hier:) Tafel
tebeşir	Kreide
telefon	Telefon
televizyon	Fernsehapparat
teşekkür ederim	danke
teşekkürler	danke
Türkçe	Türkisch (hier: in türkischer Sprache)
vay	Mensch! (Ausruf)
ve	und
ya	und (in der Gegenfrage)
ya sen	(hier:) und dir?
ya siz	(hier:) und Ihnen?
yahu	denn (als Füllwort bzw. Partikel)
yeni	neu

W 2 (grammatische Termini, auch von der Einführungslektion)

alfabe	Alphabet
bitişkenlik	Agglutination
büyük ses uyumu	große Vokalharmonie
cümle (Neuw.: tümce)	Satz
cümle yapısı	Satzbau
çoğul	Plural, Mehrzahl
edat (Neuw.: ilgeç)	(hier:) Verhältniswort
ekfiil	Kopula, Endungsverb
harf	Buchstabe
hece	Silbe
hece ayırımı	Silbentrennung
işaret zamiri	Demonstrativpronomen
kesme işareti	Apostroph
küçük ses uyumu	kleine Volkalharmonie
noktalama işareti	Satzzeichen
olumlu cümle	positiver Satz, Bejahung
olumsuz cümle	negativer Satz, Verneinung
önek	Präfix

özel isim	Eigenname
özne	Subjekt
ses uyumu (Neuw.: ünlü uyumu)	Vokalharmonie
sesbilgisi	Lautlehre
sonek	Suffix
soru	Frage
soru cümlesi	Fragesatz
soru eki	Fragepartikel
tekil	Singular, Einzahl
tümleç	Objekt
uzatma işareti	Zirkumflex
ünlü	Vokal
ünsüz	Konsonant
vurgulama	Betonung
yan cümle	Nebensatz
yardımcı fiil	Hilfsverb
yüklem	Prädikat
zamir (Neuw.: adıl)	Pronomen

W 3 (Aufbauwortschatz: Dank- und Grußformeln)

çok teşekkür ederim	vielen Dank
çok teşekkürler	vielen Dank
iyi akşamlar	guten Abend; (auch als Abschiedsgruß:) schönen Abend noch
iyi geceler	gute Nacht
iyi günler	guten Tag;(auch als Abschiedsgruß:) schönen Tag noch, alles Gute
(çok) mersi	danke (sehr)
ne haber? (Aussprache: n' aber)	gibt's was Neues? (als Grußwort)
sağ olun	höfliche Form von ‚sağ ol' (vgl. W 1)
şöyle böyle	es geht, so là là (als Antwort auf ‚nasılsın'?)
yarın görüşmek üzere	bis morgen

W 4 (Umgangssprachliches) (Wendungen mit Mehrzahlendung)

başarılar	viel Erfolg
(von: başarı)	Erfolg
bol şanslar	viel Glück
(von: şans)	Glück; Chance

Lektion 2
Adım Arzu Ersoy (Mein Name ist Arzu Ersoy)

Grammatik:

1. (Selbst-)Vorstellung
2. Personalpronomen
3. Entsprechung für das Hilfsverb ‚sein' (alle Personen)
4. Das Fragewort ‚nereli'; Die Wortbildungsendung: ‚-li'
5. Die Partikel ‚de' (auch)
6. Die Frage ‚... ‚ne demek' (was heißt ...)
7. Anredetitel; Anwendung der Anredeformen ‚du' und ‚Sie'

Sprechsituationen:

1. Selbstvorstellung
2. Angaben zu anderen Personen erfragen; Angaben zur eigenen Person und zu anderen Personen machen

Zusatzmaterial:
Landkarte der Türkei

Der Galata-Turm in Istanbul (alte Ansicht)

2 A

 S 1
1A / 06

Adınız ne?
    Adım Arzu Ersoy. Türküm, Ankaralıyım.
    Öğretmenim. Evliyim.
Memnun oldum, hanımefendi. Adım Metin Gürpınar.
Ben de Türküm. Avukatım. Bekârım.
    Ben de memnun oldum, beyefendi.

 S 2
1A / 07

a) Adın ne?
    Adım Ferdi Eder.
Öğrenci misin?
    Evet, öğrenciyim.
Türk müsün?

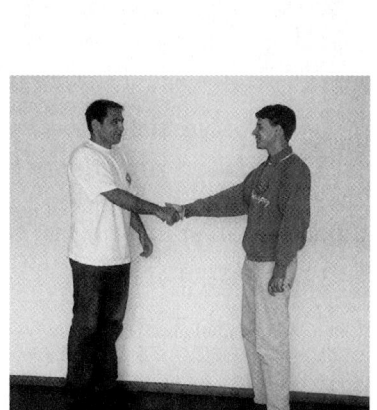

b)   Hayır, Türk değilim, Almanım.
Evli misin?
    Hayır, evli değilim, nişanlıyım. Ya sen?
Ben de öğrenciyim ve bekârım.
    Adın ne?
Adım Sinan Özdemir.
    Türksün, değil mi?
Evet, Türküm.
    Nerelisin?
Karslıyım. Ya sen?
    Ben Augsburgluyum.

 T

Bu, Arzu Ersoy. Arzu Hanım Türk, Ankaralı. Öğretmen. Evli. Bu, Metin Gürpınar. Metin Bey de Türk, İzmirli. Avukat. Bekâr. Bunlar Ferdi ve Sinan. Ferdi Alman, Sinan Türk. Ferdi ve Sinan öğrenci. Ferdi Augsburglu, Sinan Karslı. Ferdi nişanlı, Sinan bekâr. Bu Sabine Huber. Bayan Huber Kölnlü.

 D 1

Sinan: Tanıştırayım: Ferdi Eder, Arzu Ersoy.
Ferdi: Memnun oldum, Bayan Ersoy. Türksünüz, değil mi?
Arzu: Evet, Türküm, Bay Eder.
Ferdi: Nerelisiniz?
Arzu: Ankaralıyım. Ya siz?
Ferdi: Ben Augsburgluyum.
Sinan: Aa, merhaba Sabine.
Sabine: Selam, arkadaşlar.
Sinan: Tanıştırayım: Arzu Ersoy, Sabine Huber.
Arzu: Siz de Augsburglu musunuz, Sabine Hanım?
Sabine: Hayır, Augsburglu değilim, Kölnlüyüm.

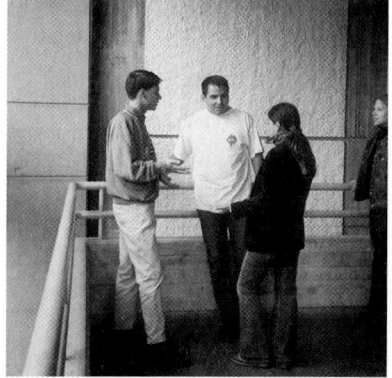

 D 2

Ferdi: Sinan, Türkçe ‚Schrank' ne demek?
Sinan: Türkçe ‚Schrank' dolap demek.
Ferdi: Efendim? Bir kere daha, lütfen.
Sinan: Do-lap.
Ferdi: Tamam. Türkçe ‚Schrank' dolap demek.

Karikatur

(aus: Hürriyet)

2 B

 Ü 1 (sen)-/Alman: Almansın.

- a. (biz-)- / yorgun
- b. (ben)- / evli
- c. Arzu Ersoy / öğretmen
- d. Sinan / öğrenci
- e. (siz)- / hasta
- f. (sen)- / çalışkan
- g. (ben)- / Serap
- h. (biz)- / aç
- ı. (ben)- / tok
- i. öğrenciler / Alman
- j. profesör / Türk
- k. çocuklar / çalışkan

 Ü 2 sen/hasta: Hasta mısın? Evet, hastayım. / Hayır, hasta değilim.

1. Erol / yorgun
2. biz / tok
3. öğrenciler / çalışkan
4. Aydın Bey / profesör
5. Martin / şoför
6. siz / evli
7. Orhan / bekâr
8. sen / yorgun
9. siz / doktor
10. biz / üzgün

Ü 3 (sen)-Türk: Türksün, değil mi? Evet, Türküm.

1. Ferdi-Alman
2. Arzu Hanım-öğretmen
3. Metin Bey-avukat
4. (siz)-hasta
5. Sabine-Kölnlü
6. çocuklar-çalışkan
7. Erol-tembel
8. Sinan-Karslı
9. (siz)-doktor
10. (biz) Augsburglu

 Ü 4 Hans / sen-Alman: Hans Alman, sen de Almansın.

1. Nilgün / Erol-Türk
2. biz / siz-çalışkan
3. Ahmet /Yaşar-işsiz
4. ben / sen-hasta
5. Arzu Hanım / Helga Hanım-öğretmen
6. Metin Bey / Franz Bey-avukat
7. bu kitaplar / şu kitaplar-Türkçe
8. bu gazeteler / şu gazeteler-Almanca
9. siz / biz-üzgün
10. Sinan / Ferdi-öğrenci

Taubenfutterverkäuferin in Bayezid, dem Universitätsviertel von Istanbul

Rumelihisari, die alte Stadtburg auf der europäischen Seite im Norden des Bosporus

Ein Ausblick vom Galata-Turm (Istanbul)

Die Hagia Sophia in der historischen Altstadt von Istanbul

Ü 5 Geben Sie jeweils die deutsche oder türkische Entsprechung an!

1. Almanım.
2. Türksün.
3. Du bist Student.
4. Er ist Professor.
5. Evli.
6. Wir sind ledig.
7. Hastayız.
8. Şoförsünüz.
9. Çalışkanlar.
10. Erol tembel.
11. Ich bin Rechtsanwalt.
12. Du bist krank.
13. Deli misiniz?
14. Onlar işsiz.
15. Polis değiller.
16. Sind Sie Arzt?
17. Wir sind nicht traurig.
18. Er ist nicht fleißig.
19. Die Studenten sind fleißig.
20. Sind Sie verheiratet?
21. Ferdi bekâr mı?
22. Sabine öğrenci değil mi
23. Ist er nicht krank?
24. Üzgün değil misiniz?
25. Hasta değiller mi?

Ü 6 (sen)-nereli / Kars: Nerelisin? – Karslıyım.

1B / 11

1. (siz)-nereli / Ürgüp
2. Aydın-nereli / Gaziantep
3. Sinan-nereli / Kars
4. Metin Bey-nereli / İzmir
5. (sen)-nereli / Frankfurt
6. Sabine-nereli / Köln
7. (biz)-nereli / Münih
8. Arzu Hanım-nereli / Ankara
9. (ben)-nereli / İstanbul
10. öğrenciler / nereli / Augsburg

Ü 7 Beantworten Sie die Fragen!

1. Ferdi Eder Alman mı?
2. Sinan Özdemir Türk mü?
3. Sinan öğretmen mi?
4. Ferdi evli mi?
5. Sinan nişanlı mı?
6. Arzu Ersoy öğrenci mi?
7. Arzu Ersoy nereli?
8. Metin Gürpınar avukat mı?
9. Sabine Huber Augsburglu mu?
10. Metin Gürpınar Karslı mı?

S/Ü a) **Stellen Sie sich bitte vor (Name, Nationalität, Heimatstadt, Beruf und Familienstand) und fragen Sie Ihren Lernpartner oder einen Kursteilnehmer nach gleichen Angaben!**

b) **Fragen Sie Ihren Lernpartner, 'Türkçe Schrank ne demek?'
aber 'Almanca öğretmen ne demek'? Hören Sie seine Antworten
und lassen Sie sich auch befragen!**

	1	2	3	4
A	Schrank	Bus	Buch	Feuerzeug
B	öğretmen	öğrenci	Arzt	Rechtsanwalt
C	Papier	Fahrer	Kinder	Mantel
D	çalışkan	hasta	evli	nişanlı
E	kalem	müde	bekâr	üzgün

c) **Spielen Sie mit Ihrem Lernpartner einen Dialog
und benutzen Sie die Alternativantworten!**

Türk müsün?
- Evet, Türküm.
- Hayır, Türk değilim.
- Türk değilim, Almanım.

Evli misiniz?
- Evet, evliyim. Ya siz?
- Hayır, evli değilim, bekârım.
- Evli değilim, nişanlıyım.

Ankaralı mısın?
- Evet, Ankaralıyım. Siz de Ankaralısınız, değil mi?
- Hayır, Ankaralı değilim. Ya siz?
- Ankaralı değil, Samsunluyum.

B/Ü 1 Stellen Sie bitte diese Personen Ihrem Lernpartner vor, fangen Sie mit ‚Tanıştırayım' ... an und machen Sie Angaben über Nationalität, Beruf, Heimatstadt und Familienstand dieser Personen!

B/Ü 2   Z/M Sie sehen eine Landkarte der Türkei.
Teilen Sie bitte Ihrem Lernpartner mündlich (oder auch schriftlich) mit, woher die Personen, die Sie aus den Lektionstexten kennen, stammen. Erzählen Sie ihm bitte auch, aus welchen Städten Ihre eigenen türkischen Freunde stammen.

2 C

1. Vorstellung

Um sich selbst vorzustellen, braucht man als erstes den Satz ‚Mein Name ist …' Er lautet im Türkischen ‚Adım …', z. B. ‚Adım Arzu Ersoy' (Mein Name ist Arzu Ersoy). Als Synonym für ‚Adım …' sagt man auch ‚İsmim …' (z. B.: İsmim Hans Lehmann). Wenn wir den Namen des Dialogpartners erfahren wollen, fragen wir in der Du-Form: ‚Adın ne'? (oder: İsmin ne?) (Wie heißt du, wie ist dein Name?, vgl. S.2a), in der Sie-Form: ‚Adınız ne'? (oder: İsminiz ne?) (Wie heißen Sie, wie ist Ihr Name?)
Die grammatische Struktur, die diesen Fragen und Antworten zugrunde liegt, nämlich die Possessivform, lernen Sie in der 9. Lektion. Lernen Sie diese Formen nun als feststehende Ausdrücke, da sie für Alltagsdialoge sehr wichtig sind. Wenn sich Ihnen jemand vorstellt, sagen Sie ‚memnun oldum' (hat mich gefreut, vgl. S. 16, S 1).
Wenn Sie eine andere Person vorstellen, sagen Sie einfach ‚tanıştırayım' (darf ich vorstellen, ich stelle vor; vgl. S. 17, D 1). Auch diese Formeln lernen Sie vorläufig als feststehende Ausdrücke.

2. Personalpronomen (Şahıs Zamirleri)

Die Personalpronomen lauten im Türkischen:

ben	ich
sen	du
o	er, sie, es
biz	wir
siz	ihr, Sie
onlar	sie

Merken Sie:
*Die 3. Pers. Sing. ist zugleich er, sie und es, da es im Türkischen kein grammatisches Geschlecht gibt (vgl. Einführungslektion).
* Die 2. Pers. Plur. ist zugleich die höfliche Anredeform (Sie) wie im Französischen.

Bei der Konjugation werden aber die Personalpronomen in der Regel weggelassen, da die Person durch die Personalendungen (şahıs ekleri) ausgedrückt wird.

Personalpronomen werden dann benutzt,
a) wenn sie betont werden müssen;
b) wenn es sich um zwei verschiedene Personen und Tätigkeiten handelt, dann als Gegenüberstellung:
Sen Türksün, ben Almanım   Du bist Türke, ich bin Deutscher;
c) Bei der Benutzung der Partikel ‚de' (s. unten 5):
ben de   ich auch.

3. Entsprechung des Hilfsverbs ‚sein'

3.1. Aussageform

Im heutigen Türkischen gibt es keinen Infinitiv, der dem deutschen Hilfsverb ‚sein' entspricht. Die ursprüngliche Form ‚imek' (sein) existiert im heutigen Sprachgebrauch nicht. Das Hilfsverb ‚sein' wird durch Personalendungen ausgedrückt, die der großen Vokalharmonie unterliegen und unbetont sind.

Konjugationsschema:

nach e oder i:
öğretmen*im*	ich bin Lehrer
öğretmen*sin*	du bist Lehrer
öğretmen	er ist Lehrer (sie ist Lehrerin)
öğretmen*iz*	wir sind Lehrer
öğretmen*siniz*	ihr seid Lehrer (Sie sind Lehrer, Lehrerin)
öğretmen(*ler*)	sie sind Lehrer

nach a oder ı:
Alman*ım*	ich bin Deutsche (Deutscher)
Alman*sın*	du bist Deutsche (Deutscher)
Alman	er ist Deutscher (sie ist Deutsche)
Alman*ız*	wir sind Deutsche
Alman*sınız*	ihr seid Deutsche (Sie sind Deutsche, Deutscher)
Alman(*lar*)	sie sind Deutsche

nach ö oder ü:
Türk*üm*	ich bin Türke (Türkin)
Türk*sün*	du bist Türke (Türkin)
Türk	er ist Türke (sie ist Türkin)
Türk*üz*	wir sind Türken
Türk*sünüz*	ihr seid Türken (Sie sind Türke, Türkin)
Türk(*ler*)	sie sind Türken

nach o oder u:

doktor*um*	ich bin Arzt (Ärztin)
doktor*sun*	du bist Arzt (Ärztin)
doktor	er ist Arzt (sie ist Ärztin)
doktor*uz*	wir sind Ärzte
doktor*sunuz*	ihr seid Ärzte (Sie sind Arzt, Ärztin)
doktor(*lar*)	sie sind Ärzte

Jetzt erkennen Sie auch die Formen, mit denen Grußwörter wie ‚nasılsın(ız)' und ‚iyiyim' gebildet sind. Im Türkischen fragt man für ‚wie geht es dir/Ihnen', ‚wie bist du/sind Sie': nasılsın, nasıl*sınız* (nasıl: wie) und für ‚es geht mir gut' sagt man ‚ich bin gut': iyi-y-*im* (iyi: gut).

Merken Sie:
* Wie in diesem Beispiel (‚iyi-y-im') wird ‚y' als Füllkonsonant (kaynaştırma harfi) eingeschoben, wenn das Bezugswort einen vokalischen Auslaut hat und die Endung auch vokalisch ist. Diese Regel ist allgemein gültig (auch bei der Deklination); bei der Entsprechung vom Hilfsverb ‚sein' ist dies bei der 1. Pers. im Singular und Plural der Fall:
  evli-*y*-im.   evli-*y*-iz
  ich bin verheiratet   wir sind verheiratet
* Die stimmlosen Konsonanten ç, k, p und (mit Vorbehalt) t werden zu c, ğ, b und d, wenn eine vokalische Endung angehängt wird, z. B.: çocu*k* (Kind), çocuğum: ich bin (ein) Kind.
* Bei Personennamen (und eigentlich auch Nationalitätsbezeichnungen, da diese auch als Eigennamen gelten, aber hier wird die Regel nicht so streng beachtet) wird die Personalendung durch einen Apostroph getrennt, und die Konsonanten ç, k, p, t verändern sich nicht in der Orthographie, werden aber weich ausgesprochen:

Arap'ım (gesprochen: Arabım):	ich bin Araber
Ahmet'im (gesprochen: Ahmedim):	ich bin Ahmet

Bei einsilbigen Wörtern jedoch trifft diese Regel nicht zu (vgl. Einführungslektion):

Tür*k*üm (od. Türk'üm)	ich bin Türke
Sepp'im	ich bin Sepp
açım	ich bin hungrig
tokum	ich bin satt

* Bei der 3. Pers. Plural fällt die Personalendung meistens aus, wenn das Subjekt bereits im Plural steht:
Çocuklar çalışkan.   Die Kinder sind fleißig.

Auch dann, wenn das Subjekt als Personalpronomen im Plural ist:
Onlar çalışkan.   Sie sind fleißig.

Aber wenn kein Subjekt oder Personalpronomen als Subjekt vorhanden ist, muß die Personalendung, die in dem Fall identisch mit dem Pluralsuffix („-ler', „-lar') ist, angeführt werden:

Çalışkan*lar*   Sie sind fleißig.

Die unterschiedlichen Strukturen ‚Onlar çalışkan' und ‚çalışkanlar' sind sinngemäß identisch.

Aufgabe: Machen Sie die Übung 1!

3.2. Frage, Bejahung, Verneinung

Sie kennen bereits die Fragepartikel ‚mi'. Sie wird vom Bezugswort getrennt, aber mit der angefügten Personalendung zusammengeschrieben:

Türk müsün?   Alman mısınız?
Bist du Türke?   Sind Sie Deutsche(r)?

Konjugationsschema:
öğretmen miyim?
öğretmen misin?
öğretmen mi?
öğretmen miyiz?
öğretmen misiniz?
öğretmenler mi? (oder: onlar öğretmen mi?)

Alman mıyım?
Alman mısın?
Alman mı?
Alman mıyız?
Alman mısınız?
Almanlar mı? (od. onlar Alman mı?)

Türk müyüm?
Türk müsün?
Türk mü?
Türk müyüz?
Türk müsünüz?
Türkler mi? (od. onlar Türk mü?)

doktor muyum?
doktor musun?
doktor mu?
doktor muyuz?
doktor musunuz?
doktorlar mı? (od. onlar doktor mu?)

Die positive Antwort auf diese Fragen kennen Sie bereits:

Evet, Almanım.   Evet, Türküm.
Ja, ich bin Deutscher.   Ja, ich bin Türke.

Bei der Verneinung brauchen wir wieder das Verneinungswort ‚değil'. Die Personalendung wird an ‚değil' angehängt; sie bildet immer das letzte Satzglied:

Alman değil*im*.   Türk değil*im*.
Ich bin nicht Deutsche(r).   Ich bin nicht Türke (Türkin).

Da die Personalendung in der Verneinung immer nach ‚değil' steht (der letzte Vokal ist ‚i'), ist sie vokalharmonisch bedingt konstant:

... değilim   ich bin nicht ...
... değilsin   du bist nicht ...
... değil   er (sie, es) ist nicht ...
... değiliz   wir sind nicht ...
... değilsiniz   ihr seid (Sie sind) nicht ...
... değiller   sie sind nicht

Um Endungen gleicher Art innerhalb eines Satzes zu vermeiden, kann die Personalendung an ‚değil' wegfallen, wie z. B. in dem Satz ‚Ankaralı değil, Samsunluyum'? (statt ‚Ankaralı değilim', vgl. S/Ü c, letztes Beispiel).

Aufgabe: Machen Sie die Übung 2!

3.3. nicht wahr?

In der Übung 3 begegnen Sie der Frage ‚değil mi'? (nicht wahr?, wörtlich: ist es nicht?)
Türksün, değil mi?   Du bist Türke, nicht wahr?

Aufgabe: Machen Sie die Übung 3!

3.4. Verneinende Frage

Mit der Form ‚değil mi' können Sie auch verneinende Fragen konstruieren:
Ali Türk değil mi?   Ist Ali nicht Türke?

aber:
Ali Türk, değil mi?   Ali ist Türke, nicht wahr?

Konjugationsschema:
… değil miyim?   bin ich nicht …
… değil misin?   bist du nicht …
… değil mi?   ist er (sie, es) nicht …
… değil miyiz?   sind wir nicht …
… değil misiniz?   seid ihr (sind Sie) nicht …
… değiller mi?   sind sie nicht…

Aufgabe: Machen Sie die Übung 5!

4. Das Fragewort ‚nereli'; die Wortbildungsendung ‚-li'

Im Türkischen gibt es ein Fragewort ‚nere' (wörtlich: welcher Ort), dem verschiedene Endungen angefügt und dadurch Fragewörter wie ‚woher' (s. Lektion 5) ‚wohin' (s. Lektion 6) usw. abgeleitet werden. In dieser Lektion lernen Sie die Endung ‚-li', die, an das Fragestammwort ‚nere-' angehängt, nach dem Heimatort fragt:

‚nereli' heißt also ‚woher stammend'.

Wenn man jemanden fragen will, woher er kommt, wo sein Heimatort ist, braucht man das Fragewort ‚nereli' mit der betreffenden Personalendung:
nereli*sin*:   woher kommst (stammst) du?
nereli*siniz*:   woher kommen (stammen) Sie?

Die Endung ‚-li', die im Deutschen der Endung ‚-er' bei einer Stadtangehörigkeit (z. B. Münih*li*: Münch*ner*) entspricht, unterliegt der großen Vokalharmonie:

	Nere*li*sin?	
nach e oder i:	İzmir*li*yim	(ich bin aus Izmir)
nach a oder ı:	Ankara*lı*yım	(ich bin aus Ankara)
nach ö oder ü:	Köln*lü*yüm	(ich bin aus Köln bzw.: Ich bin Kölner)
nach o oder u:	Augsburg*lu*yum	(ich bin aus Augsburg, bzw.: ich bin Augsburger)

Aufgabe: Lesen Sie den Text T und spielen Sie mit Ihrem Lernpartner die Dialoge S 1, S 2 und D 1; machen Sie die Übungen 6, 7, S/Ü a, S/Ü c, B/Ü 1 und B/Ü 2!

5. Die Partikel ‚de'

Im Grunde kennen Sie die Partikel ‚de' auch schon. In dem Satz ‚ben de iyiyim' (es geht mir auch gut, wörtlich: ich bin auch gut) haben Sie sie oft benutzt.
Die Partikel ‚de' bedeutet ‚auch', unterliegt der kleinen Vokalharmonie (hat also noch die Variante ‚da'), wird dem Bezugswort nachgestellt und nicht mit ihm zusammengeschrieben, sie ist unbetont.
Die veraltete Form ‚dahi' (ben dahi: ich auch) beherrschen Sie nur passiv.

Aufgabe: Machen Sie die Übung 4!

6. ‚... ne demek'?

In Lektion 1 haben Sie gelernt, ‚was ist das'? zu fragen, nun können Sie auch nach Sachen mit ‚was heißt das auf Türkisch'? fragen: Türkçe bu ne demek?
Sie können auch ‚bu' (das) mit einem Bezugswort austauschen, z. B.: Türkçe Schrank ne demek? (Was heißt ‚Schrank' auf Türkisch?)
Oder: Almanca dolap ne demek? (Was heißt dolap auf Deutsch?)
Bei der Antwort bildet ‚demek' das letzte Satzglied:
Türkçe ‚Schrank' dolap demek. (Schrank heißt auf Türkisch ‚dolap'.)

Aufgabe: Spielen Sie mit Ihrem Lernpartner den Dialog D 2 und machen Sie die S/Ü b!

7. Anredetitel und Anwendung der Anredeformen ‚du' und ‚Sie'

7.1. Anredetitel

Die Anrede mit dem Familiennamen ist im Türkischen relativ selten, sie wird hauptsächlich als offizielle Briefanrede und bei Anschriften gebraucht. In der Regel wird die Anrede mit dem Vornamen benutzt, selbst wenn man sich siezt.

Die Anrede mit dem Nachnamen wird wie im Deutschen dem Familiennamen vorangestellt:
Bayan Ersoy   Frau Ersoy
Bay Gürpınar   Herr Gürpınar.

Die Anrede mit dem Vornamen wird dem Vornamen nachgestellt:
Arzu Hanım   Frau Arzu
Metin Bey   Herr Metin

Diese Anredetitel können auch mit Berufsbezeichnungen gebraucht werden: Doktor Bey (Herr Doktor), Doktor Hanım (Frau Doktor).
Wenn man den Vornamen nicht kennt, benutzt man die höflichen Anredeformen für Damen ‚hanımefendi' (gnädige Frau, klingt aber nicht so förmlich wie im Deutschen, ist etwa wie die Anrede ‚Madame' im Französischen), für Herren ‚beyefendi' (gnädiger Herr, aber nicht so förmlich wie im Deutschen, sondern etwa wie ‚Sir' im Englischen).
Die höfliche Anrede ‚efendim' ist geschlechtslos, wird also sowohl für Damen als auch für Herren benutzt.
Üblich ist auch die Bezeichnung ‚sayın' (geehrt, verehrt) als Anrede oder wenn man in der 3. Pers. von jemandem spricht:
Sayın Profesör (verehrter Herr Professor), ‚sayın meslektaşlar' (verehrte Kollegen) usw.
Die höfliche Anrede einer Gruppe (‚meine Damen und Herren') lautet: Bayanlar, baylar ...

7.2. Bezeichnungen für Menschen

Für ‚Mann' gibt es zwei Bezeichnungen:
‚erkek' (drückt stärker das Geschlecht aus) und ‚adam' (drückt eher den Menschen aus).
Für ‚Frau' gibt es den Ausdruck ‚kadın', der das Geschlecht angibt, während ‚hanım' (Dame) auch die Anredeform ist.
Den Ausdruck ‚çocuk' für ‚Kind' kennen Sie bereits. Wenn man betonen will, daß es sich um ein männliches Kind (Junge, Bub, Knabe) handelt, sagt man ‚erkek çocuk'; das weibliche Kind (Mädchen) ist ‚kız' oder ‚kız çocuk'.
Der Oberbegriff (Mensch) ist ‚insan' (Leute: insanlar).

7.3. Anwendung der Anredeformen ‚du' und ‚Sie'

In der Türkei wird in Städten vorwiegend die ‚Sie'-Form benutzt. Die Anrede mit ‚du' ist unter Freunden üblich. Gleichaltrige und Gleichgestellte duzen sich nur dann, wenn sie sich länger kennen oder die ‚Du'-Form für angebracht halten.
Ältere Leute duzen oft jüngere. Auch Bedienstete werden von sozial bessergestellten Menschen manchmal geduzt.
Die Mitglieder einer Familie duzen sich in der Regel. Obwohl es immer seltener begegnet, gibt es aber immer noch Familien, in denen sich die Eheleute oder die Kinder ihre Eltern und älteren Geschwister siezen.
In vielen ländlichen Gebieten wird nur die ‚Du'-Form benutzt, was keineswegs ein Zeichen der Respektlosigkeit ist, denn im Sprachgebrauch mancher Regionen ist die ‚Sie'-Form nicht bekannt.

8. Grammatik zum Weiterlernen

8.1. Der 2. Pers. Plur. kann die Mehrzahlendung angefügt werden: siz*ler*, um die Unterscheidung zwischen der 2. Pers. Plur. und der höflichen Form zu zeigen. ‚Sizler' kann aber auch ‚ihr alle' heißen. In Anlehnung an ‚sizler' wird manchmal auch die 1. Pers. Plur. (biz) in den Plural gesetzt: biz*ler* (wir alle).

8.2. Wenn man die Entsprechung vom Hilfsverb ‚sein' ohne ein Bezugswort wiedergibt, z. B. ‚ich bin's', ‚du bist's' usw., wird die Personalendung an das Personalpronomen angehängt:
benim, sensin ...

8.3. Bei Betonung (z. B.: Ahmet, der bin ich) wird das Personalpronomen mit der Personalendung dem Vornamen nachgestellt:
Ahmet benim!

Auch als Fragesatz:
Doktor siz misiniz' (Sind Sie der Arzt?)
aber: Doktor musunuz? (Sind Sie Arzt?)
Vergleichen Sie auch: Sen kimsin? (Wer bist du?)/ mit starker Betonung des Fragepronomens: Kimsin sen? (Wer bist du?)

Aufgabe: Verstehen Sie die Karikatur? Wenn nicht, schauen Sie im Schlüssel nach! (Zu der Form ‚ben mi' vgl. Lektion 4, Grammatikteil, Kapitel 3: Die Stellung der Fragepartikel!)

8.4. Wenn Sie sich vorstellen oder am Telefon melden, benutzen Sie das Personalpronomen, aber nicht die Personalendung: Ben Ahmet: Ich bin Ahmet, oder: hier ist Ahmet.
Mit grammatischen Formen, die Sie bereits kennen, gibt es häufig gebrauchte Ausdrücke in der Umgangssprache. Finden Sie sie im Aufbauwortschatz und lernen Sie sie!

Wörterkiste

(Verweise mit C beziehen sich auf den Grammatikteil der Lektionen, die Zahlen rechts vom Punkt auf das entsprechende Kapitel im Grammatikteil!)

W 1

aç	hungrig
adam	Mann (s. C.7)
adım	mein Name ist
adın ne?	wie heißt du?
adınız ne?	wie heißen Sie?
ah!	au!
Ahmet	männlicher Vorname
Alman	Deutsche(r)
Ankaralı	aus Ankara (stammend)
Arap	Araber
arkadaş	Freund(in)
Augsburglu	aus Augsburg (stammend), Augsburger
avukat	Rechtsanwalt
Aydın	männlicher Vorname
bay	Herr (s. C.7)
bayan	Frau (s . C.7)
bayanlar, baylar	meine Damen und Herren
bekâr	ledig
ben (de)	ich (auch)
ben de menun oldum	hat mich auch gefreut
bey	Herr (s. C.7)
beyefendi	s.C.7.
bir kere daha	noch einmal
biz	wir
çalışkan	fleißig
çocuk	Kind
dahi (Altw,)	auch
de	auch
değil mi?	nicht wahr?
deli	verrückt
doktor	Arzt
efendim	s. C.7.
efendim?	wie bitte?
erkek	Mann (s. C.7)
erkek çocuk	Junge, Knabe (s. C.7)
Erol	männlicher Vorname
Erzurumlu	aus Erzurum (stammend)
evli	verheiratet
Gaziantep	Stadt im Südosten der Türkei
hanım	Frau, Dame (s. C.7)
hanımefendi	s. C.7.
hasta	krank
hey	he(j)!
Hüdaverdi	(veralteter bzw. lustig klingender) männlicher Vorname
insan	Mensch
insanlar	Leute
ismim ...	mein Name ist ...
ismin ne?	wie heißt du?
isminiz ne?	wie heißen Sie?
işsiz	arbeitslos
İzmirli	aus İzmir (stammend)
kadın	Frau (s. C.7)
Kars	Stadt im (Nord)Osten der Türkei
Karslı	aus Kars (stammend)
kız (çocuk)	Mädchen
Kölnlü	aus Köln (stammend), Kölner
lütfen	bitte
memnun oldum	hat mich gefreut
meslektaş	Kollege
... ne demek?	was heißt ...?
nereli	woher stammend (s. C.4)
nerelisin?	woher kommst du?
nerelisiniz	woher kommen Sie?
Nilgün	weiblicher Vorname
nişanlı	verlobt
o	er, sie, es
onlar	sie (Plural)
Orhan	männlicher Vorname
öğrenci	Schüler(in), Student (in)
öğretmen	Lehrer(in)
Özdemir	Vor- und Familienname; hier: Familiename
polis	Polizist
profesör	Professor(in)
Samsun	Stadt in der Schwarzmeerregion
sayın	verehrt, geehrt
selam	Gruß, (hier:) Hallo, Servus
sen	du
Serap	weiblicher Vorname
siz	ihr; Sie
şoför	Fahrer
tamam	in Ordnung, alles klar
tanıştırayım	darf ich vorstellen, ich stelle vor
tembel	faul
tok	satt
Türk	Türke, Türkin
Ürgüp	Stadt in Kappadokien
üzgün	traurig
Yaşar	weiblicher und männlicher Vorname
yorgun	müde

W 2 (grammatische Termini)
kaynaştırma harfi	Füll-, Bindekonsonant
şahıs ekleri	Personalendungen
şahıs zamirleri	Personalpronomen

W 3 (Aufbauwortschatz)
öyle mi?	so?
sahi mi?	wirklich?, echt?
üzgünüm	es tut mir leid (auch wörtlich: ich bin traurig)

Olivenhain

Lektion 3
Sende Kitap Var mı? (Hast du ein Buch?)

Grammatik:

1. Der Lokativ (Fragewörter: nerede, kimde)
2. Grundzahlen
3. Das Alter
4. Noch einmal zum Plural; Fragewörter: kaç, kaç tane
5. Die Strukturwörter ‚var' und ‚yok'
6. Eine Wiedergabemöglichkeit für das Hilfsverb ‚haben'

Sprechsituationen:

1. Den Standort von Sachen und Personen erfragen und angeben
2. Angaben zur eigenen Person und zu anderen Personen mit dem Alter erweitern
3. Besitzverhältnisse ausdrücken

Aufbauwortschatz:

Entsprechungen für ‚Entschuldigung' und ‚bitte'

Die nostalgische Straßenbahn in der Fußgängerzone von Beyoglu, dem Prachtviertel von Istanbul

3 A

 T

1A / 12

Şimdi Arzu Hanım okulda, Metin Bey büroda. Baba da büroda, anne mutfakta, çocuklar bahçede. Ferdi ve Sinan üniversitede. Sabine sınıfta. Ayşe evde, Mehmet fabrikada. Semra komşuda. Gençler sinemada. Nuray doktorda. Selim Türkiye'de. Oya ise Ulm'da.

 S 1

1A / 13

a) Defter nerede?
   Defter burada.
   Kalem nerede?
   Kalem şurada.
   Çanta nerede?
   Çanta orada.

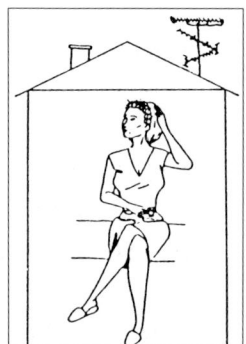

b) Ayşe nerede?
   Ayşe evde.
   Mehmet nerede?
   Mehmet fabrikada.
   Öğrenciler nerede?
   Onlar üniversitede.
   Profesör nerede?
   O da üniversitede.

c) Bugün evde misiniz?
   Hayır, bugün evde değilim, Ayşe'deyim.
   Ya siz?
   Ben bugün evdeyim, yarın her halde bürodayım.

 **S 2**

1A / 14

Kitap nerede?
    Kitap çantada.
Çantada başka neler var?
    Beş tane kalem, iki tane silgi, üç tane kalemtıraş
    ve dört tane dergi var.
Çantada kaç tane cetvel var?
    Çantada cetvel yok.

 **D 1**

1A / 15

a) Kaç yaşındasın, Sinan?
    Yirmi iki yaşındayım.
  Arzu Hanım kaç yaşında?
    Arzu Hanım otuz üç yaşında.

b) Kaç yaşındasınız, Metin Bey?
    Kırk dört yaşındayım, efendim. Ya siz
  Ben yirmi dokuz yaşındayım.

c) Sinan, derste kaç kişisiniz?
    On altı kişiyiz.
  Metin Bey, büroda kaç kişisiniz?
    Dört kişiyiz.
  Arzu Hanım, sınıfta kaç kişisiniz?
    Yirmi kişiyiz, on dokuz öğrenci ve ben.

D 2
1A / 16

Sende Türkçe kitabı var mı?
   Evet, bende Türkçe kitabı var.
Sende para var mı?
   Maalesef bende para yok.
Ne? Sende para yok mu?
   Hayır, bende para yok.
Kimde para var?
   Sabine'de.

 Karikatur (karikatür)
1A / 17

(aus: Hürriyet)

3 B

 Ü 1 (sen) / nerede- ev: Neredesin? – Evdeyim

1. (siz) / nerede-okul
2. çocuklar / nerede-sinema
3. Nuray / nerede-doktor
4. (sen) / nerede-büro
5. (biz) / nerede-üniversite
6. Yaşar / nerede-Bremen
7. Hans / nerede-Erzurum
8. (biz) / nerede-Almanya
9. Selim / nerede-Türkiye
10. (siz) / nerede-bahçe

Ü 2 Sagen Sie bitte die Telefonnummern auf türkisch!

224835	463907	352963	518357
591402	714498	671255	
335103	829006	598726	

 Ü 3 (sen)-kaç yaşında (24): Kaç yaşındasın? Yirmi dört yaşındayım.

1. (siz)-kaç yaşında (36)
2. Akın-kaç yaşında (18)
3. çocuklar-kaç yaşında (9)
4. baba-kaç yaşında (52)
5. anne-kaç yaşında (48)
6. (sen)-kaç yaşında (25)
7. Semra-kaç yaşında (35)
8. Sabine-kaç yaşında (21)

Ü 4 ders-kaç kişi (28): Derste kaç kişisiniz? Yirmi sekiz kişiyiz.

1B / 14

1. sınıf-kaç kişi (15)
2. kurs-kaç kişi (21)
3. ev-kaç kişi (5)
4. okul-kaç kişi (750)
5. büro-kaç kişi (6)
6. fabrika-kaç kişi (580)

Ü 5 Beantworten Sie die Fragen zum Text und zu den Dialogen:

1B / 15

1. Çantada kaç tane kalemtıraş var?
2. Şimdi Metin Bey nerede?
3. Semra nerede?
4. Ferdi ve Sinan nerede?
5. Şimdi siz neredesiniz?
6. Arzu Hanım kaç yaşında
7. Sinan kaç yaşında?
8. Siz kaç yaşındasınız?

Ü 6 siz-para / var-yok: Sizde para var mı?
                              Evet, bende para var.
                              Hayır, bende para yok.

1B / 16

1. sen-kitap / var-yok
2. Nilgün-bisiklet / var-yok
3. Semra-domates / var-yok
4. biz-ekmek / var-yok
5. siz-çakmak / var-yok
6. Nuray-sigara / var-yok
7. çocuklar-top / var-yok
8. sen-kalem / var-yok
9. Sinan /-televizyon / var-yok
10. biz-radyo / var-yok

Lektion 3

Ü 7   Geben Sie jeweils die deutsche oder türkische Entsprechung an!

1. Hast du eine Tasche?
2. Haben Sie einen Bleistiftspitzer?
3. Bugün evde misiniz?
4. Profesör bugün üniversitede değil.
5. Wer hat ein Fahrrad?
6. Die Kinder sind jetzt im Kino.
7. Sabine yarın üniversitede.
8. Seid ihr morgen nicht im Büro?
9. Im Schrank gibt es eine Tasche.
10. Çanta dolapta.

Ü 8   Welche Antwort paßt zu welcher Frage? (A: 1, B:? ...)

A. Ayşe bugün nerede?
B. Çantada ne var?
C. Selim Türkiye'de mi?
D. Kaç yaşındasın?
E. Nerelisiniz?
F. Bugün neredesiniz?
G. Baba şimdi nerede?
H. Sende gazete var mı?

1. Ayşe bugün evde.
2. Baba şimdi büroda.
3. Bugün okuldayım.
4. Sivaslıyım.
5. Evet, bende gazete var.
6. Yirmi dört yaşındayım.
7. Evet, Selim Türkiye'de.
8. Çantada beş tane silgi var.

S/Ü Spielen Sie mit Ihrem Lernpartner einen Dialog und benutzen Sie die Alternativantworten!

a)

Yarın evde misin?

- Evet, yarın evdeyim.
- Hayır, yarın evde değilim (yokum).
- Yarın mı? Yarın her halde bürodayım.

b)

Sende kalem var mı?

- Evet, bende kalem var.
- Hayır, bende kalem yok.
- Maalesef, bende kalem yok.

B/Ü

1. Fragen Sie Ihren Lernpartner, wo sich diese Personen befinden. Hören Sie seine Antworten und lassen Sie sich dann von ihm befragen!

Lektion 3

B/Ü

2. Fragen Sie Ihren Lernpartner, was sich alles in der Tasche, auf dem Tisch usw. befindet. Hören Sie seine Antworten und lassen Sie sich dann von ihm befragen!

B/Ü

3. Fragen Sie Ihren Lernpartner, ob diese Personen die in der mittleren Spalte abgebildeten Sachen besitzen oder nicht! Bei Pluszeichen erwarten Sie eine positive, bei Minuszeichen eine negative Antwort. Dann lassen Sie sich von ihm befragen!

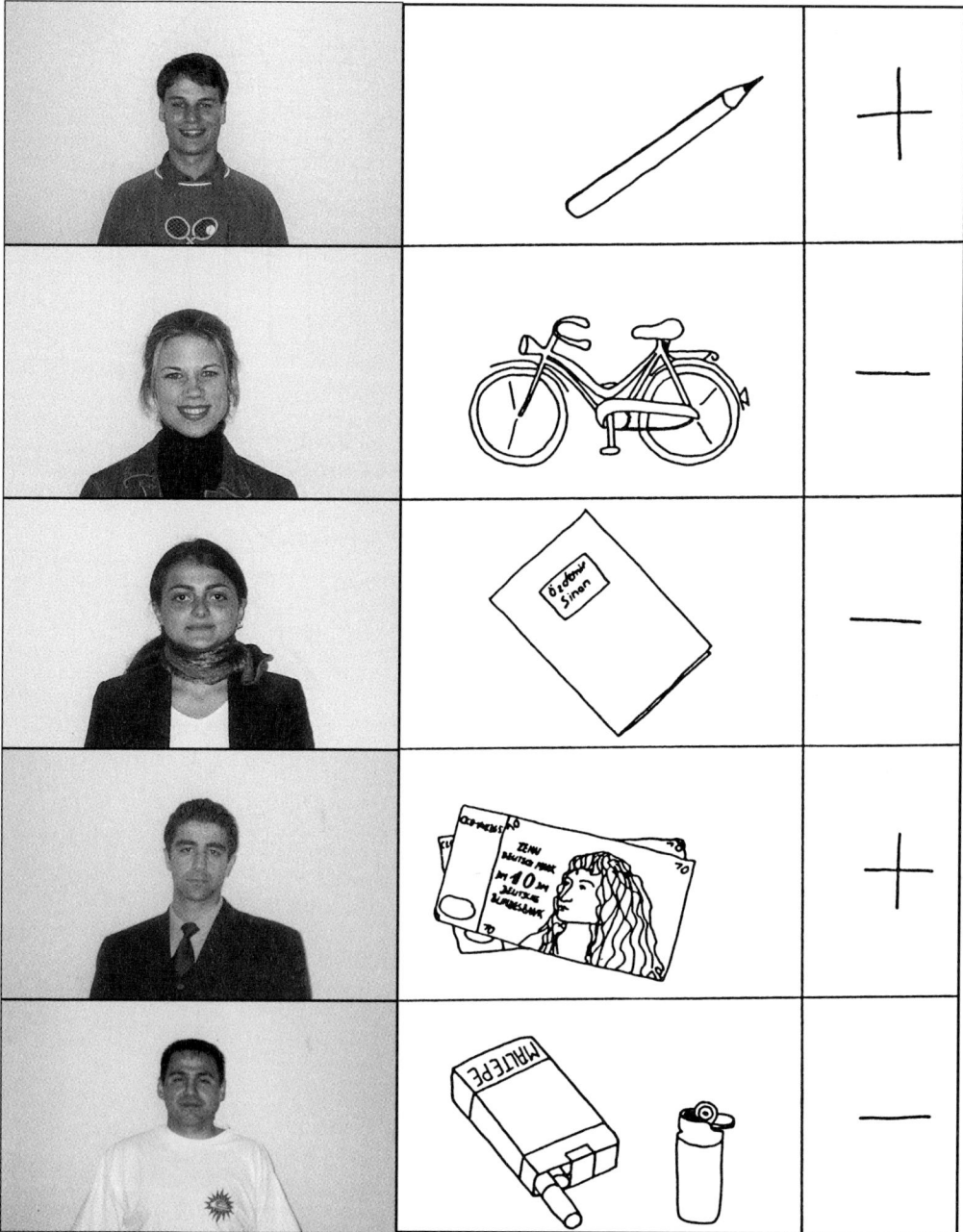

3 C

1. Der Lokativ (de-hali: kalma durumu)

Der Lokativ, die Ortsform, die im Deutschen mit verschiedenen Verhältniswörtern wie ‚in' (in der Tasche), ‚auf' (auf dem Tisch), ‚zu' (zu Hause), ‚an' (an Weihnachten) usw. ausgedrückt wird, ist im Türkischen viel einheitlicher.
Die Lokativ(Orts-)endung lautet ‚-de', unterliegt der kleinen Vokalharmonie (Variante: ‚-da') und ist betont:

ev*de*	okul*da*
zu Hause	in der Schule

Nach Eigennamen mit Apostroph:

İzmir'*de*	Ankara'*da*
in Izmir	in Ankara

auch bei Personennamen:

Ali'*de*	Fatma'*da*
bei Ali	bei Fatma

Nach stimmlosen Konsonanten (vgl. Einführungslektion) im Auslaut wird ‚d' in der Regel zu ‚t', und die Lokativendung lautet: ‚-te' oder ‚-ta':

Münih'*te*	Kars'*ta*
in München	in Kars

Das entsprechende Fragewort (wo) ist ‚nerede'; wichtige Ortsadverbien sind ‚burada' (hier), ‚şurada' (dort, da) und ‚orada' (dort, größere Entfernung), die sich von Demonstrativpronomen ‚bu-şu-o' (vgl. 1. Lektion) ableiten: Neredesin? (Wo bist du?) – Buradayım. (Ich bin hier.)
Beim Fragewort ‚nerede' und den Ortsadverbien ‚burada-şurada-orada' ist jeweils die erste Silbe betont.

Bei der gesprochenen Sprache fallen die mittleren Vokale weg. Man schreibt zwar ‚nerede', ‚burada', ‚şurada', ‚orada', aber man spricht ‚nerde', ‚burda', ‚şurda' und ‚orda'.

Die Lokativendung kann auch an das Fragewort ‚kim' (wer) angehängt werden: ‚kimde' (bei wem)

Den Unterschied zwischen der Lokativendung und der Partikel ‚de' (vgl. Lektion 2) können Sie sich leicht merken: Die Ortsendung wird mit dem Bezugswort zusammengeschrieben und betont, die Partikel ‚de' wird vom Bezugswort getrennt geschrieben und ist unbetont:

Ali de evde: Ali ist auch zu Hause.

Merken Sie:
* Bei deutschen Städtenamen mit g-Auslaut klingt das ‚g' in der Aussprache wie ‚k', also stimmlos. Deshalb heißt es in der türkischen Aussprache ‚Augsburg'ta', ‚Hamburg'ta' usw. In der Orthographie begegnen beide Formen: Augsburg'da – Augsburg'ta.
Das gleiche gilt auch bei deutschen Ortsnamen mit d-Auslaut: Dortmund'da – Dortmund'ta.

Aufgabe: Lesen Sie den Text T und versuchen Sie mit Hilfe der ‚Wörterkiste' ihn zu verstehen. Spielen Sie mit Ihrem Lernpartner den Dialog S 1 a, auch auf Deutsch!

Reihenfolge der Endungen:
Die Personalendung bildet stets das letzte Satzglied. Sie wird der Fallendung angefügt:
ev-   de-   y-   im: ich bin zu Hause; okul-da-sın: Du bist in der Schule usw.

| | | | Personalendung
| | | Füllkonsonant
| | Fallendung (hier Lokativ)
| Bezugswort

Bei der Mehrzahl wird die Pluralendung der Fallendung vorangestellt:
ev-ler-de: in den Häusern; ev-ler-de-sin: du bist in den Häusern

Aufgabe: Spielen Sie mit Ihrem Lernpartner die Dialoge S 1 b und c, auch auf Deutsch! Machen Sie die Übungen 1 und B/Ü 1.

2. Grundzahlen (asal sayılar)

Das System der Grundzahlen ist im Türkischen leicht zu lernen. Sie müssen nur von 1 bis 10 und von 10 bis 100 zehn und zehn auswendiglernen. Die übrigen Zahlen können Sie dann selber ableiten:

0	sıfır				
1	bir	11	on bir	20	yirmi
2	iki	12	on iki	21	yirmi bir
3	üç				
4	dört	19	on dokuz	29	yirmi dokuz
5	beş				
6	altı			30	otuz
7	yedi				
8	sekiz			35	otuz beş
9	dokuz				
10	on			40	kırk
50	elli	101	yüz bir	300	üç yüz
60	altmış				
70	yetmiş	150	yüz elli	400	dört yüz
80	seksen				
90	doksan	195	yüz doksan beş		
100	yüz				
		200	iki yüz	1000	bin
				1000.000	milyon

Die größere Zahl wird immer zuerst genannt, man sagt also z. B. nicht fünfzehn, sondern zehnfünf: on beş.

Merken Sie:
* Die Zahlwörter werden im Türkischen – im Gegensatz zum Deutschen – getrennt geschrieben: on bir (11), iki yüz (200) usw.
  Man sagt im Türkischen nie ‚ein hundert' oder ‚ein tausend', sondern nur ‚hundert' (yüz) und ‚tausend' (bin), doch aber ‚eine Million': bir milyon.
  Im Türkischen ist es nicht üblich ‚neunzehnhundert ... ' zu sagen, man sagt immer ‚eintausendneunhundert ... ', z. B.: 1985 (bin dokuz yüz seksen beş).

Aufgabe: Machen Sie die Übung 2!

3. Das Alter

Nun können Sie die Angaben zur eigenen Person und zu anderen Personen mit dem Alter erweitern.
Sie fragen:

Kaç yaşındasın:	Wie alt bist du?
Kaç yaşındasınız:	Wie alt sind Sie?

Bei der Antwort wird zuerst die Zahl genannt, die Personalendung wird an die Konstruktion ‚yaşında' (wörtlich: im Alter von) angehängt:
25 (yirmi beş) yaşındayım: Ich bin 25 Jahre alt.

Mit Zahlwörtern können Sie auch weitere Sätze bilden, z. B.:

Derste kaç kişisiniz?	On altı kişiyiz.
Wieviel Personen seid ihr im Unterricht?	Wir sind sechzehn Personen.

Aufgabe: Spielen Sie mit Ihrem Lernpartner die Dialoge D 1 a, b und c, auch auf Deutsch! Machen Sie die Übungen 3 und 4!

4. Noch einmal zum Plural

Die Pluralendung ‚-ler/-lar' fällt aus, wenn ein Zahlwort (sayı sıfatı) vor dem Bezugswort steht, z. B.:
beş kitap (fünf Buch, statt fünf Bücher).
Dies gilt auch für das Fragewort ‚kaç' (wieviel): kaç kitap? (wieviel Buch, statt Bücher).
Als Ersatz für die fehlende Mehrzahlendung benutzt man im Türkischen oft das Wort ‚tane' (Stück):
beş tane kitap: fünf Bücher (wörtlich: fünf Stück Buch).
Auch das Fragewort ‚kaç' wird dementsprechend erweitert:
kaç tane: wieviel (wörtlich: wieviel Stück; benutzt wird dieses Fragewort für zählbare Dinge, vgl. Lektion 5).

Merken Sie:
* Auch die Fragewörter ‚ne' (was) und ‚kim' (wer) können in den Plural gesetzt werden: neler (etwa: was alles), kimler (etwa: wer alles?).
* Darüber hinaus kann das Pluralsuffix auch Vornamen angefügt werden: Ahmet'ler (Ahmet und seine Angehörigen, Ahmet und seine Familie). Dies ist zwar auch im Deutschen üblich, aber nur bei Familiennamen, z. B. in einem Satz wie ‚Wir haben gestern die Meyers besucht'. Trotz Zahlwörtern wird die Pluralendung nur in seltenen Fällen angefügt, z. B. im Titel von einigen berühmten Märchen und Sagen (Ali Baba ve Kırk Harami*ler*: Ali Baba und die 40 Räuber) oder bei wenigen Ortsnamen (Beş Ev*ler*: Ort bei Ankara).

5. Die Strukturwörter ‚var' und ‚yok'

Im Türkischen gibt es zwei wichtige Strukturwörter: var und yok. ‚var': es gibt, es ist vorhanden, es existiert ‚yok': es gibt nicht, es ist nicht vorhanden, es existiert nicht.

Beim Gebrauch von ‚var' und ‚yok' als ‚es gibt' und ‚es gibt nicht' wird im Türkischen – im Gegensatz zum Deutschen – nicht der Akkusativ, sondern die Grundform verwendet:
Çantada kalem var: In der Tasche gibt es (ist) ein Stift.

Die Frage ‚was gibt es ...' lautet: ... ne var?
Z. B.: Çantada ne var?
Was gibt es in der Tasche?
Oder mit dem Fragewort im Plural:
Çantada neler var?
Was gibt es alles in der Tasche?

Aufgabe: Spielen Sie mit Ihrem Lernpartner den Dialog S 2, auch auf Deutsch! Machen Sie die Übungen Ü 5 und B/ Ü 2!

Merken Sie:
* Die Angabe, die die Strukturwörter ‚var' und ‚yok' machen, ist stets unbestimmt:
  Masada kitap var (yok).   Auf dem Tisch gibt es (k)ein Buch.

Oder aber auch: ‚Auf dem Tisch gibt es (keine) Bücher', da das Substantiv im Singular auch den Plural bedeuten kann (vgl. Einführungslektion 3.2.). Um die Bestimmtheit auszudrücken, ist im Satz eine Umstellung nötig. Das betonte Subjekt bildet dann das erste Satzglied, und das Strukturwort ‚var' fällt aus:
Kitap masada.   Das Buch ist auf dem Tisch.

* Das verneinende Strukturwort ‚yok' wird in der Umgangssprache auch als Synonym für ‚hayır' (nein) gebraucht.

6. Eine Wiedergabemöglichkeit für das Hilfsverbs ‚haben'

Die Personalpronomen werden wie Substantive dekliniert. Die Lokativendung kann also auch Personalpronomen angefügt werden:

bende	bei mir
sende	bei dir
onda	bei ihm (ihr)
bizde	bei uns
sizde	bei euch (Ihnen)
onlarda	bei ihnen

Mit dem Personalpronomen im Lokativ und mit dem Strukturwort ‚var' wird das Hilfsverb ‚haben' ausgedrückt:

Bende kitap var.   Ich habe ein Buch.
(wörtlich: bei mir gibt es (ist) ein Buch)
Sende para var.   Du hast Geld.
(wörtlich: bei dir gibt es (ist) Geld)

Bei der Frageform wird die Fragepartikel dem Strukturwort ‚var' angefügt:
Sende kitap var mı?   Hast du ein Buch?
(wörtlich: gibt es (ist) bei dir ein Buch?)
Sizde para var mı?   Haben Sie (habt ihr) Geld?
(wörtlich: Gibt es bei Ihnen (euch) Geld?)
positive Antwort:
Evet, bende para var.   Ja, ich habe Geld.
(wörtlich: Ja, bei mir gibt es Geld)
negative Antwort:
Hayır, bende para yok.   Nein, ich habe kein Geld.
(wörtlich: Nein, bei mir gibt es kein Geld.)
verneinende Frage:
Sizde para yok mu?   Haben Sie kein Geld?
(wörtlich: Gibt es bei Ihnen (euch) kein Geld?)

Wenn wir erfahren wollen, wer etwas hat, wird das Fragewort ‚kim' (= wer) in den Lokativ gesetzt:
Kimde para var?   Wer hat Geld?
Sabine'de (para var).   Sabine (hat Geld = wörtl.: Bei Sabine ist / gibt es Geld.)

In der gesprochenen Sprache können auch die Personalpronomen im Lokativ wegfallen, und man fragt (vor allem beim Einkaufen) nur mit ‚var mı'?, z. B.:
Domates var mı?   Haben Sie (wörtlich: gibt es) Tomaten?

Merken Sie:
* Bei der Entsprechung des Hilfsverbs ‚sein' wird das Verneinungswort ‚değil' gebraucht, bei der Entsprechung vom Hilfsverb ‚haben' lautet das Verneinungswort ‚yok' (vgl. Lektion 4, Verneinungsübersicht).
Aber: Bei Ortsangaben in der Verneinung kann ‚yok' in der Umgangssprache als Synonym für ‚değil' gebraucht werden:
Evde yokum (statt ‚evde değilim'): Ich bin nicht zu Hause (vgl. S/Üa).

Aufgabe: Spielen Sie mit Ihrem Lernpartner den Dialog D 2, auch auf Deutsch! Machen Sie die Übungen 6, 7, 8 und, S/Ü a und b und B/Ü 3!

Diese Entsprechung für das Hilfsverb ‚haben' (Personalpronomen im Lokativ ... var/yok) wird für alltägliche Gebrauchsgegenstände gebraucht, sowie für Geld und Lebensmittel. Sie drückt etwa aus ‚etwas bei sich oder dabei haben'. Es gibt auch eine andere Entsprechung für das Hilfsverb ‚haben', die ohne Einschränkung gebraucht wird und die Sie in der 9. Lektion lernen werden.
In W 4 (Umgangssprachliches) lernen Sie einige Wendungen, die mit den Strukturwörtern ‚var', ‚yok' und mit der Lokativendung gebildet sind. Lernen Sie und gebrauchen Sie sie. Verstehen Sie die Karikatur? Wenn nicht, finden Sie ja die Übersetzung im ‚Schlüssel'?.
In W 3 (Aufbauwortschatz) finden Sie wichtige Formeln für ‚bitte' und ‚Entschuldigung'.

Wörterkiste

(Verweise mit C beziehen sich auf den Grammatikteil der Lektionen, die Zahlen rechts vom Punkt auf das entsprechende Kapitel im Grammatikteil!)

W 1

anne	Mutter
Almanya	Deutschland
Ayşe	weibl. Vorname
baba	Vater
bahçe	Garten
başka	(hier:) sonst noch, außerdem
bende	s. C.6
bin	tausend
bugün	heute
burada	hier
büro	Büro
cetvel	Lineal
ders	Unterricht
domates	Tomate
ekmek	Brot
ev	Haus, Wohnung
fabrika	Fabrik
gençler (pl)	Jugendliche (pl)
(genç:)	junger Mensch, Jugendlliche(r)
her halde	wahrscheinlich
inşallah	hoffentlich
ise	hingegen
iyilik güzellik	s. W 4
kaç (tane)	wieviel
...kaç yaşında?	wie alt (ist)...
kaç yaşındasın(ız)?	wie alt bist du (sind Sie)?
kalemtıraş	Bleistiftspitzer
karikatür	Karikatur
kimde	s. C.1, C.6
kimler	s. C.4
kişi	Person
komşu	Nachbar
kurs	Kurs
maalesef	leider
maşallah	toi toi toi
Mehmet	männlicher Vorname
milyon	Million
mutfak	Küche
... ne var?	was gibt es ...?
ne var ne yok?	s. unten W 4
neler	was (alles) (s. C.4)
nerede	wo
Nuray	weiblicher Vorname
okul	Schule
on	zehn
orada	dort
Oya	weiblicher Vorname
para	Geld
sade	nur
sadece	nur
Selim	männlicher Vorname
Semra	weiblicher Vorname
sende	s. C.6
sınıf	Klasse(nzimmer)
silgi	Radiergummi
sinema	Kino
sözlük	Wörterbuch
şimdi	jetzt
şurada	da, dort
tane	Stück
top	Ball
Türkçe kitabı	Türkischbuch
Türkiye	Türkei
üniversite	Universität
vallahi	ich schwöre
var	es gibt, es ist vorhanden (s. C.5)
yarın	morgen
... yaşında	er (sie) ist ... Jahre alt
... yaşındayım	ich bin ... Jahre alt
yok	es gibt nicht (s. C.5.)
yüz	hundert

W 2 (grammatische Termini)

asal sayılar	Grundzahlen
‚-de' hali oder kalma durumu	Lokativ, Ortsform
sayı; sayı sıfatı	Zahl: Zahlwort (als Adjektiv)

W 3 (Aufbauwortschatz)

Formeln zur *Entschuldigung*:

Affedersin(iz)!	Entschuldige(n Sie), Entschuldigung!
özür dilerim	ich bitte um Entschuldigung
pardon!	Verzeihung!

Entsprechung für *‚bitte'*:

lütfen	bitte (wenn man um etwas bittet)
bir şey değil	nichts zu danken, keine Ursache
rica ederim	ich bitte dich (Sie)
buyurun (ausgesprochen: buyrun; Du-Form: buyur)	ja bitte, hier bitte (allgemein höfliche Aufforderung: treten Sie ein, greifen Sie zu usw.)
efendim	wie bitte? (wenn man etwas nicht verstanden hat)

W 4 (Umgangssprachliches)

ne var ne yok?	etwa: gibt's was Neues (wörtlich: was gibt es, was gibt es nicht); umgangssprachliche Formel, mit der man nach dem Befinden fragt. Die formelhafte Antwort darauf lautet:
iyilik güzellik oder iyilik sağlık	etwa: alles bestens (wörtlich: Güte und Schönheit, oder Güte und Gesundheit)
sıra kimde?	wer ist dran? (wörtlich: an wem ist die Reihe)
sıra bende (bizde)	ich bin (wir sind) dran (wörtlich: die Reihe ist an mir/uns)

Lektion 4
Peter Türkçe Öğreniyor (Peter lernt Türkisch)

Grammatik:

1. Das bestimmte Präsens/ (Bindewort: ama; Funktionswort: olarak)
2. Der unbestimmte Akkusativ
3. Stellung der Fragepartikel
4. Nationalitäten- und Sprachenbezeichnungen; die Wortbildungsendung ‚-ce'
5. Übersicht über die Verneinung im Türkischen

Sprechsituationen:

1. Gegenwärtige Handlungen beschreiben
2. Angaben zur eigenen Person und zu anderen Personen mit dem Wohn- und Arbeitsort und gegebenenfalls mit dem Studienfach ergänzen

Zusatzmaterial:
TeilnehmerInnen eines Türkischkurses verschiedener Nationalitäten

4 A

 **T 1**

1A / 18

Bu, Peter Ruf. Bay Ruf Bremenli. Münih'te oturuyor ama, Augsburg'ta çalışıyor. Asistan. Nişanlı. Yirmi yedi yaşında. Bunlar Ferdi ve Sinan. Ferdi Alman, Sinan Türk. Onlar öğrenci, üniversitede pedagoji okuyorlar. Sabine Huber de öğrenci. Iktisat okuyor.

 S 1

1A / 19

a) Ne yapıyorsun?
　　Ben mi? Mektup yazıyorum.
　Ayşegül ne yapıyor?
　　Kitap okuyor.

b) Nerede oturuyorsunuz, Peter Bey?
　　Münih'te oturuyorum ama, Augsburg'ta çalışıyorum.
　Ne iş yapıyorsunuz?
　　Üniversitede asistan olarak çalışıyorum.

S 2

1A / 20

Spor yapıyor musun?
   Hayır, spor yapmıyorum.
Müzik dinliyor musun?
   Hayır, müzik dinlemiyorum.
Dans ediyor musun?
   Hayır, dans etmiyorum.
Sen çok aptalsın.
   Efendim? Anlamadım.

 T 2

1A / 21

Şu anda evde telefon çalıyor. Ali parkta saz çalıyor; hırsız para çalıyor. Çocuklar odada oturuyor ve televizyon seyrediyor(lar). Gül ütü yapıyor. Gençler müzik dinliyor ve dans ediyor(lar). Mehmet rakı içiyor, Selim sigara içiyor. Ferdi çorba içiyor. Özcan bahçede top oynuyor.

 D

1A / 22

   a) Türkçe biliyor musunuz?
      Evet biraz Türkçe biliyorum.
   Max Türkçe biliyor mu?
      Evet, Max çok az Türkçe biliyor.
   Gisela Türkçe konuşuyor mu?
      Evet, az çok.
   Profesör Türkçe konuşuyor mu?
      Bay Weber mi? O çok iyi Türkçe konuşuyor.

1A / 23

b) Peter Türkçe öğreniyor mu?
   Evet, Peter Türkçe öğreniyor.
   Helga da mı Türkçe öğreniyor?
   Hayır, o Türkçe öğrenmiyor, İtalyanca öğreniyor.

 Karikatur
1A / 24

1. (aus: Fırt)

2. (aus: Hürriyet)

4 B

 Ü 1 (sen)- / ne yapmak / mektup yazmak: **Ne yapıyorsun? – Mektup yazıyorum.**

1. Peter / ne yapmak / Türkçe öğrenmek
2. Ayşegül / ne yapmak / kitap okumak
3. Ali / ne yapmak / saz çalmak
4. Gisela / ne yapmak / yemek pişirmek
5. (siz)- / ne yapmak / televizyon seyretmek
6. Gül / ne yapmak / ütü yapmak
7. gençler / ne yapmak / dans etmek
8. Ferdi / ne yapmak domates almak

 Ü 2 (siz)- / nerede oturmak – Münih: **Nerede oturuyorsunuz? – Münih'te oturuyorum.**

1. Gül / nerede oturmak / İstanbul
2. Sinan/ nerede oturmak /Augsburg
3. (sen)- nerede oturmak /Zonguldak
4. Kemal Bey / nerede oturmak / Edirne
5. Profesör / nerede oturmak / Göggingen

 Ü 3 (biz)- / oturmak- çalışmak / Münih-Augsburg: **Münih'te oturuyoruz ama, Augsburg'ta çalışıyoruz.**

1. Ali / oturmak-çalışmak / Dortmund-Duisburg
2. (ben)- / oturmak-çalışmak / Üsküdar-Taksim
3. Ahmet Bey / oturmak-çalışmak / Orhangazi-Bursa
4. (siz)- / oturmak-çalışmak / İzmir-Bornova

Ü 4 (siz)- ne iş yapmak / öğretmen: Ne iş yapıyorsunuz? –
1B / 22 Öğretmenim / Öğretmen olarak çalışıyorum.

1. Metin Bey- ne iş yapmak / avukat
2. (sen)- ne iş yapmak doktor
3. (siz)- ne iş yapmak profesör
4. Peter- ne iş yapmak / asistan

Ü 5 Bilden Sie sinnvolle Sätze, z. B.: Öğretmen kitap okuyor.

öğretmen	mektup	çalmak
baba	ekmek	dinlemek
anne	gazete	yazmak
biz	müzik	almak
gençler	saz	okumak
Ali	kitap	içmek
sen	rakı	okumak

 Ü 6 baba-rakı içmek / evet-hayır: Baba rakı içiyor mu? Evet, içiyor. /
1B / 23 Hayır, içmiyor.

1. Selim-domates yemek / evet-hayır
2. (siz)-İngilizce konuşmak / evet-hayır
3. (sen)-İtalyanca bilmek / evet-hayır
4. Kemal-kitap okumak evet-hayır
5. Gül-ütü yapmak evet-hayır
6. (biz)-televizyon seyretmek / evet-hayır
7. Ferdi-pedagoji okumak / evet-hayır
8. Çocuklar-bahçede/ top oynamak/ evet-hayır

Ü 7 sen-mektup yazmak / ben-kitap okumak:
Sen mektup yazıyorsun, ben kitap okuyorum.

1. sen-gülmek / ben-ağlamak
2. Ali-saz çalmak / Fritz-gitar çalmak
3. siz-İspanyolca öğrenmek / biz-Türkçe öğrenmek
4. sen-Almanca bilmek/ ben-Türkçe bilmek
5. Ali -kahve pişirmek/ Gül-kahve içmek
6. Kemal - müzik dinlemek/ Helga film seyretmek

 Ü 8 Hans-Türkçe bilmemek: **Hans Türkçe bilmiyor mu?**
– Hayır, bilmiyor.

1. anne- dans etmemek
2. (sen)- çay içmemek
3. gençler-kitap okumamak
4. (siz)-gitar çalmamak
5. şu anda-telefon çalmamak
6. (sen)-ütü yapmamak
7. Gisela -film seyretmemek
8. (biz) - dondurma yememek

 Ü 9 Beantworten Sie die Fragen zu den Texten und Dialogen!

1. Peter ne iş yapıyor, nerede çalışıyor, nerede oturuyor
2. Siz ne iş yapıyorsunuz, nerede çalışıyorsunuz, nerede oturuyorsunuz?
3. Sinan ne okuyor, Sabine ne okuyor?
4. Siz ne okuyorsunuz?
5. Peter Türkçe öğreniyor mu?
6. Siz nece öğreniyorsunuz?

Ü 10 (ben) Rus-değil: Rus değilim, Rusça bilmiyorum.

1. (sen) İngiliz-değil
2. Tom-Alman-değil
3. (siz)-Macar-değil
4. (biz)-İspanyol-değil
5. Peter-Fransız-değil
6. Kemal-İtalyan-değil
7. (ben) Arap-değil
8. (sen) Türk-değil

 Ü 11 Setzen Sie die Sätze in die Verneinung: Hastayım: Hasta değilim.

1. Sende Türkçe kitabı var.
2. Peter rakı içiyor.
3. Delisiniz.
4. Bugün evdeyiz.
5. Sizde televizyon var.
6. Gül ütü yapıyor.
7. Ferdi ekmek alıyor.

 Ü 12 Bilden Sie verschiedene Fragesätze, indem Sie das Fragewörtchen an verschiedene Satzglieder anhängen, nach dem Beispiel:
Metin Bey bugün büroda çalışıyor.

a) Metin Bey mi bugün büroda çalışıyor?
b) Metin Bey bugün mü büroda çalışıyor?
c) Metin Bey bugün büroda mı çalışıyor?
d) Metin Bey bugün büroda çalışıyor mu?

1. Peter Türkçe öğreniyor.
a)
b)
c)

2. Ahmet üniversitede pedagoji okuyor.
a)
b)
c)
d)

3. Baba bugün evde gazete okuyor.
a)
b)
c)
d)
e)

4. Sabine şimdi mutfakta yemek pişiriyor.
a)
b)
c)
d)

Ü 13　Übersetzen Sie ins Türkische bzw. ins Deutsche!

1. Wir wohnen in Üsküdar, aber wir arbeiten in Taksim.
2. Die Kinder spielen im Garten.
3. Gül ütü yapıyor, Kemal saz çalıyor.
4. Öğrenciler kantinde çay içiyor.
5. Lernt Hans auch Türkisch?
6. Nein, er lernt nicht Türkisch, er lernt Arabisch.

S/Ü 1.　Stellen Sie sich vor! (Ergänzen Sie die Angaben zur eigenen Person – Name, Nationalität, Beruf, Familienstand – mit Alter, Wohn- und Arbeitsort und gegebenenfalls mit dem Studienfach.)

S/Ü 2. Spielen Sie mit Ihrem Lernpartner einen Dialog und benutzen Sie die Alternativantworten!

a) Türkçe biliyor musun?
- Evet, biraz Türkçe biliyorum.
- Evet, çok iyi Türkçe konuşuyorum.
- Maalesef Türkçe bilmiyorum.

b) Ne yapıyorsunuz?
- Ben mi? Gazete okuyorum.
- Mektup yazıyorum.
- Ben çay içiyorum. Ya siz?

c) Sigara içiyor musun?
- Evet, sigara içiyorum.
- Hayır, sigara içmiyorum.
- Sigara içmiyorum, pipo içiyorum.

B/Ü Fragen Sie Ihren Lernpartner, was diese Personen machen und hören Sie seine Antworten! Lassen Sie sich dann von ihm befragen!

4 C

1. Das Präsens (Şimdiki Zaman)

Im Türkischen gibt es – wie im Englischen – zwei Formen für die Gegenwart: die bestimmte, die die augenblicklich geschehende Handlung ausdrückt und deshalb ‚şimdiki zaman' (jetzige Zeit) genannt wird, und die unbestimmte, die eine allgemeine Tatsache oder Gewohnheit ausdrückt (vgl. Lektion 13).
In dieser Lektion lernen Sie das bestimmte Präsens, das durch das Tempussuffix (Zeitformendung) ‚-yor' gekennzeichnet ist.

1.1. Die Aussageform

Sie haben bis jetzt die Entsprechung von Hilfsverben gelernt. Bei Vollverben ist das Verb (fiil) in seiner Grundform ein Infinitiv (mastar). Die Infinitivendung (mastar eki) ist im Türkischen ‚-mek' (oder ‚-mak', kleine Vokalharmonie):

komm-en   gel-mek
les-en   oku-mak

Bei der Tempusbildung brauchen wir den Verbstamm (fiil kökü), an den das Tempussuffix und die Personalendung angehängt werden. Das Tempussuffix ‚-yor' ist stets betont:

oku- yor- um   ich lese

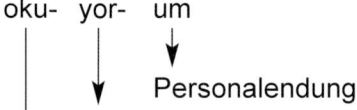

Verbstamm / Tempussuffix / Personalendung

Die Personalpronomen werden nach denselben Regeln wie bei der Entsprechung für das Hilfsverb ‚sein' weggelassen oder gebraucht.

Konjugation (Fiil Çekimi)

okuyor*um*	ich le*se*
okuyor*sun*	du lies*t*
okuyor	er (sie, es) lies*t*
okuyor*uz*	wir les*en*
okuyor*sunuz*	ihr les*t* (Sie les*en*)
okuyor*lar*	sie les*en*

Wenn der Verbstamm auf Konsonant auslautet, wird ein Bindevokal eingeschoben, der der großen Vokalharmonie unterliegt:

	öğren-mek	
nach e oder i:	öğren-i-yor	Tempussuffix: -iyor
	çalış-mak	
nach a oder ı:	çalış-ı-yor	Tempussuffix: -ıyor
	gül-mek	
nach ö oder ü:	gül-ü-yor	Tempussuffix: -üyor
	otur-mak	
nach o oder u:	otur-u-yor	Tempussuffix: -uyor

Konjugationsschema:

<u>nach e oder i</u>

öğreniyorum
öğreniyorsun
öğreniyor
öğreniyoruz
öğreniyorsunuz
öğreniyorlar

<u>nach a oder ı</u>

çalışıyorum
çalışıyorsun
çalışıyor
çalışıyoruz
çalışıyorsunuz
çalışıyorlar

<u>nach ö oder ü</u>

gülüyorum
gülüyorsun
gülüyor
gülüyoruz
gülüyorsunuz
gülüyorlar

<u>nach o oder u</u>

oturuyorum
oturuyorsun
oturuyor
oturuyoruz
oturuyorsunuz
oturuyorlar

Nun können Sie auch Ihren Wohnort auf Türkisch angeben:

Münih'te oturuyorum;   İstanbul'da oturuyorum.

Ich wohne in München; Ich wohne in Istanbul.

Oder den Wohnort von anderen erfragen:
Nerede oturuyor*sun*(uz)?   Wo wohnst du (wohnen Sie)?

Sie können nun auch Ihren Beruf mit dem Arbeitsort angeben und den Beruf von anderen erfragen:
– Ne iş yapıyor*sun*(uz)?
Was machst du (machen Sie) beruflich?

– Üniversitede asistan olarak çalışıyorum.
Ich arbeite als Assistent an der Universität.

Die Partikel ‚olarak' (‚als', wörtlich ‚seiend') wird dem Bezugswort nachgestellt: öğretmen olarak (als Lehrer), doktor olarak (als Arzt) ... Außer bei Schüler und Student (öğrenci) können Sie ‚olarak' bei allen Berufsbezeichnungen benutzen.

Sie können nun auch gegebenenfalls das Studienfach angeben:
Pedagoji okuyorum.
Ich studiere Pädagogik.

Aufgabe: Lesen Sie den Text T 1 und versuchen Sie ihn mit Hilfe der Grammatik und der ‚Wörterkiste' zu verstehen. Lesen Sie T 1 mehrmals und erzählen Sie ihn Ihrem Lernpartner nach! Spielen Sie mit Ihrem Lernpartner den Dialog S 1 b, auch auf Deutsch!
Machen Sie die Übungen 2, 3, 4 und S/Ü 1!

Das Bindewort ‚ama'

In diesen Texten und Übungen begegnen Sie auch dem Bindewort (bağlaç) ‚ama' (aber). In der Regel gehört es im Türkischen zum ersten Hauptsatz, das Komma wird nach ‚ama' gesetzt:
Münih'te oturuyorum ama, Augsburg'ta çalışıyorum.

Doch begegnet manchmal aber auch die Struktur wie im Deutschen:
Münih'te oturuyorum, ama Augsburg'ta çalışıyorum.
Ich wohne in München, aber ich arbeite in Augsburg.
Das Synonym von ‚ama' ist ‚fakat'.

1.2. Frageform

Bei der Frageform wird die Fragepartikel, die in diesem Fall als ‚mu' konstant bleibt (weil sie immer dem Tempussuffix ‚-yor' folgt), vom Verbstamm und Tempussuffix getrennt, aber mit der Personalendung zusammengeschrieben; in der 3. Person Plural aber wird sie der Verbform nachgestellt und lautet ‚mı', weil sie der Pluralendung ‚-lar' folgt (s. Konjugationsschema).

Reihenfoge der Endungen:

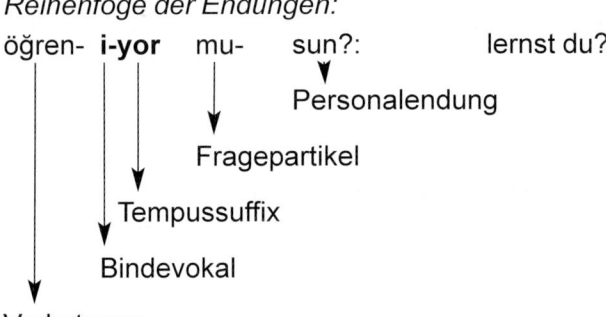

Konjugationsschema:

öğreniyor muyum?	lerne ich?
öğreniyor musun?	lernst du?
öğreniyor mu?	lernt er?
öğreniyor muyuz?	lernen wir?
öğreniyor musunuz?	lernt ihr (lernen Sie)?
öğreniyorlar mı?	lernen sie?

1.3. Lautliche Besonderheiten

a) Bei zwei Verben, ‚demek' (sagen) und ‚yemek' (essen), wird das ‚e' am Verbstamm zu ‚i':
demek d*i*yor (er sagt), d*i*yor mu (sagt er)?
yemek y*i*yor (er ißt), y*i*yor mu (ißt er)?

b) Bei drei Verben, ‚gitmek' (gehen, fahren), tatmak' (schmecken, kosten) und ‚etmek' (machen, tun) sowie bei allen Verbindungen mit ‚etmek' (s. u. 1.6) wird das ‚t' am Verbstamm zu ‚d':

gi*t*mek	gi*d*iyor; gi*d*iyor mu?
ta*t*mak	ta*d*ıyor; ta*d*ıyor mu?
e*t*mek	... e*d*iyor; e*d*iyor mu?

Die Regeln a und b gelten im Aussage- und Fragesatz für alle Modus- und Zeitformen mit vokalisch anlautendem Suffix.

c) Bei mehrsilbigen Verbstämmen, die auf ‚e' oder ‚a' auslauten, gleicht sich dieser Auslautvokal nach der großen Vokalharmonie an den vorhergehenden Vokal an:

istemek (wollen)	ist*i*yor; ist*i*yor mu?
ağla-mak (weinen)	ağl*ı*yor; ağl*ı*yor mu?
söylemek (sagen)	söyl*ü*yor; söyl*ü*yor mu?
oyna-mak (spielen)	oyn*u*yor; oyn*u*yor mu?

Diese Regel können Sie sich auch so merken, daß Sie den Auslautvokal ganz wegfallen lassen und die Zeitform regelrecht mit den Varianten ‚-iyor, - ıyor', ‚-üyor', ‚-uyor' nach Konsonantauslaut bilden:

ist-iyor
ağl-ıyor
söyl-üyor
oyn-uyor

1.4. Verneinung

Das Verneinungssuffix ist ‚-me' (oder ‚-ma', kleine Vokalharmonie). Es wird zwischen Verbstamm und Infinitivendung engeschoben:

gel-me-mek   nicht kommen

oku-ma-mak   nicht lesen

Dadurch entsteht ein negativer Verbstamm:
gelme]-mek
okuma]-mak

Bei der Konjugation gilt die oben angeführte Regel (1.3.c):
Das auslautende ‚e' oder ‚a' gleichen sich vokalharmonisch an den letzten Vokal an:
gelme-mek: gelm*i*yorum   (ich komme nicht),
okuma-mak: okum*u*yorum   (ich lese nicht).

Auf diese Weise leiten sich die Verneinungsendungen für das bestimmte Präsens ab:
nach e oder i: -   miyor: öğren*miyo*rum
nach a oder ı: -   mıyor: çalış*mıyo*rum
nach ö oder ü: -   müyor: gül*müyo*rum
nach o oder u: -   muyor: otur*muyo*rum

Konjugationsschema:

öğrenmiyorum	çalışmıyorum
öğrenmiyorsun	çalışmıyorsun
öğrenmiyor	çalışmıyor
öğrenmiyoruz	çalışmıyoruz
öğrenmiyorsunuz	çalışmıyorsunuz
öğrenmiyorlar	çalışmıyorlar
gülmüyorum	oturmuyorum
gülmüyorsun	oturmuyorsun
gülmüyor	oturmuyor
gülmüyoruz	oturmuyoruz
gülmüyorsunuz	oturmuyorsunuz
gülmüyorlar	oturmuyorlar

Bei der Verneinung liegt die Betonung auf dem Verbalstamm: gélmiyorum

Atatürk-Denkmäler gibt es in jedem Ort

'Blumenpassage', eine berühmte Bohemien-Kneipe in Beyoglu, dem Prachtviertel von Istanbul

Die Jugendherberge in der historischen Altstadt von Istanbul

Die alte Stadtmauer
von Istanbul

Anlegeplätze bei der
Galata-Brücke (Istanbul)

Bushaltestelle am Eminönü-Platz
(Istanbul)

Aufgabe: Machen Sie die S/Ü 2 a!

1.5. Verneinende Frage

Bei der verneinenden Frage gilt auch die allgemeine Reihenfolge der Endungen: gelmiyor musun (kommst du nicht), nur in der 3. Person im Plural wird das Fragewörtchen nachgestellt (s. Konjugationsschema).

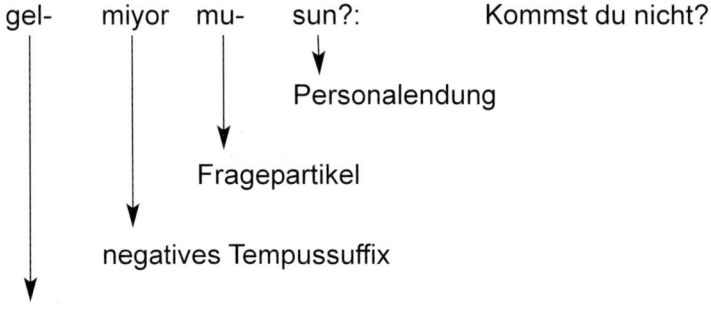

Konjugationsschema:

gelmiyor muyum?	çalışmıyor muyum?
gelmiyor musun?	çalışmıyor musun?
gelmiyor mu?	çalışmıyor mu?
gelmiyor muyuz?	çalışmıyor muyuz?
gelmiyor musunuz?	çalışmıyor musunuz?
gelmiyorlar mı?	çalışmıyorlar mı?
gülmüyor muyum?	okumuyor muyum?
gülmüyor musun?	okumuyor musun?
gülmüyor mu?	okumuyor mu?
gülmüyor muyuz?	okumuyor muyuz?
gülmüyor musunuz?	okumuyor musunuz?
gülmüyorlar mı?	okumuyorlar mı?

Merken Sie:
* Sowohl in der Aussage- und Frageform als auch bei der Verneinung und der negativen Frage gilt die Regel für die 3. Pers. Plural von der Entsprechung vom Hilfsverb ‚sein': Wenn das Subjekt (auch als Personalpronomen ‚onlar') im Plural steht, kann die Personalendung am Verb ausfallen: Çocuklar odada oturuyor(!) (vgl. T 2), aber: Odada oturuyorlar.
* Die Regeln a und b bei lautlichen Besonderheiten (vgl. oben 1.3.) gelten in der Verneinung und im negativen Fragesatz nicht:
yemek: yemiyor; yemiyor mu? gitmek: gitmiyor; gitmiyor mu?

Aufgabe: Machen Sie die Übungen Ü 6 und Ü 8!

1.6. Zu einigen besonderen Verben

* Die Hilfsverben ‚yapmak' und ‚etmek'
  Die Hilfsverben ‚yapmak' (machen) und ‚etmek' (machen, tun) leiten (vorwiegend ‚etmek') aus Substantiven (meistens Lehnwörtern) Verben ab: (vgl. T 2)
  ütü: Bügeleisen   ütü yapmak: bügeln
  dans: Tanz   dans etmek: tanzen
  telefon: Telefon   telefon etmek: telefonieren
  (Bei allen Verben mit ‚etmek' (auch ‚televizyon seyretmek') wird das ‚t' am Verbstamm im Aussage- und Fragesatz zu ‚d' erweicht.
  Diese Regel gilt für alle Modus- und Zeitformen mit vokalisch anlautendem Suffix.
* Die Verben ‚çalmak', ‚içmek', ‚okumak' (lesen; studieren) und ‚oturmak' (wohnen; sitzen) haben verschiedene Bedeutungen, die in Dialogen und Texten der Lektion deutlich gezeigt worden sind.
  Das Verb ‚çalmak' bedeutet ‚klingeln', ‚spielen' (Instrument, Radio usw., aber *kein* Spiel!) und ‚stehlen' (vgl. T 2 und die 1. Karikatur!)
  Das Verb ‚içmek' bedeutet zwar ‚trinken', aber in Verbindung mit ‚sigara' (sigara içmek) heißt es ‚rauchen'. Sie können aber ‚sigara' mit anderen Rauchobjekten austauschen, z. B. ‚pipo' (Pfeife) oder ‚puro' (Zigarre), dann heißt das Verb ‚pipo içmek' ‚Pfeife rauchen', ‚puro içmek' ‚Zigarre rauchen' usw.
  Auch Suppe wird im Türkischen ‚getrunken': çorba içmek (Suppe essen, wörtlich: Suppe trinken).

Aufgabe: Verstehen Sie die 1. Karikatur? Wenn nicht, können Sie ja im ‚Schlüssel' nachschauen!

Aufgabe: Spielen Sie mit Ihrem Lernpartner den Dialog S 2, auch auf Deutsch! Machen Sie die S/Ü c! Lesen Sie den Text T 2 und versuchen Sie ihn mit Hilfe der Grammatik und der ‚Wörterkiste' zu verstehen! Lesen Sie ihn mehrmals und erzählen Sie ihn Ihrem Lernpartner nach!

* Das Verb ‚yemek' (essen) als allgemeine Tätigkeit muß mit dem Substantiv ‚Essen' (yemek) gebraucht werden:
Ali yemek yiyor. Ali ißt (wörtlich: Ali ißt Essen).
Aber wenn der Satz ein Akkusativobjekt hat, fällt das Substantiv ‚yemek' weg:
Ali domates yiyor. Ali ißt Tomaten.
Dies gilt auch für ‚pişirmek' (kochen). Als allgemeine Tätigkeit muß ‚pişirmek' mit dem Substantiv ‚yemek' (Essen) gebraucht werden:
Anne yemek pişiriyor. Die Mutter kocht. (wörtlich: Die Mutter kocht Essen).
Wenn aber der Satz ein Akkusativobjekt hat, fällt ‚yemek' weg:
Anne çorba pişiriyor. Die Mutter kocht Suppe.

2. Der unbestimmte Akkusativ

Wie Sie in Dialogen, Texten und Beispielsätzen der Übungen sicherlich schon gemerkt haben, gibt es beim unbestimmten Akkusativ keine Fallendung im Türkischen (vgl. den bestimmten Akkusativ, Lektion 7). Bei der Unbestimmtheit wird das Akkusativobjekt in der Grundform gebraucht:
Mektup yazıyorum. (vgl. S 1 a)   Ich schreibe einen Brief.
oder:
Kitap okuyor.   (vgl. S 1 a)   Sie liest ein Buch.

Aufgabe: Spielen Sie mit Ihrem Lernpartner den Dialog S 1a, auch auf Deutsch! Machen Sie die Übungen Ü 1, 5, 7 und B/Ü!

3. Die Stellung der Fragepartikel

Die Fragepartikel muß nicht unbedingt am Verb stehen, sondern sie kann an jedem Satzglied (Subjekt, Objekt) stehen, je nachdem, welcher Satzteil betont werden muß, wie z. B. in S 1a, D a und b:

Ben *mi*?   Ich?

| Bay Weber *mi*? | Herr Weber? |
| Helga da mı Türkçe öğreniyor? | Lernt auch Helga Türkisch? |

Oder wie im Beispielsatz der Ü 12. Aus dem Aussagesatz ‚Metin Bey bugün büroda çalışıyor' können Sie vier Fragesätze bilden:

Metin Bey mi bugün büroda çalışıyor? (Subjekt betont),
Metin Bey bugün mü büroda çalışıyor? (Zeitangabe betont)
Metin Bey bugün büroda mı çalışıyor? (Ortsangabe betont)
Metin Bey bugün büroda çalışıyor mu? (Tätigkeit betont)

Die deutsche Übersetzung dieser Fragesätze ist zwar gleich, aber die Betonung liegt jeweils auf einem verschiedenen Satzglied. Vergleichen Sie den Satz in der zweiten Sprechblase der zweiten Karikatur: ‚eşyaları mı kaybediyor gene'? (Läßt er wieder die Sachen verschwinden?)

Aufgabe: Machen Sie die Übungen 12 und S/Ü b!
Versuchen Sie die 2. Karikatur mit Hilfe der Wörterkiste zu verstehen. Sie können mit Ihrem Lernpartner die Sprechblasen auch als Dialog spielen!

4. Nationalitäten- und Sprachenbezeichnungen; die Wortbildungsendung ‚-ce'

Da es in dieser Lektion u.a. auch um ‚Sprachen lernen' geht (‚Peter Türkçe öğreniyor'!), können Sie nun dazu lernen, wie Sprachbezeichnungen im Türkischen abgeleitet werden:
Die Endung, die Sprachenbezeichnungen ableitet, lautet ‚-ce', die der kleinen Vokalharmonie (Variante ‚-ca') unterliegt und unbetont ist (nur schwacher Hochton). Nach stimmlosen Konsonanten (vgl. Einführungslektion) lautet sie ‚-çe' (‚-ça'). An Nationalitätsbezeichnung angehängt, leitet sie Sprachenbezeichnungen ab:

İngiliz (Engländer)	Alman (Deutscher)
İngiliz*ce* (Englisch)	Alman*ca* (Deutsch)
Türk (Türke)	Arap (Araber)
Türk*çe* (Türkisch)	Arap*ça* (Arabisch)

Die Endung ‚-ce' kann auch dem Fragewort ‚ne' (was) angefügt werden:
nece: welche Sprache (oder: in welcher Sprache)?

Aufgabe: Spielen Sie mit Ihrem Lernpartner den Dialog D a, b; auch auf Deutsch! Machen Sie die Übungen 9, 10 und 13!

Merken Sie:
* Bei manchen Nationalitätsbezeichnungen gibt es die Endung ‚-li' (vgl. Lektion 2), die den Heimatort angibt, z. B.:
  Avusturya: Österreich; Avusturyalı: Österreicher(in)
  Bavyera: Bayern; Bavyeralı: Bayer(in)
  Bei solchen Beipielen wird die Endung ‚-ce' bei der Ableitung von Sprachenbezeichnungen nicht der Nationalitätsbezeichnung, sondern dem Ländernamen angefügt:
  Avusturyaca (Österreichisch), Bavyeraca (Bayerisch).
  Aber: Amerika, Amerikalı (Amerikaner), Amerikan (oder Amerikanca): Amerikanisch!

5. Übersicht über die Verneinung im Türkischen

Bei Hilfsverben:
a) Entsprechung für ‚sein':   Verneinung mit ‚değil':
    Hasta değilim.   Ich bin nicht krank.
b) Entsprechung für ‚haben':   Verneinung mit ‚yok':
    Bende para yok.   Ich habe kein Geld.
    Bei Vollverben: mit der Negationsendung ‚-me/-ma', im Präsens:
    negatives Tempussuffix ‚-miyor (mıyor, -müyor, -muyor):
    Çalışmıyorum.   Ich arbeite nicht.

Aufgabe: Machen Sie die Übung 11!
Prägen Sie sich auch die Wendungen in der ‚Wörterkiste' W 4 ein!

Wörterkiste

(Verweise mit C beziehen sich auf den Grammatikteil der Lektionen, die Zahlen rechts vom Punkt auf das entsprechende Kapitel im Grammatikteil!)

W 1

ağlamak	weinen
Ali	männlicher Vorname
almak	(hier:) kaufen
ama (Altw. fakat)	aber
Amerika	Amerika
Amerikalı	Amerikaner(in)
Amerikan(ca)	Amerikanisch
anlamadım	ich habe nicht verstanden
aptal	dumm
Arapça	Arabisch
asistan	Assistent(in)
Avusturya	Österreich
Avusturyaca	Österreichisch
Avusturyalı	Österreicher(in)
Ayşegül	weiblicher Vorname
az	wenig
az çok	einigermaßen
Bavyera	Bayern
Bavyeraca	Bayerisch
Bavyeralı	Bayer(in)
bilmek	wissen, kennen, (hier:) können
biraz	ein wenig, etwas
Bornova	Stadtteil in İzmir
bu kez	dieses Mal
çalışmak	arbeiten
çalmak	klingeln; spielen (Instrument); stehlen
çay	Tee
çok	sehr, viel
çok az	sehr wenig
çorba	Suppe
dans	Tanz
dans etmek	tanzen
dayı	Onkel (mütterlicherseits)
demek	sagen
dinlemek	hören
dil	(hier:) Sprache
dondurma	Speiseeis
Edirne	Stadt in Thrakien an der europäischen Grenze
ekmek	Brot
eşya	Sache, Ding
etmek	machen, tun (s. C.1.6)
fakat	aber
film (oder filim)	Film
Fransız	Franzose, Französin
futbol	Fußball
gelmek	kommen
gene	wieder
gitar	Gitarre
gitmek	gehen, fahren
Gül	weiblicher Vorname
gülmek	lachen
gürültü	Geräusch, Lärm
hırsız	Dieb
içmek	trinken; rauchen (s. C.1.6)
iktisat	Volkswirtschaft
İngiliz	Engländer(in)
İngilizce	Englisch
İspanyol	Spanier(in)
İspanyolca	Spanisch
istemek	wollen, mögen
işçi	Arbeiter(in)
İtalyan	Italiener(in)
İtalyanca	Italienisch
iyi	gut
kahve	Kaffee
kantin	Kantine
kaybetmek	verlieren; (hier) verschwinden lassen
Kemal	männlicher Vorname
konuşmak	sprechen
Macar	Ungar(in)
mektup	Brief
Münih	München
müzik	Musik
ne iş yapıyorsun (uz)?	Was machst du/ machen Sie beruflich? (s. auch W4)
nece	welche Sprache, in welcher Sprache
Nuri	männlicher Vorname
oda	Zimmer
okumak	lesen: studieren
olarak	als
Orhangazi	Ort bei Bursa
oturmak	wohnen; sitzen
oynamak	spielen
öğrenmek	lernen
önemli	wichtig
Özcan	männlicher Vorname
park	Park
pasta	Kuchen
pedagoji	Pädagogik
pipo	Pfeife
pişirmek	kochen
puro	Zigarre
rakı	Raki: türkischer Anisschnaps
Rıfkı	männlicher Vorname
Rus	Russe (Russin)

Rusça	Russisch	**W 2: (grammatische Termini)**	
saz	türkisches Musikinstrment, Laute	fiil (Neuw. eylem)	Verb
		fiil çekimi	Konjugation
seyretmek	zu-, an-schauen	fiil kökü	Verbstamm
sıra	(hier) Reihe	mastar	Infinitiv
sigara içmek	(Zigarette) rauchen	mastar eki	Infintivendung
sihirbaz	Zauberer	şimdiki zaman	(bestimmtes) Präsens
sihirbazlık yapmak	(hier) den Zauberer spielen		
spor	Sport	**W 4 (Umgangssprachliches)**	
spor yapmak	Sport treiben	Ne iş yapıyorsun(uz)?	Was machst du (machen Sie) beruflich?
söylemek	sagen		
şu anda	in diesem Augenblick	Türkçe biliyor musun(uz)?	Kannst du (können Sie) Türkisch ?
Taksim	Stadtviertel in Istanbul (europäischer Teil)		
		Türkçe konuşuyor musun(uz)?	Sprichst du (sprechen Sie) Türkisch?
tatmak	kosten, schmecken		
telefon etmek	telefonieren		
televizyon seyretmek	fernschauen, fernsehen		
Türkçe biliyor musun(uz)?	Sprichst du/sprechen Sie Türkisch? (s. W 4)		
yapmak	machen		
yazmak	schreiben		
yemek	Essen		
(yemek) yemek	essen (s. C.1.6)		
yemek pişirmek	kochen (s. C.1.6)		
Üsküdar	Stadtviertel in Istanbul (asiatischer Teil)		
ütü	Bügeleisen		
ütü yapmak	bügeln		
Zonguldak	Stadt am Schwarzen Meer		

Lektion 5
Gönül Hanım Bakkaldan Alışveriş Ediyor
(Frau Gönül kauft beim Lebensmittelhändler ein)

Grammatik:

1. Der Ablativ (Fragewörter im Ablativ: nereden / kimden)
2. Gewichte und Währung
3. yarım-buçuk (= halb)
4. Die Fragewörter ‚kaç tane- ne kadar' und Übersicht über die Fragewörter, die bis zur 5. Lektion gelernt wurden
5. Adjektiv und Adverb
6. Postpositionen mit dem Ablativ (başka, beri, itibaren, önce, sonra)
7. Konstruktionen mit dem Ablativ und der Ablativ als Wortbildungsendung (‚-den')

Sprechsituationen:

1. Lokale und temporale Angaben machen
2. Sachen beschreiben
3. Lebensmittel einkaufen

Aufbauwortschatz:

1. Maßeinheiten
2. Lebensmittel und Getränke
3. Essen und Trinken

Schaufenster einer türkischen Konditorei

5 A

 S

1A / 25

Nereden geliyorsun?
   Kurstan geliyorum.
Kursta ne yapıyorsun?
   Türkçe öğreniyorum. Ya sen nereden geliyorsun?
Bürodan geliyorum.
   Büroda ne yapıyorsun?
Sekreter olarak çalışıyorum.
   Gönül Hanım nereden geliyor?
Bakkaldan geliyor.

 D 1

1A / 26

(Vorbemerkung: Wegen der ständigen Inflation in der Türkei ändern sich die Preise sehr oft. Aus diesem Grund entfallen in allen folgenden Dialogen von der Lektion 5 bis Lektion 15 die Preisangaben)

Gönül Hanım Bakkaldan Alışveriş Ediyor

G.: Merhaba.
B.: Merhaba, efendim, buyurun.
G.: Sizde domates var mı?
B.: Var, efendim.
G.: Domates bugün nasıl?
B.: Domates bugün çok taze.
G.: Kaça?
B.: Kilosu —— Lira.
G.: Bir kilo domates, lütfen.
B.: Peki, efendim. Başka bir şey istiyor musunuz?
G.: Kavun veya karpuz var mı?
B.: Karpuz yok ama, kavun var. Tanesi —— Lira.
G.: Pahalı ama, neyse. İki tane de kavun istiyorum.
B.: Peki, efendim.
G.: Beyaz peynir ne kadar?
B.: Kilosu —— Lira.
G.: Yarım kilo da beyaz peynir istiyorum.
B.: Evet, buyurun, yarım kilo beyaz peynir.

G.: Zeytin var mı?
B.: Bugün zeytin yok maalesef.
G.: O halde 250 gram pastırma, 750 gram sucuk ve bir buçuk kilo şeker lütfen, bir tane de ekmek.
B.: Peki, efendim. Başka?
G.: Üç şişe de soğuk bira istiyorum. Hepsi bu kadar. Hepsi ne kadar ediyor?
B.: Bir dakika, efendim, hesaplıyorum. Bir kilo domates —— Lira, iki tane kavun —— Lira ... hepsi —— Lira.
G.: Buyurun, —— Lira.
B.: Teşekkürler, efendim. İşte paranın üstü. Gene buyurun.
G.: Allaha ısmarladık. Hayırlı işler.
B.: Sağ olun, efendim. İyi günler.

 D 2

1A / 27

a) Gönül Hanım domatesten başka ne alıyor?
   Çok şey alıyor. Mesela kavun ve beyaz peynir de alıyor.
   Sen Türkçe'den başka dil biliyor musun?
   Evet, biraz İngilizce de biliyorum.
   Metin Bey rakıdan başka ne içiyor?
   Bira da içiyor.

b) Ne zamandan beri Türkçe öğreniyorsun?
   Bir aydan beri Türkçe öğreniyorum.
   Ben de yarından itibaren Türkçe öğreniyorum.
   Yemekten sonra ne yapıyorsunuz?
   Yemekten sonra kahve içiyoruz.
   Dersten önce ne yapıyorsunuz?
   Dersten önce spor yapıyoruz.

 D 3

1A / 28

Bugün hava sıcak mı?
   Hayır, bugün hava sıcak değil, soğuk.
Sinan yaşlı mı?
   Hayır, Sinan yaşlı değil, genç.
Öğrenciler tembel mi?
   Hayır, onlar tembel değil, çalışkan.
Kavun ucuz mu?
   Hayır, kavun ucuz değil, pahalı.
Ayten, çirkin mi?
   Hayır, Ayten çirkin değil, güzel.

 T

1A / 29

Bugün Gönül Hanım bakkaldan alışveriş ediyor. Bir kilo domates, iki tane kavun, yarım kilo beyaz peynir ve başka şeyler de alıyor. Gönül Hanım bakkaldan çok memnun. Beş yıldan beri bu bakkaldan alışveriş ediyor.
Hans yarından itibaren Volkshochschule'de Türkçe öğreniyor. Kurstan önce bir Türkçe kitabı ve iki tane sözlük satın alıyor. Kurstan sonra marketten alışveriş ediyor.

 Sprichwort (Atasözü)

1A / 30

Gözden ırak, gönülden ırak
Aus den Augen, aus dem Sinn

Lektion 5

Karikatur
1A / 31

Lied
1A / 32

YAĞMUR YAĞIYOR

Yağ-mur ya-ğı-yor. Sel-ler a-kı-yor. A-rap kı-zı cam-dan ba-kı-yor.

5 B

Ü 1 (sen)- / okul: Nereden geliyorsun? Okuldan geliyorum.

1B / 30

a. (siz)- / doktor
b. Ayşe / ev
c. Gönül Hanım / bakkal
d. öğrenciler / üniversite
e. baba / İzmir

f. Sabine / mutfak
g. Hans / kurs
h. (siz)- / Arzu Hanım
ı. Mehmet / fabrika
i. Fatma / Sivas

Ü 2 Bilden Sie sinnvolle Sätze, z. B. ‚Anne bakkaldan ekmek alıyor'

Anne	kitaplık / ekmek	almak
Ferdi	mutfak / kâğıt	getirmek
Can	bakkal / kitap	getirmek
öğrenciler	kasap / bira	almak
biz	büro / çay	almak
ben	kantin / et	getirmek

Ü 3 Füllen Sie aus!

- Merhaba.
- ...
- ...
- Evet, efendim. Domates var.
- ...
- Domates bugün çok taze.
- ...
- Evet efendim, kavun da var.
- ...
- Tanesi —— Lira.
- ...
- Maalesef bugün sucuk yok.

Ü 4 Bilden Sie zu den Aussagesätzen Fragesätze mit passenden Fragewörtern ‚ne', ‚kim', ‚nerede', ‚kimde', ‚nereden', ‚kimden und ‚nasıl', z. B.: Ayşe evden geliyor: Ayşe nereden geliyor, aber: Kim evden geliyor usw.

1. Hans kursta Türkçe öğreniyor.
2. Gül bakkaldan ekmek alıyor.
3. Ekmek taze.
4. Fatma mutfaktan bira getiriyor.
5. Bira soğuk.
6. Mektup Salih'ten geliyor.
7. Ali'de çakmak var.
8. Sinan üniversitede pedagoji okuyor.

Ü 5 ‚kaç tane' oder ‚ne kadar':

Dört öğrenci Türkçe öğreniyor:
Kaç tane öğrenci Türkçe öğreniyor?
aber: Gönül Hanım bir kilo domates alıyor:
Ne kadar domates alıyor?

1. Mutfakta iki şişe bira var.
2. Mutfakta iki tane de ekmek var.
3. Gönül Hanım 750 gram pastırma alıyor.
4. Sınıfta altı öğrenci var.
5. Nuray beş kilo şeker alıyor.
6. Hans bir sözlük ve iki defter alıyor.
7. Ferdi iki domates yiyor.
8. Çocuklar bir kilo muz yiyor.

Ü 6 Setzen Sie ein: başka, beri, itibaren, önce, sonra mit der richtigen Endung!

1. Yemek ———— çay içiyoruz.
2. Peter Türkçe ———— biraz Arapça da biliyor.
3. Öğrenciler ders —- ——- bahçede top oynuyor.
4. Hans yarın ———— bir kursta Türkçe öğreniyor.
5. Hans kurs —- ——- Almanca-Türkçe sözlük alıyor.
6. Hans sözlük —- ——- defter ve kalem de alıyor.
7. Gönül Hanım on dokuz yıl —- ——- Taksim'de oturuyor.

Ü 7 Finden Sie die passenden Antworten zu den Fragesätzen:
A: 1, B:?, C:? ...

A. Nereden geliyorsun?   1. Okuldan geliyorum.

B. Ne zamandan beri   2. Taksim'de oturuyoruz.
   Türkçe öğreniyorsunuz?

C. Başka bir şey istiyor musunuz?   3. Sekreter olarak çalışıyorum.

D. Nerede oturuyorsunuz?   4. Mektup Fatma'dan geliyor.

E. Büroda ne yapıyorsun?   5. Bir aydan beri Türkçe öğreniyorum.

F. Dersten sonra ne yapıyoruz?   6. Bir kilo da muz istiyorum.

G. Mektup kimden geliyor?   7. Kantinde çay içiyoruz.

Ü 8   hava-sıcak: Hava sıcak mı? – Hayır, soğuk.

1B / 34

a. ev-büyük   i. cümle-doğru
b. kavun-ucuz   j. (siz)- aç
c. ekmek-bayat   k. Türkçe-zor
d. baba-yaşlı   l. çanta-ağır
e. (siz)-tembel   m. yol-uzun
f. bisiklet-eski   n. pencere-açık
g. üniversite-uzak   o. Ali-fakir
h. (sen)- iyi   ö. sepet-boş
ı. radyo-bozuk

Ü 9   Übersetzen Sie ins Türkische!

1B / 35

1. Der Vater kauft ein neues Auto.
2. Das neue Auto ist rot.
3. Herr Braun wohnt in einem neuen Haus.
4. Gül kauft ein frisches Brot.
5. Ferdi holt aus der Küche ein kaltes Bier.
6. Hans lernt ab morgen Türkisch.

Ü 10   Beantworten Sie die Fragen zu den Dialogen und Texten!

1. Gönül Hanım bakkaldan neler alıyor?
2. Domates taze mi?
3. Bakkalda bugün zeytin var mı?
4. Gönül Hanım ne zamandan beri bu bakkaldan alışveriş ediyor?
5. Gönül Hanım bakkaldan memnun mu?
6. Hans nerede Türkçe öğreniyor?
7. Hans kurstan önce neler satın alıyor?

S/Ü   Spielen Sie mit Ihrem Lernpartner einen Dialog mit Alternativantworten!

a)

Nereden geliyorsun?
- Üniversiteden geliyorum.
- Bakkaldan geliyorum.
- Adana'dan geliyorum.

b)

Yemekten sonra ne yapıyorsunuz?
- Kahve içiyorum.
- Televizyon seyrediyorum.
- Yemekten sonra mı? Kitap okuyorum.

c)

Ne zamandan beri Türkçe öğreniyorsun?
- Bir aydan beri
- İki yıldan beri.
- Türkçe mi? Üç aydan beri.

B/Ü Fragen Sie Ihren Lernpartner, woher diese Menschen gerade kommen, hören Sie seine Antworten und lassen Sie sich dann befragen!

Universitätsgebäude in Istanbul

5 C

1. Der Ablativ („-den' hali: uzaklaşma durumu)

Der Ablativ, der im Deutschen mit den Präpositionen ‚von' und ‚aus' ausgedrückt wird, wird im Türkischen durch das Anhängen der Endung ‚-den' gebildet. Sie unterliegt der kleinen Vokalharmonie (Variante ‚-dan') und ist betont. Nach stimmlosen Konsonanten (vgl. Einführungslektion) wird sie zu ‚-ten' und ‚-tan'; nach Eigennamen wird sie vom Bezugswort durch einen Apostroph getrennt:

ev*den*	okul*dan*
vom, aus dem Haus	von, aus der Schule
Münih'ten	Sivas'tan
von, aus München	von, aus Sivas
Ali'den	Fatma'dan
von Ali	von Fatma

Die entsprechenden Fragewörter sind:
nereden (woher), kimden (von wem).

Die entsprechenden Ortsadverbien sind ‚buradan' (von hier), ‚şuradan' (von dort), ‚oradan' (von dort, größere Entfernung), die sich von den Demonstrativpronomen ‚bu-şu-o' ableiten.

Das Fragewort ‚nereden' und die Ortsadverbien ‚buradan', ‚şuradan' und ‚oradan' sind jeweils auf der ersten Silbe betont.

Nereden geliyorsun?	Okuldan geliyorum.
Woher kommst du?	Ich komme von (aus) der Schule.

Mit dem Ablativ wird nicht der Heimatort ausgedrückt, sondern der Ort, woher man gerade kommt.
‚Ankara'dan geliyorum' bedeutet z. B. nicht, daß man aus Ankara ist (d. h. nämlich ‚Ankaralıyım', vgl. Lektion 2), sondern gerade aus Ankara kommt.

Auch Personalpronomen werden wie Substantive dekliniert:

benden	von mir
senden	von dir
ondan	von ihm / von ihr
bizden	von uns
sizden	von euch (Ihnen)
onlardan	von ihnen

Aufgabe: Spielen Sie mit Ihrem Lernpartner den Dialog S, auch auf Deutsch! Machen Sie die Übungen 1, S/Ü a und B/Ü!

Merken Sie:
* Das Verb ‚almak', das Sie in Lektion 4 als ‚kaufen' gelernt haben, hat verschiedene Bedeutungen, z. B. ‚nehmen', ‚bekommen', ‚holen'. Speziell ‚kaufen' heißt eigentlich ‚satın almak' (vgl. T: Hans sözlük satın alıyor), es wird aber oft statt ‚satın almak' nur ‚almak' verwendet. Wenn man etwas kauft, wird ‚almak' wie im Deutschen mit Akkusativ verwendet, z. B.: Anne ekmek alıyor (Die Mutter kauft Brot). Aber wenn man bei jemandem etwas kauft, wird zusätzlich der Ablativ gebraucht:
Anne bakkal*dan* ekmek alıyor: Die Mutter kauft Brot beim Lebensmittelhändler.

Das Verb ‚alışveriş etmek' (einkaufen, einkaufen gehen) hingegen, braucht kein Akkusativobjekt, aber wenn man ‚bei jemandem' einkauft, den Ablativ; wie die Überschrift des Dialogs D 1:
Gönül Hanım bakkal*dan* alışveriş ediyor:
Frau Gönül kauft beim Lebensmittelhändler ein.
Das Verb ‚getirmek' (holen, herbringen) wird wie ‚almak' mit Akkusativobjekt und Ablativ gebraucht wie in den Sätzen der Ü 2:
Anne bakkaldan ekmek alıyor usw.

Aufgabe: Machen Sie die Übung 2!

2. Einkaufen, Gewichte und Währung

In D 1 lernen Sie wichtige Ausdrücke, die Sie beim Einkaufen in einem türkischen Lebensmittelgeschäft brauchen. Für die Frage ‚was kostet ...' gibt es im Türkischen drei Ausdrücke:
kaça / kaç para / ne kadar
Finden Sie die wichtigen Ausdrücke, die Sie in einer solchen Sprechsituation gebrauchen können in der ‚Wörterkiste', lernen Sie und verwenden Sie sie!
Die Gewichtseinheiten sind wie im Deutschen:
gram (Gramm, Abkürzung gr.) und kilo(gram) (Kilo(gramm), Abkürzung kg). Für ‚Pfund' gibt es keinen bestimmten Ausdruck, man sagt dafür ‚halbes Kilo': yarım kilo.
Im Aufbauwortschatz finden Sie noch andere in der Türkei gebräuchliche Maßeinheiten. Lernen Sie sie!
Die türkische Währung ist ‚Türk Lirası', Abkürzung TL, in der gesprochenen Sprache sagt man nur ‚Lira'. Die kleinere Währungseinheit, kuruş, ist aber aufgrund der Inflation und der ständigen Abwertungen aus dem Verkehr gezogen.

In D 1 ist von Lebensmitteln die Rede. Im Aufbauwortschatz finden Sie noch weitere Lebensmittelbezeichnungen, die in D 1 nicht vorkommen. Lernen Sie sie dazu!
Wenn in D 1 Gönül Hanım nach dem Preis fragt, antwortet der ‚Bakkal' mit ‚kilosu' (ein Kilo, wörtlich sein Kilo) oder ‚tanesi' (ein Stück, wörtlich sein Stück). Betrachten Sie diese Formen vorläufig als feststehende Ausdrücke; Sie werden sie in Lektion 9 lernen.

Aufgabe: Spielen Sie mit Ihrem Lernpartner den Dialog D 1, auch auf Deutsch! Am besten gehen Sie gleich in ein türkisches Lebensmittelgeschäft und kaufen Sie dort ein!
Machen Sie die Übung 3!

Auf dem Markt:
vielerlei
Sorten Oliven

3. yarım-buçuk

In D 1 lernen Sie für ‚Pfund' ‚yarım kilo' (halbes Kilo) zu sagen. Gönül Hanım kauft aber auch ‚bir *buçuk* kilo şeker' (einein*halb* Kilo Zucker). Merken Sie den Unterschied zwischen ‚yarım' und ‚buçuk', ‚yarım' steht adjektivisch vor dem Bezugswort:
yarım elma: halber Apfel; yarım ekmek: halbes Brot.
‚buçuk' steht stets nach einem Zahlwort und ist mathematisch: iki buçuk kilo elma: zweieinhalb Kilo Äpfel, üç buçuk ay: dreieinhalb Monate usw.

4. Die Fragewörter ‚kaç tane – ne kadar' und Übersicht über die Fragewörter, die bis zur 5. Lektionen gelernt wurden

Das Fragewort ‚kaç tane' (wieviel, wieviel Stück) kennen Sie bereits von Lektion 3. Auch das Fragewort ‚ne kadar' bedeutet u. a. (vgl. Lektion 8) ‚wieviel', wird aber für unzählbare Dinge gebraucht, während ‚kaç tane' für zählbare Dinge verwendet wird:
Gönül Hanım kaç tane kavun alıyor' aber: Gönül Hanım ne kadar şeker alıyor?
Auch bei ‚kilo' und ‚gram'- Angaben müssen wir mit ‚ne kadar' fragen:
Gönül Hanım bir buçuk kilo şeker alıyor-
Frage: Gönül Hanım ne kadar şeker alıyor?

Aufgabe: Machen Sie die Übung 5!

Bis zur 5. Lektionen haben Sie noch die folgenden Fragewörter gelernt:
ne: was   nasıl: wie   kim: wer
nerede: wo   kimde: bei wem
nereden: woher   kimden: von wem

Aufgabe: Machen Sie die Übung 4!

5. Adjektiv (sıfat) und Adverb (zarf)

In Texten und Dialogen dieser Lektion begegnen Sie Adjektiven wie ‚*büyük*', ‚*küçük*', ‚*taze*' u. a. Im Türkischen ist der Gebrauch des Adjektivs wie im Deutschen:

a) attributiv:
    güzel kız   das schöne Mädchen

Da es im Türkischen kein grammatisches Geschlecht gibt, wird das Adjektiv nicht dekliniert, es bleibt ohne Endung, auch im Plural:
    güzel kızlar   (die) schöne(n) Mädchen

Bei Unbestimmtheit wird der unbestimmte Artikel zwischen Adjektiv und Bezugswort eingeschoben:
    güzel bir kız

    ein schönes Mädchen

Die mit der deutschen Konstruktion identische Form
    bir güzel kız

    ein schönes Mädchen

existiert auch, wird aber selten gebraucht.

b) prädikativ:
Kız güzel.   Das Mädchen ist schön.

c) adverbial:
Kız güzel yazıyor.   Das Mädchen schreibt schön.

Wie im Deutschen sind auch im Türkischen Adjektiv und Adverb – wie im letzten Beispielsatz – im allgemeinen formgleich.

Das Fragewort für Adjektive lautet ‚nasıl' (wie), wie Gönül Hanım in D 1 den ‚Bakkal' fragt: Domates bugün nasıl / Domates bugün çok taze.

In D 3 finden Sie Adjektivgegensatzpaare:
sıcak-soğuk / yaşlı-genç usw.

Aufgabe: Spielen Sie mit Ihrem Lernpartner den Dialog D 3, auch auf Deutsch! Finden Sie die gegensätzlichen Adjektive in der ‚Wörterkiste' und machen Sie die Übung 8!

6. Postpositionen mit dem Ablativ

Im Türkischen gibt es keine Präpositionen, sondern Postpositionen (vgl. Einführungslektion), d. h. dem Bezugswort nachgestellte Verhältniswörter. In D 2a und b finden Sie solche, die den Ablativ verlangen:

başka: außer
Gönül Hanım domates*ten* başka ne alıyor?
Was kauft Frau Gönül außer Tomaten?

beri: seit
Gönül Hanım beş yıl*dan* beri bu bakkaldan alışveriş ediyor:
Frau Gönül kauft seit fünf Jahren bei diesem Lebensmittelhändler ein.

Das Fragewort ‚ne zaman' (wann, vgl. Lektion 8) wird auch mit dem Ablativ gebraucht, um ‚seit wann' auszudrücken:
Ne zaman*dan* beri Türkçe öğreniyorsun?
Seit wann lernst du Türkisch?

itibaren: ab
Yarın*dan* itibaren Türkçe öğreniyorum.
Ab morgen lerne ich Türkisch.
Fragewort: Ne zaman*dan* itibaren: ab wann?
önce: vor (temporal) (Altw.: evvel)
Ders*ten* önce kantinde oturuyoruz.
Vor dem Unterricht sitzen wir in der Kantine.
sonra: nach (temporal) Yemek*ten* sonra kahve içiyoruz.
Nach dem Essen trinken wir Kaffee.

Aufgabe: Spielen Sie mit Ihrem Lernpartner die Dialoge D 2a und b, auch auf Deutsch! Lesen Sie den Text T und versuchen Sie ihn mit Hilfe der Grammatik und der ‚Wörterkiste' zu verstehen. Lesen Sie ihn mehrmals und erzählen Sie ihn Ihrem Lernpartner nach. Übersetzen Sie ihn schriftlich ins Deutsche, dann diktieren Sie ihn ihrem Lernpartner und korrigieren Sie seine Fehler! Machen Sie die Übungen 6, 7, 9, 10, S/Ü b und c!

Merken Sie:
* Die Verhältniswörter ‚önce' und ‚sonra' verlangen zwar bei Substantiven den Ablativ, bei Zeitbegriffen aber (Minute, Stunde, Tag, Woche, Monat Jahr ..., vgl. Lektion 8) die Grundform:
bir ay önce: vor einem Monat; iki yıl sonra: nach zwei Jahren.
* Diese Verhältniswörter sind zugleich Zeitadverbien:
önce (Altw.: evvela): zuerst; sonra: dann, danach, nachher: Önce yemek yiyoruz, sonra kahve içiyoruz. Zuerst essen wir, dann trinken wir Kaffee.

Aufgabe: Lernen Sie das Sprichwort und das Lied! Können Sie es singen? Versuchen Sie die Karikatur zu verstehen: Ein Türke geht in ein Lebensmittelgeschäft in Deutschland und möchte Bananen kaufen. Das Wort ‚Banane' fällt ihm aber in diesem Augenblick nicht ein ...

7. Grammatik zum Weiterlernen:

7.1. Konstruktionen mit dem Ablativ

Das Adjektiv ‚memnun' (zufrieden), das im Deutschen mit dem Verhältniswort ‚mit' gebraucht wird, regiert im Türkischen den Ablativ:
‚Yeni evden memnunum': Ich bin zufrieden mit der neuen Wohnung. Oder:
Gönül Hanım bakkaldan memnun: Frau Gönül ist zufrieden mit dem Lebensmittelhändler.
Die Verwendung des Adjektivs ‚memnun' mit dem Ablativ kann neben ‚mit etwas zufrieden sein' auch ‚gefallen' bedeuten, z. B.:
‚Sinan Augsburg'tan memnun': Sinan gefällt es in Augsburg.

7.2. Die Endung ‚-den' bildet nicht nur den Ablativ. An Substantive angehängt drückt ‚-den' das Material aus, aus dem der betreffende Gegenstand ist:

kâğıt (Papier)   kâğıt*tan*: aus Papier
taş (Stein)   taş*tan*: aus Stein, steinern
tahta (Holz)   tahta*dan*: aus Holz, hölzern
Das Fragewort ‚woraus' ist ‚neden' (vgl. auch Lektion 6).

7.3. Die Ablativendung leitet auch Adverbien ab. Sie kann Substantiven, Adjektiven und Adverbien angefügt werden:

gerçek (Wirklichkeit)	gerçekten: wirklich, tatsächlich
hakikat (Altw. für gerçek)	hakikaten: wirklich, tatsächlich
sahi (wirklich, wahr)	sahiden: wirklich, wahrhaftig
eski (alt)	eskiden: früher
yeni (neu)	yeniden: von neuem, wieder
biraz (etwas, ein wenig)	birazdan: etwas später
önce (zuerst)	önceden: früher, vorher
sonra (dann)	sonradan: später, danach
şimdi (jetzt)	şimdiden: jetzt schon

7.4. Zur Betonung werden manche Adverbien verdoppelt. Lernen Sie vorläufig die zwei gebräuchlichsten Adverbien mit Inhaltswiederholung:

çabuk çabuk: ganz schnell (auch als Befehl: bißchen Tempo, wird's bald);
yavaş yavaş: ganz langsam (auch: allmählich, auch als Aufforderung: alles mit der Ruhe).

Fischmarkt am Eminönü-Platz in Istanbul

Wörterkiste

(Verweise mit C beziehen sich auf den Grammatikteil der Lektionen, die Zahlen rechts vom Punkt auf das entsprechende Kapitel im Grammatikteil!)

W 1

açık	(hier:) offen
ağır	schwer
alışveriş	Einkauf
alışveriş etmek	einkaufen (s. C.1)
almak	kaufen, nehmen, bekommen, holen s. C.1)
ay	Monat
Ayten	weiblicher Vorname
bakkal	Lebensmittelhändler; Lebensmittelgeschäft
başka	sonst (noch), außerdem; außer (s. C.6)
bayat	nicht frisch, altbacken
beri	seit (s. C.6)
beyaz peynir	Schafskäse
bir dakika	(hier:) einen Moment
bir şey	etwas
bira	Bier
birazdan	(s. C.7)
boş	(hier:) leer
bozuk	kaputt
buçuk	halb (s. C.3.)
buradan	von hier
büyük	groß
Can	männlicher Vorname
cümle (Neuw. tümce)	Satz
çabuk	schnell
çabuk çabuk	ganz schnell (s. a. 7)
çirkin	häßlich
doğru	(hier:) richtig
dolu	voll
elma	Apfel
eski	alt (für Sachen)
eskiden	s. C.7.3
et	Fleisch
evvel (Altw. für önce)	vor (temporal)
evvela (Altw. für önce)	zuerst
fakir	arm
Fatma	weiblicher Vorname
genç	jung
gene buyurun	kommen Sie wieder
gerçek, gerçekten	s. C.7.3
getirmek	herbringen, holen
gram	Gramm
güzel	schön, hübsch
Gönül	weiblicher Vorname
hafif	leicht (zum Tragen)
hakikat, hakikaten	s. C.7.3
hava	(hier:) Wetter
hayırlı işler	gutes Geschäft (wird beim Verlassen eines Ladens gesagt)
hepsi	alle(s)
hepsi bu kadar	das ist alles
hepsi ne kadar ediyor?	was macht alles zusammen?
hesaplamak	(zusammen-)rechnen
ihtiyar (Altw. zu yaşli)	
işte	hier ist ..., da ist...
itibaren	ab (temporal, lokal)
iyi	(hier:) gesund
...kaç para? ...kaça?	was kostet?
kapalı	geschlossen
kasap	Metzger
karpuz	Wassermelone
kavun	Honigmelone
kent (Neuw. zu şehir)	
kısa	kurz
kilo	Kilo(gramm)
kilosu	ein Kilo davon (s. C.2)
kimden	von wem
kitaplık	Bücherei; Bücherregal
kolay	leicht
küçük	klein
Lira	Türk. Pfund, Türk. Lira (s. C.2)
market	Supermarkt
memnun	zufrieden (s. C.7.1)
mesela, (Neuw. örneğin)	zum Beispiel
muz	Banane
nasıl	wie
ne kadar	was kostet; wieviel (s. C.4)
ne zaman	wann
ne zamandan beri	seit wann
neden	(hier:)woraus
nereden	woher
neyse	na ja
o halde oder o zaman	(also) dann
oradan	von dort, dorther
önce	vor (temporal); zuerst
önceden	s. C, .7.
örneğin	zum Beispiel
pahalı	teuer
paranın üstü	Restgeld, Wechselgeld
pastırma	türk. geräucherte Knoblauchwurst
pek	sehr
sağlam	(hier:) heil, nicht kaputt
sahi, sahiden	s. c. 7.

Salih	männlicher Vorname	**W 2 (grammatische Termini)**	
satın almak	kaufen	-den-hali	
sekreter	Sekretär	(uzaklaşma durumu)	Ablativ, Ableitungsform
sepet	Korb	sıfat	Adjektiv
sevmek	lieben, mögen, gern haben	zarf	Adverb
sıcak	warm; heiß		
Sivas	Stadt in Anatolien	**W 3 (Aufbauwortschatz)**	
soğuk	kalt		
sonra	nach (temporal): dann, danach, nachher	a) Maßeinheiten	
		kilometre (Abk. km)	Kilometer
sonradan	s. C.7	kilometrekare	Quadratkilometer
sucuk	türk. Knoblauchwurst	litre	Liter
şef	Chef	metre (Abk. m)	Meter
şehir	Stadt	metrekare (Abk. m²)	Quadratmeter
şeker	Zucker	milimetre (Abk. mm)	Milimeter
şey	Sache, Ding	santim(etre) (Abk.cm)	Zentimeter
şimdiden	s. C.7		
şişe	Flasche	b) Lebensmittel und Getränke	
şuradan	von dort, dorther	armut	Birne
tahta	Holz	bal	Honig
tanesi	ein Stück (davon) (s. C.2)	balık	Fisch
taş	Stein	çikolata	Schokolade
taze	frisch	maden suyu	Mineralwasser
TL	Abkürzung für Türk. Lira	meyve	Obst, Frucht
tümce	Satz	meyve suyu	Fruchtsaft
Türk Lirası	Türk. Pfund	pasta	Kuchen
ucuz	billig	patates	Kartoffel
uzak	weit, fern	peynir	Käse
uzun	lang	portakal	Orange
yakın	nah	reçel	Marmelade
yanlış	falsch	salam	Salami
yarım	halb (s. C.3)	salatalık	Gurke
yarım kilo	(ein) Pfund	sebze	Gemüse
yaşlı	alt (für Menschen)	sosis	Wurst
yavaş	langsam	su	Wasser
yavaş yavaş	ganz langsam (s. a. C.7)	süt	Milch
yeniden	s. C.7	şarap	Wein
yıl	Jahr	tereyağ	Butter
yoksul (Neuw.)	arm	un	Mehl
yol	Weg	yağ	Öl, Margarine
zengin	reich	yiyecek	Lebensmittel
zeytin	Olive	yoğurt	Joghurt
zor	schwer, schwierig	yumurta	Ei
		c) Essen und Trinken	
		bardak	Glas
		bıçak	Messer
		çatal	Gabel
		çatal bıçak (kaşık)	Besteck
		kaşık	Löffel
		peçete	Serviette
		tabak	Teller
		tuzluk	Salzstreuer

Lektion 6
Nereye Gidiyorsun? (Wohin gehst du?)

Grammatik:

1. Der Dativ (Fragewörter: nereye, kime)
2. Die Postpositionen ‚için' und ‚ile'
3. Entsprechung für ‚brauchen'
4. neden-çünkü (warum - weil); Bindewort: çünkü
5. Entsprechung für das Modalverb ‚wollen'
6. Der Imperativ
7. Adverbien mit ‚-le'

Die Moschee in München-Pasing

Sprechsituationen:

1. Richtung angeben
2. Bedürfnisse ausdrücken
3. Fragen stellen und Gründe angeben
4. Befehle erteilen
5. bei der Post

Aufbauwortschatz:

Post; Bank

TeilnehmerInnen eines Türkischkurses besuchen die Pasinger Moschee

Zusatzmaterial
1. eine türkische Telefonkarte
2. Istanbuler U-Bahn noch vor dem Bau / Eingang der Istanbuler U-Bahn
3. Karagöz und Hacivat, die Hauptfiguren des türkischen Schattenspiels

6 A

S 1
1A / 33

a) Nereye gidiyorsun?
    Sinemaya gidiyorum.
İyi eğlenceler!
    Sağ ol. Sen nereye gidiyorsun?
Türkiye'ye tatile gidiyorum.
    O halde iyi yolculuklar ve iyi tatiller!

b) Nereye gidiyorsun?
    İşe gidiyorum.
Neyle işe gidiyorsun?
    Taşıtla gitmiyorum, yürüyerek gidiyorum.
Ayşe ile Ali nereye gidiyorlar?
    Bisikletle parka gidiyorlar.

T
1A / 34

Peter Her Gün Arabayla İşe Gidiyor

Peter her gün arabayla işe gidiyor. Çocuklar bisikletle okula gidiyor. Gisela her hafta trenle Köln'den Düsseldorf'a gidiyor. Metin Bey her ay Ankara'ya gidiyor. Bazen trenle ama, genellikle uçakla gidiyor. Gül bugün kasaba gidiyor, et alıyor. Sonra manava gidiyor, sebze ve meyve alıyor. Sonra da fırına gidiyor ve taze ekmek alıyor. Bu akşam misafirler geliyor. Gül konuklar için iyi bir yemek hazırlamak istiyor.

S 2

1A / 35

Bana kalem lazım. Sende kalem var mı?
    Maalesef bende kalem yok ama, Türkçe kitabı var.
Türkçe kitabı bana lazım değil, ben kalem arıyorum.
    Neden kalem arıyorsun?
Çünkü mektup yazmak istiyorum.
    Kime yazmak istiyorsun?
Ali'ye.

S 3

1A / 36

Nereye gidiyorsun?
    Kasaba gidiyorum.
Neden kasaba gidiyorsun?
    Çünkü bana et lazım. Sen nereye gidiyorsun?
Manava gidiyorum.
    Neden manava gidiyorsun?
Çünkü bana meyve ve sebze lazım.
    Ahmet nereye gidiyor?
Fırına gidiyor.
    Neden fırına gidiyor?
Çünkü ona ekmek lazım.
    Peter nereye gidiyor?
Postaneye gidiyor.
    Neden postaneye gidiyor?
Çünkü Almanya'ya paket göndermek istiyor.
    Hans nereye gidiyor?
Bankaya gidiyor?
    Neden bankaya gidiyor?
Çünkü para bozdurmak istiyor.

 **S 4**

a) Türkçe öğren!
   Peki, Türkçe öğreniyorum.
   Türkçe konuşun!
   Peki, Türkçe konuşuyoruz.

b) Lütfen yüksek sesle konuşunuz, anlamıyorum.
   Peki, yüksek sesle konuşuyorum.

 **D 1**

Postanede
(küçük bir oyun; kişiler: Peter, memur)

P.:   Sizde Almanya için posta pulu var mı?
M.:   Tabii var. Size kaç tane pul lazım.
P.:   Iki tane.
M.:   Tamam, buyurun.
P.:   Bana telefon kartı da lazım. Sizde telefon kartı var mı?
M.:   Bende yurt dışı için telefon kartı yok, sadece yurt içi için var. Yandaki gişeye sorun, lütfen.
P.:   Bir de paket göndermek istiyorum.
M.:   Nereye?
P.:   Almanya'ya, bir arkadaşa.

D 2

1A / 39

Size Bir Mektup Var
(küçük bir oyun; kişiler: postacı, Peter)

postacı: Size bir mektup var.
Peter: Nereden?
postacı: Almanya'dan.
Peter: Gönderen kim?
postacı: Johannes Weber.
Peter: Bu mektup bana değil. Zarfa bakın, adres yanlış.
postacı: Alıcı siz değil misiniz?
Peter: Alıcı ben değilim. Mektup her halde Martin Bey için.
postacı: Martin Bey mi? O kim?
Peter: Bir Alman komşu. O da bu sokakta oturuyor. Kapıcıya sorun.

Zusatzmaterial:
eine türkische Telefonkarte

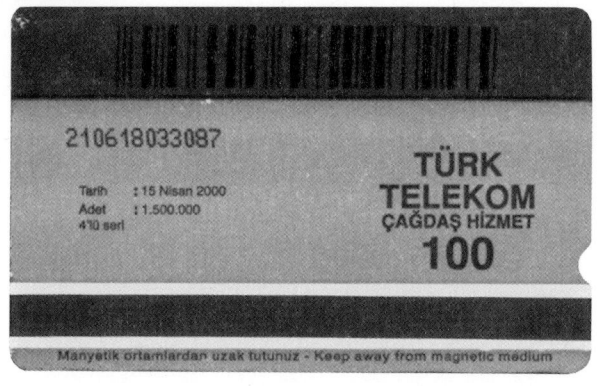

6 B

Ü 1 (sen)-nereye gitmek İstanbul: Nereye gidiyorsun? / İstanbul'a gidiyorum.

1B / 36

1. (siz)- nereye gitmek / Ankara
2. Gönül Hanım- nereye gitmek / bakkal
3. Peter- nereye gitmek / postane ve banka
4. öğrenciler- nereye gitmek / üniversite
5. (biz)- nereye gitmek / sinema

Ü 2 Suchen Sie in der rechten Spalte die Orte aus, wohin die betreffenden Personen gehen, z. B.: Öğretmen okula gidiyor.

işçi	doktor
profesör	lokanta
hasta	postane
garson	okul
sekreter	üniversite
postacı	fabrika
öğrenci	büro
anne	iş
baba	manav

Ü 3 Bilden Sie Sätze: Günter-bu akşam-Ünal-uğramak: Günter bu akşam Ünal'a uğruyor.

1B / 37

1. öğretmen-öğrenci- bir şey-sormak
2. öğrenci-öğretmen- cevap vermek
3. baba- çocuklar-para-vermek
4. postacı-zarf-bakmak
5. Ayşegül-ayna-bakmak
6. misafirler-çocuklar-hediye-getirmek
7. Peter-arkadaş-paket-göndermek
8. Sabine-Sinan-telefon etmek
9. polis-yaşlı kadın- yardım etmek

Ü 4 baba- otomobil ile- iş- gitmek: Baba otomobille işe gidiyor.

1. (biz)- bisiklet ile- üniversite- gitmek
2. Mehmet- otobüs ile- fabrika- gitmek
3. Metin Bey- uçak ile- Ankara- gitmek
4. (ben)- gemi ile- İzmir- gitmek
5. Gönül- uçak ile- Antalya- gitmek
6. (siz)- tren ile- Edirne- gitmek

Ü 5 Setzen Sie die Postpositionen ein: için oder ile?

1. Anne misafirler ––– çay pişiriyor.
2. Baba gözlük ––– gazete okuyor.
3. Hans kurs ––– sözlük alıyor.
4. Ahmet bisiklet ––– bakkala gidiyor.

Ü 6 Setzen Sie die fehlenden Fallendungen ein:
Lokativ, Ablativ oder Dativ?

1. Gönül Hanım Taksim'––– oturuyor, her gün bakkal––– gidiyor ve bakkal––– alışveriş ediyor.
2. Peter banka––– gidiyor.
3. Fatma bugün Kars'––– geliyor, yarın Erzurum'––– gidiyor.
4. Hans kurs––– Türkçe öğreniyor.
5. Metin Bey büro ––– ev––– geliyor, ev––– çay içiyor ve müzik dinliyor.
6. Öğrenciler kantin ––– oturuyor ve kahve içiyor.

Ü 7   Kreuzen Sie die richtigen Wörter an!

1. Ali mektup yazmak istiyor. Ona ne lazım?
   sebze   et   kâğıt   kalem   ekmek   zarf
2. Gül yemek pişirmek istiyor. Ona ne lazım?
   sebze   defter   silgi   kâğıt   et
3. Küçük Özcan okula gidiyor. Ona ne lazım?
   çanta   domates   televizyon   telgraf   defter
   radyo   kalem

Ü 8   Bilden Sie Fragesätze und geben Sie jeweils eine positive und negative Antwort: sen-Türkçe kitabı-lazım-evet / hayır:
Sana Türkçe kitabı lazım mı?
Evet, bana Türkçe kitabı lazım.
Hayır, bana Türkçe kitabı lazım değil.

1. biz-bisiklet-lazım / evet-hayır
2. siz-araba-lazım / evet-hayır
3. İstanbul-metro-lazım / evet-hayır
4. çocuklar-top-lazım / evet-hayır
5. Ahmet-televizyon-lazım / evet-hayır
6. sen-kibrit-lazım / evet-hayır
7. Oya-çakmak-lazım / evet-hayır

Ü 9   Martin neden Türkçe öğreniyor? (Türkiye-gitmek-istemek):
Martin Türkçe öğreniyor, çünkü Türkiye'ye gitmek istiyor.

1. Gül neden Almanca öğreniyor? (Almanya-çalışmak-istemek)
2. Peter neden postaneye gidiyor? (Almanya-telgraf çekmek-istemek)
3. Ruth'a neden Türkçe kitabı lazım? (Türkçe öğrenmek-istemek)
4. Neden postaneye gidiyorsun? (Türkiye-kart atmak istemek)
5. Ali neden Almanca öğrenmiyor? (Türkiye-dönmek istemek)

Ü 10 Bilden Sie sinnvolle Sätze, z. B.:
Saz çalmak istiyorum?, oder ‚Rakı içmek istiyor musun'?

(ben)	saz çalmak	
(sen)	rakı içmek	
Peter	kitap okumak	
çocuklar	alışveriş etmek	istemek
(biz)	Türkiye'de oturmak	
Gönül Hanım	top oynamak	
(siz)	fabrikada çalışmak	
öğrenciler	Türkiye'ye gitmek	

 Ü 11 a) Bilden Sie Imperativsätze!
(sen) – ben-mutfak-bira getirmek:
Bana mutfaktan bira getir!

1. (siz)-öğrenciler için-Türkçe kitabı-almak
2. (sen)-postane-gitmek-Türkiye-telgraf çekmek
3. (sen)-çocuklar için-bisiklet-almak
4. (sen)-ben-para-vermek
5. (siz)-Ünal-uğramak
6. (sen)-Mehmet-telefon etmek
7. (siz)-uçak ile-Türkiye-gitmek
8. (sen)-Oya-sigara-vermek

b) Setzen Sie die Sätze in die Verneinung!
Bana mutfaktan bira getirme!

Ü 12   Beantworten Sie die Fragen zu den Texten und Dialogen!

1B / 46

1. Peter her gün neyle işe gidiyor?
2. Metin Bey her ay nereye gidiyor?
3. Gül bugün nereye gidiyor?
4. Peter neden postaneye gidiyor?
5. Peter neden telefon kartı istiyor?

 Ü 13   Übersetzen Sie ins Deutsche oder Türkische!

1B / 47

1. Anne çocuklar için bir hediye arıyor.
2. Bring mir bitte eine Flasche Bier aus der Küche.
3. Hans lernt Türkisch, denn er möchte in den Ferien in die Türkei fahren.
4. Sinan bazen otobüsle üniversiteye gidiyor ama, çoğunlukla bisikletle gidiyor.
5. Ich brauche keine Briefmarke, ich suche einen Briefumschlag.
6. Hans kurstan sonra eve gidiyor ve arkadaşlar için yemek pişiriyor.
7. Brauchst du das Fahrrad? (Brauchst du kein Fahrrad?)
8. Möchten Sie eine Telefonkarte kaufen?
9. Peter und Sabine fahren mit dem Zug in die Türkei.
10. Almanya'ya bir paket göndermek istiyorum.

S/Ü   Spielen Sie einen Dialog mit Ihrem Lernpartner und benutzen Sie die Alternativantworten!

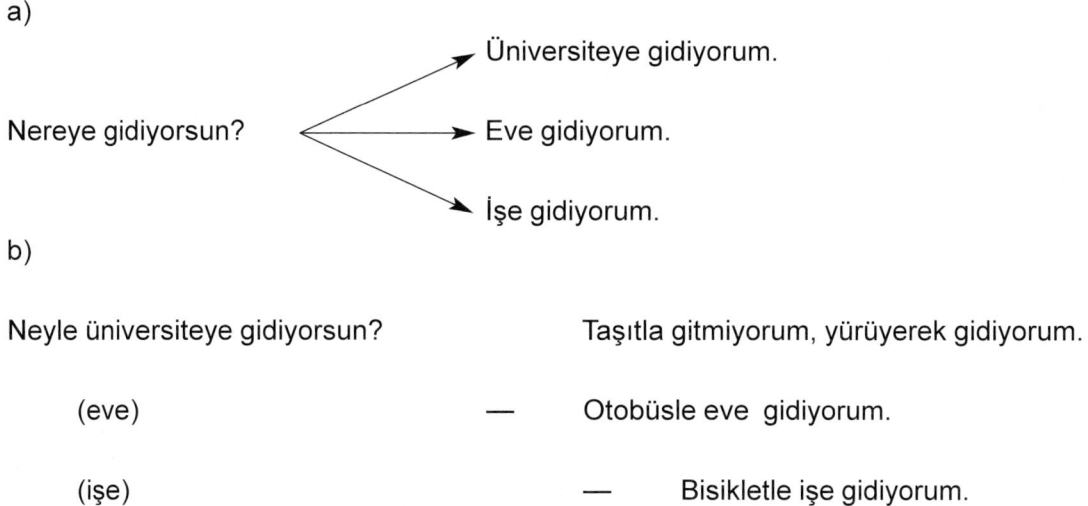

c)

Sana sözlük lazım mı? → Evet, bana sözlük lazım.
→ Hayır, bana sözlük değil, gözlük lazım.
→ Bana sözlük lazım değil, ben bir kalem arıyorum.

d)

Neden Türkçe öğreniyorsunuz? → Çünkü tatilde Türkiye'ye gitmek istiyoruz.
→ Çünkü Türk komşularla konuşmak istiyoruz.
→ Çünkü Türkçe gazete okumak istiyoruz.

İstanbul`a metro lazım

Istanbuler U-Bahn vor den Bauarbeiten

Der Eingang von der Istanbuler U-Bahn am Taksim-Platz

B/Ü 1   Kim neyle nereye gidiyor?

B/Ü 2   Spielen Sie den Dialog bei der Post!

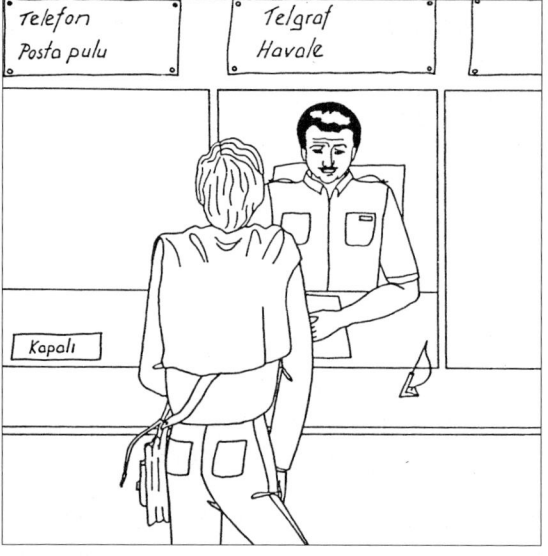

6 C

1. Der Dativ (e-hali: yönelme durumu)

Die Dativendung, die der kleinen Vokalharmonie unterliegt und betont ist, lautet ‚-e'
oder ‚-a':
öğretmen*e* (dem Lehrer) / memur*a* (dem Beamten).

Nach Vokalauslaut wird ein ‚y' als Füllkonsonant eingeschoben:
öğrenci*ye* (dem Schüler) / postacı*ya* (dem Briefträger).

Personennamen werden auch in den Dativ gesetzt:
Gül'e (der (bzw. zu) Gül) / Hans'a (dem (bzw. zu) Hans) / Ayşe'ye (der (bzw. zu) Ayşe) /
Udo'ya (dem (bzw. zu) Udo).

Neben der Dativfunktion gibt der Dativ im Türkischen auch die Richtung an, er bildet also die Richtungsform und steht für die deutschen Präpositionen ‚nach', ‚zu', ‚in (den, die, das)' usw.
Münih'e (nach München) / İstanbul'a (nach Istanbul), ev*e* (nach Hause) / okul*a* (in die Schule).

Die entsprechenden Fragewörter sind: nere*ye*: wohin; kim*e* (wem, zu wem).
Die Ortsadverbien für Dativ, die sich aus den Demonstrativpronomen, bu-şu-o' ableiten, lauten:
buraya (hierher), şuraya (dorthin), oraya (dorthin, größere Entfernung).
Mit dem Fragewort ‚nereye' sind diese Ortsadverbien in der ersten Silbe betont.

Die stimmlosen Konsonanten ç, k, p, t im Auslaut (der letztere mit Vorbehalt) werden weich, wenn die Dativendung angefügt wird:

ağaç (Baum)	—— ağa*c*a (auf den Baum),
çocu*k*	—— çocuğa (dem Kind),
kita*p*	—— kita*b*a (ins Buch),
kâğı*t*	—— kâğı*d*a (ins Blatt, auf das Blatt).

Bei Personennamen, die mit einem Apostroph von der Endung getrennt werden, bleiben diese stimmlosen Konsonanten in der Orthographie unverändert, werden aber weich gesprochen, z. B.:
Serap'a (gesprochen: Seraba, der (bzw. zu) Serap).

Die Rektion der Verben ist zum größten Teil im Deutschen und Türkischen gleich. Nur bei einigen Verben trifft dies nicht zu. Typische Dativverben im Türkischen – manche im Gegensatz zum Deutschen – sind: bakmak, sormak, uğramak, telefon etmek (vgl. ‚Wörterkiste').

Aufgabe: Spielen Sie mit Ihrem Lernpartner den Dialog S 1a, auch auf Deutsch! Machen Sie die Übungen 1, 2, 3, 6 und S/Ü a!

2. Die Postpositionen ‚için' und ‚ile'

Die nachgestellten Verhältniswörter ‚için' (für) und ‚ile' (mit) werden mit dem Nominativ gebraucht (vgl. Lektion 9), das Bezugswort bekommt also keine Endung:
çocuk için: für das Kind; çocuklar için: für die Kinder.
Das Verhältniswort ‚için' kann – wie im Deutschen – durch den Dativ ersetzt werden:
Anne çocuklar için (oder çocuklara) hediye alıyor. (Die Mutter kauft für die Kinder (oder den Kindern) ein Geschenk).
tren ile: mit dem Zug; uçak ile: mit dem Flugzeug

Die Postposition ‚ile' wird aber meistens an das Bezugswort angehängt, indem das anlautende ‚i' ausfällt und die Endung dann der kleinen Vokalharmonie unterliegt:
tren*le*; uçak*la* ...
Nach Vokalauslaut wird ein ‚y' als Füllkonsonant eingeschoben:
gemi —- gemi ile —- gemi*y*le
(Obwohl die Endung ‚-le' nicht vokalisch anlautet, steht ein ‚y' als Füllkonsonant da, in Anlehnung an die ursprüngliche –vokalisch anlautende- Form der Endung ‚*i*le'.)
Das entsprechende Fragewort lautet für Sachen: Neyle (aus ‚ne ile'): womit.

Nach Personennamen trennt ein Apostroph die Endung vom Bezugswort:
Gül'le (mit Gül), Peter'le (mit Peter), Hans'la (mit Hans), Ali'yle (mit Ali) ...
Zwischen zwei Personennamen bedeutet ‚ile' auch ‚und':
Ayşe *ile* Ali (Ayşe *und* Ali)
In der türkischen Volksliteratur finden sich viele Titel von alten Liebesepen wie z. B. ‚Kerem ile Aslı' (‚Kerem und Aslı'), ‚Ferhat ile Şirin' (‚Ferhat und Şirin') u. a., die sich mit ‚Tristan und Isolde' vergleichen lassen. Der Titel auch des brühmten türkischen Schattenspiels ‚Karagöz ile Hacivat' ist ein typisches Beispiel für die Verwendung von ‚ile' zwischen Personennamen in der Bedeutung von ‚und'.
Unten ein Bild von den Hauptfiguren des türkischen Schattenspiels, Karagöz und Hacivat (rechts), und einer wichtigen Nebenfigur (links).

Zusatzmaterial: Karagöz und Hacivat

Aufgabe: Spielen Sie mit Ihrem Lernpartner den Dialog S 1b, auch auf Deutsch! Lesen Sie den Text T und versuchen Sie, ihn mit Hilfe der ‚Wörterkiste' zu verstehen. Lesen Sie ihn mehrmals und erzählen Sie ihn Ihrem Lernpartner nach. Dann übersetzen Sie ihn schriftlich ins Deutsche. Machen Sie die Übungen 4, 5, S/Ü b und B/Ü 1!

3. Personalpronomen im Dativ; Entsprechung für ‚brauchen'

Die Personalpronomen im Dativ lauten:

bana	mir	bize	uns
sana	dir	size	euch, Ihnen
ona	ihm, ihr	onlara	ihnen

Auch ein Personalpronomen im Dativ kann das Verhältniswort ‚için' ersetzen, z. B. ‚sana' kann auch ‚für dich' bedeuten, oder wie in D 2: ‚*Size* bir mektup var' (Es ist ein Brief *für Sie*).

Um das Verb ‚brauchen' auszudrücken, brauchen wir die Personalpronomen im Dativ, denn statt ‚ich brauche' sagt man im Türkischen ‚mir ist ein ... nötig' (vgl. Lektion 11).

Z. B.:
Bana kitap lazım.	Ich brauche ein Buch; wörtlich:
	Mir ist ein Buch nötig.
Sana sözlük lazım.	Du brauchst ein Wörterbuch; wörtlich:
	Dir ist ein Wörterbuch nötig. Usw.

Das Strukturwort ‚lazım' (nötig) bleibt unverändert, die Person erkennt man am Personalpronomen im Dativ.
In der Frageform wird die Fragepartikel, die in diesem Fall unverändert ‚mı' ist (weil sie nach ‚lazım' kommt) nachgestellt:

Sana para lazım mı?	Brauchst du Geld?
Size televizyon lazım mı?	Braucht ihr/Brauchen Sie einen Fernseher?

Die Verneinung erfolgt mit ‚değil':

Bana para lazım değil.	Ich brauche kein Geld; wörtlich:
	Mir ist kein Geld nötig.

Die Verneinende Frage:

Sana para lazım değil mi?	Brauchst du kein Geld; wörtlich:
	Ist dir kein Geld nötig?

Auch die Frage- und negative Frageform bleibt bei allen Personen konstant.
Bei der Bestimmtheit ist eine Umstellung nötig:

Kitap bana lazım.	Ich brauche das Buch.
Kitap bana lazım değil.	Ich brauche das Buch nicht.

Vergleichen Sie:

Bize televizyon lazım.	Televizyon bize lazım.
Wir brauchen einen Fernseher.	Wir brauchen den Fernseher.

Aufgabe: Machen Sie die Übungen 7 und 8!

4. neden-çünkü

Das Fragewort ‚warum' heißt im Türkischen ‚neden' oder ‚niçin' (aus ‚ne için': wofür, für was) oder ‚niye'. Die Antwort erfolgt mit ‚çünkü' (denn, weil): ‚çünkü' ist ein Bindewort zwischen zwei Hauptsätzen.

Neden Türkçe öğreniyorsun? Warum lernst du Türkisch?
Türkçe öğreniyorum, çünkü tatilde Türkiye'ye gitmek istiyorum.
Ich lerne Türkisch, weil ich in den Ferien in die Türkei fahren möchte.

Aufgabe: Spielen Sie die Dialoge S 2 und S 3 mit Ihrem Lernpartner, auch auf Deutsch! Machen Sie die Übungen 9 und S/Ü c und d! Stellen Sie Ihrem Lernpartner verschiedene Fragen mit ‚neden' und hören Sie seine Antworten, dann lassen Sie sich von ihm befragen!

5. wollen (mögen)

Wie Sie in dem Satz ‚Tatilde Türkiye'ye gitmek istiyorum' sehen, ist die Entsprechung für das Modalverb ‚wollen' (‚mögen') ‚istemek'. Der übergeordnete Infinitiv wird – im Gegensatz zum Deutschen – ihm vorangestellt, z. B.:

Türkçe öğrenmek istiyorum

Ich will (möchte) Türkisch lernen.

Oder:
Sigara içmek istiyor musun? / Şimdi sigara içmek istemiyorum.

Möchtest du rauchen?   Ich möchte jetzt nicht rauchen.

Aufgabe: Machen Sie die Übungen 10 und S/Ü d!

6. Der Imperativ (Emir Kipi)

Der Imperativ im Türkischen ist zumindest für die 2. Person Singular mit der Befehlsform im Deutschen identisch; der Verbstamm dient als die Befehlsform für die 2. Person im Singular:

gel-mek	komm-en
gel!	komm!

Beim Imperativ ist der Verbstamm betont. Die Endungen im Plural unterliegen der großen Vokalharmonie:

komm		gel	almak:		al
kommt		gel*in*			al *ın*
komm*en* Sie		gel*iniz*			al *ınız*
gülmek:		gül	konuşmak:		konuş
		gül*ün*			konuş*un*
		gül*ünüz*			konuş*unuz*

Bei ‚demek' und ‚yemek' wird das e am Verbstamm zu i, und bei ‚gitmek', ‚etmek' und ‚tatmak' wird das t am Verbstamm zu d in den Pluralformen des Imperativs. Nach Vokalauslaut am Verbstamm wird ein ‚y' als Füllkonsonant eingeschoben:

okumak: oku
okuyun
okuyunuz

Merken Sie:
* Die höfliche Befehlsform auf ‚-iniz' (‚-ınız', ‚-ünüz', ‚-unuz') klingt im Türkischen zu förmlich. Deshalb benutzt man meistens die Befehlsform für 2. Person Plur. auch für die höfliche Form, also ‚gelin' kann neben ‚kommt' auch ‚kommen Sie' bedeuten.

Verneinter Imperativ:
Bei der Verneinung wird das Verb durch das Anhängen von ‚-me/-ma' an den Verbstamm negativiert (diese Regel kennen Sie ja bereits von der Präsenskonjugation, vgl. Lektion 4):

gel-me-mek: nicht kommen
gelme komm nicht
gelmeyin kommt nicht
gelmeyiniz kommen Sie nicht.

Da die Imperativendungen nun nur nach ‚-me' oder ‚-ma' kommen, unterliegen sie in der Verneinung nur der kleinen Vokalharmonie:

oku-ma-mak: nicht lesen
okuma lies nicht
okumayın lest nicht
okumayınız lesen Sie nicht

Aufgabe: Spielen Sie mit Ihrem Lernpartner die Dialoge S 4a und b, auch auf Deutsch! Machen Sie die Übung 11!
Spielen Sie auch die Dialoge D 1 und D 2 mit Ihrem Lernpartner, auch auf Deutsch. Machen Sie die Übungen 11, 12 und 13, machen Sie auch die B/Ü 2!

In W 3 (Aufbauwortschatz) finden Sie Ausdrücke, die Sie bei der Post und auf der Bank gebrauchen können. Lernen Sie sie! In W 4 lernen Sie auch umgangssprachliche Ausdrücke, die mit dem Dativ und/oder Imperativ gebildet werden. Lernen Sie und verwenden Sie sie!

7. Grammatik zum Weiterlernen

7.1. Adverbien mit ‚ile'

Es gibt eine Reihe von Adverbien, die mit dem Verhältniswort ‚ile'
(bzw. ‚-le') gebildet werden. Im folgenden sind die wichtigsten zusammengestellt:

çoğunlukla: meistens (aus ‚çok'), vgl. den Text T,
genellikle: im allgemeinen (aus ‚genel' :allgemein), vgl. den Text T,
memnuniyetle (Neuw. seve seve): gerne (aus ‚memnuniyet': Zufriedenheit),
müsaadenizle (Neuw. izninizle): mit Verlaub, wenn Sie gestatten
(aus müsaade / izin: Erlaubnis),
özellikle: besonders,
sırayla: der Reihe nach (aus ‚sıra': Reihe),
yanlışlıkla: versehentlich, aus Versehen
(aus ‚yanlış': falsch, Fehler),
yüksek sesle: laut (beim Sprechen) (aus: ‚yüksek' (hoch) und ‚ses': Stimme).

7.2. Das Funktionswort ‚sakın'

Die verneinte Befehlsform können Sie auch mit dem Funktionswort ‚sakın' (ja nicht)
betonen:
Sakın meyhaneye gitme: Geh ja nicht in die Kneipe!
Sakın çok para harcamayın: Gebt ja nicht viel Geld aus!

Wörterkiste

(Verweise mit C beziehen sich auf den Grammatikteil der Lektionen, die Zahlen rechts vom Punkt auf das entsprechende Kapitel im Grammatikteil!)

W 1

adres	Adresse
ağaç	Baum
alıcı	Empfänger
anlamak	verstehen
aramak	suchen
atmak	(hier:) (Brief, Karte usw.) schicken, einwerfen
ayna	Spiegel
bakmak	an-, hin-, zuschauen
bana	mir
banka	Bank
bazen	manchmal
bilhassa (Altw.)	besonders
bize	uns
bozdurmak	(um)wechseln (lassen)
bozmak	(hier:) wechseln
bu akşam	heute abend
buraya	hierher, hierhin
cevap (Neuw. yanıt)	Antwort
cevap (od. yanıt) vermek	antworten
çoğunlukla (Altw. ekseriyetle)	meistens
çünkü	denn, weil
doldurmak	(hier:) ausfüllen; füllen
dönmek	(hier:) zurückfahren, zurückgehen, -kommen
eğlence	Vergnügen, Spaß
ekseriyetle	s. çoğunlukla
fırın	(hier:) Bäckerei
formüler	Formular
garson	Kellner
gemi (auch: vapur)	Schiff
genellikle	im allgemeinen
gişe	Schalter
gönderen	Absender
göndermek	schicken, senden
gün	Tag
hafta	Woche
harcamak	(Geld) ausgeben
hasta	(hier:) Patient
hazırlamak	vorbereiten
hediye	Geschenk
her	jede, jeder, jedes
her gün	jeden Tag
için	für
ile	mit
iş	Arbeit
iyi eğlenceler	viel Spaß
iyi tatiller	schöne Ferien
iyi yolculuklar	gute Reise
izninizle	mit Verlaub, wenn Sie gestatten
kapıcı	Hausmeister
kart	(hier:) Postkarte
kelime	Wort
kibrit	Streichholz, Streichhölzer
kime	wem
konuk	Gast
lazım	nötig
lokanta	Lokal, Restaurant
manav	Obst und Gemüsehändler, -laden
memur	Beamte(r), Angestellte(r)
memnuniyetle	gerne
metro	U-bahn
meyhane	Kneipe
misafir (Altw.)	Gast, Besuch
müsaadenizle (Altw.)	mit Verlaub, wenn Sie gestatten
neden	warum
nereye	wohin
neyle	womit
niçin	warum, wieso
niye	warum, weshalb
ona	ihm, ihr
onlara	ihnen
oraya	dorthin, dahin
oyun	Spiel
ödemek	bezahlen, zahlen
özellikle	besonders
paket	Paket
peki	okay, in Ordnung
posta	Post(wesen)
posta pulu	Briefmarke
postacı	Briefträger
postane	Postamt
PTT	Abk. für Türkische Post: Posta, Telgraf, Telefon
pul	Briefmarke (Umgangssprache)
sana	dir
sakın	ja nicht (s. C7.2)
seve seve	gerne
sırayla	der Reihe nach
size	euch, Ihnen
sokak	Straße
sormak	fragen
şuraya	dorthin, dahin
tabii	natürlich, selbstverständlich
taşıt	Verkehrsmittel, Fahrzeug
taşıtla gitmek	fahren (i. Gegensatz zu

tatil	gehen) Ferien; Urlaub	telgraf çekmek	ein Telegramm schicken bzw. aufgeben
telefon etmek	anrufen	uçakla	Luftpost
telefon kartı	Telefonkarte		
tren	Zug	b) Bank	
uçak	Flugzeug	bankamatik	Geldautomat
uğramak	vorbeischauen, kurz besuchen	bankınot	Geldschein
		çek	Scheck
Ünal	männlicher Vorname	çekmek	s. para çekmek
vapur	s. gemi	döviz	Devisen
vermek	geben	faiz	Zinsen
yandaki	nebenan	formüler	Formular
yanıt (Neuw.)	Antwort	hesap	(hier) Konto
yanlışlıkla	versehentlich, aus Versehen	hesap açtırmak	ein Konto eröffnen
		hesap cüzdanı	Sparbuch
yardım	Hilfe	kambiyo	Devisenstelle, Geld-(Devisen)wechsel
yardım etmek	helfen		
yatırmak	s. para yatırmak	kasa	Kasse
yaya	s. yürüyerek	kredi	Kredit
yolculuk	Reise	para çekmek	Geld abheben
yurt dışı	Ausland	para yatırmak	Geld einzahlen
yurt içi	Inland	tasarruf hesabı	Sparkonto
yüksek sesle	laut (beim Sprechen)	vezne	Kassenschalter
yürüyerek	zu Fuß	yatırmak	s. para yatırmak
zarf	Briefumschlag		

W 2

e-hali (yönelme durumu)	Dativ (Richtungsform)
emir kipi	Imperativ

W 3 (Aufbauwortschatz)

a) Post

ahize	Telefonhörer
atmak	einwerfen (Brief, Postkarte)
cep telefonu	Handy
çekmek	s. telgraf çekmek
ekspres mektup	Eilbrief
elektronik posta	E - Mail
havale	Postüberweisung
jeton	Telefonmünze (veraltet, nicht mehr im Gebrauch)
kartpostal	Postkarte
koli	Postpaket
manzara kartı	Ansichtskarte
posta kartı	Postkarte
posta kutusu	Briefkasten
pul yapıştırmak	frankieren
taahhütlü	Einschreiben
telefon kulübesi	Telefonzelle
telefon numarası	Telefonnummer
telefon rehberi	Telefonbuch
telefonu kapa(t)mak	auflegen (den Hörer)
telgraf	Telegramm

W 4 (Umgangssprachliches)

a) Wendungen mit Dativ

bana ne	was geht das mich an
sana ne	das geht dich nichts an
size ne	das geht Sie (euch) nichts an
şerefe	zum Wohl, prost (wörtl.: auf die Ehre)

b) Wendungen mit dem Imperativ

boş ver	mach dir nichts draus, nimms nicht, tragisch,
çok yaşa	Gesundheit! (beim Niesen; die Antwort: sen de gör)
eksik olma(yın)	Recht herzlichen Dank
güle güle giy(in)	trag(en Sie) es mit Freude (wird gesagt, wenn jemand sich etwas Neues zum Anziehen gekauft hat)
güle güle kullan(ın)	Verwende(n Sie) mit Freude (wird gesagt, wenn man sich etwas Neues gekauft hat)
güle güle otur(un)	wohne(n Sie) mit Freude (wird gesagt, wenn man in eine neue Wohnung eingezogen ist)

kusura bakma(yın) (aus: kusur: Fehler)	nimm's (nehmen Sie es nicht übel, nichts für ungut (wörtl.: schau(en) Sie nicht auf die Fehler)
sus(un)! (von ‚susmak': schweigen)	Ruhe!
sus be (sehr vulgär)!	halt die Klappe!
yapma	hör auf, laß das

Lektion 7
Hangi Kazağı Beğeniyorsun? (Welcher Pulli gefällt dir?)

Grammatik:

1. Der bestimmte Akkusativ (Fragewörter: neyi, kimi, nereyi)
2. Vergleich und Steigerung von Adjektiven (Komparativ und Superlativ)
3. Die Postpositionen ‚gibi' und ‚kadar'
4. ‚hangi' (welcher, welche, welches) und ‚nasıl bir' (was für ein, eine)
5. Der Optativ (nur die 3. Person im Singular und Plural; vgl. auch Lektion 15!)
6. Noch einmal zum Imperativ
7. Wortbildungsendungen ‚-li' und ‚-siz' (mit-ohne)
8. ‚veya' und ‚yoksa' (oder)

Sprechsituationen:

1. Personen und Sachen beschreiben und vergleichen; die persönliche Meinung ausdrücken
2. Einkaufen (Kleidung)

Aufbauwortschatz: Kleidungsstücke

Zusatzmaterial: Speise- und Getränkekarte eines türkischen Cafés

Pasaj kahvesi, Beyoğlu, Foto: Ara Güler, 1958

7 A

1A / 40

Bugün kimi görüyorsun?
　Ahmet'i görüyorum.
Ahmet'le ne yapıyorsun?
　Sinemaya gidiyorum. Ya sen bugün ne yapıyorsun?
Arabayı satıyorum.
　Neyi satıyorsun?
Arabayı.
　Neden arabayı satıyorsun?
Çünkü bana para lazım.

1A / 41

Filiz Mavi Kazağı Alıyor

Filiz'e yeni giyecekler lazım. Filiz Doğan'la önce küçük dükkânlara, sonra büyük mağazalara gidiyor. Atalar'da satıcı Filiz'e birçok kazaklar ve bluzlar gösteriyor. Filiz kabinede kazakları ve bluzları giyiyor ve prova ediyor, ama Doğan bunları beğenmiyor. Sonunda Doğan mavi bir kazak beğeniyor. Kazak bluzlardan daha güzel ama, daha pahalı. Filiz'de o kadar çok para yok. Doğan, Filiz'e borç veriyor ve Filiz mavi kazağı alıyor. Mavi kazak ona çok yakışıyor.

T/D
1A / 42

Divan'da

(kişiler: Feray, Sieglinde, garson)

Feray ile Sieglinde bugün Divan'a gidiyorlar. Divan' tanıyor musunuz?
Divan, Taksim'de meşhur bir kahve. Sieglinde burayı çok beğeniyor.

G.: Buyurun, efendim?
F.: Ne içiyoruz, Sieglinde?
S.: Ben bir çay istiyorum.
F.: Bana bir kahve getirin, lütfen.
G.: Sütlü ve şekerli mi olsun?
F.: Şekersiz, lütfen. Yalnız sütlü olsun.
G.: Çayı nasıl arzu ediyorsunuz?
S.: Şekersiz ve limonlu, lütfen.
G.: Peki, efendim. Başka bir şey de istiyor musunuz?
S.: Ben bir de pasta istiyorum. Hangi pastalar var?
G.: Kremalı pasta var, meyveli pasta var.
S.: Tamam, ben bir kremalı pasta alıyorum. Ya sen, Feray?
F.: Ben pasta yemiyorum, çünkü şişmanlıyorum.

Zusatzmaterial:
Speise- und Getränkekarte eines türkischen Cafés

Hangi Kazağı Beğeniyorsun?

(kişiler: Filiz, Doğan, satıcı)

S.: Buyurun, efendim.
F.: Bir kazak veya bir bluz almak istiyorum.
S.: Nasıl bir kazak veya bluz arıyorsunuz?
F.: Son model olsun.
S.: Kaç beden olsun?
F.: 38 beden.
S.: Bunları nasıl buluyorsunuz?
F.: Pek o kadar güzel değil. Başka yok mu?
S.: Var tabii. Bakın, burada da 38 beden kazaklar ve bluzlar var.
F.: Şunları bir prova etmek istiyorum.
S.: Elbette, kabineye girin.
F.: Bu bluzu nasıl buluyorsun, Doğan?
D.: Korkunç! Felaket! Berbat!
F.: Zaten bana da dar geliyor.
D.: Şunu da bir giysene.
F.: Peki. ...Nasıl?
D.: Fena değil, idare eder.
F. Ya bu kazağı nasıl buluyorsun?
D.: Harika! Sana çok yakışıyor.
F.: Ama kazaklar bluzlardan daha pahalı. Bilmiyorum, kazak mı yoksa bluz mu daha iyi?
D.: Tabii kazak al! Kazaklar bluzlardan daha kalın ve bence çok daha şık.
F.: Hangi kazağı beğeniyorsun?
D.: Mavi kazağı beğeniyorum. Mavi kazağı al!
F.: Bu kazak ne kadar?
S.: —— Lira, efendim.
F.: Ya şu kazak?
S.: Fiyatlar aynı, efendim.
F.: Bende o kadar çok para yok. Daha ucuza olmaz mı?
S.: Maalesef, efendim, bizde pazarlık yoktur.
D.: Farketmez, Filiz, ben sana borç veriyorum.
F.: Sağ ol, Doğan.
D.: Rica ederim, güle güle giy.

 **Karikatur**

(aus: Fırt)

7 B

Ü 1

1B / 48

Ali bugün kimi görüyor? (Ahmet, Peter, öğretmen, profesör, Hans, arkadaş, Ünal, Sıtkı, Erol, Udo, doktor, polis, Monika, Gabi ...)
Ali bugün Ahmet'i görüyor, Ali bugün Peter'- ...

Ü 2

1B / 49

Metin Bey neyi satıyor? (araba, televizyon, ev, radyo, masa, sandalye, kitaplar, dolap, ütü, resimler, saz, gitar...)
Metin Bey arabayı satıyor, Metin Bey televizyon-...

Ü 3   Bilden Sie sinnvolle Sätze mit Akkusativ, z. B.: Ahmet kapıyı açıyor!

1B / 50

baba	kazak	okumak
profesör	mektup	görmek
(sen)	Gönül	kapamak
Filiz	cümle	giymek
garson	kapı	tekrarlamak
(biz)	salata	yazmak
Doğan	Filiz	getirmek
Ferdi	kitap	sevmek
çocuk	oyuncak	bozmak

Ü 4 Setzen Sie die Kasusendungen (Akkusativ, Dativ, Lokativ, Ablativ) ein, aber achten Sie darauf, daß bei unbestimmtem Akkusativ keine Endung nötig ist!

1. Gül mutfak —- salata — getiriyor.
2. Öğretmen çocuk- bir kitap- veriyor.
3. Nuray pencere — kapatıyor, kapı — açıyor.
4. Selim ev- mektup- yazıyor.
5. Martin kantin- gidiyor ve bir kahve- içiyor.
6. Metin Bey büro — gazete-okuyor.
7. Peter mektup- postane — götürüyor.
8. Filiz bluz- giyiyor.
9. Baba televizyon — haberler- dinliyor..
10. Fatma bugün Ankara' —- geliyor, yarın Kars'—- gidiyor.

Ü 5 Ayşe-Fatma-Nurhan / güzel: Ayşe güzel, Fatma daha güzel, Nurhan en güzel

1. Metin Bey-Yaşar-Sinan / genç
2. Hans-Erol-Martin / çalışkan
3. Mehmet-Doğan- Ahmet / zengin
4. bu ev-şu ev-o ev / büyük
5. bluz-kazak-elbise / pahalı
6. köfte - lahmacun - döner kebap / lezzetli
7. ayran - gazoz - meyve suyu / soğuk

Ü 6 tren-otobüs / çabuk gitmek: Tren otobüsten daha çabuk gidiyor.

1. Peter-Udo / çabuk-Türkçe öğrenmek
2. Ahmet-Doğan / çok-para kazanmak
3. motorsiklet-araba / yavaş gitmek
4. Ruth-Sabine / iyi-Türkçe konuşmak
5. Ayşe-Oya / iyi-yemek pişirmek

Ü 7 Bilden Sie den passenden Fragesatz zum Aussagesatz, z. B.: ‚Bluzu alıyorum?: Hangi bluzu alıyorsunuz? aber: Çizgili bir gömlek istiyorum?: Nasıl bir gömlek istiyorsunuz?

1. Salatayı yiyorum.
2. Yeşil bir eteklik istiyorum.
3. Elbiseyi giyiyorum.
4. Gri bir pantalon arıyorum.
5. Sarı bir hırka istiyorum.
6. Bisikleti satıyorum.
7. Kareli gömlekler istiyorum.
8. Evleri satıyorum.

 Ü 8 Bilden Sie Sätze mit Optativ:
Ali Almanca öğreniyor: Ali Almanca öğrensin. / Ali Almanca öğrenmesin.

1. Nuray bugün doktora gidiyor.
2. Meral kırık aynayı çöpe atıyor.
3. Peter Almanya'ya paket gönderiyor.
4. Filiz mavi bir kazak alıyor.
5. Gönül Hanım bakkala gidiyor.
6. Ayşegül televizyonu açıyor.
7. Ali ışığı yakıyor.
8. Çocuklar okula gidiyor.
9. Öğrenciler Türkçe öğreniyor.
10. Konuklar ayran içiyor.

 Ü 9 (sen)-top-ben-atmak: Topu bana atsana.

1. (siz)-ışık-söndürmek
2. (sen)-kapı-açmak
3. (siz)-pencere-kapamak
4. siz)-televizyon-kapamak
5. (sen)-elektrik-açmak
6. (sen)-ben-kalem-vermek
7. (siz)-kırık ayna-çöp-atmak
8. (siz)-biz-masal-anlatmak
9. (siz)-biz-anlamak
10. (sen)-profesör-kitap-götürmek

Ü 10 a) kahve-şeker / süt: **Kahve şekerli ve sütlü mü olsun?**
Yalnız şekerli, sütsüz olsun.

1. çay-limon / şeker
2. lahmacun-acı / yağ
3. çorba-limon / tuz
4. salata-sirke / limon
5. pide-peynir / maydanoz
6. pide-kıyma / yumurta

b) Ali/süt-kahve: **Ali sütlü kahveyi mi içsin?**
Hayır, sütsüz kahveyi içsin.

1. Gönül / limon-salata:
2. Ahmet / peynir-pide:
3. Feray / krema-pasta:
4. konuklar / şeker-çay:
5. Sieglinde / meyve-pasta:

Ü 11 Übersetzen Sie ins Türkische!

1. Soll Feray Tee oder Kaffee trinken?
2. Gehen wir ins Kino oder ins Theater?
3. Gönül trinkt den Kaffee ohne Milch.
4. Wie findest du den blauen Mantel ?
5. Meiner Meinung nach ist der rote Mantel viel hübscher.
6. Ünal soll morgen bei uns vorbeischauen.
7. Die Kinder schauen fern, oder sie hören Musik.
8. Nuray spricht besser Deutsch als Ayşegül.
9. Der gestreifte Rock ist billiger als der karierte Rock, aber er ist nicht so hübsch wie der karierte Rock.

S/Ü Spielen Sie mit Ihrem Lernpartner einen Dialog und benutzen Sie die Alternativantworten. Erweitern Sie die Antwortsätze mit Ihrem eigenen Wortschatz, auch schriftlich! Zeigen Sie sie dann Ihrem Lehrer.

a)
Bugün kimi görüyorsun?

→ Bugün Ali`yi görüyorum.
→ Bugün profesörü görüyorum.
→ Bugün arkadaşı görüyorum.

b)
Neyi alıyorsunuz?

→ Bluzu.
→ Pilli radoyu alıyorum.
→ Sarı mantoyu alıyorum.

c)
Bu kazağı nasıl buluyorsun?

→ Bence fena değil. (idare eder.)
→ Felaket! (Korkunç!) (Berbat!)
→ Kazağı çok beğeniyorum.

d)
Nasıl bir manto istiyorsunz?

→ Sarı bir manto istiyorum.
→ Çizgili bir manto istiyorum.
→ Kareli bir manto istiyorum.

B/Ü 1   Beschreiben Sie diese Bilder unter der Benutzung des Akkusativs!

B/Ü 2   Vergleichen Sie diese Personen oder Sachen!

B/Ü 3 Beschreiben Sie diese Personen!

Spielen Sie mit Ihrem Lernpartner einen freien Dialog, indem Sie jeweils einander fragen:

‚Nasıl bir bay'? bzw. ‚Nasıl bir bayan'? (oder nur ‚Nasıl biri'?) und entsprechend antworten, z. B.:

‚Esmer, siyah saçlı ...' usw. Und vergessen Sie bitte nicht, auch die Kleidung der abgebildeten Personen mitzubeschreiben!

7 C

1. Der bestimmte Akkusativ (i-hali: belirtme durumu)

Die Endung für den bestimmten Akkusativ ist ‚-i', sie unterliegt der großen Vokalharmonie und hat die Varianten ‚-ı/-u/-ü', sie ist stets betont:
ev: ev*i*, bal: bal*ı*, gül: gül*ü*, okul: okul*u*.

Nach Eigennamen wird die Endung vom Bezugswort durch einen Apostroph getrennt:
Peter: Peter'i, Hans: Hans'ı, Gül: Gül'ü, Hamburg: Hamburg'u.
Nach Vokalauslaut wird ein ‚y' als Füllkonsonant eingeschoben:
Ali: Ali'*y*i, Fatma: Fatma'*y*ı, ütü: ütü*y*ü, manto: manto*y*u.

Die stimmlosen Konsonanten ç, k, p, t werden stimmhaft (der letztere mit Vorbehalt), wenn die Akkusativendung angefügt wird:
ağaç: ağa*cı*, çocuk: çocu*ğu*, kitap: kita*bı*, kâğıt: kâğı*dı*.

Bei Personennamen, die mit einem Apostroph von der Endung getrennt werden, bleiben diese Konsonanten in der Orthographie unverändert, werden aber weich gesprochen, z. B.: Ahmet'i (gesprochen Ahmedi), Serap'ı (gesprochen: Serabı).
Die Fragewörter im Akkusativ lauten:
kimi (wen), neyi (was im Akkusativ).

Aufgabe: Machen Sie die Übungen 1, 2, 3 und 4, S/Ü a,b und B/Ü1!

Die Personalpronomen im Akkusativ:
beni: mich / seni: dich / onu: ihn, sie, es
bizi: uns / sizi: euch, Sie / onları: sie

Konstruktionen mit dem Akkusativ:
* Auch die Demonstrativpronomen können im Akkusativ gebraucht werden, indem sie den bestimmten Artikel ersetzen, wenn sie ohne Bezugswort gebraucht werden:
bunu: den (die, das) hier / şunu: den (die, das) da / onu: den (die, das) dort (größere Entfernung), im Plural: bunları, şunları, onları (die hier, die dort). *Aber:* bu kitabı: dieses Buch, bu kalemleri: diese Stifte.
* Ebenso können die Ortsadverbien, die sich aus ‚bu, şu, o' ableiten, im Akkusativ gebraucht werden: burayı (diesen Ort), şurayı (jenen Ort) orayı (jenen Ort, größere Entfernung), im Plural: buraları (diese Orte), şuraları (jene Orte), oraları (jene Orte, größere

Entfernung). Das entsprechende Fragewort ist ‚nereyi' (welchen Ort), im Plural ‚nereleri' (welche Orte).

* Das Verb ‚beğenmek'

Das Verb ‚beğenmek' bedeutet ‚gefallen' und regiert den Akkusativ, z. B.: Kazağı beğeniyorum (der Pulli gefällt mir). Oder:

Türkiye'de nereyi beğeniyorsun?	Wo gefällt es dir in der Türkei?
İstanbul'u beğeniyorum.	Istanbul gefällt mir (bzw. in Istanbul gefällt es mir).
Burayı beğenmiyorum.	Hier gefällt es mir nicht.
Bunu beğenmiyorum.	Das gefällt mir nicht.

Jetzt können Sie auch die persönliche Meinung im Türkischen ausdrücken. Die Frage ‚wie findest du den (die, das) ...?' lautet:

... -i (-ı/-ü/-u) ‚nasıl buluyorsun?', z. B.: Mantoyu nasıl buluyorsun?: Wie findest du den Mantel?
Mantoyu beğeniyorum: Der Mantel gefällt mir.
Mantoyu güzel buluyorum: Ich finde den Mantel schön.

Die Vokabeln und Wendungen, die Sie zur Beschreibung Ihrer persönlichen Vorliebe brauchen, finden Sie im Dialog D und in der ‚Wörterkiste'. Lernen Sie sie!

Die Endung ‚-ce', die Sie bei Ableitung von Sprachenbezeichnungen gelernt haben (vgl. Lektion 4), können Sie auch Personalpronomen anfügen, wenn Sie Meinungen oder Geschmacksrichtungen ausdrücken möchten, z. B.: bence: meiner Meinung nach, nach meinem Geschmack; sence: deiner Meinung nach, onca: seiner (ihrer) Meinung nach usw.

Aufgabe: Machen Sie die S/Ü c!

2.1. Komparativ und Superlativ

Die Adjektivsteigerung erfolgt im Türkischen mit den Partikeln ‚daha' und ‚en':

güzel	daha güzel	en güzel
schön	schöner	am schönsten

Es gibt keine unregelmäßigen Formen.

Beim Vergleichen ist die Entsprechung für ‚als' im Türkischen der Ablativ mit ‚daha', wobei ‚daha' nicht obligatorisch ist und wegfallen kann:

Ayşe *Fatma'dan* (daha) güzel. Ayşe ist hübscher als Fatma. Otomobil bisiklet*ten* (daha) *çabuk* gidiyor. Das Auto fährt schneller als das Fahrrad.

Aufgabe: Lesen Sie den Text T und versuchen Sie, ihn mit Hilfe der ‚Wörterkiste' zu verstehen. Lesen Sie ihn dann mehrmals und erzählen Sie ihn Ihrem Lernpartner nach. Übersetzen Sie ihn schriftlich ins Deutsche. Machen Sie die Übungen 5 und 6 und B/Ü 2!

Die Steigerungsformen können wie im Deutschen als Adjektiv oder Adverb gebraucht werden, z. B.:

en yakın postane: das nächste Postamt; en uzun gün: der längste Tag; daha büyük ev: das größere Haus usw.

Die wichtigsten Adverbien im Superlativ sind:

en aşağı: mindestens / en çok: meistens / en erken: frühestens / en fazla: meistens, höchstens / en geç: spätestens.

Lernen und verwenden Sie sie!

2.2. çok – fazla – aşırı

Bei der Steigerung von ‚çok' (viel) können Sie neben çok (viel) – daha çok (mehr) – en çok (am meisten) auch das Wort ‚fazla' benutzen:

çok – (daha)   fazla – en fazla
       (mehr)   (am meisten)

Darüber hinaus bedeutet ‚fazla' auch ‚zu' bei der Betonung von Adjektiven: fazla sıcak (zu warm). Auch das Wort ‚aşırı' wird in diesem Zusammenhang gebraucht: aşırı sıcak (zu warm).

Aber neben ‚fazla' und ‚aşırı' nimmt man auch häufig ‚çok' in Bedeutung von ‚zu'. So kann z. B. ‚çok soğuk' sowohl ‚sehr kalt' als auch ‚zu kalt' heißen, oder ‚çok pahalı' neben ‚sehr teuer' auch ‚zu teuer'.

Veraltet ist der Komparativ mit ‚ziyade' (als Superlativ viel seltener gebraucht): daha ziyade (mehr, eher (als Vorzug)). Beherrschen Sie ihn nur passiv.

2.3. Steigerung mit ‚çok daha...' (viel ...er)

Beim betonten Komparativ wird ‚daha' durch ‚çok' verstärkt:
Peter Udo'dan çok daha iyi Türkçe konuşuyor:
Peter spricht Türkisch viel besser als Udo.

3. Die Postpositionen ‚gibi' und ‚kadar'

Die Postposition ‚gibi', die die Grundform verlangt (vgl. Lektion 9), bedeutet ‚wie': bir Türk gibi (wie ein Türke), z. B.:

Profesör bir Türk gibi Türkçe konuşuyor:
Der Professor spricht Türkisch wie ein Türke.

Die Postposition ‚kadar' (vgl. auch Lektion 8), ebenfalls mit Nominativ gebraucht (vgl. Lektion 9), bedeutet ‚so wie' und wird beim Vergleichen von Eigenschaften und Qualitäten verwendet, z. B.:

Profesör bir Türk kadar iyi Türkçe konuşuyor:
Der Professor spricht so gut Türkisch wie ein Türke.

Sie können solche Aussagen mit dem Adverb ‚neredeyse' (oder hemen hemen) erweitern:

Profesör neredeyse (oder hemen hemen) bir Türk kadar iyi Türkçe konuşuyor: Der Professor spricht fast so gut Türkisch wie ein Türke.

In der Verneinung bedeutet ‚kadar' ‚nicht so... wie':

Kazak bluz kadar ucuz değil: Der Pulli ist nicht so billig wie die Bluse.

Mit den Demonstrativpronomen ‚bu-şu-o' bedeutet ‚kadar' ‚so' mit Betonungsfunktion:

o kadar güzel: so schön / bu kadar sıcak: so warm usw., vergleichen Sie z. B. den Satz in D ‚Bende o kadar çok para yok' (Ich habe nicht so viel Geld bei mir).

4. hangi – nasıl bir

Das Fragewort ‚welcher' (welche, welches) lautet im Türkischen ‚hangi'. Wie im Deutschen wird es bei der Bestimmtheit gebraucht:

Hangi kazak daha güzel?	Welcher Pulli ist schöner?
Hangi kazağı alıyorsun?	Welchen Pulli kaufst du?
Bu kazak daha güzel.	Dieser Pulli ist hübscher.
Bu kazağı alıyorum.	Ich kaufe diesen Pulli.

Bei der Unbestimmtheit fragt man im Deutschen mit ‚was für ein(e, er)'. Die Entsprechung im Türkischen ist ‚nasıl bir' (oder ne gibi bir):

Nasıl bir kazak arıyorsunuz?	Was für einen Pulli suchen Sie?
Mavi bir kazak arıyorum.	Ich suche einen blauen Pulli.

Die Pluralform ‚was für' ist nur ‚nasıl' (oder ne gibi):
Nasıl kazaklar arıyorsunuz: Was für Pullis suchen Sie?

Mit ‚hangi' und ‚nasıl bir' kann nicht nur nach Sachen
sondern auch nach Personen gefragt werden, z. B.:
‚Hangi bay ...'?   (Welcher Herr?) oder:
‚Nasıl bir bayan'?   (Was für eine Dame?).
Wenn kein Bezugswort vorhanden ist, stellen Sie die Frage
nach Personen mit dem Pronomen ‚nasıl biri' (= was für einer/ was für eine?):

Aufgabe: Machen Sie die Übung 7 und S/Ü d!

Die Frage mit ‚nasıl bir ...'? oder ‚nasıl biri' kann auch im Rahmen der Personenbeschreibung geübt werden wie z. B. in der B/Ü 3:

‚Nasıl bir bay/bayan'? (= Was für ein Herr/ eine Dame) oder einfach ‚Nasıl biri'' (= Was für einer/ was für eine).

Vgl. Sie unten, die Endungen ‚-li' und ‚-siz' Nachdem Sie dieses Kapitel gelernt haben, machen Sie die B/Ü 3!

5. Der Optativ (istek kipi) / (nur 3. Person Singular und Plural)

Es gibt eine Zeitform im Türkischen, die gleichzeitig eine Modusform ist und in der gesprochenen Sprache fast öfter als das Präsens gebraucht wird. Der Optativ wird auch als die ‚Wunsch-Befehls-Form' bezeichnet. Er drückt neben spontanen Entscheidungen (Entsprechung im Deutschen Präsens mit dem Füllwort ‚mal', z. B. ‚ich lese mal das Buch') auch Aufforderungen aus (im Deutschen z. B. ‚gehen wir', ‚wollen wir gehen', ‚laßt uns gehen'), oder aber Befehle und Wünsche mit ‚sollen' (z. B. ‚er soll morgen bei uns vorbeischauen'). Die 3. Person im Singular und Plural entspricht auch dem Imperativ.

Den Optativ lernen ausführlicher Sie in der Lektion 15 mit den Entsprechungen der Modalverben ‚müssen' und ‚sollen'. In dieser Lektion hingegen lernen Sie nur die Form für die 3. Person (Singular und Plural):
Die Endung sowohl für die Angabe der Person als auch der Modalität (Wunsch - Befehl, etwa als Entsprechung ‚sollen' für die dritte Person) lautet ‚- sin'. Sie ist betont und unterliegt der großen Vokalharmonie:

gel*sin*: er/sie/es soll kommen   yaz*sın*: er/sie/es soll schreiben
oku*sun*: er/sie/es soll lesen   gül*sün*: er/sie/es soll lachen
In der Mehrzahl:
gel*sinler:* sie sollen kommen   yaz*sınlar:* sie sollen schreiben
oku*sunlar:* sie sollen lesen   gül*sünler:* sie sollen lachen

Frageform in der Einzahl und Mehrzahl:
gel*sin mi:* soll er/sie kommen?   gel*sinler mi:* sollen sie kommen?
yaz*sın mı:* soll er/sie schreiben?   yaz*sınlar mı:* sollen sie schreiben?
oku*sun mu:* soll er/sie lesen?   oku*sunlar mı:* sollen sie lesen?
gül*sün mü:* soll er/sie lachen?   gül*sünler mi:* sollen sie lachen?

Verneinung in der Einzahl und Mehrzahl:
gel*mesin(ler):* er/sie soll (sie sollen) nicht kommen
yaz*masın(lar):* er/sie soll (sie sollen) nicht schreiben
oku*masın(lar):* er/sie (sie sollen) nicht lesen
gül*mesin(ler):* er/sie soll (sie sollen) nicht lachen

Verneinende Frage in der Einzahl und Mehrzahl:
gel*mesin(ler) mi:* soll er/sie (sollen sie) nicht kommen?
yaz*masın(lar) mı:* soll er/sie (sollen sie) nicht schreiben?
oku*masın(lar) mı:* soll er/sie (sollen sie) nicht lesen?
gülmesinler mi: soll er/sie (sollen sie) nicht lachen?

Die 3. Person Einzahl von dem Verb ‚olmak' (sein), ‚olsun', wird sehr häufig gebraucht, um ‚Wunsch-Befehle' im Alltag, z. B. beim Einkaufen, auszudrücken.
Es gibt auch zahlreiche Wendungen in der Umgangssprache, die mit Optativ gebildet sind. In W 4 finden Sie Wendungen mit Optativ in der 3. Person. Lernen und gebrauchen Sie sie!

Aufgabe: Machen Sie die Übung 8! Versuchen Sie mit Hilfe der ‚Wörterkiste' die Karikatur zu verstehen und zu übersetzen. Begreifen Sie die Pointe? Welchen landeskundlichen Hintergrund bzw. welche Gesellschaftskritik enthält diese Karikatur? Diskutieren Sie das im Plenum mit Ihrem Lehrer und mit den anderen Kursteilnehmern, wenn es geht auf türkisch!

6. Noch einmal zum Imperativ

Neben der 3. Person vom Optativ begegnen Sie in dieser Lektion einer weiteren neuen Befehlsform:
In der Ü 9 heißt es:
Topu bana at*sana:* Wirf mir *doch* den Ball zu.
Die Entsprechung für die Befehlsform mit ‚doch' ist die Endung ‚-sene' (Plural und die höfliche Form ‚-senize'), die der kleinen Vokalharmonie unterliegt und die Variante ‚-sana' aufweist (höfliche Form ‚-sanıza'). Lernen und verwenden Sie auch diese sehr gebräuchliche Befehlsform!

Aufgabe: Machen Sie die Übung 9. Spielen Sie mit Ihrem Lernpartner den Dialog D, auch auf Deutsch! In D begegnen Sie vielen Ausdrücken, die man beim Einkaufen braucht. Finden Sie sie in der ‚Wörterkiste' und lernen Sie sie. Im Aufbauwortschatz (W 3) finden Sie noch viele Ausdrücke für Kleidung.

7. Die Endungen ‚-li' und ‚-siz'

In T/D gehen Feray und Sieglinde in ein Café in Istanbul. (Sie werden diese Personen in späteren Lektionen noch näher kennenlernen.) Der Kellner fragt sie, ob der Kaffee ‚*mit* Milch' *(sütlü)* oder ‚*mit* Zucker' (şeker*li*) sein soll. Die Endung ‚-li', die betont ist und der großen Vokalharmonie unterliegt (-lı/-lü/-lu), drückt das Vorhandensein des Inhalts vom Bezugswort aus: süt (Milch), *sütlü (mit* Milch). Sie ist zwar mit dem Verhältniswort ‚ile' (vgl. Lektion 6) verwandt, ist aber im Gegensatz zu ‚ile' nicht instrumental:
Baba gazeteyi gözlük*le* okuyor: Der Vater liest die Zeitung *mit* Brille.
Aber: *Gözlüklü* bir adam: Ein Mann *mit* Brille.

Meistens entspricht diese Endung dem Suffix ‚-ig' im Deutschen:
güneş, güneş*li*   Sonne, sonn*ig*,
sakal, sakal*lı*   Bart, bärt*ig*.

Das Gegenteil von ‚-li' ist die Endung ‚-siz', die ebenfalls betont ist und der großen Vokalharmonie unterliegt (‚-sız/-süz/-suz'), sie drückt das Fehlen vom Inhalt des Bezugsworts aus:
şeker, şeker*siz*   Zucker, *ohne* Zucker
tuz, *tuzsuz*   Salz, *ohne* Salz

Diese Endung entspricht auch dem Suffix ‚-los' im Deutschen:
iş, işsiz   Arbeit, arbeitslos

Die gegensätzlichen Endungen ‚-li' und ‚-siz' können an jedes Substantiv angehängt werden und können auch in Verbindung mit Adjektiven gebraucht werden, z. B.:
uzun: lang, boy: Wuchs, Statur—> uzun boy*lu:* groß, hochgewachsen
orta: mittel, orta boy*lu:* mittelgroß
kısa: kurz, kısa boy*lu:* klein, von kleiner Statur
mavi: blau, göz: Auge—> mavi *gözlü:* blauäug*ig*
sarı: gelb, blond, saç: Haar—> sarı saç*lı:* blondhaar*ig*
siyah: schwarz, siyah saç*lı:* schwarzhaar*ig*

Aufgabe:

a) Spielen Sie T/D mit Ihrem Lernpartner, auch auf Deutsch! Machen Sie die Übungen 10 und B/Ü3! Studieren Sie die Speise- und Getränkekarte des türkischen Cafés, nachdem Sie die Wörter im Lexikon nachgeschlagen haben. Spielen Sie dann mit Ihren Lernpartnern die Szene im türkischen Café nach, indem Sie abwechselnd die Rolle der Gäste und des Kellners übernehmen.

b) Beschreiben Sie Ihrem Lernpartner den Mann bzw. die Frau Ihrer Träume.

c) Stellen Sie sich vor: Ein Taschendieb hat Ihre Handtasche entwendet und Sie beschreiben ihn einem Polizeibeamten. Spielen Sie einen fiktiven Dialog mit Ihrem Lernpartner, indem Sie abwechselnd die Rolle des Polizisten und des/der Bestohlenen übernehmen!

8. ‚veya' und ‚yoksa'

In D sagt Filiz zu der Verkäuferin:
‚Bir kazak *veya bir bluz* almak istiyorum'/
Ich möchte einen Pulli *oder* eine Bluse kaufen.
Und sie fragt auch Doğan:
‚Kazak mı *yoksa* bluz mu daha iyi'? (Ist ein Pulli oder eine Bluse besser?)

Die Funktions- bzw. Bindewörter ‚veya' und ‚yoksa' heißen in deutscher Übersetzung beide ‚oder', aber ‚veya' (veraltete Formen yahut, veyahut) wird im Aussagesatz, ‚yoksa' hingegen im Fragesatz gebraucht. Allen in Frage kommenden Alternativen wird das Fragewörtchen nachgestellt: Kazak *mı* yoksa bluz *mu* daha iyi?

Aufgabe: Machen Sie die Übung 11!

Wörterkiste

(Verweise mit C beziehen sich auf den Grammatikteil der Lektionen, die Zahlen rechts vom Punkt auf das entsprechende Kapitel im Grammatikteil!)

W 1

acı, acılı	(hier:) scharf (bei Gerichten)
açmak	öffnen; einschalten
alışverişe gitmek	einkaufen gehen
anlatmak	erzählen
arzu	Wunsch
arzu etmek	wünschen, mögen
aşırı	zu (bei Adjektiven) (C.2)
Atalar	Bekleidungsgeschäft in Istanbul
atmak	(hier:) werfen, wegwerfen
aynı	gleich
ayran	türk. Joghurtgetränk (etwa: Buttermilch)
bana dar geliyor	das ist zu eng für mich
başka yok mu?	Haben Sie kein(e,n) anderes (andere/anderen)?
beden	(hier:) Kleidungsgröße
beğenmek	gefallen, Gefallen finden an (s. C.1)
bence	meiner Meinung nach (s. C.1)
beni	mich
berbat	miserabel, schrecklich
birçok	viele, mehrere
bizde pazarlık yoktur	bei uns wird nicht runtergehandelt
bizi	uns
bluz	Bluse
borç vermek	Geld leihen
boy	(hier:) Körpergröße
bozmak	(hier:) kaputtmachen
bu sefer	diesmal
bulmak	finden
bunları	die hier, diese (s. C.1)
bunu	den (die, das) hier (s. C.1)
burayı	diesen Ort (s. C.1)
çiğnemek	kauen
çiklet	Kaugummi
çizgi	Streifen, Linie
çizgili	gestreift, liniert
çöp	(hier:) Abfall
daha	(hier:) als (bei Komparativ) (C.2)
daha ucuza olmaz mı?	Geht es nicht billiger?
dar	eng (s. bana dar geliyor)
Divan	(hier:) Café in Istanbul
döner kebap	Drehspieß (türk. Spezialität)
dükkân	Laden, Geschäft
efendi	Herr (volkstümlich)
elbette	natürlich, klar, selbstverständlich
elbise	Kleid
elektrik	Elektrizität, Strom, (hier:) Licht
en	Superlativpartikel (am ...-sten) (C.2)
en aşağı	mindestens
en çok	meistens
en erken	frühestens
en geç	spätestens
etek, eteklik	Rock
farketmez	das ist egal
fazla	viel, mehr, zu (s. C.2)
felaket!	(hier:) schrecklich!
fena	schlecht, übel
fena değil	nicht schlecht, nicht übel
Feray	weiblicher Vorname
fiyat	Preis
gazoz	türk. Brauselimonade
gibi	wie (s. C.3)
girmek	hineingehen, (betreten)
giyecek	Kleidungsstück(e)
giymek	anziehen
gömlek	(Ober-)Hemd
görmek	sehen
göstermek	zeigen
götürmek	(hin-, weg-)bringen
göz	Auge
gri	grau
gül	Rose
güneş (güneşli)	Sonne (sonnig)
haber	Nachricht
hangi	welche(r,s) (s. C.4)
harika!	(hier:) toll, spitze, Klasse!
haydi (Aussprache hadi)	los, packen wir's, gehen wir
hemen hemen	s. neredeyse
hırka	Strickjacke
hızlı	schnell
ışık	Licht
içinde	in (temporal und lokal)
idare eder	es geht, so la la
kabine	Kabine, (hier:) Umkleideraum
kaç beden?	welche Größe?
kadar	(hier:) so ... wie (s. C.3)
kahve	(hier:) Café
kalın	dick
kapa(t)mak	zumachen; ausschalten
kare	(hier:) Karo

kareli	kariert	seni	dich
kazak	Pullover	sirke	Essig
kazanmak	(hier:) verdienen	siyah	schwarz
kırık	zerbrochen, kaputt	sizi	euch, Sie
kısa boylu	klein, kurz (Körpergröße)	son model	letztes Modell, der letzte Schrei
kıyma	Hackfleisch		
kimi	wen	sonunda	endlich, schließlich
komedi	Komödie, Lustspiel	söndürmek	(hier:) ausschalten
korkunç	schrecklich	sütlü	mit Milch
köfte	türk. Frikadelle, Fleischklößchen	şekerli	mit Zucker
		şekersiz	ohne Zucker
krema	Schlagsahne	şık	schick
kremalı	mit Schlagsahne	şişmanlamak	zunehmen, dick werden
lahmacun	türk. Pizza	şunları	die da (C.1)
lezzetli	schmackhaft	şunu	den (die, das) da
limon	Zitrone	şurayı	jenen Ort (s. C.1)
limonlu	mit Zitrone	tanımak	kennen
masal	Märchen	tekrarlamak	wiederholen
mağaza	(großer) Laden, (größeres) Geschäft	tekrar etmek (Altw. für tekrarlamak)	
mavi	blau	tiyatro	Theater
maydanoz	Petersilie	tuz	Salz
Meral	weiblicher Vorname	tuzlu	salzig
meşhur	berühmt, bekannt	uzun boylu	groß, hochgewachsen
meyveli pasta	Obstkuchen	ünlü (Neuw.)	berühmt
motorsiklet	Motorrad	veya	oder (s. C.8)
nasıl (bir)	was für (ein. eine) (s. C.4)	veyahut (Altw. für veya)	
		yahut (Altw. für veya)	
ne gibi (bir)	was für (ein, eine) (s. C.4)	yakışıklı	gut aussehend (für Männer)
		yakışmak	gut stehen
neyi	was (im Akkusativ)	yakmak	(hier) einschalten, anzünden
neredeyse	fast, beinahe	yalnız	(hier:) nur
nereyi	welchen Ort (s. C.1)	yeşil	grün
o kadar	so (s. C.3)	yoksa	(hier:) oder (s. C.8)
olmak:	(hier:) sein	zaten	sowieso
... olsun	soll ... sein	ziyade	(s. C.2)
onları	sie; die da (s. C.1)		
onu	ihn, sie; das dort	**W 2 (grammatische Termini)**	
orayı	jenen Ort (s. C.1)	i-hali (belirtme durumu)	Akkusativ (Bestimmungsform)
orta	(hier:) mittel		
orta boylu	mittelgroß (für Personen)	istek kipi	Optativ (Wunschbefehlform)
oyuncak	Spielzeug		
pazarlık	Feilschen (s. bizde pazarlık yoktur)	**W 3 (Aufbauwortschatz: Kleidungsstücke)**	
pide	Fladenbrot; türk. Pizzasorte	ayakkabı	Schuh
pil	Batterie	bana bol geliyor	das ist zu weit für mich
pilli	mit Batteriebetrieb	bana tam geliyor	das paßt genau
prova etmek	anprobieren	bornoz	Bademantel
saç	Haar	çamaşır	Wäsche
o kadar	so (s. C.3)	çizme	Stiefel
sakal (sakallı)	Bart (bärtig)	çorap	Strumpf
salata	Salat	eldiven	Handschuh
sarı	gelb; blond	fanila	Unterhemd
satıcı	Verkäufer(in)	gecelik	Nachthemd
satmak	verkaufen	jüpon	Unterrock

külot	Unterhose	**W 4 (Umgangssprachliches:**	
külotlu çorap	Strumpfhose	**Wendungen mit Optativ)**	
kürk	Pelz(mantel)	Afiyet olsun	Guten Appetit
mayo	Badeanzug	Allah göstermesin	
önlük	Schürze	(von ‚Allah': Gott)	Gott bewahre (mich, uns)
pabuç	Schuh		davor (wörtl.: Gott möge es
palto	Mantel		(mir, uns) nicht zeigen)
pardesü	Übergangsmantel	Allah kahretsin	verdammt (verflucht) noch-
pijama	Schlafanzug		mal
sabahlık	Morgenmantel	Allah korusun	Gott schütze mich (uns)
şal	Schal		(davor)
şapka	Hut	Allah mesut	
takım elbise	Anzug	(oder mutlu) etsin	Gott möge (euch) glücklich
terlik	Hausschuh	(mesut, mutlu:	machen
yağmurluk	Regenmantel	glücklich)	(wird zur Verlobung od. Trau-
yelek	Weste		ung gesagt)
		Allah rahatlık versin	schlaf(en Sie) wohl
		Allah razı olsun	vergelt's Gott
		geçmiş olsun	gute Besserung
		hayırlı olsun	möge gesegnet sein (wird
			gesagt beim Beginn eines
			neuen Lebensabschnitts
			oder beim Erwerb einer
			neuen Sache)
		kolay gelsin	leichte Arbeit bzw. ‚Gutes
			Schaffen'
			(wird gesagt, wenn man
			jemanden bei einer schwe-
			ren Arbeit sieht)
		oh olsun	das geschieht ihm (ihr, euch
			usw.) recht!
		sıhhatler olsun	(wörtl.: möge Gesundheit
		(von sıhhat: Gesundheit)	sein) (wird nach Bad oder
			Rasur gesagt)
		ziyade olsun	(wörtl.: möge mehr sein)
			Dankformel an den Gast-
			geber nach Speisen oder
			Getränken

Lektion 8
Saat Kaçta İstanbul'a Tren Var? (Um wieviel Uhr gibt es einen Zug nach Istanbul?)

Grammatik:
1. Die Uhrzeit (Fragewörter: saat kaç, saat kaçta; ne kadar)
2. Tageszeiten, Kalender und Datumsangabe
3. Wortbildungsendungen, die Zeitadverbien und -adjektive ableiten: ‚-dir', ‚-leyin', ‚-ki', ‚-ce'
4. Postpositionen: ‚kadar', ‚doğru', ‚sularında?

Sprechsituationen:
1. Zeitdauer erfragen und angeben
2. Das Datum angeben
3. Den Tagesablauf berichten
4. Fahrpläne verstehen und beschreiben

Aufbauwortschatz:
1. Die Uhr
2. Wochentage, Monate, Jahreszeiten

Zusatzmaterial:
1. Türkischer Kalender
2. Zugfahrplan

Zugfahrplan

8 A

a) Saat kaç?
   Saat üçü beş geçiyor.
   O saat geri kalıyor, şimdi saat dörde yirmi var.

b) Saat kaçta yatıyorsun?
   Saat on birde yatıyorum. Ya sen?
   Ben her gece saat on ikide yatıyorum.
   Çok geç yatıyorsun.
   Evet, öyle. Hemen uyuyorum. Ve çok erken kalkıyorum.
   Daima yorgunum ve her zaman derse geç kalıyorum.
   Ders saat kaçta başlıyor?
   Dokuzu çeyrek geçe başlıyor, on bire çeyrek kala bitiyor. Bir buçuk saat sürüyor.
   Şeker Bayramı ne kadar sürüyor?
   Üç gün sürüyor.
   Kurban Bayramı ne kadar sürüyor.
   Dört gün sürüyor.
   Sömestr ne zaman başlıyor ve ne zaman bitiyor?
   Sömestr kasımda başlıyor ve şubatta bitiyor, dört ay sürüyor.

c) Peter ne zamandan beri Türkçe öğreniyor?
   Peter altı aydan beri Türkçe öğreniyor.
   Profesör ne zamandan beri Türkçe öğreniyor?
   Profesör üç yıldır Türkçe öğreniyor ve neredeyse bir Türk kadar iyi Türkçe konuşuyor.
   Ben de yarından itibaren Türkçe öğreniyorum.

 **T 1**

1A / 46

Cengiz Ankara'dan İstanbul'a gitmek istiyor. İstasyona gidiyor ve gişede soruyor: ‚İstanbul'a saat kaçta tren var'? Sonra bilet alıyor ve trene biniyor. Tren saat on üç otuzda hareket ediyor. Ankara-İstanbul arası 598 kilometre, yolculuk sekiz buçuk saat sürüyor. Tren rötar yapmıyor ve tam vaktinde geliyor. Cengiz akşam saat dokuzda İstanbul'a varıyor. Trenden iniyor, bavulları emanete bırakıyor ve iyi bir otel arıyor.

 T 2

1A / 47

Uzun Bir Gün

Peter sabahleyin saat yedide uyanıyor ve yediyi çeyrek geçe kalkıyor. Yıkanıyor, tıraş oluyor, saat yedi buçukta kahvaltı ediyor, saat sekizde evden çıkıyor. Sonra durakta otobüs bekliyor ve otobüsle üniversiteye gidiyor. Saat dokuzdan on ikiye kadar ders var. Peter saat yarımda kantinde öğlen yemeği yiyor. Yemekten sonra kahve içiyor. Öğleden sonra saat dörde kadar çalışıyor. Saat dört buçuğa doğru Peter eve geliyor. Yolda bakkaldan akşam yemeği için alışveriş ediyor. Evde akşam yemeği hazırlıyor. Yemekten önce gazete okuyor. Saat yedi sularında akşam yemeği yiyor. Yemekten sonra kitap okuyor veya televizyon seyrediyor. Saat on birde yatıyor, uyuyor ve rüya görüyor.

 D 1

1A / 48

Kahvaltı

- Hazır mısın?
- Hayır, daha hazırlanıyorum. Önce bir duş almak istiyorum.Sen de kahvaltıyı hazırla, lütfen. Beş dakika içinde geliyorum.
- Kahvaltıda ne istiyorsun?
- Francala, beyaz peynir, siyah veya yeşil zeytin, reçel ve tabii çay. Çay demli olsun.
- Sen de çabuk ol, çay soğumasın.

D 2

1A / 49

İstanbul'a Saat Kaçta Tren Var?

(kişiler: Cengiz, biletçi)

C.: İstanbul'a saat kaçta tren var?
B.: Ne zaman gitmek istiyorsunuz?
C.: Öğleyin.
B.: İlk tren saat sekiz on beşte, Boğaziçi Ekspresi. Sonra saat sekiz kırk birde Toros Ekspresi var ama, salı, çarşamba ve pazar günleri işlemiyor. Diğer trenler her gün işliyor. Son tren on üç otuzda, Mavi Tren.
C.: Mavi Trende aktarma var mı?
B.: Hayır, efendim, sadece Eskişehir'de on beş dakika duruyor.
C.: Mavi Tren saat kaçta İstanbul'a varıyor?
B.: Bir dakika, tarifeye bakıyorum. Saat yirmi birde.
C.: Biraz geç ama, neyse. Bana Mavi Tren için bir gidiş dönüş bilet verin, lütfen. Öğrenciler için indirim var mı?
B.: Var, efendim. Öğrenci misiniz?
C.: Evet, öğrenciyim.
B.: O halde —— Lira verin, lütfen.
C.: Buyurun. Tren hangi perondan kalkıyor?
B.: Bir numaralı perondan.
C.: Teşekkürler.
B.: Güle güle, efendim, iyi yolculuklar.

Karikatur (Karikatür)

1A / 50

(aus: Fırt)

Zusatzmaterial:

Ocak / Januar						
Pazartesi Montag	**Salı** Dienstag	**Çarşamba** Mittwoch	**Perşembe** Donnerstag	**Cuma** Freitag	**Cumartesi** Samstag	**Pazar** Sonntag
					1	**2**
3	4	5	6	7	**8**	9
10	11	12	13	14	**15**	**16**
17	18	19	20	21	**22**	**23**
24	25	26	27	28	**29**	**30**
31						

1 Ocak Yılbaşı, 3 Ocak Kadir Gecesi, 8-9-10 Ocak Şeker Bayramı
1 Januar Neujahr

8 B

Ü 1 Saat kaç?

20.50 / 9.15 / 12.30 / 8.45 / 10.20 / 16.25 / 9.35 / 18.45 / 21.15

Ü 2 Erzählen Sie Ihren Tagesablauf mit der Uhrzeitangabe auf türkisch, z. B.: ich stehe um sieben Uhr auf: saat yedide kalkıyorum ... usw.

Ü 3 19.30-21.00 (film): Film (saat) on dokuz otuzda (yedi buçukta) başlıyor, (saat) yirmi bir de (dokuzda) bitiyor, bir buçuk saat sürüyor.

1. 20.15 - 22.15 (tiyatro)
2. 15.00 - 16.30 (konser)
3. 14.00 - 20.00 (parti)
4. 13.30 - 15.30 (ders)

Ü 4 Antworten Sie bitte mit ‚geçe' oder ‚kala':
(sen)-ev-gelmek / 17.10: Ne zaman eve geliyorsun? / Beşi on geçe.

1. tren-kalkmak / 8.50
2. Ferdi-üniversite-gelmek / 9.10
3. gemi-Bandırma-varmak / 16.55
4. Gönül Hanım-uyanmak / 7.15
5. (siz)-kalkmak / 8.10
6. televizyon-haberler-başlamak / 19.45

Ü 5 Beantworten Sie die Fragen!

1. Noel ne zaman?
2. Yılbaşı (gecesi) ne zaman?
3. Kış ne zaman başlıyor, ne zaman bitiyor?
4. Yaz ne zaman başlıyor, ne zaman bitiyor?
5. Cumhuriyet Bayramı ne zaman?
6. Bu yıl Paskalya (Yortusu) ne zaman?

7. Bu yıl Pantkot Yortusu ne zaman?
8. Sömestr ne zaman başlıyor, ne zaman bitiyor, ne kadar sürüyor?
9. Tatil ne zaman başlıyor, ne zaman bitiyor, ne kadar sürüyor?

Ü 6   Studieren Sie den Fahrplan und beantworten Sie die Fragen!

1B / 64

Tarife (Ankara-İstanbul)			
Ankara'dan hareket	günler	peron	İstanbul'a varış (Haydarpaşa)
Boğaziçi Eks. 8.00	her gün	1	17.15
Toros Eks. 8.41	pazartesi, perşembe-cumartesi	2	18.25
Mavi Tren 13.30	her gün	1	21.00

1. Ankara'dan İstanbul'a hangi trenler işliyor?
2. Ankara'dan İstanbul'a hangi günler tren var?
3. Trenler İstanbul'a saat kaçta hareket ediyor?
4. Trenler hangi peronlardan hareket ediyor?
5. Trenler saat kaçta İstanbul'a varıyor?

Ü 7   21.15-23.00: Hans-kitap okumak: Hans saat yirmi bir on beşten yirmi üçe kadar kitap okuyor.

1B / 65

1. 12.30-13.15:   öğrenciler-kantin-yemek yemek
2. 20.30-22.45:   Meral-ev-televizyon seyretmek
3. 9.15-10.45:   çocuklar-bahçe-futbol oynamak
4. 8.15- 8.30:   Peter-durak-otobüs beklemek
5. 8.30-15.30:   Gönül Hanım-büro-çalışmak

Ü 8   Setzen Sie die Postpositionen ‚kadar', ‚doğru' oder ‚sularında', wenn nötig mit Kasusendung ein!

1B / 66

1. Ders saat dokuz ----- on iki- - .... sürüyor.
2. Mehmet saat beş----- .... fabrikada çalışıyor, akşam saat altı----- .... eve geliyor.
3. Filiz akşam saat yedi- .... yemek yiyor.
4. Cengiz trenle Ankara'dan İstanbul'a gidiyor;   yolculuk saat on üç otuz----- yirmi bir----- .... sürüyor.
5. Cengiz akşam saat dokuz ----- .... İstanbul'a varıyor.

Ü 9 Bilden Sie passende Fragesätze (mit ‚ne kadar', ‚ne zaman', ‚ne zamana kadar', ‚saat kaçta', ‚saat kaça kadar') zu den Aussagesätzen!

1. Tren saat 17'de kalkıyor.
2. Yaşar akşamları televizyon seyrediyor.
3. Gönül Hanım saat üç buçuğa kadar büroda çalışıyor.
4. Peter yazın Türkiye'ye gidiyor.
5. Sömestr dört ay sürüyor.
6. Saat dokuzda kahvaltı etmek istiyoruz.

Ü 10 Übersetzen Sie ins Türkische!

1. Im Sommer fahren wir nach Antalya.
2. Diesen Sommer fährt Peter in die Türkei.
3. Yaşar spielt montags Fußball.
4. Suchst du die heutige Zeitung
5. Sinan sieht abends fern, oder er liest Zeitung.
6. Der Unterricht fängt am Morgen um neun Uhr an und dauert bis zehn Uhr dreißig.

Ü 11 Soruları cevaplandırın! Beantworten Sie die Fragen!

1. Ne zamandan beri Türkçe öğreniyorsunuz?
2. Peter saat kaçta kalkıyor?
3. Peter ne zaman ve nerede öğlen yemeği yiyor?
4. Cengiz neden istasyona gidiyor ve biletçiye ne soruyor?
5. Tren saat kaçta hareket ediyor?
6. Cengiz ne zaman İstanbul'a varıyor?

B/Ü Erzählen Sie den Tagesablauf von Gönül Hanım mit Uhrzeitangabe! Zusatzaufgabe: Acenda (Terminkalender): Beschreiben Sie auf Türkisch das Tagesprogramm von Ihnen oder jemand anderem nach einem Terminkalender, nachdem Sie in die leere Seite verschiedene fiktive Termine eingetragen haben.

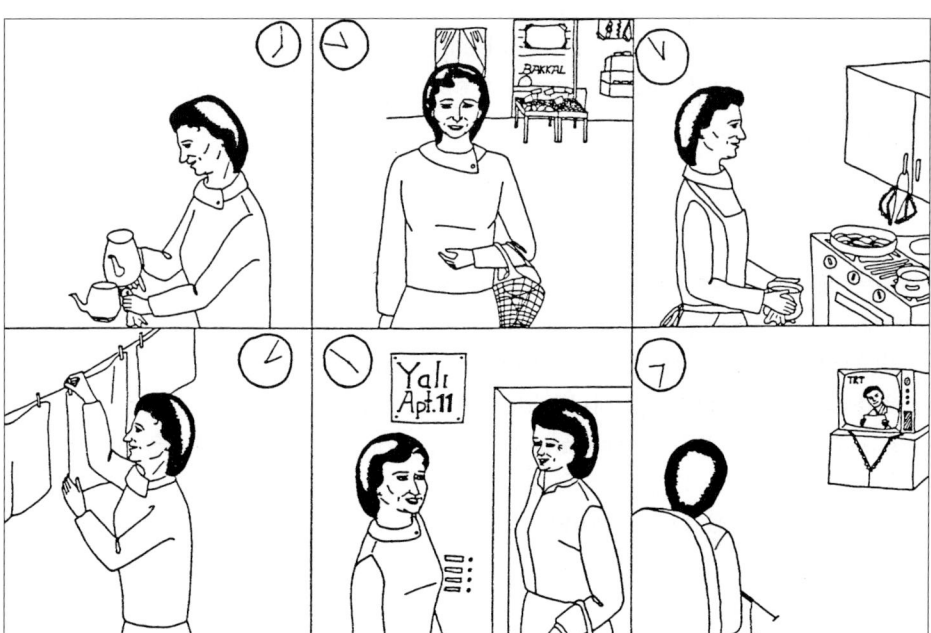

Çarşamba 17 Nisan	17 Nisan 2...

8 C

1. Die Uhrzeit

Das Wort ‚saat' bedeutet sowohl ‚Uhr' als auch ‚Stunde'. Wenn man ‚kaç saat'? fragt, heißt es ‚wieviel Stunden', aber *‚saat kaç'?* heißt ‚wie spät ist es'?
Wie man im Deutschen auf diese Frage mit ‚es ist ...' antwortet, antwortet man im Türkischen mit ‚saat ...', z. B.:

‚saat iki': ‚es ist zwei Uhr'.

Wie im Deutschen gibt es auch im Türkischen eine offizielle und eine umgangssprachliche Zeitansage. Bei der offiziellen Zeitansage wird ab 12 Uhr mittags wie im Deutschen 13, 14, 15 ... Uhr gesagt, z. B.: 13.20 on üç yirmi, oder 12.15 on iki on beş, oder 17.30 on yedi otuz. Wenn die Minutenangabe kleiner als zehn ist, setzt man eine ‚sıfır' (Null) davor, z. B.: 10.07 ist on sıfır yedi (weil es ohne Null ‚on yedi', also 17 Uhr heißen könnte.)

Aufgabe: Machen Sie die Übung 1.

Die umgangssprachliche Zeitansage:

* vor

Bei ‚vor' gebraucht man das Strukturwort ‚var' (es gibt). Die Stunde wird zuerst genannt und in den Dativ gesetzt, dann wird die Minute (ohne Endung) genannt, am Schluß das Wörtchen ‚var'; z. B.:

Es ist 20 vor 5: saat beş*e* yirmi var (wörtlich: es gibt 20 (Minuten) zu fünf), oder:
es ist 10 vor 4: saat *dörde* on var, oder:
es ist 25 vor 11: saat on *bire* yirmi beş var, usw.

* nach

Die Zeitangabe mit ‚nach' wird mit der Verbform ‚geçiyor' (von ‚geçmek': vorbeigehen an) ausgedrückt. Zuerst wird die Stunde genannt und in den Akkusativ gesetzt, dann die Minute (ohne Endung) und am Schluß die Verbform ‚geçiyor', z. B.:

Es ist 20 nach 5: Saat beş*i* yirmi geçiyor (wörtlich: 20 Minuten gehen an 5 vorbei), oder:
es ist 10 nach 4: Saat dörd*ü* on geçiyor, oder:
es ist 25 nach 11: Saat on bir*i* yirmi beş geçiyor.

* Viertel und halb

Bei der umgangssprachlichen Zeitangabe heißt Viertel ‚çeyrek', z. B.: 11.15 Uhr ist ‚saat on biri çeyrek geçiyor (offiziell: on bir on beş), oder 8.45 Uhr ist ‚saat dokuza çeyrek var' (offiziell: sekiz kırk beş).
Bei ‚halb' sagt man ‚buçuk', z. B. 8.30 Uhr ist ‚saat sekiz buçuk' (offiziell: sekiz otuz). Da ‚buçuk' nach der Stunde genannt wird, wird - im Gegensatz zum Deutschen - eine Stunde früher angegeben, also ‚acht halb' statt ‚halb neun'.

Aufgabe: Spielen Sie mit Ihrem Lernpartner den Dialog S a, auch auf Deutsch!

Wie im Deutschen können Sie bei der umgangssprachlichen Zeitangabe auch ‚... vor halb ...' und ‚... nach halb ...' sagen, z. B. 6.25 Uhr (‚altı yirmi beş') heißt in der Umgangssprache ‚altı buçuğa beş var' (fünf vor halb sieben), oder 9.35 (dokuz otuz beş) ist ‚dokuz buçuğu beş geçiyor' (fünf nach halb zehn).

* 12.30 und 24.30 (0. 30)

Speziell für 12.30 Uhr mittags und 24.30 (0.30) Mitternacht gibt es in der umgangssprachlichen Zeitansage den Ausdruck ‚yarım' (:halb, gemeint ist die Hälfte des Tages trotz der halbstündigen Verschiebung.) In der offiziellen Zeitansage ist aber 12.30 on iki otuz, und 24.30 ist Uhr sıfır otuz.

Aufgabe: Machen Sie die Übung 1 noch einmal unter der Benutzung der umgangssprachlichen Zeitansage!

* ‚um' bei der Zeitangabe

Die Entsprechung für das Wörtchen ‚um' bei der Zeitansage ist
die Lokativendung, z. B.:

saat *kaçta:* um wieviel Uhr? / saat beş*te*: um fünf Uhr / saat altı buçuk*ta:* um halb sieben / saat 19.30'*da*: um 19 Uhr 30.

Diese Ausdrucksweise wird aber *nur* bei der offiziellen Zeitangabe und bei vollen und halben Stunden in der umgangssprachlichen Zeitangabe verwendet. In der umgangssprachlichen Zeitangabe mit Viertel oder mit sonstigen Minutenangaben werden die Wörtchen ‚kala' und ‚geçe' gebraucht, die mit ‚var' und ‚geçiyor' ausgetauscht werden, z. B.:

um 10 vor fünf: saat beşe on *kala,* oder:

um 20 nach elf: saat on biri yirmi *geçe.*

Aufgabe: Spielen Sie den Dialog S b, auch auf Deutsch!
Lesen Sie den Text T 1 und versuchen Sie ihn mit Hilfe der ‚Wörterkiste' zu verstehen. Lesen Sie ihn mehrmals und erzählen Sie ihn Ihrem Lernpartner nach. Versuchen Sie, auch die Karikatur zu verstehen!
Machen Sie die Übungen 2, 3, 4, 6 und B/Ü 1!

2. Tageszeiten, Kalender und Datumsangabe

Die Tageszeiten, Wochentage, Monate, das Jahr und die Jahreszeiten sowie wichtige Ausdrücke für die Uhrzeit finden Sie im Aufbauwortschatz (W 3). Lernen Sie sie!

2.1. Datumsangabe und der türkische Kalender

Bei der Datumsangabe braucht man im Türkischen nicht die Ordnungs-, sondern einfach die Grundzahlen. Zuerst wird die Zahl, dann der Monat und am Schluß das Jahr genannt, z. B.: 15 Ekim 1996: On beş Ekim bin dokuz yüz doksan altı.

Aber: Wenn auch der Monat in Zahlen angegeben wird, werden in der Schrift wie im Deutschen Ordnungszahlen benutzt:15.10.1996.

Die Monatsnamen können groß oder klein geschrieben werden. Wenn es sich aber um ein bestimmtes Datum handelt, dann nur groß: z. B. ‚*Eylül*' oder ‚eylül', aber nur : 9 *Eylül.*

Das Wörtchen ‚am' bei der Datumsangabe (z. B. am 9. September) wird wiederum durch die Lokativendung ausgedrückt: 9 Eylül'*de*.

Datumsangaben gelten als Eigennamen, deshalb wird die Endung durch einen Apostroph vom Bezugswort getrennt. Handelt es sich um eine Datumsangabe mit Jahreszahl, wird die Endung der Jahreszahl angefügt: 13 Temmuz 1948'*de:* am 13.Juli 1948.

Auch bei Monatsnamen ohne eine bestimmte Datumsangabe wird die Ortsendung benutzt, z. B.: ocak*ta*: im Januar, ekim*de:* im Oktober.

Der türkische Kalender richtet sich seit der Gründung der modernen Türkei nach dem europäischen Kalender.

Auch in der Türkei ist Sonntag der wöchentliche Feiertag. Die anderen Feiertage sind entweder nationale oder religiöse Feste.

Die religiösen Feste sind das Zuckerfest (Şeker Bayramı, Ende Ramadan) und Opferfest (Kurban Bayramı), die sich jedes Jahr ca. um zehn Tage verschieben, weil sie nach dem islamischen Mondkalender berechnet werden.

Die nationalen Feste sind die Republikfeier (Cumhuriyet Bayramı, 29. Oktober 1923), 19.Mai (Jugend- und Sportfest, Beginn des Befreiungskriegs 1919), 23. April (Gründung des Parlaments, 1920) und 30. August (Siegesfest, Ende des Befreiungskriegs).

Da die Türkei ein islamisches Land ist, sind christliche Feste wie Weihnachten, Ostern und Pfingsten nicht bekannt, aber Silvester wird gefeiert.

Aufgabe: Machen Sie die Übung 5.

Traditionelle Architektur aus der osmanischen Zeit: Denkmalgeschützte Häuser in der historischen Altstadt von Istanbul (oben/unten)

Häuser an der Westküste im
griechischen Stil
(oben/unten; S. 164 Mitte)

Gemütliche Plauderei auf
Dachterrassen im Galata-Viertel
(Istanbul)

2.2. Endungen an Zeitadverbien

Das Wörtchen ‚am' bei Wochentagen wird entweder durch die nachgestellte Konstruktion ‚günü' oder durch die Dativendung ausgedrückt:
z. B. salı: Dienstag / salı günü, oder salı*ya:* am Dienstag.
Die Dativendung kann auch den Zeitbegriffen ‚akşam' (Abend), ‚hafta' (Woche) und ‚sene' (Jahr) angefügt werden:
akşama: am Abend, heute abend / haftaya: nächste Woche / seneye: nächstes Jahr.
Die Mehrzahl bei Tageszeiten (z. B. abends) und Wochentagen (z. B. montags) wird durch die Endung ‚-leri' ausgedrückt, die der kleinen Vokalharmonie unterliegt:
akşamları: abends, geceleri: nachts usw.
pazartesileri, oder pazartesi günleri: montags;
salıları, oder salı günleri: dienstags usw.

Aufgabe: Spielen Sie mit Ihrem Lernpartner die Dialoge D 1 und D 2, auch auf Deutsch!

Bei Jahreszeiten benutzt man die Lokativendung nur für Frühling und Herbst: ilkbahar*da* *(im* Frühling), sonbahar*da (im* Herbst), für Sommer und Winter aber die Genitivendung (s. Lektion 9) yaz*ın (im* Sommer), kış*ın (im* Winter), aber:
bu yaz (ohne Endung!): diesen Sommer, bu kış: diesen Winter.
Das Wörtchen ‚bu' wird nur in ‚bugün' (heute) zusammen, sonst aber getrennt geschrieben: bu akşam (heute abend), bu hafta (diese Woche), bu yıl (dieses Jahr) usw.

3. ‚geçen', ‚gelecek', ‚ertesi'

Das Adjektiv ‚geçen' bei Zeitadverbien drückt ‚letzte(r, s) aus: geçen hafta: letzte (vorige) Woche, geçen ay: letzten Monat usw. Feststehende Ausdrücke sind: geçen gün, oder geçenlerde: neulich.
‚Gelecek' ist ‚nächste(r, s)': gelecek ay: nächsten Monat, gelecek hafta: nächste Woche, gelecek yıl: nächstes Jahr usw. ‚Ertesi' hingegen bedeutet ‚daraufffolgend, danach': ertesi gün: am Tag danach, am darauffolgenden Tag.

4. einmal in ...

Hans haftada bir defa Volkshochschule'de kursa gidiyor: Hans geht einmal in der Woche in einen Kurs in der Volkshochschule.
Die Lokativendung wird dem Zeitadverb angefügt und mit der Konstruktion ‚bir defa' (einmal) erweitert, das Wort ‚defa' können Sie auch mit ‚kere' oder ‚kez' austauschen, z. B.:
Peter yılda bir defa (oder kere, oder kez) Türkiye'ye gidiyor: Peter fährt einmal im Jahr in die Türkei. Oder: Toros Ekspresi haftada bir defa (oder kere, oder kez) işliyor: Der Taurus-Express verkehrt einmal in der Woche.

5. gece-gündüz-gün

Der Ausdruck ‚gün' (Tag) bedeutet den 24-Stunden-Tag, der Tag (oder am Tag) im Gegensatz zu Nacht ist ‚gündüz'. Ein feststehender Ausdruck ist ‚gece gündüz' (Tag und Nacht).

6. Wortbildungsendungen, die Zeitausdrücke ableiten

6.1. -dir

Die Endung ‚-dir', die der großen Vokalharmonie unterliegt, entspricht dem Verhältniswort ‚seit'. Dafür kennen Sie schon die Postposition ‚beri', aber während ‚beri' Zeitpunkt und Zeitraum gleichzeitig ausdrücken kann, drückt ‚-dir' nur den Zeitraum aus, z. B.:
seit fünf Tagen: beş günden beri oder beş gün*dür,* aber:
seit dem 5. Januar: *nur* 5 Ocak'tan beri.

Aufgabe: Spielen Sie mit Ihrem Lernpartner den Dialog S c, auch auf Deutsch!

Merken Sie: Nach stimmlosen Konsonanten wird d hart: kaç saat*tir:* seit Stunden.
Wie in diesem Ausdruck können Sie ‚-dir' an andere Zeitadverbien in Verbindung mit ‚kaç' oder ohne ‚kaç' an Pluralformen anhängen:
kaç gündür, oder günlerdir: seit Tagen;
kaç haftadır: seit Wochen usw.
Feststehende Ausdrücke sind:
bir süredir: seit einiger Zeit, çoktandır: seit langem.

6.2. -leyin

Diese Endung richtet sich nicht nach der Vokalharmonie. Sie leitet von Tageszeiten Zeitadverbien ab:
sabah (Morgen), sabahleyin: am Morgen; öğle(n) (Mittag), öğleyin: am Mittag usw.

6.3. -ki

Diese Endung leitet aus Zeitadverbien Zeitadjektive ab:
yarın (morgen), yarınki: morgig.
Lautliche Veränderung erfolgt nur nach runden Vokalen:
dün (gestern), dün*kü:* gestrig;
bugün (heute), bugünkü: heutig;
şimdi (jetzt), şimdi*ki:* jetzig.

6.4. -ce

Diese Endung, die der kleinen Vokalharmonie unterliegt, wird Zeitausdrücken im Plural angefügt und entspricht dem Ausdruck ‚-lang' im Deutschen:
gün (Tag), günlerce: tagelang;
hafta (Woche), haftalarca: wochenlang usw.

7. Die Postpositionen ‚kadar', ‚doğru' und ‚sularında'

* kadar

In dieser Lektion lernen Sie die Postposition ‚kadar' in einer anderen Bedeutung, nämlich als ‚bis' (zeitlich und räumlich). In dieser Funktion regiert ‚kadar' den Dativ, z. B.:

Otobüs Taksim'*e kadar* gidiyor: Der Bus fährt *bis* Taksim, oder: Ders saat on iki*ye kadar* sürüyor: Der Unterricht dauert *bis* 12 Uhr.

(Hauptsächlich in der Schriftsprache wird ‚kadar' manchmal durch das Neuwort ‚dek' (oder değin) ersetzt.

‚Von ... bis' wird mit Ablativ, Dativ und ‚kadar' ausgedrückt:

Ders saat *dokuzdan* on *ikiye kadar* sürüyor. Der Unterricht dauert von neun bis 12 Uhr.

Das entsprechende Fragewort lautet ‚ne kadar': wie lange, z. B.:

Ders ne kadar sürüyor? Wie lange dauert der Unterricht?

Die Postposition ‚kadar' kann auch Zeitadverbien (z. B. yarına kadar: bis morgen) oder Fragewörtern angefügt werden, z. B.:

ne zamana kadar (bis wann?) oder: saat kaça kadar? (bis wieviel Uhr?).

* doğru

Auch ‚doğru' regiert den Dativ und bedeutet ‚gegen' (zeitlich und räumlich), z. B.:

Saat dört buçuğa *doğru* Peter eve geliyor: Peter kommt gegen halb fünf nach Hause.

Akşama *doğru* Mehmet fabrikadan çıkıyor: Gegen Abend verläßt Mehmet die Fabrik.

* sularında

Die Postposition, die den Nominativ regiert, wird nur mit der Uhrzeit gebraucht, z. B.:

saat beş sularında (um fünf herum, kurz vor oder kurz nach fünf, gegen fünf).

Aufgabe: Lesen Sie den Text T 2 und versuchen Sie ihn mit Hilfe der ‚Wörterkiste' zu verstehen. Lesen Sie ihn mehrmals und erzählen Sie ihn Ihrem Lernpartner nach! Machen Sie die Übungen 7, 8, 9, 10 und 11!

Wörterkiste

(Verweise mit C beziehen sich auf den Grammatikteil der Lektionen, die Zahlen rechts vom Punkt auf das entsprechende Kapitel im Grammatikteil!)

W 1

acenda	Terminkalender
akşam	Abend
akşam yemeği	Abendessen
akşam yemeği yemek	zu Abend essen
aktarma	Umsteigen
arası	(hier:) zwischen
bahar	Frühling (Synonym für ‚ilkbahar')
Bandırma	Stadt am Marmara Meer
başlamak	anfangen, beginnen
bavul	Koffer
bayram	Fest
beklemek	warten
bırakmak	lassen
bilet	Fahrkarte
biletçi	Schaffner
binmek	einsteigen
bir numaralı perondan	am Gleis 1
bir süredir	seit einiger Zeit
bitmek	(hier:) zu Ende gehen, enden, aufhören
Boğaziçi Ekspresi	Bosporus-Express
buçuk	halb (bei der Uhrzeit)
Cengiz	männlicher Vorname
cevaplandırmak	beantworten
cumartesi	Samstag
Cumhuriyet	Republik
Cumhuriyet Bayramı	Republikfeier (türk. Nationalfest)
çabuk olmak	sich beeilen
çarşamba	Mittwoch
çeyrek	Viertel
çıkmak (mit Ablativ)	(hier:) verlassen, aus...gehen
çoktandır	seit langem
daima	immer
dakika	Minute
defa	Mal
dek	s. kadar
demli	stark (Tee)
ders	(hier:) Vorlesung
diğer	ander-
doğru	(hier:) gegen (s. C.7)
durak	Haltestelle
durmak	halten
duş	Dusche, Brausebad
duş almak (od. yapmak)	duschen
dün	gestern
dünkü	gestrig
ekim	Oktober
ekspres	(hier:) Express, Eilzug, D-Zug
emanet	(hier:) Gepäckaufbewahrung
erken	früh
ertesi	darauffolgend, danach
eylül	September
francala	türk. Weißbrot
gece	Nacht
gece gündüz	Tag und Nacht
gecikme	s. rötar
geç	spät
geç kalmak (mit Dativ)	zu spät kommen, sich verspäten
geçe	um ... nach
geçen	(s. C.3) letzte(r, s), vorig- (e, r, s)
geçen gün	neulich
geçenlerde	" "
geçiyor	nach (Uhrzeit, s. C.1)
gelecek	nächste(r, s)
geri	zurück
geri kalmak	(hier:) nachgehen (Uhr)
gidiş dönüş	hin und zurück
gündüz	Tag (s. C.5)
... günleri	an den Tagen ...
hareket	(hier:) Abfahrt
hareket etmek	(hier:) abfahren
hazır	fertig; bereit
hazırlanmak	sich vorbereiten, sich fertig machen
haziran	Juni
hemen	sofort, gleich
her zaman	jeder Zeit, immer
içinde	in, innerhalb
ilk	erste(r, s)
ilkbahar	Frühling
indirim	Ermäßigung
inmek	(hier:) aussteigen
istasyon	Bahnhof
işlemek	(hier:) verkehren
kadar	(hier:) bis (s. C.7)
kahvaltı	Frühstück
kahvaltı etmek	frühstücken
kala	um ... vor (s. C.1)
kalkış	Abfahrt
kalkmak	aufstehen; abfahren
kasım	November
kere	Mal (s. C.4)
kez	s. kere
kış	Winter
kışın	im Winter
konser	Konzert

Kurban Bayramı	Opferfest (isl. Fest) (s. C.2)
Mavi Tren	Blauer Zug (verkehrt zwischen Ankara und Istanbul)
ne kadar?	(hier:) wie lange?
ne zamana kadar?	bis wann?
Noel	Weihnachten
numara	Nummer
ocak	(hier:) Januar
otel	Hotel
öğleden sonra	Nachmittag, am Nachmittag
öğle(n) yemeği	Mittagessen
öğlen yemeği yemek	zu Mittag essen
öğleyin	mittags, am Mittag
öyle	so
Pantkot yortusu	Pfingsten
parti	(hier:) Party
Paskalya	Ostern
pazar	(hier:) Sonntag
pazartesi	Montag
peron	Bahnsteig
perşembe	Donnerstag
rötar	Verspätung (beim Verkehr)
rüya	Traum
rüya görmek	träumen
saat	Stunde; Uhr
saat ...	es ist ... Uhr
saat kaç?	wie spät ist es?
saat kaçta?	um wieviel Uhr?
sabah	Morgen
sabahleyin	am Morgen
salı	Dienstag
sene	Jahr
soğumak	kalt werden
son	letze(r, s) (im Gegensatz zu erste,r, s)
sonbahar	Herbst
soru	Frage
sömestr(e)	Semester
sularında	um ... herum, gegen, kurz vor oder kurz nach) (s. C.7)
sürmek	(hier:) dauern
Şeker Bayramı	Zuckerfest (isl., s. C.2)
şimdiki	jetzig
şubat	Februar
tam	(hier:) genau
tam vaktinde	pünktlich (als Adverb)
tarife	(hier:) Fahrplan
temmuz	Juli
tıraş olmak	sich rasieren
Toros Ekspresi	Taurus-Expreß
uyanmak	aufwachen
uyumak	(ein-)schlafen
vaktinde	rechtzeitig; s. tam vaktinde
var	(hier:) vor (Uhrzeit)
varış	Ankunft
varmak (mit Dativ)	ankommen
yanıtlamak (Neuw.)	beantworten
yarıyıl (Neuw.)	Semester
yarım	(hier:) 12.30 oder 0.30 Uhr (C.1)
yatmak	(hier:) schlafengehen
yaz	Sommer
yazın	im Sommer
yıkanmak	sich waschen
yılbaşı (gecesi)	Silvester
yolda	unterwegs
yortu	christliches Fest

W 3 (Aufbauwortschatz)

a) Tageszeiten

öğle(n)	Mittag
öğleden önce	Vormittag; am Vormittag
akşam üstü	spät Nachmittag,
akşam üzeri	gegen Abend
gece yarısı	Mitternacht; um Mitternacht

b) Uhr(-zeit)

çalar saat	Wecker
duvar saati	Wanduhr
ileri gitmek	vorgehen
kol saati	Armbanduhr
masa saati	Tischuhr
saate bakmak	auf die Uhr schauen
saniye	Sekunde

c)
evvelki (od. evveli gün)	vorgestern
öbür gün	übermorgen

d) Kalender

mevsim	Jahreszeit
takvim	Kalender
yeniyıl	Neujahr

Wochentage:
pazartesi	Montag
salı	Dienstag
çarşamba	Mittwoch
perşembe	Donnerstag
cuma	Freitag
cumartesi	Samstag
pazar	Sonntag

Monate (aylar):

ocak	Januar
şubat	Februar
mart	März
nisan	April
mayıs	Mai
haziran	Juni
temmuz	Juli
ağustos	August
eylül	September
ekim	Oktober
kasım	November
aralık	Dezember

Lektion 9
Sinan'ın Ailesi (Sinan's Familie)

Grammatik:
1. Possessivpronomen und -endungen
2. Entsprechung für das Hilfsverb ‚haben'
3. Der bestimmte Genitiv; Entsprechung für ‚gehören' (Fragewort: ‚kimin'); die Genitivverbindung (= Genitivfügung)
4. Deklination der Possessiv- und Genitivverbindungen; der Füllkonsonant ‚n'
5. Noch einmal zu ‚için', ‚ile' ‚gibi' und ‚kadar'
6. Übersicht über die Deklination im Türkischen; Besonderheiten der Deklination

Sprechsituationen:
1. Besitz- und Verwandtschaftsverhältnisse ausdrücken
2. Telefonieren; Einladen; Geschenke aussuchen
3. Wohnung suchen

Aufbauwortschatz:
1. Verwandtschaftsbezeichnungen
2. Farben
3. Wendungen und Glückwünsche mit Possessivendungen

Zusatzmaterial
1. Wohnungsannoncen
2. Foto des berühmten Popsängers Tarkan
3. Meerblick aus dem Fenster einer Wohnung in Cihangir

9 A

1A / 51

a) Araban yeni mi?
    Evet, arabam yeni.
  Evin büyük mü?
    Evet, evim büyük.

b) Senin araban yeni, benim arabam da yeni.
    Benim evim büyük, senin evin de büyük.

c) Araban yeni mi?
    Evet, arabam yeni.
  Benimki de yeni.
    Evin büyük mü?
  Evet, evim büyük.
    Benimki de büyük.

d) Kalemin var mı?
    Hayır, kalemim yok.
  Çikletin var mı?
    Evet, çikletim var.
  Bana da bir tane versene!

e) Kimin bilgisayarı var?
    Benim bilgisayarım var.
  Bilgisayarın yeni mi?
    Evet, bilgisayarım yeni.

f) Bu çanta kimin?
    Ali'nin.
  Bu kalem kimin?
    Sabine'nin.
  Ya şu kitaplar kimin?
    Galiba Erol'un.

D 1

1A / 52

Sinan'ın ailesi Almanya'da mı?
   Hayır, Sinan'ın ailesi Türkiye'de.
Arzu'nun kocası ne iş yapıyor?
   Arzu'nun kocası Kempten'de doktor olarak çalışıyor.
Tülin'in çocuğu var mı?
   Evet, Tülin'in bir kızı ve bir oğlu var.
Gönül'ün annesi nerede oturuyor?
   Gönül'ün annesi Kadıköy'de oturuyor.
Kadıköy nerede?
   Kadıköy İstanbul'un bir semti.

 D 2

1A / 53

a) Sinan'ın cumartesi günü doğum günü var. Sinan Ruth'a telefon ediyor ve onu doğum gününe çağırıyor.

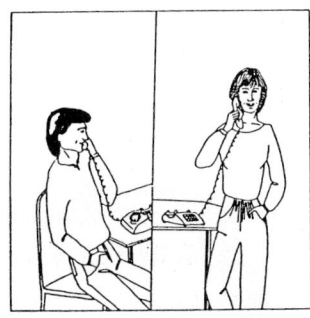

Sinan: Alo.
Ruth: Alo, buyurun. Kimsiniz?
Sinan: Ben Sinan. Merhaba Ruth, nasılsın?
Ruth: Ooo, merhaba Sinan. Ne var ne yok?
Sinan: Sağ ol, Ruth, çok şükür, iyilik sağlık. Cumartesi günü seni davet etmek istiyorum. Vaktin var mı?
Ruth: Cumartesi günü ayın kaçı?
Sinan: Martın on ikisi.
Ruth: Evet, vaktim var. Davet saat kaçta?
Sinan: Saat üçte sana uygun mu?
Ruth: Tabii, memnuniyetle.
Sinan: Biliyor musun, cumartesi günü doğum günüm. Büyük bir parti veriyorum.
Ruth: Harika!

b) Ruth Sinan için bir hediye almak istiyor. Bunun için Peter'le konuşuyor.

Ruth: Peter, biliyorsun, cumartesi günü Sinan'ın partisine gidiyoruz.
Ona nasıl bir hediye  almak istiyorsun?
Peter: Örneğin bir kasetçalar.
Ruth: Sinan'ın kasetçaları var.
Peter: O zaman bir kaset! Mesela Tarkan'ın bir kaseti. Sinan onun müziğini çok seviyor.
Ruth: İyi fikir!
Peter: Ya sen Sinan'a ne hediye etmek istiyorsun?
Ruth: Henüz bilmiyorum. Belki bir demet gül veya karanfil ve de kocaman bir pasta!

Zusatzmaterial:
Foto des Sängers Tarkan

 **D 3**

1A / 54

Gül Ev Arıyor

Gül uzun zamandan beri yeni bir eve taşınmak istiyor. Gazetelerde ilan arıyor ve telefon ediyor, ev sahibiyle konuşuyor.

Gül: Alo.
ev sahibi: Alo, buyurun, kimsiniz?
Gül: Adım Gül Özgüner, affedersiniz, efendim, bir şey sormak istiyorum. Gazetede bir ilanınız var, kiralık ev için. Hala boş mu acaba?
ev sahibi: Maalesef tutuldu.
Gül: Ah, çok yazık!
ev sahibi: Ama yakında bir evim daha boşalıyor.
Gül: Nerede?
ev sahibi: Tam merkezde, Cihangir'de, Taksim'e yaya beş dakika.
Gül: Evin kaç odası var?
ev sahibi: Dört odası, balkonu, banyosu, büyük bir mutfağı var. Kaloriferli, sıcak suyu da var. Ayrıca şahane manzarası var. Boğaz'ı ve Marmara'yı görüyor.
Gül: Çok güzel. Evin kirası ne kadar?
ev sahibi: —— Lira.
Gül: Ek masraflar da var mı?
ev sahibi: Evet, kalorifer, elektrik ve su. Hepsi aşağı yukarı ayda —— Lira tutuyor.
Gül: Benim için biraz pahalı ama, yine de evi bir görmek istiyorum. Adresi nasıl?
ev sahibi: Kumrulu Sokak 76.
Gül: Teşekkürler, efendim. Hemen geliyorum. İyi günler.
ev sahibi: Sizi bekliyorum, Gül Hanım, iyi günler.

Zusatzmaterial:

1. Wohnungsannoncen aus einer türkischen Zeitung

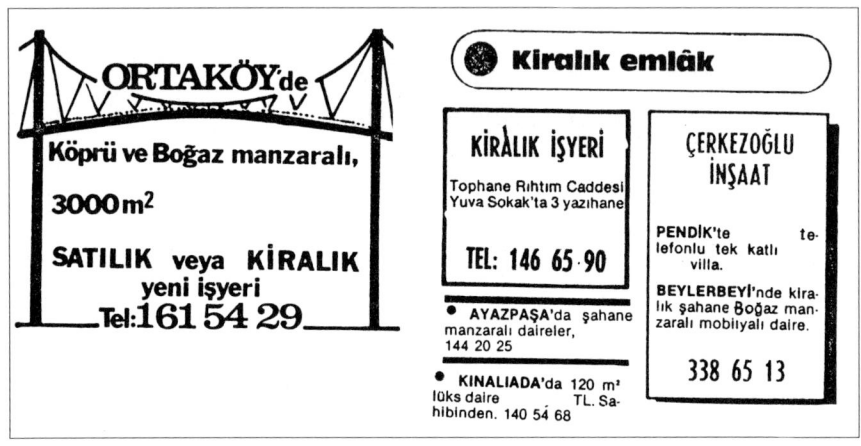

2. Aussicht mit Meerblick aus dem Fenster einer Wohnung im Stadtteil Cihangir

D 4

1A / 55

Sinan'ın Ailesi

Peter: Ailen burada mı, Sinan?
Sinan: Hayır, ailem Türkiye'de. Size ailemin albümünü göstermek istiyorum.
Ruth: O, evet, lütfen.
Sinan: İşte albüm.
Peter: Bunlar kim, Sinan?
Sinan: Bunlar annem babam, ninem ve dedem.
Ruth: Ya bu kim?
Sinan: Bu teyzem, annemin kız kardeşi. Bu da dayım, annemin erkek kardeşi.
Peter: Bunlar kim?
Sinan: Bunlar babamın kız kardeşi ve erkek kardeşi, halam ve amcam.
Bu da yengem, amcamın karısı.
Ruth: Bunlar kardeşlerin mi?
Sinan: Hayır, bunlar halamın çocukları, kuzenlerim.
Peter: Ya şu kim?
Sinan: O da eniştem, halamın kocası.
Ruth: Albümde kardeşlerinin resmi yok mu?
Sinan: Var tabii. İşte burada. Ablam, ağabeyim ve küçük kardeşlerim.
Peter: Kaç kardeşsiniz?
Sinan: Beş kardeşiz.
Ruth: Büyük bir ailen var.
Sinan: Evet, öyle. Ailemi çok seviyorum.

Gedichte (şiirler)

1A / 56

1. Hikâye (Cahit Külebi, 1917-?)
   Senin dudakların pembe,
   Ellerin beyaz,
   Al tut ellerimi bebek,
   Tut biraz

2. Veda (Orhan Veli Kanık, 1914-1950)
   Yolum asfalt,
   Yolum toprak,
   Yolum gökyüzü,
   Yolum meydan,
   Ve ben neler düşünüyorum!

 Rätsel (bilmece)

1A / 57

Mantosu yeşil, entarisi kırmızı,
bil bakalım, bu kimin kızı?

 Karikaturen

1A / 58

1. (aus: Fırt)

2. (aus Hürriyet)

3. (aus Rätselheft)

4. (aus Gırgır)

9 B

Ü 1   (sen)-araba / yeni-? Araban yeni mi? Hayır, arabam eski.

1. (siz)-ev / büyük- ...
2. (sen)-bilgisayar / eski ...
3. (biz)-radyo / bozuk- ...
4. (o)-bavul / ağır- ...
5. (siz)-öğrenciler / tembel- ...

Ü 2   Geben Sie jeweils die deutsche bzw. türkische Entsprechung an!

1. odanız
2. banyon
3. meine Blusen
4. eure Fahrräder
5. mutfağımız
6. arabası
7. ütüleri
8. ihre Kinder
9. Ihre Kinder
10. kedilerim

Ü 3   a) (sen)-(ben)/televizyon-bozuk:
Senin televizyonun bozuk. Benim televizyonum da bozuk.

Ü 3   b) (sen)-(ben)/televizyon-bozuk: Senin televizyonun bozuk. Benimki de bozuk.

1. (siz)-(biz) / bisiklet-sarı
2. (biz)-(onlar) / bahçe-büyük
3. (ben)-(siz) / gazete-Türkçe
4. (sen) (o) / kasetçalar-yeni
5. (sen)-(biz) / dergi-Almanca

Ü 4 (sen)-televizyon / var-yok: Televizyonun var mı?
Evet, televizyonum var. / Hayır, televizyonum yok.

1. (siz)-kitap / var-yok
2. (biz)-bilgisayar / var-yok
3. (sen)-ütü / var-yok
4. (siz)-bisiklet / var-yok
5. (onlar)-ev / var-yok
6. (o)-oda / var-yok
7. (sen)-kasetçalar / var-yok
8. (siz)-köpek / var-yok
9. (biz)-kedi / var-yok
10. (onlar)-araba / var-yok

Ü 5 kitap / Doğan: Kitap kimin? Doğan'ın.

1. araba / Nuray
2. çakmak / ben
3. kaset / Ayten
4. rakı / Peter
5. domates / Gabi
6. bisiklet / çocuklar
7. çiklet / Ali
8. elma / biz

Ü 6 a) Ahmet-araba-yeni: Ahmet'in arabası yeni.

1. Ünal-baba-avukat
2. Filiz-kazak-mavi
3. Doğan-gömlek-kareli
4. Sinan-abla-güzel
5. Arzu-koca-zengin
6. ev-mutfak-büyük
7. Peter-rakı-soğuk
8. Monika-ütü-bozuk

b) Filiz / kazak - (ne renk) - mavi:
Filiz'in kazağı ne renk? - Filiz'in kazağı mavi.

a. Ali / bisiklet - sarı
b. öğretmen / araba - yeşil
c. çocuklar / top - kahverengi
d. Tülin / bluz - eflatun
e. Serap / eteklik - pembe
f. Gönül Hanım / manto – kavuniçi

 Ü 7 Ergänzen Sie die Kasusendungen
(Akkusativ, Dativ, Lokativ, Ablativ, Genitiv)!

1. Arzu'—- koca— - Köln'— çalışıyor.
2. Sinan'- - aile- - Türkiye'- - oturuyor.
3. Cihangir İstanbul'— bir semt- .
4. Martin ders—-- sonra kantin- gidiyor ve orada bir kahve- içiyor.
5. Vural Güner- kitap- veriyor.
6. Çocuk abla- - bisiklet- veriyor.
7. Ünal'— baba— bugün Kars'—- geliyor, yarın Erzurum'- gidiyor.
8. Selim'— araba— bozuk, Selim araba— satıyor.

 Ü 8 Bugün ayın kaçı? (25 Kasım): Bugün 25 Kasım/ Bugün kasımın yirmi beşi.

a. 10 Ekim   f. 28 Mart
b. 27 Haziran   g. 20 Ağustos
c. 4 Aralık   h. 18 Mayıs
d. 8 Şubat   i. 15 Temmuz
e. 6 Nisan   j. 14 Ocak

Ü 9 a) Ek analizi: Endungenanalyse
babasından: baba-sı-n-dan: von seinem (ihrem) Vater

1. evlerinde
2. kitaplarımı
3. annesinin
4. dedesini
5. ablamızın
6. eniştemizden
7. bahçelerinizin
8. teyzelerinden
9. halamın
10. amcanızda

b) (sen)-kitap-aramak: Kitabını arıyorsun.

1. (biz)-kavun-yemek
2. (siz)-ev-gitmek
3. (o)-oda-oturmak
4. (biz)-gazete-okumak
5. şef-büro-gelmek
6. (sen)-araba-binmek
7. çocuklar-oda-gitmek
8. (ben)-bira-içmek

Ü 10 Türkçe'ye veya Almanca'ya tercüme edin!
Übersetzen Sie ins Türkische oder ins Deutsche!

1. Ali sieht heute den Vater seines Freundes.
2. Hans profesörünün odasına gidiyor.
3. Sabine ablasının evinden geliyor.
4. Peter sitzt auf Sinans Balkon und trinkt einen Raki.
5. Gisela fährt mit dem Auto ihrer Mutter nach Kiel.
6. Özcan ağabeyinin kazağını giyiyor.
7. Selim babasının mektuplarını yazıyor.

Ü 11 Soruları cevaplandırın! Beantworten Sie die Fragen!

1. Sinan neden Ruth'a telefon ediyor?
2. Sinan'ın kasetçaları var mı?
3. Sizin kasetçalarınız var mı?
4. Sinan kimin müziğini çok seviyor?
5. Peter Sinan'a ne götürmek istiyor?
6. Gül neden gazetelerde ilanlara bakıyor?
7. Yeni ev nerede, kaç odası var?
8. Sizin eviniz nerede ve kaç odası var?
9. Sinan'ın ailesi Almanya'da mı?

Ü 12 Studieren Sie die Wohnungsannoncen und versuchen Sie für die Wohnung in Cihangir, die Gül anschauen möchte, eine Annonce zu konstruieren!

S/Ü Erzählen Sie von Ihrer Verwandtschaft. Haben Sie eine große Familie? Wo leben Ihre Familienangehörigen und was machen sie beruflich?

B/Ü 1   Fragen Sie Ihren Lernpartner, ob diese Personen die in der mittleren Spalte abgebildeten Sachen besitzen oder nicht. Bei Pluszeichen erwarten Sie eine positive, bei Minuszeichen eine negative Antwort. Dann lassen Sie sich von Ihrem Lernpartner befragen!

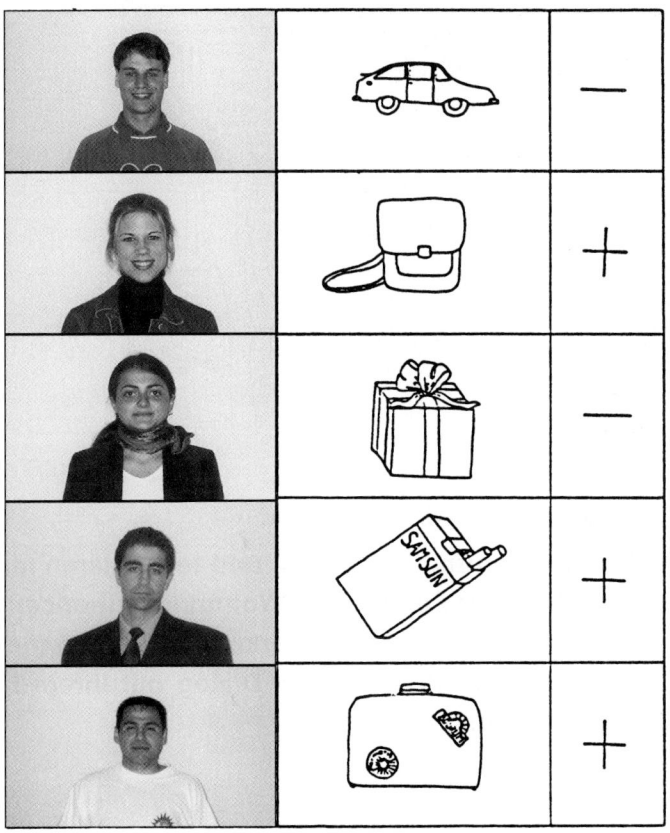

B/Ü 2   Sie telefonieren mit einem Freund, den Sie zu Ihrem Geburtstag einladen möchten. Spielen Sie mit Ihrem Lernpartner den Dialog, tauschen Sie dann die Rollen!

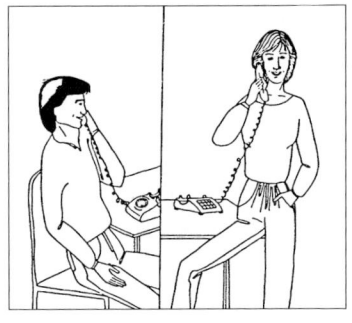

B/Ü 3   Sie sind in einem Laden in Istanbul und suchen mit einem Freund ein Geburtstagsgeschenk für einen gemeinsamen Freund aus. Spielen Sie den Dialog mit Ihrem Lernpartner!

B/Ü 4   Sie suchen eine Wohnung in Istanbul und telefonieren mit einem Vermieter, nachdem Sie in der Zeitung die Wohnungsannoncen studiert haben. (Die Wörter, die Sie nicht in der Wörterkiste finden, können Sie ja im Lexikon nachschlagen!) Spielen Sie den Dialog mit Ihrem Lernpartner, tauschen Sie dann die Rollen!

9 C

1. Possessivpronomen und -endungen (İyelik Zamirleri ve Ekleri)

Die Possessivpronomen sind:

benim	mein(e)	bizim	unser(e)
senin	dein(e)	sizin	eur(e), Ihr(e)
onun	sein(e),	onların	ihr(e)

Wie die Personalpronomen werden aber auch die Possessivpronomen in der Regel weggelassen, wenn es sich nicht um Betonung oder Gegenüberstellung von verschiedenen Personen handelt.

Die Besitzform wird durch Endungen ausgedrückt, die der großen (3. Pers. Plur. der kleinen) Vokalharmonie unterliegen und betont sind:

nach e oder i:	*nach a oder ı:*	*nach ö oder ü:*	*nach o oder u:*
ev:	bal:	göz:	okul:
ev*im*	bal*ım*	göz*üm*	okul*um*
ev*in*	bal*ın*	göz*ün*	okul*un*
ev*i*	bal*ı*	göz*ü*	okul*u*
ev*imiz*	bal*ımız*	göz*ümüz*	okul*umuz*
ev*iniz*	bal*ınız*	göz*ünüz*	okul*unuz*
ev*leri*	bal*ları*	göz*leri*	okul*ları*

nach Vokalauslaut:

kedi :	*araba :*	*ütü:*	*manto :*
kedi*m*	araba*m*	ütü*m*	manto*m*
kedi*n*	araba*n*	ütü*n*	manto *n*
kedi*si*	araba*sı*	ütü*sü*	manto*su*
kedi*miz*	araba*mız*	ütü*müz*	manto*muz*
kedi*niz*	araba*nız*	ütü*nüz*	manto*nuz*
kedi*leri*	araba*ları*	ütü*leri*	manto*ları*

Die stimmlosen Konsonanten ç, k, p, t (der letztere mit Vorbehalt) werden weich, wenn eine vokalische Besitzendung angehängt wird:

ağaç: ağacım / çocuk: çocuğum / kitap: kitabım / kâğıt: kâğıdım.

Aufgabe: Spielen Sie die Dialoge S a und S b! Machen Sie die Übungen 1 und 2 und 3a! Lesen Sie die Gedichte ‚Hikâye' und ‚Veda' und versuchen Sie, sie mit Hilfe der ‚Wörterkiste' zu verstehen. Können Sie sie auch auswendiglernen? In W 4 finden Sie Anredeformen und Glückwünsche mit der besitzanzeigenden Endung. Lernen und verwenden Sie sie!

Versuchen Sie, mit Hilfe der ‚Wörterkiste' die Karikatur 4 zu verstehen! Wenn Sie Schwierigkeiten haben, können Sie ja im Schlüssel nachschauen. Um diese Karikatur zu verstehen, braucht man allerdings die landeskundliche Information, daß das Lesen aus dem Kaffeesatz in der Türkei ein Alltagsritual bildet. Die ältere Frau auf dem Bild liest der jüngeren Frau, die sie als ihre Tochter anredet, aus dem Kaffeesatz. Diese Anrede ist aber üblich und verbreitet, auch wenn es sich nicht um die eigene Tochter handelt. Genauso die Bezeichnung ‚çocuk' für einen jungen Mann, der natürlich kein Kind mehr sein muß!

Merken Sie:
* Bei einsilbigen Wörtern mit Vokalauslaut wird vor der vokalischen Possessivendung ein ‚y' als Füllkonsonant eingeschoben. Das Hauptbeispiel ist:
  ‚su': su-y-um (mein Wasser).
  In der 3. Person im Singular ohne s: su-y-u (sein / ihr Wasser).
* Obwohl die Besitzanzeige in der Regel durch Endungen ausgedrückt wird, begegnet auch eine Form, die der Besitzanzeige im Deutschen gleicht. Diese Ausdrucksweise ist aber umgangssprachlich und salopp:
  bizim ev / senin okul
  unser Haus / deine Schule usw.
* In der 3. Person Plural kann die Possessivendung im Plural nicht gebraucht werden, wenn das Possessivpronomen angeführt ist: onların evi (ihr Haus). Wenn es sich aber um mehrere Besitztümer handelt, ist die Possessivendung im Plural obligatorisch: onların evleri (ihre Häuser, aber auch ‚ihr Haus'). Mit oder ohne Possessivpronomen (evleri: ihr Haus, ihre Häuser) ist die Besitzform in der 3. Person Plural zweideutig. Die Bedeutung kann aus dem Kontext abgeleitet werden.

2. Die Endung ‚-ki' an Possessivpronomen

Sie kennen diese Endung von Lektion 8 bei Ableitung von Zeitadjektiven. Sie drückt aber auch Zugehörigkeit aus und, Personalpronomen angefügt, gibt sie auch hier die Entsprechung für das Suffix ‚-ig': benim*ki:* der (die, das) mein*ige*. Sie wird verwendet, um die Wiederholung des Bezugswortes zu vermeiden:
- Arabam yeni (mein Auto ist neu)
- Benimki eski (das meinige, meines ist alt).
Die Endung ‚-ki' bleibt unverändert, also: onunki, onlarınki.

Aufgabe: Spielen Sie mit Ihrem Lernpartner den Dialog S c, auch auf Deutsch! Machen Sie die Übung 3b!

Merken Sie:
* In der Umgangssprache kann ‚ki' auch als ‚-kisi' gebraucht werden, also ‚benimkisi' statt ‚benimki' usw.

3. Die zweite Entsprechung für das Hilfsverb ‚haben'

3.1.
Sie kennen eine Entsprechung für das Hilfsverb ‚haben' mit der Lokativendung am Personalpronomen, z. B.:
bende kitap var: ich habe ein Buch (wörtlich ‚bei mir gibt es ein Buch').
Während diese Form aber etwa ‚bei sich haben' ‚dabei haben' heißt und deshalb begrenzt verwendet werden kann (vgl. Lektion 3), kann die zweite Entsprechung für ‚haben' für jedes Besitzverhältnis gebraucht werden:
benim evim var: ich habe ein Haus, wörtlich mein Haus es gibt.

Da es sich um eine Possessivkonstruktion handelt, fällt in der Regel das Possessivpronomen weg:

ev*im* var: ich habe ein Haus (wörtl. ‚Haus-mein es gibt')
ev*in* var: du hast ein Haus (wörtl.: ‚Haus-dein es gibt')
ev*i* var: er (sie, es) hat ein Haus (wörtl.: ‚Haus-sein / -ihr es gibt')
ev*imiz* var: wir haben ein Haus (wörtl.: ‚Haus-unser es gibt')
ev*iniz* var: ihr habt / Sie haben ein Haus (wörtl. ‚Haus-euer /-Ihr es gibt')
ev*leri* var: sie haben ein Haus (wörtl.: ‚Haus-ihr es gibt')
    sie haben Häuser (wörtl.: ‚Häuser-ihre es gibt')

Im Fragesatz wird das Fragewörtchen dem Strukturwort ‚var' angefügt:

Kalem*in* var mı? Hast du einen Stift?
Kitab*ınız* var mı? Habt ihr / Haben Sie ein Buch?

Die Verneinung erfolgt mit dem Strukturwort ‚yok':

Kalem*im* yok. Ich habe keinen Stift (wörtl.: Stift-mein es gibt nicht).
Kitab*ımız* yok. Wir haben kein Buch (wörtl.: Buch-unser es gibt nicht).

Verneinende Frage:

Arab*an* yok mu? Hast du kein Auto? (wörtl.: Auto-dein gibt es nicht?)
Çakmağ*ınız* yok mu? Habt ihr / Haben Sie kein Feuerzeug?
(wörtl.: Feuerzeug-euer / Ihr gibt es nicht?)

Aufgabe: Spielen Sie mit Ihrem Lernpartner den Dialog S d, auch auf Deutsch! Machen Sie die Übung 4. Lernen Sie und verwenden Sie auch die Wendungen in W 4, die mit der Entsprechung für ‚haben' gebildet sind.

3.2. Bestimmtheit bei der Entsprechung für ‚haben'

Vergleichen wir noch einmal die beiden Wiedergabemöglichkeiten für das Hilfsverb ‚haben':
Bende kitap var = Kitabım var = Ich habe ein Buch.
Wenn Sie aber bei ‚haben' die Bestimmtheit ausdrücken wollen oder müssen, also nicht ‚ich habe ein Buch', sondern den Satz ‚ich habe das Buch' bilden, geht es nur mit der ersten Wiedergabemöglichkeit, nämlich dem Personalpronomen im Lokativ.
Vergleichen Sie:
Kitap sende mi? Hast du das Buch?
(wörtl.: Ist das Buch bei dir?)
Evet, kitap bende. Ja, ich habe das Buch.
(wörtl.: Ja, das Buch ist bei mir)
Defter sende mi? Hast du das Heft?
(wörtl.: Ist das Heft bei dir?)
Hayır, defter bende değil. Nein, ich habe das Heft nicht.
(wörtl.: Nein, das Heft ist nicht bei mir.)
Bei der Bestimmtheit wird das Vorhandene oder Nicht-Vorhandene an den Satzanfang gerückt, und ‚var' oder ‚yok' fallen aus. Die Verneinung erfolgt nur mit ‚değil'.
Vergleichen Sie:
Kimde para var? = Kimin parası var? = Wer hat Geld?
Aber: Para kimde? = Wer hat das Geld?
(wörtl.: Bei wem ist das Geld?)

4. Entsprechung für den unbestimmten Artikel ohne Bezugswort

In S d heißt es:
- Çikletim var. (Ich habe Kaugummi.)
- Bana da bir tane versene. (Gib mir doch einen.)
Die Konstruktion ‚bir tane' (wörtlich: ein Stück) ersetzt den unbestimmten Artikel, wenn er ohne Bezugswort gebraucht wird, z. B.:
- Kantinden bira getiriyorum. (Ich bringe ein Bier aus der Kantine.)
- Bana da bir tane getirsene. (Bring mir doch auch eins.) oder:
- Çikolata yiyorum. (Ich esse Schokolade.)
- Bana da bir tane versene. (Gib mir doch auch eine.)

5. Der bestimmte Genitiv (-in hali: tamlayan durumu)

5.1. Das Fragewort für Genitiv ist ‚kimin' (wessen). (Bei ‚ne': neyin:wovon, von was?)
Der Genitiv wird immer mit der Possessivendung kombiniert, z. B.
Bu kimin çanta*sı*? Wessen Tasche ist das? (wörtl.: Wessen Tasche-seine (ist) das?)
auch beim Hilfsverb ‚haben':
Kimin çanta*sı* var? Wer hat eine Tasche? (wörtl.: Wessen Tasche-seine gibt es?)
oder:
Kimin çakmağ*ı* var? Wer hat ein Feuerzeug? (wörtl.: Wessen Feuerzeug-sein gibt es?)

Aufgabe: Spielen Sie mit Ihrem Lernpartner den Dialog S e, auch auf Deutsch!

5.2. Die Genitivendung

Die Genitivendung ‚-in' (nach Vokalauslaut ‚-nin') unterliegt
der großen Vokalharmonie und ist betont:
ev: ev*in* (des Hauses) / adam: adam*ın* (des Mannes)
okul: okul*un* (der Schule) / göz: göz*ün* (des Auges)
nach Vokalauslaut:
kedi: kedi*nin* (der Katze) / oda: oda*nın* (des Zimmers)
radyo: radyo*nun* (des Radios) / ütü: ütü*nün* (des Bügeleisens).
Die stimmlosen Konsonanten ç, k, p, t im Auslaut (der letztere mit Vorbehalt) werden weich, wenn die Genitivendung angefügt wird: ağaç, ağac*ın* / çocuk: çocuğ*un* / kitap: kita*bın* / kâğıt: kâğı*dın*.
Bei Eigennamen wird die Endung durch einen Apostroph vom Bezugswort getrennt. Die stimmlosen Konsonanten ç, k, p, t bleiben in der Orthographie unverändert, werden aber weich gesprochen:
Peter'in (Peters), Ayşe'nin (der Ayşe), Ahmet'in (Ahmets, gesprochen Ahmedin), Serap'ın (der Serap, gesprochen Serabın) usw.

5.3. Entsprechung für ‚gehören'

Das Fragewort ‚kimin' ersetzt das Verb ‚gehören', z. B.
Kitap kimin? Wem gehört das Buch? (wörtl.: Buch wessen (ist das?))

Die Antwort muß mit der Genitivendung, bei Pronomen mit Possessivpronomen erfolgen:
Kitap Ali'nin. Das Buch gehört Ali. (wörtl.: Buch Ali-sein).
Oder:
Kitap benim. Das Buch gehört mir (wörtl.: Buch (ist) mein).
Merken Sie:

| * | Bu kimin çantası? | (Wessen Tasche ist das?), aber: |
| | Çanta kimin? | (Wem gehört die Tasche?) |

Aufgabe: Spielen Sie mit Ihrem Lernpartner den Dialog S f, auch auf Deutsch! Machen Sie die Übung 5. Versuchen Sie das Rätsel mit Hilfe der ‚Wörterkiste' und der Grammatik zu verstehen und zu raten. Wenn Sie's nicht können, finden Sie die Lösung im ‚Schlüssel'.

Die veraltete Form für ‚gehören' mit Dativ und ‚ait' beherrschen Sie nur passiv:
Kitap kime ait?   Wem gehört das Buch?
Bana ait.   (Es) gehört mir.

5.4. Die Genitivverbindung (tamlama)

Meistens steht der Genitiv nicht allein, sondern in Verbindung mit einem Bezugswort, das im Türkischen die Possessivendung der 3. Person enthält:
öğretme*nin* çanta*sı*

die Tasche des Lehrers (wörtl.: des Lehrers Tasche-seine)
oder:
çocuğ*un* kitab*ı*: das Buch des Kindes (wörtl.: des Kindes Buch-sein);
Gönül'*ün* annes*i*: Gönüls Mutter (wörtl.: der Gönül Mutter-ihre);
Sinan'*ın* ailes*i*: Sinans Familie (wörtl.: Sinans Familie-seine);
öğrenci*nin* kitap*ları*: die Bücher des Studenten (wörtl.: des Studenten Bücher-seine);
çocuklar*ın* top*ları*: die Bälle der Kinder (wörtl.: der Kinder Bälle-ihre) usw.

Beim Hilfsverb ‚haben' wird in der 3. Person im Singular und Plural auch die Konstruktion der Genitivverbindung gebraucht, wenn kein Personalpronomen, sondern eine Person oder ein Substantiv das Besitzverhältnis zeigt, z. B.:
Tülin'*in* araba*sı* var: Tülin hat ein Auto (wörtl.: der Tülin Auto-ihr es gibt) ;
Öğrenci*nin* kitab*ı* yok: Der Schüler hat kein Buch (wörtl.: des Schülers Buch-sein es gibt nicht);
Çocuklar*ın* top*u* var: Die Kinder haben einen Ball (wörtl.: der Kinder Ball-ihr es gibt);
çocuklar*ın* topl*arı* var: Die Kinder haben Bälle (wörtl.: der Kinder Bälle-ihre es gibt) usw.

Aufgabe: Spielen Sie mit Ihrem Lernpartner den Dialog D 1, auch auf Deutsch! Machen Sie die Übungen 6a, 7 und B/Ü1. Verstehen Sie die Karikatur 3? Können Sie den Inhalt der Sprechblase ins Deutsche übersetzen? Oder sogar eine Geschichte zu dieser Karikatur erfinden? (Natürlich auf türkisch!) Sie könnten auch die Karikaturen 3 und 2 thematisch vergleichen und über Paarprobleme in verschiedenen Herkunftskulturen diskutieren (natürlich auch auf türkisch)!

Nach Farben fragen Sie mit ‚... ne renk'?, z. B.:
Öğretmenin arabası ne renk? Welche Farbe hat das Auto des Lehrers?
Öğretmenin arabası yeşil. Das Auto des Lehrers ist grün.
Im Aufbauwortschatz (W 3) finden Sie die Farbbezeichnungen im Türkischen, von denen Sie einige bereits kennen. Mit Farbbezeichnungen können Sie gleichzeitig die Possessivendungen und die Genitivverbindung üben. Fragen Sie sich gegenseitig mit Ihren Lernpartnern im Kurs, z. B.: Çanta*n* ne renk? (Welche Farbe hat deine Tasche?)
oder: Erika'*nın* çanta*sı* ne renk? (Welche Farbe hat Erikas Tasche?)
So können Sie auch nach der Farbe der Kleidungsstücke, Autos, Fahrräder ... usw. der Kursteilnehmer fragen und Ihren Wortschatz verfestigen.
Das Wort ‚renkli' bedeutet ‚bunt', ‚farbig' bzw. ‚in Farbe'. Sie können auch das Adjektiv ‚çok renkli' (= mehrfarbig, farbenreich) bilden und bei Beschreibungen anwenden.

Aufgabe: Machen Sie die Übung 6b!

5.5. Feststehende Konstruktionen als Genitivverbindung

Bereits von Lektion 2 kennen Sie die Frage mit ‚... ne demek'? (was heißt ...?). Nun lernen Sie eine andere Ausdrucksmöglichkeit für die Frage ‚was heißt das auf Türkisch'?: Bun*un* Türkçe*si* ne? (wörtl.: ‚Dessen Türkisch-sein was'?).

Zeigen Sie auf Gegenstände im Kursraum und fragen Sie Ihre Lernpartner, was diese Sachen auf Türkisch heißen. Sie können auch ‚was heißt das auf Deutsch'? fragen: Bunun Almancası ne? Nennen Sie beliebige Wörter aus Ihrem türkischen Wortschatz und fragen Sie Ihre Lernpartner, was diese Wörter auf Deutsch heißen, z. B. ‚Kavun. Bunun Almancası ne'?
Auch die Frage nach dem Datum ist eine Genitivverbindung:
Bugün ay*ın* kaç*ı*: Der wievielte ist heute? (wörtl.: Heute des Monats wieviel-sein?)
Sie können auf diese Frage mit der Datumsangabe antworten, die Sie in der Lektion 8 gelernt haben, zum Beispiel:
Bugün 20 Mayıs: Heute ist der 20. Mai.
Aber Sie haben auch die Möglichkeit, mit einer Genitivverbindung zu antworten, was in der Umgangssprache sehr häufig vorkommt:
‚Heute ist der 20. Mai': Bugün mayıs*ın* yirmi*si* (wörtl.: Heute (ist) des Mais zwanzig-sein).

Aufgabe: Machen Sie die Übung 8!

Merken Sie:
* In der Umgangssprache wird das Ortsadverb ‚orada' in Verbindung mit Genitiv (bei Personalpronomen im Possessiv) in Bedeutung von ‚bei' (als räumliche Nähe) verwendet, z. B.: Postane istasyon*un* orada: Die Post ist beim Bahnhof (in der Nähe vom Bahnhof).
  Oder: Biz*im* orada bakkal yok: Bei uns (dort, wo wir wohnen) gibt es kein Lebensmittelgeschäft.

6. Deklination der Possessiv- und Genitivverbindungen

6.1. Der Füllkonsonant ‚n'

Bei der Deklination der Possessivformen wird die Fallendung an die besitzanzeigende Endung angehängt z. B.:
kalem, kalem*im* (mein Stift), kalem-im-i (meinen Stift): Kalemimi arıyorum (Ich suche meinen Stift.)
ev, ev*in* (dein Haus), ev-in-e (in dein Haus): Evine gidiyorsun (Du gehst in dein Haus).
pasta, pasta*mız* (unser Kuchen), pasta-mız-ı (unseren Kuchen): Pastamızı yiyoruz (Wir essen unseren Kuchen).
In der 3.Person im Singular und im Plural beim Possessiv, bei Genitivverbindungen und zusammengesetzten Wörtern (vgl. Lektion 11) wird vor allen Fallendungen ein ‚n' als Bindekonsonant eingeschoben, z. B.:
ev, ev*i* (sein Haus), ev-i-n-i (sein Haus, Akkusativ):
     Evi*n*i satıyor (Er verkauft sein Haus).
ev, ev*leri* (ihr Haus), ev-leri-n-e (in ihr Haus):
     Evleri*n*e gidiyorlar (Sie gehen in ihr Haus).
     Evleri*n*de oturuyorlar (Sie sitzen in ihrem Haus).
     Evleri*n*den geliyorlar (Sie kommen aus ihrem Haus).
weitere Beispielsätze:
Sinan ailesini seviyor: Sinan liebt seine Familie.
Gül mantosunu giyiyor: Gül zieht ihren Mantel an.
Şefin bürosuna gidiyorum: Ich gehe in das Büro vom Chef.
Salih arkadaşının arabası*n*a biniyor: Salih steigt in das Auto seines Freundes ein.

6.2. Reihenfolge der Endungen

Die Mehrzahlendung hat den Vorrang, der die Possessiv- und Fallendung folgen, z. B.:
okul-lar-ımız-da: in unseren Schulen;
Schule- n -unser-in
mutfak-lar-ınız-dan: aus euren Küchen;
Küche - n -euer-aus

çocuk-lar-ımız-ın: unserer Kinder.

Kind - er-unser-er

Aufgabe: Machen Sie die Übungen 9 und 10. In W 4 finden Sie noch Wendungen mit Possessivform und Deklinationsendungen. Lernen Sie und verwenden Sie sie! In der Karikatur 1 finden Sie auch eine solche Wendung. Verstehen Sie sie?

In der Karikatur 2 gibt es auch solche Bildungen (Possessivform mit Fallendung). Finden Sie sie heraus und übersetzen Sie den Inhalt der Sprechblasen.

Analysieren Sie die Possessivformen mit Fallendungen in der Karikatur 1 und 2!

7. Noch einmal zu ‚için', ‚ile', ‚gibi' und ‚kadar'

Sie kennen bereits die Postpositionen ‚için', ‚ile', ‚gibi' und ‚kadar', die die Grundform regieren. Bei Pronomen jedoch verlangen diese Postpositionen im Singular die Possessivform:

benim için	(für mich)	benimle	(mit mir)
bunun için	(dafür, deshalb)	bununla	(damit)
benim gibi	(wie ich)	benim kadar	(so wie ich)
bunun gibi	(wie das)	bunun kadar	(so wie das)

Aber im Plural wird die Grundform beibehalten: bunlar için / bunlar ile / bunlar gibi / bunlar kadar.

Aufgabe: Spielen Sie mit Ihrem Lernpartner die Dialoge D 1, D 2 und D 3, D 4 auch auf Deutsch! Machen Sie die Übungen 11, 12, S/Ü, B/Ü 2, 3 und 4! Im Aufbauwortschatz finden Sie noch wichtige Ausdrücke für Wohnungssuche und ergänzende Verwandtschaftsbezeichnungen. Lernen Sie sie!

Merken Sie:
* In der Umgangssprache kann bei Verwandtschaftsbezeichnungen die Possessivendung vor der Pluralendung gebraucht werden:
  teyze-m-ler: meine Tante und ihre Familie, aber: teyze-ler-im: meine Tanten. Bei ‚anne baba' (Eltern) erhalten beide Bestandteile die Possessivendung: annem baba*m* (meine Eltern).
* Erwachsene, die sich kennen oder aber nicht kennen, reden sich oft mit Verwandtschaftsbezeichnungen an, was gar nicht lässig wirkt, sondern eine vertraute Atmosphäre schafft. Gleichaltrige oder jüngere Personen werden mit ‚kardeş', junge Frauen mit ‚abla' und ‚yenge', alte Frauen mit ‚teyze', junge Männer mit ‚ağabey', alte Männer mit ‚amca' angeredet. Trotz der Verwandtschaftsbezeichnung wird oft die Anrede mit ‚Sie' benutzt.

8. Grammatik zum Weiterlernen

8.1. Übersicht über die Deklination im Türkischen

Der Genitiv gehört im Türkischen nur begrenzt zu Kasusformen. Neben der Bezeichnung ‚-in hali' wird diese grammatische Form öfter ‚tamlayan durumu' genannt. Ohne den Genitiv gibt es fünf (Nominativ, Akkusativ, Dativ, Lokativ, Ablativ), mit dem Genitiv sechs Kasusformen im Türkischen, z. B.:

adam	Nominativ:	yalın durum (od. yalın hali)
adam*ı*	Akkusativ:	belirtme durumu (i-hali)
adam*a*	Dativ:	yönelme durumu (e-hali)
adam*da*	Lokativ:	kalma durumu (de-hali)
adam*dan*	Ablativ:	uzaklaşma durumu (den-hali)
adam*ın*	Genitiv:	tamlayan durumu (in-hali))

Sie wissen bereits, daß die Demonstrativpronomen ‚bu-şu-o' auch Fallendungen bekommen.
Deklinationsübersicht der Demonstrativpronomen (ohne Bezugswort):

bu	şu	o
bunu	şunu	onu
buna	şuna	ona
bunda	şunda	onda
bundan	şundan	ondan
bunun	şunun	onun

Plural:

bunlar	şunlar	onlar
bunları	şunları	onları
bunlara	şunlara	onlara
bunlarda	şunlarda	onlarda
bunlardan	şunlardan	onlardan
bunların	şunların	onların

8.2. Besonderheiten der Deklination

1. Endungsabwurf
Wenn in einem Satz zwei Satzglieder die gleiche Plural- oder Fallendung aufweisen, kann die Endung am ersten Bezugswort ausfallen, z. B.:
Dergi (statt ‚dergiler') ve kitaplar nerede? Wo sind die Zeitschriften und Bücher?
Dergi (statt dergiyi) ve kitabı okuyorum. Ich lese die Zeitschrift und das Buch.
Ali (statt Ali'nin) ve Ayşe'nin parası yok. Ali und Ayşe haben kein Geld.

2. ç, k, p, t im Auslaut bei einsilbigen Wörtern
Sie haben gelernt, daß die stimmlosen Konsonanten ç, k, p, t im Auslaut weich werden, wenn eine vokalische Endung angehängt wird. Diese Regel trifft aber in Bezug auf einsilbige Wörter nicht zu, z. B.:
koç (Widder)   koçu, koça usw.
kürk (Pelz)   kürkü, kürke usw.
hap (Pille)   hapı, hapa usw.
ot (Gras)   otu, ota usw.
Eine Ausnahme bildet das Zahlwort ‚dört', das auslautende t wird weich, wie Sie bereits von der Uhrzeit kennen: dör*de* beş var, usw. Bei dem Wort ‚renk' (Farbe) wird das auslautende k nicht ğ, sondern ‚g': rengi, renge usw. z. B.:
Hangi rengi seviyorsun? Welche Farbe magst du?

3. Konsonantenverdoppelung
Bei einigen wenigen Lehnwörtern arabischen Ursprungs wird der auslautende Konsonant verdoppelt, wenn eine vokalische Endung angefügt wird. Das bekannteste Beispiel ist ‚hak' (Recht):
ha*kk*ı, ha*kk*a usw.

4. Helle Endung an dunklen Vokalen
Gegen das Gesetz der Vokalharmonie stoßen einige Lehnwörter arabischen und europäischen Ursprungs, dessen letzter Vokal zwar dunkel ist, aber die angehängte Endung einen hellen Vokal enthält. Bei solchen Beispielen wird aber der dunkle Vokal wie in der Originalsprache etwas hell ausgesprochen, z. B.:
saat: saati, saate usw. general: generali, generale usw. futbol: futbolü, futbole usw.

5. Vokalausfall
Bei einer Reihe von Wörtern fällt der letzte Vokal aus, wenn eine vokalische Endung angehängt wird. Dies ist meistens bei der Bezeichnung der Körperteile der Fall, z. B.:
ağız (Mund): ağzım (mein Mund)
burun (Nase): burnum (meine Nase)
göğüs (Brust): göğsüm (meine Brust) (vgl. Lektion 11).
Weitere Beispiele sind:
isim (Name): ismim (mein Name)
izin (Urlaub, Erlaubnis): iznim (mein Urlaub)
oğul (Sohn): oğlum (mein Sohn)
resim (Bild): resmim (mein Bild)
şehir (Stadt): şehre (in die Stadt)
vakit (Zeit): vaktim yok (ich habe keine Zeit)

Wörterkiste

(Verweise mit C beziehen sich auf den Grammatikteil der Lektionen, die Zahlen rechts vom Punkt auf das entsprechende Kapitel im Grammatikteil!)

W1

abla	große Schwester
acaba	(hier:) ob
ad	Name
ağabey (Aussprache ‚abi')	großer Bruder
ağız	Mund
aile	Familie
ait	s. C.5.3
albüm	Album
alo	Hallo (nur als Meldung am Telefon)
amca	Onkel (Bruder des Vaters)
anne baba	Eltern
armağan (Neuw. zu hediye)	Geschenk
arsa	Grundstück
asfalt	Asphalt
aşağı yukarı	ungefähr
Ayazpaşa	Stadtteil in Istanbul (europäischer Teil)
ayın kaçı?	s. C.5.5
ayrıca	außerdem
balkon	Balkon
banyo	Bad(ezimmer)
bebek	Baby; Puppe
benim	mein(e)
benimki	s. C.2
beraber	zusammen
beyaz	weiß
Beylerbeyi	Stadtteil in Istanbul (asiatischer Teil)
bil bakalım	rate mal
bilgisayar	Computer, PC
bilmece	Rätsel
bir tane	s. C.4
birlikte (Neuw.)	zusammen
bizim	unser(e)
Boğaz	Bosporus (in der Umgangssprache)
boş	(hier:) frei
boşalmak	(hier:) frei werden
bunun için	deshalb
bunun Türkçesi ne?	was heißt das auf Türkisch?
burun	Nase
Cihangir	Stadtteil in Istanbul (europäischer Teil)
çağırmak	einladen; rufen
çevirmek (Neuw.)	(hier:) übersetzen
çok şükür	Gott sei Dank
daire	(hier:) Etagenwohnung
davet	Einladung
davet etmek	einladen
dayı	Onkel (Bruder der Mutter)
dede	Opa
demet	(Blumen-)Strauß
deniz	Meer
deniz manzaralı	mit Meerblick
doğum günü	Geburtstag
dudak	Lippe
düşünmek	denken (an)
eflatun	lila
ek masraflar	Nebenkosten
el	Hand
emlak	Immobilien
enişte	Onkel (Mann der Tante)
entari	Kleid
erkek kardeş	Bruder
ev sahibi	Hausbesitzer, Vermieter
fikir	Gedanke, Idee
galiba	wahrscheinlich, vermutlich
general	General
göğüs	Brust
gökyüzü	Himmel(sgewölbe)
Güner	weiblicher oder männlicher Vorname
hak	Recht
hala (kurzes, dunkles a)	Tante (Schwester des Vaters)
hala (langes, helles auch hâlâ geschrieben)	noch
hap	Pille
hediye	Geschenk
hediye (od. armağan) etmek	schenken
hikâye	Geschichte, Erzählung
ilan	Inserat, Annonce
inşaat	Bau(-arbeit, -firma)
isim	Name
işyeri	Arbeitsplatz (hier: Büro-, Praxisraum)
işte	hier ist ..., da ist ... ; vgl. auch unten ‚iyi ya işte!'
iyi fikir	gute Idee
iyi ya işte!	Um so besser!
izin	Erlaubnis; Urlaub
Kadıköy	Stadtteil in Istanbul (asiatischer Teil)
kahverengi	braun
kalorifer	Zentralheizung
karanfil	Nelke
kardeş	Geschwister; Bruder, Schwester

karı	(hier:) Ehefrau	satılık	zu verkaufen
kaset	Cassette	semt	Stadtteil, Stadtviertel
kasetçalar	Cassettenrecorder	siyah beyaz	schwarz-weiß
kat	Stockwerk	şahane	herrlich
kavuniçi	orange	şiir	Gedicht
kedi	Katze	taşınmak	umziehen; einziehen
Kınalıada	eine der Prinzeninseln bei Istanbul	Tarkan	berühmter türkischer Popsänger
kısmet	Kismet, Schicksal	tek katlı	einstöckig
kız	(hier:) Tochter	tercüme (Altw.)	Übersetzung
kız kardeş	Schwester	tercüme etmek (Altw.)	übersetzen
ki	(hier) doch		
kimin	wessen (s. C.5.1)	teyze	Tante (Schwester der Mutter)
kimsiniz?	(hier:) wer ist am Apparat?	Tophane	Stadtteil in Istanbul (Hafen)
kira	Miete	toprak	Erde
kiralık	zu vermieten	tutmak	(hier:) machen; (hier:) halten
kiralık ev	Wohnung (oder Haus) zu vermieten	tutuldu	(hier:) schon vermietet
koca	Ehemann	Tülin	weiblicher Vorname
kocaman	sehr groß, riesig	uygun	passend, günstig (s. sana uygun mu?)
koç	Widder		
köpek	Hund	uzun zamandan beri	seit langer Zeit
köprü	Brücke	vakit	Zeit
Köprü	Bosporus- oder Galata-Brücke in Istanbul	vaktin var mı?	hast du Zeit?
kuzen	Cousin(e)	veda	Abschied
lüks	Luxus	villa	Villa
manzara	Ausblick	Vural	männlicher Vorname
Marmara	Marmarameer	yakında	bald; in der Nähe
merkez	Zentrum	yazıhane	Büro(-raum)
meydan	(hier:) offenes Gelände	yazık	schade
mobilya	Möbel	yenge	Tante (Frau des Onkels)
mobilyalı	möbliert	yine de	trotzdem
ne kadar?	(hier:) wie hoch?	yol	Weg
ne renk?	welche Farbe?	zaman	Zeit
neyin?	von was, wovon?		
nine	Oma	**W 2 (grammatische Termini)**	
oğul	Sohn	-in hali	Genitiv (Zugehörikeitsform)
onların	ihr (pl)	tamlayan durumu	
onun	sein(e) ihr(e)	iyelik ekleri	Possessivendungen
Ortaköy	Stadtteil in Istanbul (europäischer Teil)	iyelik zamirleri	Possessivpronomen
		tamlama	Fügung, Genitivverbindung
ot	Gras	yalın hali	Nominativ
Özgüner	ein Familienname	(od. durumu)	
pembe	rosarot		
pikap	Plattenspieler	**W 3 (Aufbauwortatz)**	
renk	Farbe	a) Verwandtschaftsbezeichnungen	
renkli	in Farbe, farbig; bunt	akraba	Verwandte(r)
resim	Bild; Foto	anneanne	Großmutter (Mutter der Mutter)
Rıhtım Caddesi	Kai-Straße (in Istanbul)		
sağlığın(ız)a	auf dein (Ihr) Wohl	babaanne	Großmutter (Mutter des Vaters)
sahip	Besitzer		
sana / size uygun mu?	paßt dir / Ihnen?	bacanak	Schwager (der mit der Schwester der Ehefrau verheiratete Mann)

baldız	Schwägerin (Schwester der Ehefrau)
büyükanne	Großmutter
büyükbaba	Großvater
görümce	Schwägerin (Schwester des Ehemanns)
kayınbirader	Schwager (Bruder des Ehepartners)
kayınpeder	Schwiegervater
kayınvalide	Schwiegermutter
kaynana	Schwiegermutter (umgangssprachlich)
torun	Enkel(-in)
yeğen	Neffe, Nichte

b) Eheleute
Ehefrau:

hanım	Gattin
karı	Frau

Ehemann:

bey	Gatte
koca	Mann
eş	Ehepartner (kann Mann oder Frau sein)
karıkoca	Ehepaar

c) Wohnungssuche

depozito	Kaution
kiracı	Mieter
kiralamak	mieten; vermieten
komisyon	Provision
komisyoncu	Makler

d) Farben

açık	hell (nur bei Farben und Getränken)
ak	weiß (volkstümlich)
al	rot (volkstümlich)
bej	beige
kara	schwarz (volkstümlich)
kavuniçi	orange
koyu	dunkel (bei Farben)
lacivert	dunkelblau
mor	violett
turuncu	orange

W 4 (Umgangssprachliches) (Sie-Form in Klammern)

a) mit Possessivendungen

başın(ız) sağ olsun	(Kondolenzformel) aufrichtiges Beileid
bayramın(ız) kutlu olsun	frohes Fest
doğum günün(üz) kutlu olsun	herzlichen Glückwunsch zum Geburtstag
gözün(üz) aydın	Glückwunschformel nach einem erfreulichen Ereignis
hocam	Anrede für Gymnasial- und akademische Lehrer (von ‚hoca': Lehrer, Meister)
karnım aç	ich habe Hunger (wörtl.: mein Bauch ist hungrig)
karnım zil çalıyor	mir knurrt der Magen (wörtl.: mein Bauch klingelt Glocken)
yeni yılın(ız) kutlu olsun	gutes Neues Jahr

b) mit ‚haben'

acelem var	ich hab's eilig, mir pressiert's (von ‚acele': Eile)
acelesi yok	es eilt (pressiert) nicht
bir ricam var (von ‚rica': Bitte)	ich habe (od. hätte) eine Bitte
haberim var	ich weiß Bescheid
haberim yok	ich habe keine Ahnung
hakkın(ız) var	du hast (Sie haben) recht
(çok) işim var	ich habe (viel) zu tun
senden (sizden) bir ricam var	Ich möchte dich (Sie) um etwas bitten
vaktim (oder zamanım) yok	ich habe keine Zeit
yanlışın(ız) var	du irrst dich (Sie irren sich)
uykum var (von ‚uyku': Schlaf)	ich habe Schlaf (ich möchte schlafen)
zararı (oder (ziyanı) yok (von ‚zarar', ‚ziyan': Schaden)	das macht nichts (wörtlich: es hat keinen Schaden)

c) Possessivform mit Fallendungen

darısı başına / başınıza	möge dir/Ihnen das gleiche Glück beschieden sein
eline / elinize sağlık (von ‚el': Hand, und ‚sağlık': Gesundheit)	Gesundheit für deine/Ihre Hand (Dankformel nach einer manuellen Leistung)
elini çabuk tut	beeile (schick) dich
sağlığınıza (sıhhatinize (von: ‚sağlık', ‚sıhhat': Gesundheit)	auf Ihr Wohl Trinkspruch)

Lektion 10
Yolculuk Nasıl Geçti? (Wie war die Reise?)

Grammatik:

1. Die bestimmte Vergangenheit auf ‚-di'; Vergangenheitsbildung bei Vollverben und der Entsprechung für Hilfsverben
2. Das Wörtchen ‚hiç'
3. Angabe des Geburtsdatums
4. Die Funktionswörter ‚henüz', ‚daha', ‚hala', ‚çoktan', ‚bile', ‚artık'
5. ‚bütün' und ‚hepsi' (= ganz)
6. Wortbildungsendungen: ‚-deki', ‚-cik', ‚-ceğiz'
7. Ordnungszahlen

Sprechsituationen:

1. Handlungen in Vergangenheit beschreiben
2. Brief und Bewerbung schreiben

Aufbauwortschatz:
1. Briefformeln
2. Wendungen in Vergangenheitsform

Zusatzmaterial:

Ansichtskarten
1. Überdachter Basar in Istanbul
2. Bursa
3. Antalya
4. Hamam, türkisches Badehaus, wie es früher ausgesehen hat

10 A

 S 1

1A / 59

a) Dün ne yaptın?
    Üniversiteye gittim.
    Üniversitede Ünal'ı gördün mü?
        Hayır, Ünal'ı görmedim ama, onun kız arkadaşıyla konuştum.
    Dün akşam televizyon seyrettin mi?
        Hayır, dün akşam televizyon seyretmedim. Ya sen?
    Ben de televizyon seyretmedim. Çok yorgundum, erken yattım.

b) Faruk ile Nesrin geçen hafta ne yaptı
    Faruk Adana'ya gitti.Nesrin bütün hafta evdeydi, çünkü hastaydı.
    Siz geçen hafta ne yaptınız?
        Biz Bolu'ya gittik, orada arkadaşları ziyaret ettik ve iki gün kaldık. Pazar günü
        Istanbul'a döndük.

 S 2

1A / 60

a) Araban var mı?
    Geçen sene iyi bir arabam vardı ama, onu sattım.
    Neden sattın?
        Param yoktu, bana para lazımdı.

b) Hiç Ankara'ya gittin mi?
    Hayır, Ankara'yı hiç tanımıyorum.

c) Ne zaman doğdun?
    16 Nisan 1978'de doğdum.
    Demek yakında doğum günün var.
        Evet öyle. Ya senin doğum günün ne zaman?
    Ben 24 Aralık 1986'da doğdum.
        Demek senin doğum günün Noel'de.

S 3

1A / 61

Sinan partisine kimleri çağırdı?
   Bütün arkadaşları çağırdı.
Hepsi geldi mi?
   Hayır, hepsi gelmedi. Bazı arkadaşlar da çok geç geldi.

 T 1

1A / 62

Peter Türkiye'de

Peter geçenlerde Türkiye'ye gitti ve orada üç hafta kaldı. İlk hafta İstanbul'daydı. İstanbul'da deniz kenarında ‚İnci' adında bir otelde kaldı. İstanbul'daki camileri, müzeleri, sarayları gezdi. Kapalıçarşı'dan çok alışveriş etti. Nişanlısı için bakır eşyalar aldı. Peter İstanbul'u çok beğendi. İkinci hafta vapurla Yalova'ya, oradan otobüsle Bursa'ya gitti. Bursa'daki eski hamamları ve tanınmış türbeleri gezdi, Uludağ'a çıktı. Bursa'da pasaportunu kaybetti ama, sonra yine buldu. Bursa'dan otobüsle Konya'ya gitti ve üçüncü haftayı Konya'da geçirdi. Konya'daki meşhur medreseleri ve kervansarayları çok beğendi ve çok fotoğraf çekti. Konya'dan Almanya'daki Türk arkadaşı Sinan'a mektup yazdı. Peter Türkiye'deki son günleri Antalya'da geçirdi ve uçakla Almanya'ya döndü.

 D

1A / 63

Yolculuk Nasıl Geçti?
(kişiler: Peter, Sinan)

Peter Türkiye'den döndü. Dün Augsburg'ta Sinan'la buluştu.

Sinan: Vay, Peter, hoş geldin. Yolculuk nasıl geçti?
Peter: Hoş bulduk, Sinancığım. Yolculuk iyi geçti, çok iyi bir tatil geçirdim.
Sinan: Mektubunu aldım, teşekkür ederim. Demek Türkiye'yi beğendin. Buna çok memnun oldum.

Peter: Evet, çok beğendim. Artık her yıl Türkiye'ye gidiyorum.
Gelecek yaz beraber gidiyoruz, tamam mı?
Sinan: Tabii, memnuniyetle. Gelecek yaz birlikte Türkiye'ye gidiyoruz.

 **T 2**

1A / 64

Konya, 10.8.2...

Sevgili Sinancığım,

iki haftadan beri Türkiye'deyim. Türkiye güzel bir ülke, her şey enteresan, buradaki İnsanlar çok konuksever. İstanbul'daki camiler ve müzeler ne kadar ilginç! İstanbul'da deniz kenarında ‚İnci' adında bir otelde kaldım. Kapalıçarşı'dan çok alışveriş ettim, nişanlım için hediye olarak bakır eşyalar aldım. Bursa'daki eski hamamları ve meşhur türbeleri gezdim, Uludağ'a çıktım ve çok resim çektim. Bursa'da pasaportumu kaybettim ama, sonra çok şükür buldum. Bursa'dan otobüsle Konya'ya geldim. Konya'daki medreseleri, çarşıları, kervansarayları çok beğendim. Yarın Antalya'ya gidiyorum. Yakında görüşmek üzere sana ve bütün arkadaşlara içten selamlar. Ailene de benden çok selam söyle.

Peter

Zusatzmaterial
Einzelne Stationen von Peters Türkeireise: (Ansichtskarten)

Überdeckter Basar

2. Bursa

3. Konya, Mevlana-Mausoleum

4. Antalya

Ein Hamam, türkisches Badehaus, wie es früher ausgesehen hat. Bursa ist eine Stadt, die durch Thermalbäder und alte, schöne Badehäuser bekannt ist.

 T 3

1A / 65

Faruk, uzun zamandan beri yeni bir iş arıyor, gazetelerdeki ilanlara bakıyor ve başvuru için dilekçeler yazıyor. Bugün Faruk'a Adana'daki bir firmadan mektup geldi, Faruk hemen cevap yazdı:

İstanbul, 16.8.2...

Özpamuk Ticaret Palmiye Cad. No.49 Adana
İlgi: 12.8. tarihli yazınız

Sayın Beyefendi,
12.8. tarihli yazınızı aldım, ilginize teşekkür ederim. Mülakat için gelecek hafta Adana'ya geliyorum. Başvuru için gerekli belgeleri (özgeçmiş ve diplomalar) ilişikte sunuyorum.

Saygılarımla
Faruk Tokaç

Gedichte (şiirler)

1A / 66

1. Alageyik (Ziya Gökalp, 1876-1924)
    Çocuktum, ufacıktım,
    Top oynadım, acıktım.
    Buldum yerde bir erik,
    Kaptı bir alageyik.
    ...

2. Paramparça (Bedri Rahmi Eyüboğlu, 1913-?)
    Ağaç bütün
    Işık bütün
    Meyve bütün
    Benim dünyam paramparça
    ...

Karikaturen (karikatürler)

1A / 67

1. (aus: Fırt)

2. (aus: Fırt)

- Annesi onu hâlâ almaya gelmedi!...
3. (aus: Gırgır)

4. (aus: Gırgır)

5. (aus: Hürriyet)

10 B

Ü 1 (sen)-dün- ne yapmak / üniversite-gitmek: **Dün ne yaptın? Üniversiteye gittim.**

1. (siz)-geçen hafta-ne yapmak / İstanbul-gitmek
2. Ali-dün akşam-ne yapmak / kitap okumak
3. (sen)-geçen hafta-ne yapmak / arkadaşlar-ziyaret etmek
4. Peter-İstanbul-ne yapmak / camiler ve müzeler-gezmek
5. Peter-Konya-ne yapmak / medreseler-görmek
6. Peter-Bursa-ne yapmak / Uludağ-çıkmak
7. (siz)-dün akşam-ne yapmak / televizyon seyretmek
8. çocuklar-dün sabah-ne yapmak / bahçe-futbol oynamak

Ü 2 (sen) dün ağlamak / bugün gülmek: **Dün ağladın, bugün gülüyorsun.**

1. Filiz-dün-büro-çalışmak / bugün-tatil-yapmak
2. Nuray-dün-arkadaşlar-ziyaret etmek / bugün-evde-kitap okumak
3. Peter-dün-İstanbul-müzeler-gezmek / bugün-dağa çıkmak
4. (siz) dün-mektup-yazmak / bugün-televizyon seyretmek
5. Selim-dün-ceket-almak / bugün-pantalon-almak
6. Nesrin-dün-köfte-yemek / bugün-döner kebap yemek
7. (biz)-dün-ayran-içmek / bugün-rakı-içmek
8. gençler-dün-gitar-çalmak / bugün-saz-çalmak

Ü 3 (sen)-dün-nerede / ev: **Dün neredeydin? / Evdeydim.**

1. Ahmet-dün-nerede / sinema
2. öğrenciler-dün-nerede / üniversite
3. çocuklar-dün-nerede / bahçe
4. (siz)-geçen hafta-nerede / İstanbul
5. (sen) geçen yıl-nerede / Türkiye
6. Peter-geçen ay-nerede / Bursa
7. Arzu-bir saat önce-nerede / mutfak
8. Metin Bey-iki saat önce-nerede / büro

Ü 4 Bugün hava güzel: Dün hava güzeldi.

1. Bugün Nesrin hasta.
2. Bugün çocuklar okulda.
3. Bugün param var.
4. Bugün sana para lazım mı?
5. Bugün Peter'e sözlük lazım değil.
6. Bugün çocukların bisikleti yok.
7. Arzu Hanım bugün evde.
8. Bugün sana sözlük lazım değil mi?

Ü 5 Türkçe'ye veya Almanca'ya tercüme edin! Übersetzen Sie ins Deutsche oder Türkische!

1. Warst du gestern krank?
2. Hayır, dün hasta değildim.
3. Wir brauchten ein neues Auto.
4. Hatte Kemal Geld?
5. Hayır, onun parası yoktu
6. Hatten Sie kein Auto?
7. Wir waren sehr dumm.
8. Öğrenciler tembel miydi?
9. Warst du gestern nicht müde?
10. Sana para lazım değil miydi?
11. Wir hatten kein Radio, aber einen Fernseher.
12. Warst du jemals in İzmir?
13. Metin hat am Meer ein Haus gekauft.
14. Ich mag diese Stadt gar nicht.
15. Ali'yi hiç tanımıyorum.

Ü 6 (sen) / 26. 11. 1979: Ne zaman doğdun? 26 Kasım 1979'da doğdum.
Doğum günün ne zaman? Doğum günüm kasımın yirmi altısında.

1. (siz) / 11.9.1980
2. Ünal / 27.4.1986
3. (sen) / 7.2.1982
4. Filiz / 16.3.1994
5. (siz) / 30.8.1996

Ü 7 Ahmet / gelmek: Ahmet geldi mi? - Henüz (bzw. daha) gelmedi.

1. film / başlamak
2. ders / bitmek
3. (sen) / rakı içmek
4. Filiz / bluz almak
5. (siz) / televizyon seyretmek
6. Gisela / kahve pişirmek
7. Metin Bey / büro-gitmek
8. Gül / ütü yapmak
9. gençler / futbol oynamak
10. biz / Türkçe öğrenmek

Ü 8 Ahmet-hala-mektup-yazmak: Ahmet hala mektubu mu yazıyor? /
Ahmet mektubu çoktan yazdı. - Ahmet mektubu yazdı bile.

1. Günter-hala-rakı-içmek
2. Selim-hala-kitap-okumak
3. Nuray-hala-yemek-pişirmek
4. Peter-hala-müzeler-gezmek
5. Gönül Hanım-hala-alışveriş etmek

Ü 9   Hans-Türkçe öğrenmek: Hans Türkçe öğrendi mi? Artık Türkçe öğrenmiyor.

2B / 19

1. (sen)-sigara içmek
2. (siz)-rakı içmek
3. Ali-saz çalmak
4. gençler-döner kebap yemek
5. Gisela-kahve pişirmek
6. (sen)-müzik dinlemek
7. (siz)-futbol oynamak
8. çocuklar-televizyon seyretmek

Ü 10   Ergänzen Sie („bütün' oder ‚hepsi'?)!

2B / 20

1. ------çocuklar bugün bahçede top oynadı, şimdi ------çok yorgun.
2. Öğrenciler ------ gün üniversitedeydiler, saat beşte ------ eve gitti.
3. ------ arkadaşlar tatilde İstanbul'a gitti, ------ çok memnundu.
4. ------ elmalar taze mi? Evet, ------ taze.

Ü 11   (sen) İstanbul-camiler-gezmek: İstanbul'daki camileri gezdin mi? Evet, gezdim.

2B / 21

1. (siz)-Duisburg-Türkler-konuşmak
2. (sen)-Münih-birahaneler-gitmek
3. Peter-Bursa-hamamlar-görmek
4. (sen)-üniversite-profesörler-konuşmak
5. (siz)-Konya ve Sivas-medreseler-görmek

Ü 12   Erzählen Sie einen Tagesablauf von Peter in Istanbul (im Perfekt):

7.30: aufstehen
8.00: im Hotel frühstücken
8.30: mit dem Bus in die Stadt fahren
9.00: in der Bank Geld wechseln; von 9.15 bis 11.30: Museen besichtigen
12.00: in einem Restaurant am Meer zu Mittag essen
von 13.30 bis 16.00: Moscheen besichtigen
von 16.15 bis 18.15: im Überdachten Basar einkaufen
19.00: zum Hotel zurückkommen
19.30: im Hotel zu Abend essen
20.00: im Zimmer Musik hören und Rakı trinken
21.00: seiner Verlobten einen Brief schreiben
22.00: zu Bett gehen

**Ü 13   Rekonstruieren Sie Stationen einer Türkei-Reise, z. B.: 2.Tag:
Die Museen in Istanbul besichtigen: İkinci gün İstanbul'daki
müzeleri gezdik.**

4.Tag: mit dem Schiff nach Bandırma fahren
5.Tag: im Basar in İzmir einkaufen
7.Tag: im Park in Antalya Fotos machen
9.Tag: in Erzurum Kupfersachen kaufen
10.Tag: nach Deutschland zurückfahren

**Ü 14   Reden Sie die Leute in einem Brief in der Du- und Sie-Form an, z. B.:
‚Metin': Sevgili Metinciğim / Sayın Metin Bey**

Arzu, Erol, Filiz, Doğan, Serap, Zeynep, Hans, Günter, Markus, Tülin, Sinan, Nesrin, Gabi, Monika, Ünal, Sabine, Martin

Ü 15 Schreiben Sie einen Brief in türkischer Sprache an einen türkischen Freund in Deutschland oder in der Türkei!

S/Ü Spielen Sie mit Ihrem Lernpartner einen Dialog und benutzen Sie die Alternativantworten. Erweitern Sie die Antwortsätze mit Ihrem eigenen Wortschatz, schreiben Sie Ihre Sätze und zeigen Sie sie Ihrem Lehrer!

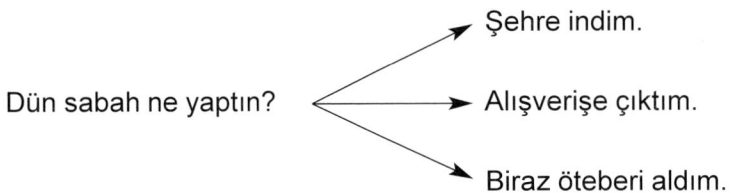

B/Ü Erzählen Sie, was diese Personen gestern gemacht haben!

10 C

1. Die bestimmte Vergangenheit (di'li geçmiş zaman)

1.1. Die Endung für die bestimmte Vergangenheit (abgeschlossene Vergangenheit, entspricht etwa dem Perfekt und im Norddeutschen dem Präteritum) ist ‚-di'. Sie unterliegt der großen Vokalharmonie und ist nicht betont. Die Endung wird zwischen Verbstamm und Personalendung eingeschoben

gelmek:	*yazmak:*	*görmek:*	*okumak:*
gel-di-m	yaz-dı-m	gör-dü-m	oku-du-m
gel-di-n	yaz-dı-n	gör-dü-n	oku-du-n
gel-di	yaz-dı	gör-dü	oku-du
gel-di-k	yaz-dı-k	gör-dü-k	oku-du-k
gel-di-niz	yaz-dı-nız	gör-dü-nüz	oku-du-nuz
gel-di-ler	yaz-dı-lar	gör-dü-ler	oku-du-lar

Nach stimmlosen Konsonanten am Verbstamm wird das d hart:
gitmek: git-ti-m, git-*ti*-n usw.

Im Fragesatz wird das Fragewörtchen der Verbform nachgestellt:
| geldim mi? | yazdım mı? | gördüm mü? | okudum mu? |
| geldin mi? | yazdın mı? | gördün mü? | okudun mu? |

Bei der Verneinung wird der Verbstamm durch das Verneinungssuffix ‚-me' (kleine Vokalharmonie) negativiert, auch die Vergangenheitsendung richtet sich dann nach der kleinen Vokalharmonie:
| gel-me-di-m | yaz-ma-dı-m | gör-me-di-m | oku-ma-dı-m |
| gel-me-di-n | yaz-ma-dı-n | gör-me-di-n | oku-ma-dı-n |

Verneinende Frage:
| gelmedim mi? | yazmadım mı? | görmedim mi? | okumadım mı? |
| gelmedin mi? | yazmadın mı? | görmedin mi? | okumadın mı? |

Aufgabe: Machen Sie die Übungen 1 und 2, S/Ü und B/Ü. In S/Ü finden Sie häufig gebrauchte umgangssprachliche Ausdrücke. Lernen und verwenden Sie sie! Versuchen Sie mit Hilfe der ‚Wörterkiste' die 1. Karikatur zu verstehen. Zur Verneinung der Vergangenheitsform haben Sie als authentische Beispiele die Karikaturen 3 und 4. Versuchen Sie, diese mit Hilfe der ‚Wörterkiste' zu verstehen. Finden Sie die Zeitformen, auf die es ankommt, heraus und analysieren Sie sie nach Tempus-, Verneinungs- und Personalendungen! Haben Sie auch die Pointen verstanden? Könnten Sie zum Beispiel zum Thema ‚Fernsehen' und/oder ‚Werbung im Fernsehen' (in der Türkei und in Deutschland) einen kurzen Aufsatz auf türkisch schreiben oder mit Ihren Lernpartnern eine Diskussion auf türkisch führen?

1.2. Vergangenheitsbildung bei der Entsprechung für Hilfsverben

Die veraltete Form für die Vergangenheitsform des Hilfsverbs ‚sein' ist ‚idi'. Dieser unveränderlichen und vom Bezugswort getrennt geschriebenen Form werden die Personalendungen der Vergangenheit angefügt, z. B.:
hasta idim (ich war krank) / hasta idin / hasta idi / hasta idik / hasta idiniz / hasta idiler.

Beherrschen Sie aber diese Form nur passiv und lernen Sie die häufiger gebrauchte Form der Vergangenheitsbildung mit der Endung ‚-di', die dem Bezugswort nach der großen Vokalharmonie angeglichen und mit diesem zusammengeschrieben wird:

yorgun: yorgundum (ich war müde), yorgundun (du warst müde) ...
Nach vokalischem Auslaut wird ein ‚y' als Füllkonsonant eingeschoben:

hasta-y-dı-m (ich war krank),
deli-y-di-n (du warst verrückt),
evde-y-di (er, sie war zuhause),
büroda-y-dı-k (wir waren im Büro) usw.

Aufgabe: Spielen Sie mit Ihrem Lernpartner den Dialog S 1a-b, auch auf Deutsch! Machen Sie die Übung 3. Versuchen Sie mit Hilfe der ‚Wörterkiste' das 1. Gedicht zu verstehen. Lernen Sie es auswendig!

In der Frageform wird das Fragewörtchen zwischen Bezugswort und Vergangenheitsendung eingeschoben, die Personalendung wird nachgestellt:
hasta mı-y-dı-n (warst du krank)?
yorgun mu-y-du-nuz (wart ihr / waren Sie müde)?

Die Verneinung erfolgt mit ‚değil':
hasta değil-di-m (ich war nicht krank), yorgun değil-di-k (wir waren nicht müde) usw.

Verneinende Frage:
Evde değil mi-y-di-n (warst du nicht zuhause)? Deli değil mi-y-di (war er/sie nicht verrückt)?

In der 3. Person Plural kann die Mehrzahlendung vor der Vergangenheitsendung erscheinen, z. B.:
neben ‚yorgun-du-lar' auch ‚yorgun-lar-dı' (sie waren müde), neben ‚yorgun mu-y-du-lar? auch ‚yorgun-lar mı-y-dı? (waren sie müde?),
neben ‚yorgun değil-di-ler' auch ‚yorgun değil-ler-di' (sie waren nicht müde) und neben ‚yorgun değil mi-y-di-ler?' auch ‚yorgun değiller mi-y-di?' (waren sie nicht müde?).

Für die Vergangenheit von ‚haben' wird die Vergangenheitsendung an die Strukturwörter ‚var' und (bei Verneinung) ‚yok' angehängt:
arabam vardı (ich hatte ein Auto)
araban vardı (du hattest ein Auto)
...
arabam yoktu (ich hatte kein Auto)
araban yoktu (du hattest kein Auto)
...

Die Formen ‚vardı' und ‚yoktu' bleiben unverändert, die Person wird durch die Possessivendung am Bezugswort ausgedrückt.
Frageform:
Para*n* var mıydı (hattest du Geld)?
Eviniz var mıydı (hattet ihr / hatten Sie ein Haus)?

Verneinende Frage:
Paran yok muydu (hattest du kein Geld)?
Vaktiniz yok muydu (hattet ihr / hatten Sie keine Zeit)?
Die Formen ‚vardı' und ‚yoktu' bedeuten auch ‚es gab' und ‚es gab nicht'.
In der Umgangssprache wird ‚yok' mit der entsprechenden Personalendung auch für ‚Nicht - Anwesend - Sein' gebraucht, z. B.: Dün evde yoktum/yoktuk': ‚Ich war (wir waren) gestern nicht zu Hause.' Eigentlich falsch bzw. kein gutes Türkisch ist die positive Parallelbildung mit ‚var' für ‚Anwesend-Sein', wird aber in der Umgangssprache, ganz besonders im Jugendjargon doch recht häufig gebraucht. Vgl. dazu die Karikatur 5.

Aufgabe: Versuchen Sie, die Karikatur 5 mit Hilfe der ‚Wörterkiste' zu verstehen. Können Sie den Inhalt der Sprechblasen ins Deutsche übersetzen? Wenn Sie Schwierigkeiten haben, können Sie ja im Schlüssel nachschauen!

Wie ‚sein' und ‚haben' können Sie nun auch ‚brauchen' (vgl. Lektion 6) in der Vergangenheit ausdrücken:

bana para lazımdı (ich brauchte Geld),
sana sözlük lazımdı (du brauchtest ein Wörterbuch) ... usw.

Auch die Konstruktion ‚lazımdı' bleibt unverändert, die Person wird durch das Personalpronomen im Dativ (bana, sana ...) ausgedrückt.

Frageform:
sana para lazım mıydı (brauchtest du Geld)?
size sözlük lazım mıydı (brauchtet ihr / brauchten Sie ein Wörterbuch)?

Verneinung:
Bana sözlük lazım değildi (ich brauchte kein Wörterbuch);
verneinende Frage:
Sana kitap lazım değil miydi (brauchtest du kein Buch)?

Aufgabe: Spielen Sie mit Ihrem Lernpartner den Dialog S 2a, auch auf Deutsch! Machen Sie die Übung 4!

In S 2b begegnen Sie dem Satz
‚Hiç Ankara'ya gittin mi'?: Warst du jemals in Ankara?
Die Hilfsverbform ‚war' wird in Bezug auf Städte-, Länder- und Ortsnamen mit dem Verb ‚gitmek' wiedergegeben, wenn es sich um einen vorübergehenden Aufenthalt handelt. Statt ‚warst du in Ankara?' fragt man also ‚bist du nach Ankara gefahren'? Neben ‚gitmek' können Sie auch das Verb ‚bulunmak' (sich befinden) nehmen, z. B.:
Ankara'da bulunmadım: Ich war nicht in Ankara (wörtl.: ich befand mich nicht in Ankara).

2. Das Wörtchen ‚hiç'

Im Fragesatz bedeutet das Wörtchen ‚hiç' jemals, wie in S 2b:
Hiç Ankara'ya gittin mi? Warst du jemals in Ankara?
In Verneinung jedoch dient es zur Verstärkung (gar, überhaupt):
Ankara'yı hiç tanımıyorum: Ich kenne Ankara überhaupt nicht.
Onu hiç sevmiyorum: Ich mag ihn überhaupt nicht.
Bunu hiç beğenmiyorum: Das gefällt mir gar nicht.

Darüber hinaus dient ‚hiç' zur Negativierung von vielen Ausdrücken, wobei auch die Verbform in der Verneinung gebraucht werden muß:
bir şey (etwas) - hiç bir şey: nichts, gar nichts
doppelte Verneinung: Hiç bir şey gör*me*dim (ich habe nichts gesehen);
kimse (jemand) - hiç kimse: niemand
doppelte Verneinung: Hiç kimse gel*me*di (niemand ist gekommen).

Prägen Sie sich auch diese Ausdrücke ein:
hiç bir zaman: niemals,
hiç de (değil): keineswegs,
hiç bir yerde: nirgendwo.

3. Angabe des Geburtsdatums

Das Verb ‚doğmak' bedeutet ‚geboren werden'. Nun können Sie nach dem Geburtsdatum auf zweierlei Art fragen:
Ne zaman doğdun(uz)? Wann bist du (sind Sie) geboren?
Doğum günün(üz) ne zaman? Wann ist dein (Ihr) Geburtstag?

Auch bei der Antwort haben Sie verschiedene Möglichkeiten:
27 Haziran 1989'da doğdum: Ich bin am 27. Juni 1989 geboren.
Doğum günüm 27 Haziran'da: Mein Geburtstag ist am 27. Juni.
Doğum günüm haziranın yirmi yedisinde (vgl. Lektion 9): umgangssprachliche Formulierung für ‚mein Geburtstag ist am 27. Juni'.

Aufgabe: Spielen Sie mit Ihrem Lernpartner den Dialog S 2c, auch auf Deutsch! Machen Sie die Übungen 5 und 6!

4. Die Funktionswörter ‚henüz', ‚daha', ‚hala', ‚çoktan', ‚bile', ‚artık'

Die Funktionswörter ‚henüz' und ‚daha, in Verneinung gebraucht, bedeuten ‚noch nicht', z. B.:
Film henüz (oder daha) başlamadı: Der Film hat noch nicht angefangen.
Das Wörtchen ‚hala' kennen Sie von Lektion 9. Es bedeutet im Frage- und Aussagesatz und bei Verneinung ‚noch' im Sinne von ‚immer noch':
Ahmet hala mektubu mu yazıyor? Schreibt Ahmet immer noch den Brief?
Vergleichen Sie zu ‚hala' auch die Karikatur 3!
Dem Funktionswort ‚schon' im Deutschen, im Sinne von ‚schon längst' entsprechen ‚çoktan' und ‚bile', wobei das letztere dem Aussagesatz nachgestellt wird:
Ahmet mektubu çoktan yazdı / oder: Ahmet mektubu yazdı bile. Ahmet hat den Brief schon (längst) geschrieben.
Das Funktionswort ‚artık', wenn es mit Verneinung gebraucht wird, bedeutet ‚nicht mehr':
Artık sigara içmiyorum: Ich rauche nicht mehr.
Es hat aber noch verschiedene Bedeutungen und wird häufig als Füllwort benutzt, z. B.:
Artık Türkçe öğreniyorum: Ich lerne *jetzt* (neuerdings) Türkisch.
Artık eve dön! Komm *endlich* nach Hause zurück!
Artık her yıl Türkiye'ye gitmek istiyorum: *Nunmehr* (von nun an) möchte ich jedes Jahr in die Türkei fahren.

Aufgabe: Machen Sie die Übungen 7, 8 und 9!

5. ‚bütün' und ‚hepsi'

Sie kennen bereits ‚hepsi' wie z. B. in der Wendung ‚hepsi ne kadar ediyor'? (was macht alles zusammen, vgl. Lektion 5). ‚Hepsi' bedeutet ‚alle', ‚alles' als Pronomen, wird also *ohne* Bezugswort gebraucht, ‚bütün' hingegen bedeutet auch ‚alle', aber in adjektivischer Funktion, und wird *mit* einem Bezugswort benutzt:
Bütün arkadaşları çağırdım ama, hepsi gelmedi:
Ich habe alle Freunde eingeladen, aber nicht alle sind gekommen.
Außerdem bedeutet ‚bütün' ‚ganz', z. B. ‚bütün gün' (den ganzen Tag), ‚bütün hafta' (die ganze Woche) usw.

Aufgabe: Spielen Sie mit Ihrem Lernpartner den Dialog S 3, auch auf Deutsch! Machen Sie die Übung 10. Versuchen Sie mit Hilfe der ‚Wörterkiste' das 2. Gedicht zu verstehen. Lernen Sie es auswendig!

6. Wortbildungsendungen

6.1. -deki

Die erste Silbe unterliegt der kleinen Vokalharmonie, nach stimmlosen Konsonanten wird d hart, die zweite Silbe ist unveränderlich. Die Endung ‚-deki' ist lokativ und relativ zugleich, sie drückt aus: der (die, das) in ... befindlich, z. B.:
İstanbul'daki camiler: die in Istanbul befindlichen Moscheen,
bzw. die Moscheen in Istanbul;
Kars'taki akrabalar: die Verwandten in Kars;
Münih'teki birahaneler: die Bierkneipen in München;
Bochum'daki fabrikalar: die Fabriken in Bochum;
bendeki kitaplar: die Bücher bei mir, bzw. die Bücher, die ich habe.
Die Endung kann auch Ortsadverbien angefügt werden: buradaki (hiesig), şuradaki, oradaki (dortig).
Lernen Sie als feststehende Form ‚aşağıdaki': unten befindlich, folgend, z. B.:
aşağıdaki soruları cevaplandırın: Beantworten Sie die folgenden Fragen.

Aufgabe: Machen Sie die Übung 11!

6.2. -cik
Die Verkleinerungsendung ‚-cik', die betont ist und der großen Vokalharmonie unterliegt (nach stimmlosen Konsonanten wird c hart), wird auch häufig mit der Possessivendung der 1. Person Singular als Kose-Anredeform benutzt, z. B.:
Ayşe: Ayşecik (Ayşelein), Ayşeciğim (mein Ayşelein, liebe Ayşe);
Sinan: Sinancık - Sinancığım; Udo: Udocuk - Udocuğum usw.
Diese (Kose-)Anredeform, die auch in persönlichen Briefen gebraucht wird (vgl. unten 9), wird neben Freunden hauptsächlich für Familienangehörige verwendet:
anne: anneciğim (Mutti); baba: babacığım (Vati), karı: karıcığım (Schatz, für Ehefrau), koca: kocacığım (Schatz, für Ehemann). (Vgl. zu der Form 'kocacığım' auch die Karikatur 2!)

Merken Sie:
*   Gesprochen wird die Kose-Anrede als ‚-cim' (-cım / -cüm / -cum):
    Ayşecim, annecim- Osmancım, babacım- Gülcüm- Erolcum, Udocum.
    Lernen Sie als feststehende Form ‚biricik': einzig, allein(ig).

Aufgabe: Spielen Sie mit Ihrem Lernpartner den Dialog D, auch auf Deutsch!

7. Vergangenheit von ‚kriegen' in der Umgangssprache

In der 2. Karikatur begegnen Sie der grammatischen Form ‚... -miz oldu', d. h. Possessivendung am Bezugswort und die Vergangenheitsform des Hilfsverbs ‚olmak' in der 3. Person Singular. Vergleichen Sie die folgenden Beispiele:
Bebeğimiz *oldu:* Wir haben ein Baby gekriegt.
Oder: Çocuğ*um* oldu: Ich habe ein Kind gekriegt.
Yeni bir televizyonumuz oldu: Wir haben einen neuen Fernseher gekriegt.
Yeni bir arabanız oldu: Ihr habt ein neues Auto gekriegt.
Bebekleri oldu: Sie haben ein Baby gekriegt. Usw.

Aufgabe: Versuchen Sie, mit Hilfe der ‚Wörterkiste' und der Grammatik unter C. 7 die Karikatur 2 zu verstehen. Wenn Sie Schwierigkeiten haben, können Sie ja im Schlüssel nachschauen. Haben Sie auch die Pointe verstanden? Worauf spielt diese Karikatur an? Was für einen landeskundlichen Hintergrund bzw. was für eine Gesellschaftskritik erkennen Sie hier?

8. Ordnungszahlen (Sıra Sayılar)

Die Endung für Ordnungszahlen ist ‚-inci', sie unterliegt der großen Vokalharmonie; bei vokalisch auslautenden Zahlwörtern fällt der anlautende Vokal aus:
bir-inci / iki-nci / üç-üncü / dördüncü / beş-inci / altı-ncı ... dokuz-uncu.
Die Betonung liegt auf der letzten Silbe.

Aufgabe: Lesen Sie die Texte T 1 und T 2 und versuchen Sie sie mit Hilfe der Grammatik und der ‚Wörterkiste' zu verstehen. Lesen Sie sie mehrmals und erzählen Sie sie Ihrem Lernpartner nach. Machen Sie die Übungen 12 und 13!

Merken Sie:
* Das als Ordnungszahl ausgedrückte Wort ‚birinci' bedeutet ‚erste, r, s' als Bestandteil einer Aufstellung, Reihe bzw. Rangordnung. Daneben existiert aber auch das Wort ‚ilk' (erste, r, s) im Sinne von ‚Anfangs-' (‚primär') im Gegensatz zu ‚son' (letzte, r, s).

Prägen Sie sich die folgenden Ausdrücke ein:
ilk defa: das erste Mal, zum ersten Mal
ilk olarak: als erstes, zuerst
ilk önce (Altw. evvela): zuerst, zunächst
son defa: das letzte Mal, zum letzten Mal
son olarak: als letztes, zuletzt

Den Wörtern ‚son' und ‚kaç' (wieviel) kann auch die Endung der Ordnungszahlen angefügt werden:
sonuncu: der (die, das) letzte, kaçıncı: (der, die, das) wievielte.
Als Ergebnis eines Wettbewerbs sagt man:
birinci (ikinci, üçüncü usw.) geldi: er (sie) wurde der (die) erste (zweite, dritte usw.).

9. Brief schreiben

In dieser Lektion finden Sie einen persönlichen und einen offiziellen Brief. In persönlichen Briefen ist die Anrede ‚sevgili ... -ciğim', in offiziellen Schreiben:
Sayın Bay Tokaç / oder: Sayın Faruk Bey; Sayın Bayan Tokaç / oder: Sayın Nesrin Hanım; wenn man den Namen nicht kennt und der Adressat keine Person, sondern eine Institution ist: Sayın Beyefendi (sehr geehrte Herren).

Immer häufiger benutzt man in der Briefanrede auch den vollen Namen (Vor- und Familiennamen), z. B.: ‚Sayın Faruk Tokaç'.

Als Schlußformel benutzen Sie in persönlichen Briefen ‚çok selamlar' (oder: içten, oder kalpten, oder candan selamlar: herzliche Grüße, ‚sevgilerimle': in Liebe), in offiziellen Briefen ‚saygılarımla' (hochachtungsvoll).Die letztere Schlußformel ist zwar etwas veraltend, wird aber nach wie vor und häufiger als im Deutschen gebraucht.
Wenn Sie Grüße an jemanden bestellen, machen Sie's wie Peter in seinem Brief an Sinan, entweder:
Arkadaşlara çok selamlar: Viele Grüße an die Freunde (wörtlich: den Freunden viele Grüße) oder: Ailene benden çok selam söyle: Grüße deine Familie von mir (wörtlich: sage deiner Familie viele Grüße von mir).
Weitere Ausdrücke, die Sie beim Briefschreiben brauchen, finden Sie in W 1.

Aufgabe: Studieren Sie die Texte T 2 und T 3 genau! Machen Sie die Übungen 14 und 15! Lernen Sie in W 4 die umgangssprachlichen Ausdrücke, die mit der Vergangenheitsform gebildet werden und verwenden Sie sie!

10. Grammatik zum Weiterlernen

10.1. Neben ‚-cik' existiert im Türkischen auch die Verkleinerungsendung ‚-ceğiz' (kleine Vokalharmonie), die einen negativen Beigeschmack hat im Sinne von ‚arm' (bedauernswert):
kadıncağız: die arme Frau / adamcağız: der arme Mann.

10.2. Das Funktionswort ‚bile' hat neben ‚schon' auch die Bedeutung - dem Bezugswort nachgestellt - von ‚sogar, selbst', z. B.:
Sinan'ın partisine profesör bile geldi: Sogar der Professor ist zu Sinans Party gekommen; oder:
Onlar bile Türkçe öğrendi: Sogar sie haben Türkisch gelernt; Partide ninem bile dans etti: Selbst meine Oma tanzte auf der Party.
In der Funktion von ‚selbst, sogar' können Sie ‚bile' mit ‚dahi' austauschen:
Sinan'ın partisine profesör dahi geldi, usw.

Wörterkiste

(Verweise mit C beziehen sich auf den Grammatikteil der Lektionen; die Zahlen rechts vom Punkt auf das entsprechende Kapitel im Grammatikteil!)

W 1

acıktım	ich habe Hunger (s. W 4)
adında	namens
alageyik	Damhirsch
alışverişe çıkmak	einkaufen gehen
almaya	(hier) zum Abholen
artık	nicht mehr (s. C.4)
asla	niemals
aşağıdaki	folgende
atmak	vgl. unten ‚gol atmak'
bakır	Kupfer
bakır eşyalar	Kupfersachen
Bandırma	Stadt im Marmara-Gebiet
başvuru	(hier:) Bewerbung
bazı	manche
belge	Urkunde, (hier auch:) Papier, Schein, Unterlage
bile	schon; sogar (s. C.4)
biricik	einzig, allein
birahane	Bierkneipe
Bolu	Stadt in Nordanatolien, im inneren Schwarzmeergebiet
bulunmak	sich befinden
buluşmak	sich treffen
buna çok memnun oldum	ich habe mich sehr darüber gefreut
buradaki	hiesig
bütün	alle; ganz (s. C.5)
cad. Abkürzung für:	
cadde	Straße
cami	Moschee
candan	herzlich
çarşı	Marktplatz, Basar
çekmek	s. fotoğraf (od. resim) çekmek
çıkmak (mit Dat.)	(hier:) besteigen (Berg)
çok selamlar	viele Grüße
çoktan	schon (längst) (s. C.4)
dağ	Berg
daha	noch (s. C.4)
dahi	sogar, selbst (s. C.10)
demek	(hier:) also, das heißt
deniz kenarında	am Meer
dilekçe	Gesuch
diploma	Diplom
doğmak	(hier:) geboren werden
dünya	Welt, Erde
enteresan	interessant
erik	Pflaume
erkek arkadaş	(intimer) Freund
Faruk	männlicher Vorname
fena mı?	ist das so schlimm?
firma	Firma
fotoğraf	Foto
fotoğraf çekmek	fotografieren, Bilder machen
geçirmek	(hier:) verbringen
geçmek	(hier:) verlaufen, vergehen
gelmek	(hier:) ankommen
gene	wieder
gerekli	nötig
gezmek	(hier:) besichtigen
gol	Tor (beim Fußball)
gol atmak	Tor schießen
hamam	türk. Badehaus
henüz	noch (s. C.4)
hepsi	alle(s) (s. C.5)
her şey	alles
hiç	jemals; gar, überhaupt (s. C.2)
hiç bir şey	nichts
hiç bir yerde	nirgendwo
hiç bir zaman	niemals
hiç kimse	niemand
hoş bulduk	s. W 4
hoş geldin(iz)	s. W 4
içten	herzlich
içten selamlar	herzliche Grüße
idare etmek	(hier) versuchen, mit etwas auszukommen
ilgi	Interesse; (im Brief: Betreff)
ilginç	interessant
ilişikte	im Brief: anbei
ilk	erste (r, s)
ilk defa	das erste Mal, zum ersten Mal
ilk olarak	als erstes
ilk önce	zuerst, zunächst
inci	Perle
inmek	s. şehre inmek
ithal malı	Importware
kaçıncı	wievielte (r, s)
kalmak	bleiben, sich aufhalten
kale	Tor (Fußball)
kalpten	herzlich
Kapalıçarşı	der überdachte Basar in Istanbul
kapmak	(hier:) wegnehmen
kaybetmek	verlieren
kenar	Seite, Rand; s. deniz kenarında
kervansaray	Karawanserei

kız arkadaş	Freundin	ticaret	Geschäft, Handel, (hier:) Firma
kimleri?	wen (alles)?		
konuksever	gastfreundlich	Tokaç	ein Familenname
maç	Fußballspiel	türbe	Mausoleum
mahalle	Stadtviertel	ufacık	ganz klein
medrese	ehemalige Theologische Hochschule	Uludağ	Berg bei Bursa
		unutmak	vergessen
memnun olmak	sich freuen	ülke	Land
mülakat	Vorstellungsgespräch	vay	Mensch! (als Ausruf)
müze	Museum	yaa?	ach ja?; tatsächlich?
ne kadar	(hier:) so, wie (als Betonung beim Adjektiv)	yakında görüşmek üzere	bis bald
		Yalova	Ort zwischen Istanbul und Bursa
ne kadar ilginç	wie interessant!		
Nesrin	weiblicher Vorname	yazı	Schrift, Schreiben
nişanlı	der (die) Verlobte	yer	(hier:) Boden, Erde
no.: Abkürzung für numara	Nummer	yine	wieder
		yolculuk nasıl geçti?	wie war die Reise?
oldu: aus ‚olmak'	s. C.7. und unter W 4	zaten	sowieso, ohnehin
oradaki	dortig	Zeynep	weiblicher Vorname
öteberi :		ziyaret	Besuch
öteberi almak	Besorgungen machen	ziyaret etmek	besuchen
özgeçmiş	Lebenslauf		
Özpamuk Ticaret	ein Firmenname		
palmiye	Palme	**W 2**	
Palmiye Caddesi	Palmenstraße	di'li geçmiş zaman	die bestimmte Vergangenheit auf ‚- di', entspricht etwa dem Perfekt
paramparça	in tausend Stücke(n), ganz zerfetzt, kurz und klein (geschlagen)		
		sıra sayılar	Ordnungszahlen
pasaport	(Reise-) Paß		
resim çekmek	Fotos machen		
saray	Palast, Serail		
saygı	Respekt		
saygılarımla	hochachtungsvoll (Briefschlußformel)		
sayın	geehrt (Briefanrede)		
selam söylemek	Grüße bestellen, grüßen		
sevgi	Liebe		
sevgiler(im)le	in Liebe (Briefschluß)		
sevgili	liebe(r)		
sok. (Abk. für sokak)	Str(aße)		
son	s. C.8.		
son defa	das letzte Mal, zum letzten Mal		
son olarak	als letztes		
sonuncu	der (die, das) letzte		
sunmak	(dar-)reichen, senden		
şampiyon	Sieger, Meister, Champion		
şehre inmek	in die Stadt gehen		
şuradaki	dortig		
tam	(hier) genau		
tanınmış	berühmt		
tarih	(hier:) Datum		
. . . tarihli	(mit dem Datum) vom . . .		
tekrar	wieder		
teşekkür ederiz	wir bedanken uns		

W 4 Umgangssprachliches
(Wendungen in Vergangenheit)

acıktım:	ich habe Hunger (bekommen)
von ‚acıkmak'	Hunger bekommen
bitti: (von ‚bitmek': enden, aufhören)	fertig, aus, zu Ende
hoş geldin(iz): von ‚hoş' (angenehm) und gelmek' (kommen)	herzlich willkommen (wörtl.: Du bist / Ihr seid / Sie sind angenehm gekommen)
hoş bulduk	formelhafte Antwort auf ‚hoş geldin(iz)' (wörtl.: ‚wir haben (es) (als) angenehm (vor-)gefunden (bzw. empfunden)
kalmadı (aus ‚kalmak': bleiben)	aus, alle, nichts mehr da
kim bitirdi?	wer ist fertig? (aus ‚bitirmek': beenden)
ne oldu? (aus ‚olmak'= (hier) passieren, geschehen)	was ist passiert?, was ist los?, was gibt's?
oldu	okay, in Ordnung, alles klar
susadım:	ich habe Durst (bekommen)
von ‚susamak'	Durst bekommen

Lektion 11
Nereniz Ağrıyor? (Wo tut es Ihnen weh?)

Grammatik:

1. Lokalisierung der Schmerzen, Angabe der Krankheit
2. Deklination der Ortsadverbien ‚nere-',,bura-',,şura-',,ora-'
3. ‚neresi',,burası'-,şurası'-,,orası'
4. Zusammengesetzte Wörter (der unbestimmte Genitiv) bzw. Wortbildung der Komposita
5. Himmelsrichtungen
6. Substantivierung des Adjektivs und Gebrauch in Genitivverbindungen
7. Verbformen mit Possessivendungen; Entsprechung für ‚brauchen'

Sprechsituationen:

1. Beim Arzt (Körperteile benennen, Schmerzen lokalisieren)
2. Landeskundliche Angaben zur Türkei machen (Lokalisierung der Regionen und Städte unter Benutzung der Himmelsrichtungen)
3. Immatrikulation
4. Gesuch und Lebenslauf schreiben

Aufbauwortschatz:

Körperteile; Gesundheit, Krankheit

Zusatzmaterial:

1. Landkarte der Türkei mit geographischen Regionen
2. Der menschliche Körper
3. Ansichtskarte von ‚Kız Kulesi, dem Leanderturm
4. Ansichtskarte des Topkapi Palasts
5. Ansichtskarte der Süleyman-Moschee
6. Zeitungsausschnitte

11 A

 S 1

2A / 01

Neyin var? Hasta mısın?
  Evet, biraz başım ağrıyor ve ateşim var.
Her halde grip oldum.
Hemen doktora git.
  Ahmet'in nesi var?
Ahmet'in bacağı ve kolu kırıldı.
Hastanede yatıyor.
  O halde onu hemen ziyaret etmek istiyorum.

 S 2

2A / 02

Hangi mantoyu alıyorsun?
  Bilmiyorum, daha karar vermedim. Hangisi daha güzel?
İkisi de güzel.
  Hangisini daha çok beğeniyorsun?
Bence sarısını al.
  Mavisi daha çok hoşuma gidiyor ama, bana dar geliyor.
Bunun yeşili var mı? En iyisi yeşilini al.

 S 3

2A / 03

Film hoşuna gitti mi?
  Ben biraz sıkıcı buldum.
Benim de canım sıkıldı.
  Yeni bir Türkçe kitabına ihtiyacım var. Sende var mı acaba?
Bende de yenisi yok, eskisi var.
  Canım iyi bir Türk kahvesi istiyor.
İyi fikir. Gel, mutfağa gidelim ve Türk kahvesi pişirelim.

T 1

2A / 04 **Uludağ'da Kayak Kursu**

Ahmet bir haftadan beri Uludağ'da kayak kursu yapıyor. 13 Ocak onun için uğursuz bir gündü. O gün Ahmet sabahleyin kayak kaydı, öğleyin otelde yemek yedi ve yemekten sonra eski bir arkadaşına rastladı, Ahmet eski arkadaşıyla otelin salonunda şarap içti ve sarhoş oldu. Öğleden sonra yine kayak kaymak istedi ama, başı döndü ve düştü. Bacağı ve kolu kırıldı. Arkadaşı onu hemen hastaneye götürdü. Doktor, Ahmet'in bacağını ve kolunu alçıya koydu. Şimdi Ahmet hastanede yatıyor ve arkadaşı onu her gün ziyaret ediyor.

D

2A / 05

Nereniz Ağrıyor?
(küçük bir oyun, kişiler: hasta, doktor, hemşire)

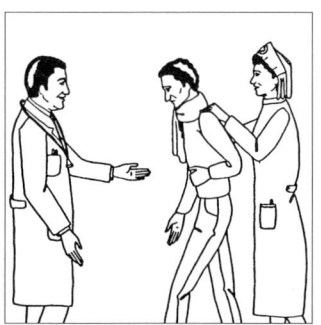

D.: Neyiniz var? Şikâyetleriniz ne?
H.: Çok hastayım, Doktor Bey.
D.: Nereniz ağrıyor?
H.: En çok midem ağrıyor.
D.: Başka nereniz ağrıyor?
H.: Başım ağrıyor, boğazım ağrıyor.
D.: Öksürüyor musunuz?
H.: Evet, öksürüyorum. Çok terliyorum ve çok üşüyorum.
D.: „Aaa" deyin, lütfen.
H.: Aaa
D.: Evet, boğazınız çok kırmızı.
H.: Neyim var, Doktor Bey?
D.: Kuvvetli bir üşütme. Midenizin de rontkenini almak istiyorum. Bir de idrar ve kan tahlili yapıyoruz. Yarın sabah aç karnına bu ilacı için ve radyogram için yine bana gelin.
H.: Tehlikeli bir hastalık mı?
D.: Sağlığınıza dikkat edin. Sigara içiyor musunuz?
H.: Günde bir paket.
D.: Hemen sigarayı bırakın. Size bir reçete yazıyorum. İlaçlarınızı derhal alın. Hap ve damla. Yemeklerden sonra günde üç defa. Damlayı yarından itibaren kullanın ve iki hafta sonra bana kontrole gelin.

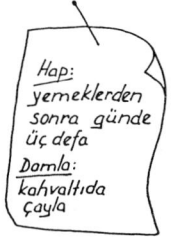

Hap: yemeklerden sonra günde üç defa
Damla: kahvaltıda çayla

H.: En yakın eczane nerede, Doktor Bey?
D.: Hemşireye sorun.
H.: Hemşire Hanım, en yakın eczane nerede?
Hem.: Hemen köşede, efendim. Unutmayın, yarın radyogram, idrar tahlili ve kan tahlili için yine bize geliyorsunuz.
H.: Evet, biliyorum, Hemşire Hanım, sağ olun.
Hem: Güle güle, efendim, geçmiş olsun.

T/D 1

2A / 06

Dersimiz Yurt Bilgisi

Yabancı Diller Yüksek Okulu'ndaki Türkçe kursunda bugün dilbilgisi değil, yurt bilgisi yapıyoruz. Öğrenciler Türkiye hakkında sorular soruyor, öğretmen Türkiye hakkında bilgiler veriyor; haritada şehirleri ve bölgeleri gösteriyor.

Manfred: Türkiye'nin nüfusu ve yüzölçümü ne kadar?
Ö.: Türkiye'de aşağı yukarı 70 milyon insan yaşıyor, Türkiye'nin alanı 780.000 kilometre kare.
Heike: Türkiye'nin başkenti neresi?
Ö.: Türkiye'nin başkenti Ankara. Ankara Orta Anadolu'da.
Norbert: Erzurum nerede?
Ö.: Erzurum Türkiye'nin doğusunda.
Susanne: Mardin nerede?
Ö.: Mardin Türkiye'nin güneydoğusunda.
Manfred: Türkiye'yi hangi denizler çevreliyor?
Ö.: Türkiye'nin kuzeyinde Karadeniz, kuzeybatısında İstanbul Boğazı, (Boğaziçi) Marmara Denizi ve Çanakkale Boğazı, batısında Ege Denizi, ve güneyinde Akdeniz var.
Heike: Türkiye'de hangi coğrafi bölgeler var?
Ö.: Türkiye'de yedi tane coğrafi bölge var: Marmara Bölgesi, Ege Bölgesi, Akdeniz Bölgesi, Karadeniz Bölgesi, İç Anadolu, Doğu Anadolu ve Güneydoğu Anadolu Bölgesi.
Norbert: Samsun Türkiye'nin neresinde?
Ö.: Samsun Karadeniz Bölgesi'nde, Türkiye'nin kuzeyinde. Samsun bir liman şehri.

Norbert: Mersin de bir liman şehri mi?
Ö.: Evet, Mersin Akdeniz Bölgesi'nde, Türkiye'nin güneyinde önemli bir liman şehri.
Susanne: Türkiye'de en çok nereleri görmek istiyorum, biliyor musunuz?
Norbert: Nereleri, Susanne?
Susanne: Akdeniz ve Ege Bölgesi'ni.
Manfred: Neden en çok oraları görmek istiyorsun?
Susanne: Çünkü oralarda dört mevsim yaz!
Heike: Ben de en çok Edirne'yi görmek istiyorum, çünkü orası önemli bir sınır şehri.
Norbert: Edirne nerede?
Ö.: Edirne Trakya'da.

 T/D 2

2A / 07

Edebiyat Fakültesi'ne Kaydımı Yaptırmak Istiyorum

Sieglinde Bauer iki yıldan beri İstanbul'da Yabancı Diller Yüksek Okulu'nda Türkçe öğreniyor, çünkü İstanbul Üniversitesi'nde Türkoloji okumak istiyor. Bugün Öğrenci İşleri Bürosu'na gidiyor ve oradaki memurla konuşuyor:

M.: Buyurun?
S.: Edebiyat Fakültesi'nin Türkoloji Bölümü'ne kaydımı yaptırmak istiyorum. İki yıl dil kurslarına devam ettim ve bu yıl kursu bitirdim.
M.: Gerekli belgeleriniz tamam mı?
S.: Sanıyorum. İlkokul, ortaokul ve lise diplomalarım, 12 tane vesikalık fotoğraf, dil kursu diploması. Başka ne lazım?
M.: Bir dilekçe eksik. Fakülte Dekanlığı için yazılı dilekçe lazım.
S.: Lütfen bana yardım edin.
M.: Tabii, memnuniyetle. Şöyle yazın: ‚Edebiyat Fakültesi'nin Türkoloji Bölümü'ne kaydımı yaptırmak istiyorum. Yabancı Diller Yüksek Okulu'nun Türkçe dil kursunu bitirdim. Gerekli belgeleri ilişikte sunuyorum' Bir de şurayı imzalayın, lütfen.
S.: Teşekkür ederim, efendim.
M. Bir şey değil.

 **T 2**

Özgeçmiş

Biliyorsunuz, Faruk Adana'daki firma için başvuru dilekçesi ile birlikte özgeçmişini gönderdi:

Adım Faruk Tokaç. 17.11.1968'de Balıkesir'de doğdum. İlkokulu ve ortaokulu Balıkesir'de okudum. 1988'de İstanbul Erkek Lisesi'nden mezun oldum. İstanbul Üniversitesi'nde iktisat ve hukuk öğrenimi yaptım. 1996 yılında mezun oldum ve askerlik hizmetimi yedeksubay olarak Kars'ta yaptım. 1998 yılında Nesrin Bilgin ile evlendim. İş Bankası'nda ve Ticaret Bankası'nda danışman olarak çalıştım. Birkaç yıldan beri İstanbul'da bir Alman firmasında çalışıyorum.

 Karikatur (karikatür)

 Sprichwort (atasözü)

Her şeyin yenisi, dostun eskisi
(etwa: Von allem das Neue, von Freunden die alten)

Körperteile

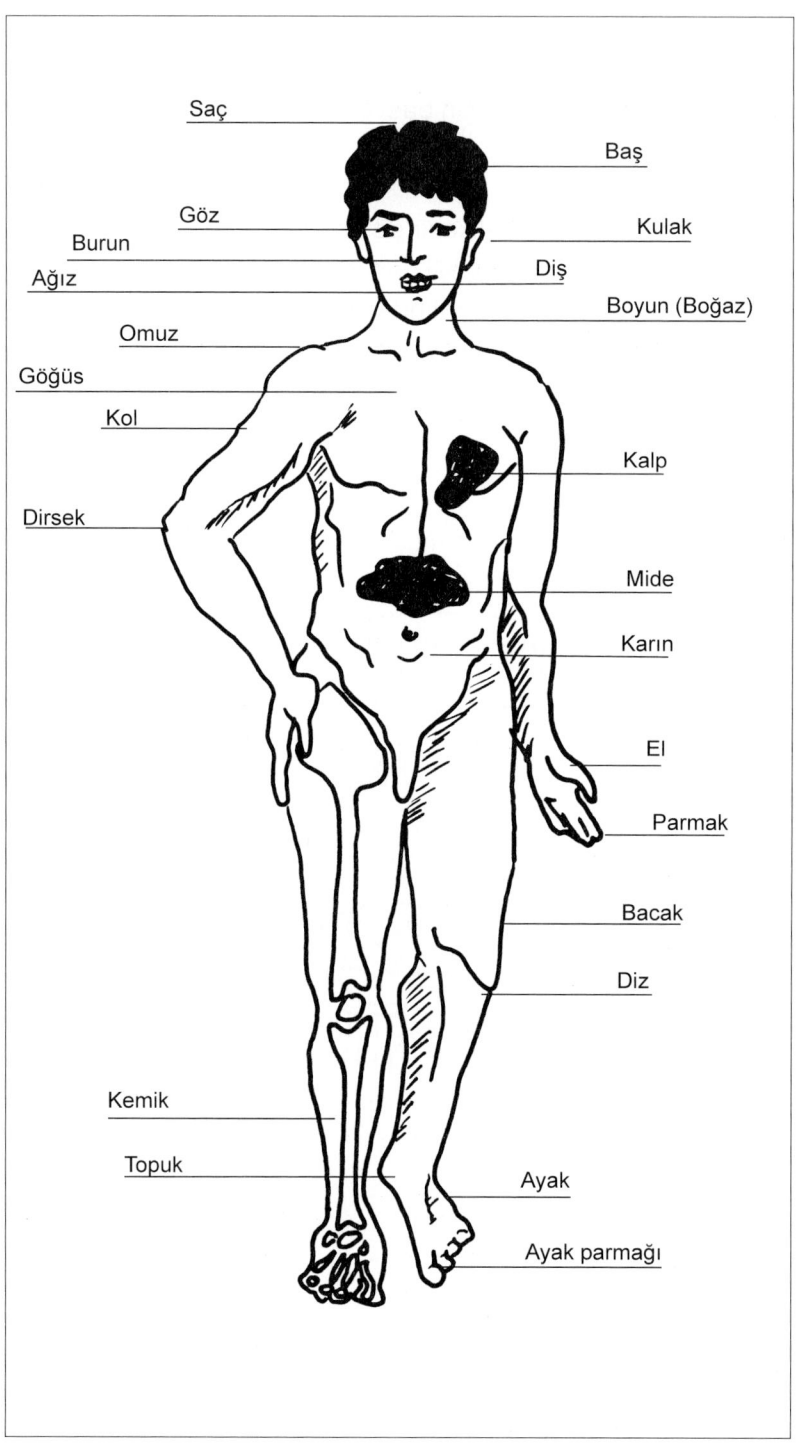

11 B

Ü 1 a) (sen) ne-var / şikâyet-ne / baş-ağrımak: Neyin var, şikâyetin ne? Başım ağrıyor.

1. (siz) ne-var / şikâyet-ne / diş-ağrımak
2. çocuk-ne-var / şikâyet-ne / mide-bulanmak
3. Ahmet- ne-var / şikâyet-ne / bacak ve kol-kırılmak
4. Gönül Hanım-ne-var / şikâyet-ne / baş-dönmek
5. (siz) ne var / şikâyet-ne / karın-ağrımak

b) (sen) ne-var / nezle olmak: Neyin var? / Nezle oldum.

6. öğrenciler-ne-var / grip olmak
7. (sen) ne-var / üşütmek
8. (siz) ne-var / anjin olmak
9 çocuk-ne-var / ishal olmak
10. bebek-ne-var / kabız olmak

Ü 2 Kanlıca (Silivri) / yoğurt: Nerenin yoğurdu meşhur? Kanlıca'nın yoğurdu meşhur. Nerelerin yoğurdu meşhur? Kanlıca ve Silivri'nin yoğurdu meşhur.

a. Bursa (Niğde) / şeftali
b. Ankara (Van) / kedi
c. Niğde (Amasya) / elma
d. Kütahya (İznik) / çini
e. Isparta (İzmir) / halı

Ü 3 Setzen Sie ein: nerede oder neresi; burada oder burası?

1. .... oturuyorsun? / Antalya'da oturuyorum.
2. .... daha güzel? İstanbul mu, yoksa Ankara mı?
3. .... daha soğuk? Almanya mı, yoksa Türkiye mi?
4. .... daha soğuk.
5. Türkçe kitabım ....?
6. Türkçe kitabın ....

Ü 4 Bilden Sie Fragesätze mit ‚nere-' (und nötigen Endungen) zu den Aussagesätzen, z. B.: ‚Göğsüm ağrıyor' - Neren ağrıyor?

1. Zeynep'in karnı ağrıyor.
2. Dizim acıyor.
3. Başımız ağrıyor.
4. Arabanın freni bozuk.
5. Peter Türkiye'de İstanbul'u, Bursa'yı ve Konya'yı gezdi.
6. Amcam Istanbul'un en güzel semtinde oturuyor.

Ü 5 Bilden Sie aus den Wörtern im linken und rechten Kästchen zusammengesetzte Substantive und Begriffe (auch Institutionsbezeichnungen) und bilden Sie mit diesen Ableitungen Sätze, z. B.: çocuk / doktor: çocuk doktoru; Anne bebeği çocuk doktoruna götürdü.

dil	çamaşır		kurs		
diş	kayak		şurup	dolap	
Münih			kahve		
elbise	buz		doktor		bira
Türk					
Ankara			kitap	fırça	kadın
öksürük			makine		
çocuk			üniversite		ağrı
lise	boğaz		dolap		
ev	kadın		diploma		kurs

Ü 6 Stellen Sie Fragen, wo sich in der Türkei die auf der Landkarte gezeigten Städte befinden und geben Sie auch die Antwort dazu, z. B.: Samsun Türkiye'nin neresinde? Samsun Karadeniz Bölgesi'nde. - Samsun Türkiye'nin kuzeyinde.

Landkarte der Türkei mit geographischen Regionen und Himmelsrichtungen

Ü 7 Rätselübung zur Landeskunde

Wenn Sie die Buchstaben ausfüllen, finden Sie im senkrechten Kästchen von oben nach unten gelesen einen wichtigen Begriff für die Geographie der Türkei:

```
K . . | . | . . . Z TÜRKİYE'NİN KUZEYİNDE
  A  | . | . . . A TÜRKİYE'NİN GÜNEYİNDE
     | . | . . . . TÜRKİYE'NİN BAŞKENTİ
  A .| . | . . . Z TÜRKİYE'NİN GÜNEYİNDE
  B  | . | . . . . İ İSTANBUL'DA
.G ..| . | . . . İ TÜRKİYE'NİN BATISINDA
E . . .| . | M TÜRKİYE'NİN DOĞUSUNDA
```

Ü 8   çocuklar / çalışkan- Ali: Çocukların en çalışkanı Ali.

a. odalar / büyük- 25 metrekare:
b. karpuzlar / küçük- 2 kilo:
c. şehirler / güzel- Istanbul
d. mantolar / pahalı- kürk manto
e. bluzlar / güzel- çok pahalı

Ü 9   bu kazak / mavi: Bu kazağın mavisi var mı?

2B / 30

a. bu bluz / sarı
b. bu eteklik/ kareli
c. bu gömlek/ çizgili
d. bu bisiklet/ yeşil
e. bu pide/ peynirli
f. bu manto/ daha ucuz

Ü 10 a) (sen)-ders-canı sıkılmak: Derste canın sıkıldı mı?

1. (siz)-film-hoşuna gitmek
2. (siz)-sinema-canı sıkılmak
3. Ahmet-hastane-canı sıkılmak
4. Nuray-müzik-hoşuna gitmek

b) (sen)- canı istemek/ Türk kahvesi: Canın ne istiyor?/ Canım Türk kahvesi istiyor.

1. Ahmet - canı istemek/ peynirli pide
2. (siz) - canı istemek/ soğuk bir rakı
3. Gül - canı istemek/ dondurma
4. çocuklar - canı istemek/ çikolata

c) Peter - ihtiyacı olmak/ sözlük : Peter'in sözlüğe ihtiyacı var.

1. Gül - ihtiyacı olmak / ütü
2. büyükanne - ihtiyacı olmak/ gözlük
3. (ben) - ihtiyacı olmak / elektrikli fırın
4. (sen) - ihtiyacı olmak / para

Ü 11 Soruları cevaplandırın!

1. Ahmet için 13 Ocak neden uğursuz bir gün?
2. Sieglinde Bauer bugün neden Öğrenci İşleri Bürosu'na gidiyor?
3. Türkiye'nin nüfusu ve yüzölçümü ne kadar?
4. Türkiye'nin başkenti neresi?
5. Türkiye'yi hangi denizler çevreliyor?
6. Türkiye'deki coğrafi bölgeleri sayınız!
7. Türkiye'de en çok nereleri görmek istiyorsunuz, neden?

Ü 12 a) Sie möchten sich an der Philosophischen Fakultät der Universität Istanbul (oder Ankara, İzmir ...) immatrikulieren. Haben Sie die nötigen Papiere dabei? Stellen Sie bitte einen Antrag!
b) Sie haben sich um eine Stelle in der Türkei beworben. Schreiben Sie bitte einen Lebenslauf!

Lektion 11

S/Ü Spielen Sie mit Ihrem Lernpartner einen Dialog und benutzen Sie die Alternativantworten. Erweitern Sie die Antwortsätze mit Ihrem eigenen Wortschatz (benutzen Sie Ausdrücke aus W 3) und schreiben Sie Ihre Sätze, zeigen Sie sie Ihrem Lehrer!

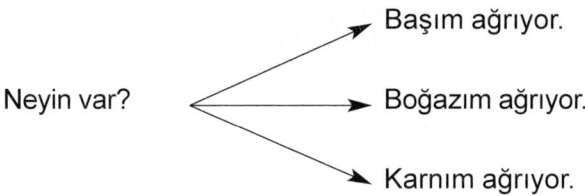

B/Ü 1 Erzählen Sie bitte, welche Beschwerden diese Personen haben!

B/Ü 2 Erzählen Sie von Ahmets Skikurs auf dem Uludağ!

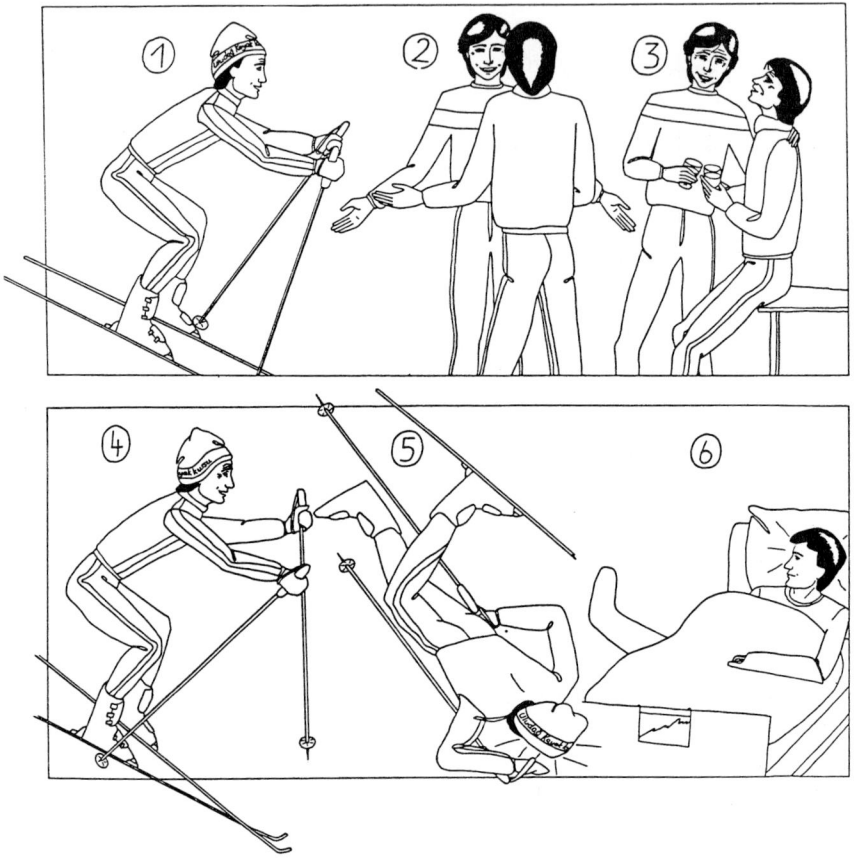

B/Ü 3 Sie sind der Patient, Ihr Lernpartner ist der Arzt.
Tauschen Sie dann die Rollen!

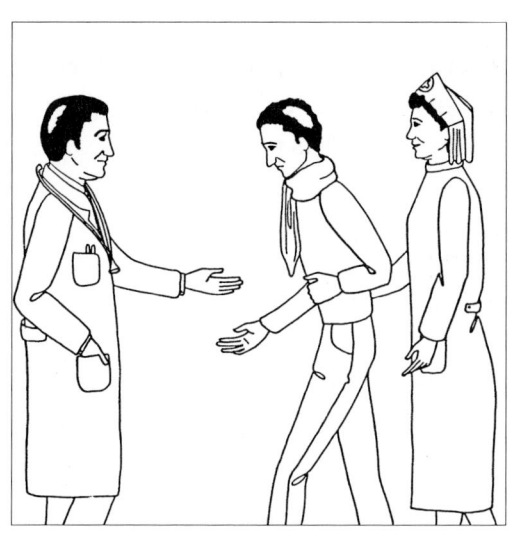

B/Ü 4 Sie besuchen einen kranken Freund im Krankenhaus.
Spielen Sie den Dialog mit Ihrem Lernpartner!

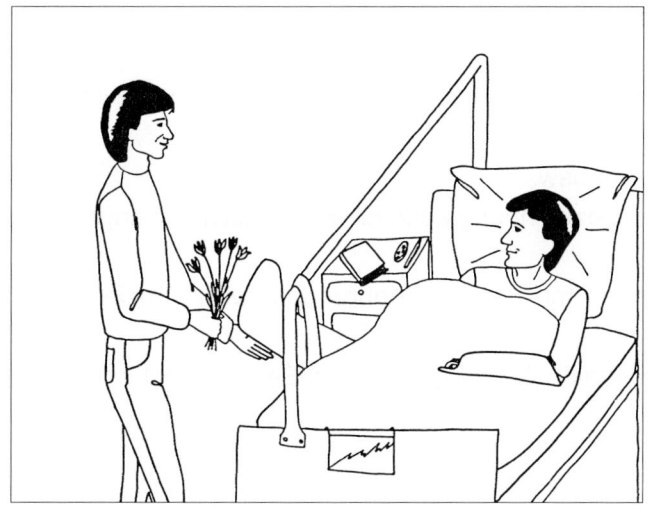

11 C

1. Lokalisierung der Schmerzen, Angabe der Krankheit

Dem Fragewort ‚ne' (was) können auch Possessivsuffixe angefügt werden z. B.:
Neyin (oder nen) var? Was hast du (wörtl.: Dein was gibt es)? Neyiniz (oder neniz) var? Was habt Ihr / haben Sie? Nesi var? (Oder: Neyi var?) Was hat er (sie)?

Nach Beschwerden kann man auch mit ‚şikâyet' (Beschwerde) fragen:
Şikâyetin ne? oder im Plural: Şikâyetlerin ne? (Was sind deine Beschwerden)?
Şikâyetiniz ne? oder im Plural: Şikâyetleriniz ne? (Was sind eure / Ihre Beschwerden?)

Bei der Lokalisierung von Schmerzen wird der Körperteilbezeichnung die Possessivendung angefügt, diese Konstruktion wird mit dem Verb ‚ağrımak' (schmerzen) gebraucht, z. B.:
baş (Kopf): başım ağrıyor: mein Kopf schmerzt (ich habe Kopfschmerzen);
diş (Zahn): dişi ağrıyor: sein (ihr) Zahn schmerzt (er / sie hat Zahnschmerzen).

Bei der Angabe der Krankheit wird die Zeitform der Vergangenheit gebraucht:
üşütmek (sich erkälten): üşüttüm: ich habe mich erkältet.

In Verbindung mit Krankheitsbezeichnungen (Grippe, Schnupfen usw.) wird das Hilfsverb ‚olmak' (hier: werden) verwendet, z. B.:
grip (Grippe): grip oldum: ich habe Grippe (wörtl.: ich wurde Grippe);
ishal (Durchfall): ishal oldum: ich habe Durchfall;
nezle (Schnupfen): nezle oldum: ich habe Schnupfen; (hier auch: nezleyim oder nezlem var);
kabız (Verstopfung): kabız oldum usw.
Bei Brüchen wird der Körperteilbezeichnung auch die Possessivform angefügt, das Verb ist ‚kırılmak' (brechen), z. B.:
kol (Arm): kolum kırıldı: ich habe mir den Arm gebrochen (wörtl.: mein Arm ist gebrochen);
bacak (Bein): Ahmet'in bacağı kırıldı: Ahmet hat sich ein Bein gebrochen (wörtl.: Ahmets Bein ist gebrochen) usw.

Prägen Sie sich auch die Wendungen ein:
başı dönmek (aus baş (Kopf) und dönmek (sich drehen)): jemandes Kopf dreht sich, jemandem wird schwindlig.
Konjugation mit Possessivendung:
baş*ım* dönüyor: mir wird schwindlig (mein Kopf dreht sich); midesi bulanmak (aus mide Magen) und bulanmak (Brechreiz haben): jemandes Magen hat Brechreiz, jemandem wird übel.
Konjugation mit Possessivendung:
mide*m* bulanıyor: mir ist übel, ich habe Brechreiz (mein Magen hat Brechreiz).

Aufgabe: Spielen Sie mit Ihrem Lernpartner den Dialog S 1, auch auf Deutsch! Machen Sie die Übungen 1, S/Ü und B/Ü 1. Studieren Sie die Bezeichnungen der Körperteile, lernen und verwenden Sie die Wörter und Wendungen in W 3. Verstehen Sie die Karikatur? Übersetzen Sie sie Ihrem Lernpartner!

2. Deklination der Ortsadverbien ‚nere-',‚bura-',‚şura-',‚ora-'
   Verwendung mit Genitiv und Possessiv

Sie wissen bereits, daß den Ortsadverbien ‚bura-',‚şura-',‚ora-', die sich aus den Demonstrativpronomen ‚bu-şu-o' ableiten, sowie dem entsprechenden Fragewort ‚nere-' Fallendungen angefügt werden. Im folgenden finden Sie die Deklinationsübersicht dieser Strukturwörter:

nere- (welcher Ort)	bura-
nereyi (welchen Ort)	burayı (diesen Ort)
nereye (wohin)	buraya (hierher)
nerede (wo)	burada (hier)
nereden (woher)	buradan (von hier)
nerenin (welchen Ortes)	buranın (dieses Ortes)

   şura-, ora-
   şurayı, orayı (jenen Ort)
   şuraya, oraya (dorthin)
   şurada, orada (da, dort)
   şuradan, oradan (dorther)
   şuranın, oranın (jenes Ortes)

Plural:

nereler	buralar	şuralar, oralar
nereleri	buraları	şuraları, oraları
nerelere	buralara	şuralara, oralara
nerelerde	buralarda	şuralarda, oralarda
nerelerden	buralardan	şuralardan, oralardan
nerelerin	buraların	şuraların, oraların

Die Genitivform können Sie auch in Genitivverbindung gebrauchen, z. B.: Nerenin yoğurdu meşhur? (Welcher Ort ist durch seinen Joghurt berühmt, wörtl.: welchen Ortes sein Joghurt ist berühmt)? Kanlıca'nın yoğurdu meşhur. (Kanlıcas Joghurt ist berühmt.) Oder im Plural: Nerelerin yoğurdu meşhur? Kanlıca ve Silivri'nin yoğurdu meşhur.

Aufgabe: Machen Sie die Übung 2!

Den Strukturwörtern ‚nere-',‚bura-',‚şura-',‚ora-' werden auch Possessivendungen angefügt:
Nere*n* acıyor? Wo tut es dir weh? (wörtl.: dein welcher Ort tut weh?)
Bura*m* acıyor. Hier tut es mir weh (wörtl.: mein dieser Ort tut weh).
Nere*niz* ağrıyor? Wo haben Sie Schmerzen? (wörtl.: Ihr welcher Ort schmerzt?)
Şura*m* ağrıyor. Da habe ich Schmerzen (wörtl.: mein jener Ort schmerzt).

Aufgabe: Spielen Sie mit Ihrem Lernpartner den Dialog D, auch auf Deutsch! Lesen Sie den Text T 1 und versuchen Sie, ihn mit Hilfe der ‚Wörterkiste' zu verstehen. Lesen Sie ihn mehrmals und erzählen Sie ihn Ihrem Lernpartner nach! Machen Sie die B/Ü 2, 3 und 4.

3.‚neresi',‚burası',‚şurası',‚orası'

Wenn den Strukturwörtern ‚nere-',‚bura-',‚şura-',‚ora-' Possessivendungen angefügt werden, lautet die 3. Person ‚neresi',‚burası' usw., als Genitivverbindung, z. B.:
Ali'*nin* nere*si* acıyor? Wo tut es Ali weh? (wörtl.: welcher Ort von Ali tut weh?)
Ali'*nin* bura*sı* acıyor. Hier tut es Ali weh.

Die Formen   **neresi**   **burası**   **şurası**   **orası**
haben aber auch die gleiche Bedeutung wie
nerede   **burada**   **şurada**   **orada**
wo   hier   da   dort.

Dies ist der Fall, wenn das Subjekt unbestimmt ist, bzw. die Wiedergabe im Deutschen mit dem unbestimmten Subjekt ‚es' erfolgt, wie in dem Beispiel ‚nere*si* acıyor'?: *wo* tut *es* weh?

Vergleichen Sie:
Nerede hava sıcak?   Wo ist das Wetter warm?, aber:
Nere*si* sıcak?   Wo ist *es* warm?
Burada hava sıcak.   Hier ist das Wetter warm. Aber:
Bura*sı* sıcak.   Hier ist *es* warm.

Plural:
Nereleri sıcak? Wo (alles) ist es warm?
Buraları sıcak. In diesen Orten ist es warm.

Bei ‚var' und ‚yok' (es gibt, es gibt nicht) benutzen Sie aber diese Strukturwörter mit der Lokativendung ‚-de/-da', weil das Subjekt dann ein bestimmtes ist:
Nerede bir eczane var? Wo gibt es eine Apotheke?
Şurada bir eczane var. Da gibt es eine Apotheke.

Die Strukturwörter ‚nere-',‚bura-',‚şura-',‚ora-' gebrauchen Sie also für ‚wo' und ‚hier',‚dort' mit der Possessivendung der 3. Person in Genitivverbindungen sowie in Sätzen ohne ein bestimmtes Subjekt:

Televizyon*un* nere*si* bozuk? Welcher Teil (wörtl. welcher Ort) des Fernsehers ist kaputt?
Neresi soğuk? Wo ist *es* kalt? Orası soğuk. Dort ist *es* kalt, usw.
Die Frage mit ‚nerede' und entsprechende Ortsangaben mit ‚burada', şurada', ‚orada' sind Ortsadverbien, d.h. sie bilden die adverbiale Bestimmung des Ortes im Satz, während die Frage mit 'neresi' und Ortsangaben mit ‚burası', ‚şurası', ‚orası' das Subjekt des Satzes bilden, was auch aus deren wörtlichen Übersetzung hervorgeht:
Burası eczane: <u>Dieser Ort</u> (= Subjekt) ist (eine) Apotheke./
Burada bir eczane var: <u>Hier</u> (= Ortsadverb) gibt es eine Apotheke.

Zusatzmaterial:

Zeitungsausschnitt als authentisches Material zum Gebrauch von ‚burası':
Verschiedene Orte in der Türkei, an denen zur selben Zeit verschiedene klimatische Bedingungen herrschen:
in Kartalkaya, einem Skizentrum bei Bolu, ist es trotz Schnee warm;
in Antalya kann man sogar baden, wenn noch nicht die Einheimischen, wenigstens die Touristen! Und auf Uludag, dem Skizentrum bei Bursa, ist noch richtiger Winter ...

(aus: Hürriyet)

Bei der Deklination der Formen ‚neresi',‚burası',‚şurası', ‚orası' wird ‚n' als Füllkonsonant eingeschoben; z. B.: neresini (welchen Ort in ...): Türkiye'nin neresini beğeniyorsun? (Wo gefällt es dir in der Türkei?) neresine (wohin in ...): Türkiye'nin neresine gitmek istiyorsun? (Wo möchtest du in der Türkei hinfahren?) neresinde (wo in ...): İstanbul'un neresinde oturuyorsunuz? (Wo wohnen Sie in Istanbul?) neresinden (aus welchem Ort in ...): Almanya'nın neresinden geliyorsunuz? (aus welchem Ort in Deutschland kommen Sie?)

Aufgabe: Machen Sie die Übungen 3 und 4!

4. Zusammengesetzte Wörter (der unbestimmte Genitiv: Belirtisiz isim tamlaması)

Sie kennen bereits den bestimmten Genitiv: çocuğun kitabı: das Buch des Kindes.
Wenn die Genitivendung am ersten Bestandteil nicht gebraucht wird, (çocuk kitabı) handelt es sich um den unbestimmten Genitiv, bzw. um ein zusammengesetztes Wort: çocuk kitabı (Kinderbuch).
Vergleichen Sie:

evin kadını:	die Frau des Hauses, aber:
ev kadını:	Hausfrau
arabanın kapısı:	die Tür des Wagens, aber:
araba kapısı:	die Wagentür, usw.

In dieser Lektion begegnen Sie vielen zusammengesetzten Wörtern :
kayak (Ski), kurs (Kurs): kayak kursu (Skikurs); kan (Blut), tahlil (Untersuchung): kan tahlili (Blutuntersuchung).

Die Possessivendung der 3. Person am zweiten Bestandteil der Zusammensetzung ist in ihrer Funktion mit dem Verbindungs-,s/n' im Deutschen vergleichbar, z. B.:

Arbeitsministerium	Asche*n*becher
Çalışma Bakanlığı	kül tabla*sı*.

Während der Verbindungskonsonant in deutschen Zusammensetzungen häufig wegfällt, darf die Endung in türkischen Zusammensetzungen nicht fehlen.
Wenn eine Zusammensetzung mehrere Glieder hat, muß die Endung an jeden Bestandteil (außer dem ersten) angehängt werden:

baş (Kopf), ağrı (Schmerz), hap (Tablette): baş ağrı*sı* hap*ı* Kopfschmerztablette;
dil (Sprache), kurs (Kurs), diploma (Diplom): dil kurs*u* diploma*sı* Sprachkursdiplom, usw.

4.1. Orthographie der zusammengesetzten Wörter

Die Bestandteile einer Zusammensetzung werden in der Regel getrennt geschrieben, aber bei solchen, in denen ein Bestandteil ein kürzeres Wort ist, tendiert man zur Zusammenschreibung:

buz (Eis), dolap (Schrank): buzdolabı (aber auch: buz dolabı),
dil (Sprache), bilgi (Kunde): dilbilgisi (Grammatik),
ev (Haus), kadın (Frau): evkadını (aber auch: ev kadını),
iş (Arbeit), adam (Mann): işadamı (Geschäftsmann) (auch: iş adamı),
iş (Arbeit), yer (Ort, Platz): işyeri (Arbeitsplatz) (aber auch: iş yeri),
soy (Geschlecht, Familie), ad (Name:) soyadı (Familienname).

4.2. Endungen an Zusammensetzungen

* Pluralendung

    Im Plural wird die Possessivendung der 3. Person Singular mit der des Plurals ausgetauscht:
    diş (Zahn), fırça (Bürste):   diş fırça*sı* (Zahnbürste), diş fırça*ları* (Zahnbürst*en*).

* Possessivendung

    Wenn eine Possessivendung einer Zusammensetzung angefügt wird, muß die eigene Endung am letzten Bestandteil wegfallen: saç (Haar), fırça (Bürste): saç fırça*sı* (Haarbürste), aber nur: saç fırça*m (meine* Haarbürste), dil kurs*u* diploma*sı*, aber: dil kursu diploma*m* (mein Sprachkursdiplom).
    Im Plural aber bleibt die Endung: dil kursu diploma*ları*m.

* Fallendung

    Vor Fallendungen wird ‚n' als Füllkonsonant eingeschoben: çamaşır (Wäsche), makine (Maschine): çamaşır makinesi, çamaşır makinesi-n-i aldım: Ich habe die Waschmaschine gekauft.
    Dil kursu*na* gittik: Wir sind zu einem Sprachkurs gegangen. Buzdolabı*n*dan bira getir: Hol ein Bier aus dem Kühlschrank, usw.

4.3. Als Zusammensetzung gelten auch bestimmte Eigennamen wie z. B.:

* Institutionsbezeichnungen:

    İstanbul, üniversite: İstanbul Üniversite*si* (Universität Istanbul), ticaret (Handel), banka (Bank): Ticaret Banka*sı* (Handelsbank), çalışma (Arbeit), bakanlık (Ministerium): Çalışma Bakanlığ*ı* (Arbeitsministerium) usw.

* Titel von Zeitungen, Zeitschriften u.ä: Hürriyet Gazetesi (die Zeitung Hürriyet); Sanat Dergisi (sanat: Kunst/ dergi: Zeitschrift = Zeitschrift für Kunst) usw.

* Ortsnamen (auch Gebäude als Bauwerke, aber auch gewöhnliche Einrichtungen); geographische Bezeichnungen:

Galata, köprü (Brücke): Galata Köprüsü (Galata-Brücke),
Galata, kule (Turm): Galata Kulesi (Galata-Turm).
Vergleichen Sie auch die folgenden Beispiele:
Kız Kulesi ('Mädchenturm', gemeint ist der Leanderturm in Istanbul); Topkapı Sarayı ('saray': Palast; der Topkapi Palast); Atlas Sineması (Atlas Kino); Halk Tiyatrosu ('halk': Volk; Volkstheater);
Gülhane, park: Gülhane Parkı (Gülhane-Park),
Taksim, meydan (Platz): Taksim Meydanı (Taksim-Platz),
İstiklal, cadde: İstiklal Caddesi
Ege (Ägäis), bölge (Region): Ege Bölgesi (Ägäische Region),Van, göl (See): Van Gölü (der Van - See, im Osten der Türkei); Ruhr, havza (Becken, Gebiet): Ruhr Havzası (Ruhrgebiet) usw.

Zusatzmaterial:

Postkarte 'Kız Kulesi' (Leanderturm) in İstanbul

Topkapı Sarayı
Topkapi Palast

Zeitungsausschnitt mit Bild des Van Sees und der Nachricht, daß der Van See zugefroren ist (aus: Hürriyet)

Merken Sie:
* Bei ‚sokak' (Straße) begegnet die zusammengesetzte Form oft auch ohne Endung, z. B. ‚Bahçe Sokak' neben ‚Bahçe Sokağı'.
* Bei ‚cami' (Moschee) wird noch teilweise die der arabischen Originalbezeichnung angeglichene Endung ‚-i' (ohne s) verwendet, aber immer häufiger ‚-si': Süleymaniye Cami*i* auch Süleymaniye Cami*si*

Süleymanye Moschee.
Bauwerk des Architekten Sinan, erbaut in der Zeit Süleymans des Prächtigen

* Verbindungen mit Eigennamen (Nationalitäten- und Sprachenbezeichnungen, Länder-, Städtenamen):
  Türk rakısı (türkischer Raki), Türk lokumu (türkischer Honig; lokum = Turkish delight), Türk kahvesi (türkischer Kaffee), Alman birası (deutsches Bier), Türk dili (türkische Sprache), Türkçe kitabı (Türkischbuch), Almanya günlüğü (günlük: Tagebuch), Türkiye mektubu (Brief aus der Türkei), Bursa şeftalisi (Pfirsiche aus Bursa), Ankara kedisi (Angorakatze) usw.

Merken Sie:
* Wenn eine Sprachenbezeichnung in adjektivischer Funktion ist, wird keine Zusammensetzung abgeleitet:
  Türkçe kitabı: Türkisch(lehr)buch, aber: Türkçe kitap: türkisches Buch, Buch in türkischer Sprache.
* Wie Sie hier sehen, wird die Nationalitätsbezeichnung gebraucht, wenn man die Herkunft, Eigenschaft oder Art und Weise ausdrücken will.
  Türk kahvesi: türkischer Kaffee, Alman birası: deutsches Bier, usw.
  Die Bezeichnung für ‚türkisch',‚deutsch' ... usw. mit der Endung ‚-ce' (vgl. Lektion 4 (Türkçe, Almanca ...) bezieht sich nur auf die Sprache.

4.4. Zusammensetzungen ohne Endung (Takısız Tamlama)

Wenn der erste Bestandteil einer Zusammensetzung das Material angibt oder in adjektivischer Funktion steht, entfällt die Endung am zweiten Bestandteil. Die Anfügung von Plural- und Fallendung erfolgt dann wie bei sonstigen Substantiven: deri (Leder), ceket (Jacke): deri ceket (Lederjacke), kürk (Pelz), manto (Mantel): kürk manto (Pelzmantel), kurşun (Blei), kalem: kurşunkalem (Bleistift), ilk (erst-), okul: ilkokul (Grundschule, wörtl. erste Schule), orta (mittler-), okul: ortaokul (Mittelschule, wörtl. mittlere Schule).

Keine Endung weisen auch die Zusammensetzungen auf, deren erster Bestandteil ‚ana' (Mutter) oder ‚baş' (Haupt), oder deren letzter Bestandteil ‚hane' (Haus) ist:

ana, dil: anadil (Muttersprache),

ana, cadde: anacadde (Hauptstraße),

baş, kent (şehir): başkent, başşehir (Hauptstadt),

çamaşır, hane: çamaşırhane (Wäscherei).

Merken Sie:
* Bei Ableitungen auf ‚-hane' entfällt beim Vokalauslaut auf ‚a' am ersten Bestandteil das anlautende ‚h' von ‚hane':
  hasta, hane: hastane / pasta, hane: pastane (Konditorei).

4.5. Zusammensetzungen mit und ohne Endung

‚Butter' und ‚Olivenöl' werden mit oder ohne Endung verwendet:

tere, yağ: tereyağ, aber auch tereyağı, zeytin, yağ: zeytinyağ, aber auch zeytinyağı.

Bei Orts- und geographischen Namen begegnen zusammengesetzte Formen mit oder ohne Endung, z. B.:

kuş, ada: Kuşadası, aber Burgaz, ada: Burgazada;

Galata, kule: Galata Kulesi, aber: kapı, kule: Kapıkule; Nemrut, dağ: Nemrut *Dağı*, aber: ulu, dağ: Uludağ, usw.

Aufgabe: Machen Sie die Übung 5!

5. Himmelsrichtungen

Studieren Sie die Landkarte genau, lernen Sie die geographischen Regionen der Türkei und die Himmelsrichtungen! Sie können die Himmelsrichtungen in adjektivischer Funktion (keine Zusammenschreibung im Türkischen!) gebrauchen:
Batı Anadolu (Westanatolien), Güneydoğu Avrupa (Südosteuropa),
Kuzey Almanya (Norddeutschland) usw., oder wie im Deutschen als Genitivverbindung:
İzmir Türkiye'nin batısında: Izmir ist im Westen der Türkei.
Türkiye Avrupa'nın güneydoğusunda: Die Türkei ist im Südosten Europas.
Türkiye Asya'nın batısında: Die Türkei ist im Westen Asiens.
Das Wort ‚orta' (Mitte(l), mittler-) können Sie auch adjektivisch oder in Genitivverbindung verwenden:
Orta Anadolu: Mittelanatolien;
Ankara Türkiye'*nin* orta*sı*nda: Ankara ist in der Mitte der Türkei.

Aufgabe: Spielen Sie mit Ihren Lernpartnern den landeskundlichen Unterricht (T/D 1), auch auf Deutsch! Machen Sie die Übungen 6 und 7!

6. Substantivierung des Adjektivs in Genitivverbindungen; das Fragewort ‚hangi'

Adjektive (auch Steigerungsformen) werden in Genitivverbindungen substantiviert, indem dem Adjektiv die Possessivendung der 3. Person angefügt wird, z. B.:

güzel (schön, hübsch): kızlar*ın* güzel*i*: das Schöne der Mädchen,
kızlar*ın* daha güzel*i* (das Hübschere der Mädchen), kızlar*ın* en güzel*i* (das Hübscheste der Mädchen);
arabalar*ın* pahalı*sı* (der Teuere der Wagen), arabalar*ın* daha pahalı*sı* (der Teurere der Wagen), arabalar*ın* en pahalısı (der Teuerste der Wagen) usw.
Beim Einkaufen können Sie z. B. fragen:
Bunun daha büyüğü yok mu?
(Haben Sie davon keinen Größeren, wörtl.: dessen sein Größer gibt es nicht?),
oder:
Bunun sarısı yok mu?
(Haben Sie den, die, das in Gelb, wörtl.: dessen sein Gelb gibt es nicht?).

Wenn Fallendungen angefügt werden, wird ‚n' als Füllkonsonant eingeschoben:
Sarısını alıyorum (ich kaufe den Gelben); oder:
Daha büyüğünü istiyorum (ich möchte einen Größeren);
Daha küçüklerini arıyorum (ich suche noch kleinere).
Auch dem Fragewort ‚hangi' (welche, r, s) wird die Possessivendung der 3. Person angefügt, wenn es als Pronomen ohne ein Bezugswort benutzt wird:
hangi kazak güzel: welcher Pulli ist schön?, aber: *hangisi* güzel: welcher ist schön?

im Plural:
hangi kazaklar güzel: welche Pullis sind schön, aber:
hangi*leri* güzel: welche sind schön?

als Genitivverbindung:
Kızların hangisi güzel? Welches der Mädchen ist hübsch? Çocukların hangisi çalışkan? Welches der Kinder ist fleißig? Kazakların hangisi ucuz? Welcher der Pullis ist billig? Kazakların hangileri pahalı? Welche der Pullis sind teuer?
Wenn Fallendungen angefügt werden, wird ‚n' als Füllkonsonant eingeschoben:
Kazakların hangisini alıyorsun? Welchen der Pullis kaufst du? Hangisi*ni* alıyorsun? Welchen kaufst du?

Aufgabe: Spielen Sie mit Ihrem Lernpartner den Dialog S 2, auch auf Deutsch! Machen Sie die Übungen 8 und 9!

Merken Sie:
* Auch die Ordnungszahlen, die adjektivische Funktion haben, werden in Genitivverbindungen substantiviert:
  Çocukların *birincisi:* das erste der Kinder,
  Çocukların ikincisini gördün mü? Hast du das zweite der Kinder gesehen?
  Die Ordnungszahlen sowie Steigerungsformen der Adjektive mit Possessivendung sind zugleich Adverbien:
  birincisi: erstens, ikincisi: zweitens, üçüncüsü: drittens, en iyisi: am besten,
  z. B.: En iyisi otobüsle gidiyoruz: Am besten fahren wir mit dem Bus.

7. Verbformen mit Possessivendungen

Eine Reihe von Verben, die zum größten Teil idiomatisiert sind, bestehen aus einem Grundwort und einem Verb, wobei bei der Konjugation das Grundwort Possessivendungen bekommt. In S 3 begegnen Sie solchen Beispielen:

Film hoşu*na* gitti mi? Oder: Can*ım* Türk kahvesi istiyor, usw.;
Canı sıkılmak: sich langweilen (wörtl.: jemandes Seele wird bedrückt):

Dem Grundwort ‚can' werden Possessivendungen angefügt, während das Prädikat (sıkılıyor) in der 3. Person unverändert bleibt:

Can-ım sıkılıyor: ich langweile mich (wörtl.: meine Seele wird bedrückt);
can-ın sıkılıyor: du langweilst dich;
can-ı sıkılıyor: er langweilt sich usw.
So auch ‚canı istemek' (jemandes Seele möchte etwas): Lust haben zu, Appetit haben auf; z. B.: Can-ım istemiyor: ich habe keine Lust, oder: Can-ımız Türk rakısı istiyor: Wir haben Appetit auf türkischen Raki.
Can-ın Türk kahvesi istiyor mu? Hast du Lust auf einen türkischen Kaffee?

Bei
hoşuna gitmek: gefallen (aus ‚hoş', Gefallen, wörtl. auf jemandes Gefallen gehen) wird die Possessivendung mit der Dativendung gebraucht:
Hoş-um-a gidiyor: Das gefällt mir (wörtl.: Das geht auf mein Gefallen).
Hoş-un-a gidiyor mu? Gefällt dir das?
Film Ali'nin hoş-u-n-a gitmedi: Der Film hat Ali nicht gefallen. İstanbul çok hoş-umuz-a gitti: (In) Istanbul hat (es) uns sehr gut gefallen.
Bei
ihtiyacı olmak: brauchen (aus ‚ihtiyaç', Bedarf, jemandes Bedarf sein nach) wird keine Dativendung, sondern ein Dativobjekt gebraucht; die Konjugation erfolgt nicht mit ‚olmak', sondern mit unveränderten Strukturwörtern ‚var' und (in Verneinung) ‚yok':
Kitaba ihtiyac-*ım* var: Ich brauche ein Buch (wörtl. ich habe Bedarf nach einem Buch).
Sana ihtiyac-ım var: Ich brauche dich.
Deft*ere* ihtiyac-ımız yok: Wir brauchen kein Heft.
Yaşar'ın *arabaya* ihtiyac-ı var: Yaşar braucht ein Auto, usw.

Aufgabe: Spielen Sie mit Ihrem Lernpartner den Dialog S 3, auch auf Deutsch! Machen Sie die Übung 10a,b und c!

Zusatzaufgabe: Machen Sie die Übung 11! Spielen Sie mit Ihrem Lernpartner den Dialog T/D 2, auch auf Deutsch! Lesen Sie den Text T 2. Machen Sie die Übung 12! Wie Sie in T 2 sehen, wird das Verb ‚evlenmek' (heiraten) im Gegensatz zum Deutschen nicht mit Akkusativ, sondern mit dem Verhältniswort ‚ile' (mit) gebraucht: Nesrin Bilgin ile evlendim: Ich habe Nesrin Bilgin (wörtl. ‚mit Nesrin Bilgin') geheiratet. Bei der Datumsangabe nur als Jahreszahl verwenden Sie entweder nur die Lokativendung: 1998'de evlendim, oder die Konstruktion ‚... yılında': 1998 yılında evlendim: ich habe im Jahre 1998 geheiratet.

9. Grammatik zum Weiterlernen

In T/D 2 begegnen Sie der Postposition ‚hakkında': ‚Öğrenciler Türkiye hakkında sorular soruyor': Die Studenten stellen Fragen über die Türkei.
Die Postposition ‚hakkında', die dem Verhältniswort ‚über' (thematisch, *nicht* lokal) entspricht, verlangt bei Substantiven den Nominativ, aber bei Pronomen die Possessiv- bzw. Genitivform. Dem Grundwort ‚hak' werden entsprechende Possessivendungen angefügt, z. B.:
benim *hakkımda:* über mich; senin *hakkında:* über dich, usw. Und: bunun hakkında (darüber).
Benim hakkımda konuştunuz mu? Habt ihr über mich gesprochen?
Bizim *hakkımızda görüşüyorlar.* Sie sprechen (bereden sich) über uns.
Bunun hakkında bir şey biliyor musun? Weißt du etwas darüber?
Bunun hakkında hiç bir şey bilmiyorum: Darüber weiß ich gar nichts.

Wörterkiste

(Verweise mit C beziehen sich auf den Grammatikteil der Lektionen, die Zahlen rechts vom Komma auf das entsprechende Kapitel im Grammatikteil!)

W 1

acımak	(hier:) weh tun
aç karnına	nüchtern, auf nüchternen Magen
ada	Insel
ağrı	Schmerz
ağrımak	schmerzen
Akdeniz	Mittelmeer
Akdeniz Bölgesi	Mittelmeergebiet
alan	(hier:) Fläche
alçı	Gips(verband)
alçıya koymak	in Gipsverband nehmen
almak	(hier:) einnehmen
ana	Mutter (volkstümlich); (Mutter-, Haupt-)
anacadde	Hauptstraße
anadil	Muttersprache
Anadolu	Anatolien
anjin	Angina
askerlik	Militär
askerlik hizmeti	Militärdienst
ateş	(hier:) Fieber
Atlas Sineması	(Kino in Istanbul)
bacak	Bein
bakanlık	Ministerium
baş	Kopf; Haupt
başı dönmek:	jemandem schwindlig werden (s. C.1)
başı döndü	ihm (ihr) wurde schwindlig
başım ağrıyor	ich habe Kopfschmerzen (s. C.1)
başkent, başşehir	Hauptstadt
batı	West- Westen
Beyazıt	Stadtteil in Istanbul (Univiertel)
bırakmak	(hier:) aufhören (mit) (s. sigarayı bırakmak)
bilgi	(hier:) Information; Kunde
bir de	und auch
bitirmek	(hier:) absolvieren
boğaz:	Hals; Meerenge
boğazım ağrıyor	ich habe Halsschmerzen (s. C.1)
Boğaziçi	Bosporus
Bolu	Stadt in Nordanatolien im inneren Schwarzmeergebiet
bozuk para	Kleingeld
bölge	Gebiet, Region
bölüm	(hier:) Abteilung
bunun yeşili var mı?	Haben Sie den in Grün (s. C.6.)
burası	hier ist ... (s. C.3)
Burgazada	eine der Prinzeninseln bei Istanbul (C.4)
buz	Eis
buz dolabı	Eisschrank (s. C.4)
can	Herz, Seele, Leben
canı istemek	Lust haben (zu), Appetit haben (auf) (s. C.7)
canım istiyor	ich habe Lust (Appetit) zu (auf) ...
canı sıkılmak	sich langweilen (s. C.7)
canım sıkıldı	ich habe mich gelangweilt
coğrafi	geographisch
coğrafi bölge	geographische Region
Çalışma Bakanlığı	Arbeitsministerium (s. C.4)
çamaşır makinesi	Waschmaschine (s. C.4)
çamaşırhane	Wäscherei (s. C.4)
Çanakkale Boğazı	Dardanellen
çevrelemek	umgeben
çini	Tonfliese, Kachel, Keramik
çocuk kitabı	Kinderbuch
damla	Tropfen
danışman	Berater
dekanlık	Dekanat
derhal	sofort, gleich
deri	Leder
deri ceket	Lederjacke
devam etmek (mit Dativ)	(hier:) besuchen (Kurs usw.)
dikkat etmek (mit Dativ)	aufpassen, achtgeben (auf)
dil kursu	Sprachkurs
dil kursu diploması	Sprachkursdiplom
dilbilgisi	Grammatik
dilekçe	(hier:) Antrag
diş	Zahn
diş fırçası	Zahnbürste
diz	Knie
doğu	Osten, Ost-
Doğu Anadolu	Ostanatolien
donmak	zufrieren
dost	Freund
duymak	hören
düşmek	(hier:) (hin-)fallen
eczane	Apotheke
edebiyat	Literatur
Edebiyat Fakültesi	Philosophische Fakultät
Ege	Ägäis
Ege Bölgesi	Ägäische Region
Ege Denizi	Ägäisches Meer

eksik	fehlend	İstanbul Boğazı	Bosporus
... eksik	es fehlt ein(-e) ...	İstanbul Erkek Lisesi	İstanbuler Jungengymnasium (Privatschule mit deutscher Unterrichtssprache)
elektrikli fırın	Elektroherd		
en iyisi	am besten		
ev kadını	Hausfrau		
evlenmek	heiraten	İstanbul Üniversitesi	Universität Istanbul
fakülte	Fakultät	İş Bankası	Bank in der Türkei
Fakülte Dekanlığı	Fakultätsdekanat	işadamı	Geschäftsmann
fırça	Bürste	işitmek	hören
fren	Bremse	işyeri	Arbeitsplatz
Galata Köprüsü	Galata-Brücke (s. C.4)	kabız	Verstopfung
Galata Kulesi	Galata-Turm (s. C.4)	kan	Blut
gidelim	gehen wir... (vgl. L 15 Optativ)	kan tahlili	Blutuntersuchung
		Kanlıca	Stadtteil in Istanbul
grip	Grippe	Kapıkule	Grenzort zwischen der Türkei und Bulgarien
grip oldum	ich habe Grippe (s. C.1)		
görüşmek	(be-)sprechen	Karadeniz	Schwarzes Meer
Gülhane Parkı	Park in Istanbul	Karadeniz Bölgesi	Schwarzmeergebiet
güney	Süden, Süd-	karar	Entscheidung, Beschluß, Urteil
güneybatı	Südwesten, Südwest-		
güneydoğu	Südost-, Südosten	karar vermek	(sich) entscheiden, beschließen
Güneydoğu Anadolu	Südostanatolien		
günlük	(hier:) Tagebuch	karın	Bauch
hakkında	über (thematisch) Postposition mit Nominativ	Kartalkaya	Skizentrum bei Bolu
		kayak	Ski
halı	Teppich	kayak kaymak (oder yapmak)	Ski fahren
Halk Tiyatrosu	Volkstheater		
hangisi	welcher (welche, welches) (s. C.6)	kayak kursu	Skikurs
		kayıt :	(hier:) Anmeldung
harita	Landkarte	kaydını yaptırmak (mit Dativ)	sich anmelden (sich einschreiben lassen) (wörtl.: seine Anmeldung machen lassen)
hastalık	Krankheit		
hastane	Krankenhaus		
havza	Becken, Gebiet		
hemşire	(Kranken-)Schwester	kaydımı yaptırmak istiyorum	ich möchte mich immatrikulieren
hizmet	Dienst		
hoşuma gidiyor	... gefällt mir	kırılmak	(hier:) brechen, gebrochen werden (s. C.1)
hoşuna gitmek	gefallen (s. C.7)		
hukuk	Jura	Kız Kulesi	‚Mädchenturm' (der antike Leanderturm)
Hürriyet	Name einer großen türkischen Tageszeitung		
		kiminle görüşüyorum?	mit wem spreche ich?
İç Anadolu	Inneranatolien		
içmek	(hier:) einnehmen (für Medikamente)	kol	Arm
		kontrol	Kontrolle
idrar	Harn, Urin	köşe	Ecke
idrar tahlili	Urinuntersuchung	köşede	um die Ecke
ihtiyacı olmak	brauchen (s. C.7)	kule	Turm
ihtiyacım var	ich brauche ...	kullanmak	verwenden, benutzen, (hier:) einnehmen
ihtiyaç	Bedarf		
ikisi de	beide	kurşun	(hier:) Blei
ilaç	Medikament, Arznei	kurşunkalem	Bleistift
ilkokul	Grundschule	kuş	Vogel
imza	Unterschrift	Kuşadası	Halbinsel in der Ägäischen Region
imzalamak (mit Akkusativ)	unterschreiben		
		kuvvetli	stark
ishal	Durchfall	kuzey	Norden, Nord-

kuzeybatı	Nordwesten, Nordwest-	saç fırçası	Haarbürste
kuzeydoğu	Nordosten, Nordost-	sağlık	Gesundheit
kül	Asche	salon	Saal, Salon
kül tablası	Aschenbecher	sanat	Kunst
kürk manto	Pelzmantel	Sanat Dergisi	Zeitschrift für Kunst
liman	Hafen	sanıyorum:	ich glaube, ich meine, ich vermute-
liman şehri	Hafenstadt		
lise	Gymnasium	(von:) sanmak	glauben, meinen, vermuten
lokum	türkische Spezialität, ein Naschwerk, das auch als ‚türkischer Honig' bzw. ‚Turkish delight' international bekannt ist	sarhoş	betrunken
		sarhoş olmak	betrunken werden
		saymak	(hier:) (auf-)zählen
		sıkıcı	langweilig
makine	Maschine, Apparat	sınır	Grenze
Marmara Bölgesi	Marmara-Gebiet	sınır şehri	Grenzstadt
Marmara Denizi	Marmarameer	sigarayı bırakmak	mit dem Rauchen aufhören
meydan	(öffentlicher) Platz		
mezun olmak (mit Ablativ)	absolvieren	Silivri	Ort in Thrakien
		soru(lar) sormak	eine Frage (Fragen) stellen
mide	Magen		
midem bulanıyor	ich habe Brechreiz, mir ist übel	soyadı	Familienname
		şeftali	Pfirsich
midesi bulanmak	Brechreiz empfinden (s. C.1)	şikâyet	Beschwerde; Klage
		şöyle	so
nereleri	welche Orte (s. C.2)	şurası	s. C.3
nereniz ağrıyor?	wo tut es Ihnen weh? (s. C.2)	şurup	Sirup
		tabla	Tablett, Platte
neresi	s. C.3	tahlil	Untersuchung, Analyse
neyin var?	was hast du? (s. C.1)	tamam	vollständig
nezle	Schnupfen	tehlikeli	gefährlich
nüfus	Bevölkerung(szahl)	telefonu kapatmak	einhängen, auflegen
okumak (mit Lokativ)	(hier:) besuchen (Schulen usw.)	terlemek	schwitzen
		Ticaret Bankası	Handelsbank
oralarda	in jenen Orten, dort	Topkapı Sarayı	Topkapi Palast
oraları	s. C.2.	Trakya	Thrakien
orası	s. C.3.	Türk kahvesi	türkischer Kaffee
orta	Mitte, Mittel-, mittler-	Türk rakısı	türkischer Raki
ortaokul	Mittelschule	Türkçe kursu	Türkischkurs
Öğrenci İşleri Bürosu	Studentenwerk	Türkoloji	Turkologie (türk. Sprache und Literatur)
.. öğrenimi yapmak	... studieren	Türkoloji Bölümü	Institut (wörtl. Abteilung) für Turkologie
öksürmek	husten	ufak para	Kleingeld
öksürük	Husten	uğursuz	unglücklich, Unglücks-
paket	(hier:) Päckchen (Zigaretten)	unutmak	vergessen
		üşümek	frieren
pastane	Konditorei	üşütme	Erkältung
pişirelim	kochen wir... (vgl. Lektion 15, Optativ)	üşütmek	sich erkälten
		üşüttüm	ich habe mich erkältet (s. C.1)
radyogram	Röntgenaufnahme		
rastlamak (mit Dativ)	begegnen, treffen	vesikalık fotoğraf	Paßbild
reçete	Rezept	yabancı	fremd
rontken	Röntgen	Yabancı Diller Yüksek Okulu	Hochschule für Fremdsprachen
rontkenini almak	eine Röntgenaufnahme machen (von ...)		
		yarın sabah	morgen früh

yaşamak	leben	b) Gesundheit, Krankheit	
yatmak	(hier:) liegen	acı	Weh
yazılı	schriftlich	ameliyat	Operation
yedeksubay	Reserveoffizier	ameliyat etmek	operieren
yemeklerden sonra	nach den Mahlzeiten	ameliyat olmak	operiert werden
yer	(hier:) Platz, Ort	bandaj	s. sargı
... yılında	im Jahre ...	baş ağrısı	Kopfweh
yurt	Heimat	baygın	bewußtlos, ohnmächtig
yurt bilgisi	Heimat-, Landeskunde	baygınlık	Bewußtlosigkeit, Ohnmacht
yüzölçümü	Fläche		
zeytinyağ(ı)	Olivenöl	bayılmak	bewußtlos, ohnmächtig werden

W 2 (grammatische Termini)

belirtisiz isim tamlaması	der unbestimmte Genitiv, zusammengesetztes Wort, Kompositum
takısız tamlama	Zusammensetzung ohne Endung

W 3 (Aufbauwortschatz)

a) Körperteile und -organe

akciğer	Lunge	cerrah	Chirurg
alın	Stirn	dahiliyeci	Internist
ayak	Fuß	derece	(Fieber-)Thermometer
ayak parmağı	Zehe	fenalaşmak:	schlecht werden
başparmak	Daumen	fenalaşıyorum	mir wird schlecht
beyin	Gehirn	fitil	Zäpfchen
boyun	Hals, Nacken	hasta olmak	krank werden
böbrek	Niere	hastalanmak	krank werden
çene	Kinn	iğne	(hier:) Spritze
damar	Ader	iğne olmak	Spritzen bekommen
dil	Zunge	iğne yapmak (mit Dativ)	Spritzen geben
dirsek	Ellbogen		
dişeti	Zahnfleisch	iltihap	Entzündung
diz kapağı	Kniescheibe	iştah	Appetit
ense	Nacken	iyi olmak	gesund werden
insan vücudu	der menschliche Körper	iyileşmek	gesund werden
kafa	Kopf	kanama	Blutung
kafatası	Schädel	kanamak	bluten
kalça	Hüfte	kanser	Krebs
kalp	Herz	mide bulantısı	Übelkeit, Brechreiz
karaciğer	Leber	muayene	Untersuchung
kaş	Augenbraue	muayene etmek	untersuchen
kemik	Knochen	nefes	Atem
kirpik	Wimper	nefes almak	(ein-)atmen
kulak	Ohr	pansıman	Umschlag
omuz	Schulter	pratisyen doktor	praktischer Arzt
parmak	Finger	romatizma	Rheuma
tırnak	Fingernagel	sancı	Schmerz
vücut	Körper	sargı	Verband
yanak	Wange	sinir	Nerv
yüz	Gesicht	sinirli	nervös
		soğuk algınlığı	Erkältung
		soluk (Neuw.)	(hier:) Atem
		tansiyon	Blutdruck
		teşhis	Diagnose
		ülser	Magengeschwür
		yoğun bakım	Intensivstation

Lektion 12
Sen de Yazın Türkiye'ye Gidecek misin? (Wirst du im Sommer auch in die Türkei fahren?)

Grammatik:

1. Das Futur
2. Futurbildung bei Entsprechung der Hilfsverben
3. Wortbildungsfunktion der Futurendung (,-ecek')
4. Wichtige Ortsadverbien
5. Funktionswörter: bile / hatta (sogar), hem ... hem (sowohl als auch), ne ... ne (weder noch), ya ... ya (entweder oder)
6. Das Hilfsverb ,olmak'

Sprechsituationen:

1. Stadtverkehr und -besichtigung
2. Restaurant

Aufbauwortschatz:

1. Stadtverkehr und -besichtigung
2. Auto

Zusatzmaterial:

1. Stadtplan von Istanbul
2. Speisekarte eines türkischen Restaurants
3. Eintrittskarte fürs Museum
4. Stadtführer von Istanbul (mit Sehenswürdigkeiten u. ä.)

12 A

 S 1

2A / 11

Sinan yazın ne yapacak?
   Türkiye'ye gidecek.
Sen de yazın Türkiye'ye gidecek misin?
   Hayır, ben Türkiye'ye gitmeyeceğim. Benim tatilim
   yok. Ben burada kalacağım ve çalışacağım. Ya sen?
Ben bir ay çalışacağım, sonra izne gideceğim.
   İznini nerede geçireceksin?
Henüz bilmiyorum, düşüneceğim.

 S 2

2A / 12

Öğrenciler yaza kadar Türkçe öğrenecek. Yazın Türkiye'ye gidecekler. İki hafta İstanbul'-
da kalacaklar, sonra otobüsle İzmir'e gidecekler. Efes'i ve Pamukkale'yi görecekler. Belki
Bodrum'a da gidecekler. Eylülde uçakla Almanya'ya dönecekler. Almanya'daki Türk ar-
kadaşlarla artık hep Türkçe konuşacaklar.

 S 3

2A / 13

a)   Yarın akşam bana uğrayacak mısın?
   Hayır, yarın saat beşe kadar dersim olacak, çok yorgun olacağım.

b)   Bana bir Türkçe kitabı lazım olacak.
   Neden? Türkçe kitabını ne yapacaksın?
      Yakında Türkçe öğreneceğim.

c)   Evde yiyecek bir şey var mı?
   Evet, evde yiyecek ve içecek şeyler var.
      Sende yazacak bir şey var mı?
   Al, burada bir tükenmez ve bir dolmakalem var.

D 1

2A / 14

Sinan Istanbul'da: ‚Galata Kulesi'ne Nasıl Gideceğim'?
Sinan Sultanahmet'te bir otelde kalıyor. Bu sabah Galata Kulesi'ne gitmek istiyor. Yolda bir adama soruyor:

Sinan: Galata Kulesi'ne nasıl gideceğim. Bana şehir planında gösterin, lütfen. Buraya çok uzak mı?
adam: Evet, oldukça uzak. Karaköy'e kadar otobüsle gideceksiniz.
Sinan: Yakında otobüs durağı var mı?
adam: Evet, otobüs durağı karşıda sağda. 21 numaralı otobüse bineceksiniz, Galata Köprüsü'nden sonra Karaköy'de ineceksiniz.
Sinan: Aktarma yapacak mıyım?
adam: Galata Kulesi Karaköy Meydanı'na yakın. Karaköy Meydanı'nda ineceksiniz, aşağı yukarı yüz metre dosdoğru gideceksiniz ve kavşaktan sola sapacaksınız. Oradan tünele bineceksiniz. Ama en iyisi dolmuşla veya taksiyle gidin. Size bir taksi çağırayım. Hey taksi, boş musunuz?
Sinan: Bir dakika, arkadaş, ben taksi istemiyorum. Otobüsle gideceğim.
adam: Tabii. Nasil isterseniz.

Zusatzmaterial:
Eintrittskarte für den Galataturm

 **D 2**

2A / 15

Sinan Otobüste
(kişiler: Sinan, yolcu)

Sinan: Affedersiniz, burası boş mu?
yolcu: Boş, görmüyor musunuz?
Sinan: Karaköy'den geçiyor, değil mi? Karaköy'e kadar kaç durak var?
yolcu: Yalnız bir durak. Turist misiniz?
Sinan: Buranın yabancısıyım, Almanya'dan geliyorum.
yolcu: Almanya'da mı yaşıyorsunuz? Çok güzel.
Sinan: Affedersiniz, yakında yemek yiyecek bir yer var mı?
yolcu: Karaköy Meydanı'nda çok büfe var, oralarda tost, sandviç, ayran, her şey var. Karaköy'e geldik. Ben de burada iniyorum. Nereye gitmek istiyorsunuz?
Sinan: Galata Kulesi'ne. İstanbul'da gezecek başka nereler var?
yolcu: İstanbul'da gezecek çok yer var, örneğin Topkapı Sarayı, Arkeoloji Müzesi, Gülhane Parkı, Resim ve Heykel Müzesi...

Galataturm

D 3

2A / 16

Sinan İstanbul'da eski bir arkadaşı Nuri'ye rastlıyor.

Nuri: Vay, Sinancığım, sen buralarda ne yapıyorsun yahu?
Sinan: Tatilimi bu yaz İstanbul'da geçiriyorum. İstanbul çok güzel ve çok büyük bir şehir. Yalnız trafiği çok karışık.
Nuri: Nasılsın, ne var ne yok?
Sinan: Sorma, başım dertte. Arabam bozuldu.
Nuri: Arabanın neresi bozuldu?
Sinan: Ufak bir kaza yaptım. Bir kamyonla çarpıştım. Tampon ve çamurluk bozuldu, farlar kırıldı.
Nuri: Geçmiş olsun, Sinancığım. Sen mi suçluydun?
Sinan: Hayır, kamyon şoförü suçluydu. Karakola gittik. Polis benim de ehliyetimi aldı, onun için hep otobüsle geziyorum.
Nuri: Sigortan yok mu?
Sinan: Var ama, sadece Almanya için geçerli.
Nuri: Boş ver, canım, üzülme. Seni Hacıbaba Lokantası'na davet ediyorum. Şimdi orada iyi bir yemek yiyeceğiz.

 D 4

2A / 17

Sinan ile Nuri Lokantaya Gidiyor
(kişiler: Sinan, Nuri, garson)

S.: Çok acıktım.
N.: Ben de çok acıktım ve susadım. Garson nerede yahu?
S.: Garsoon!
G.: Buyurun, efendim.
N.: Yemek listesi nerede?
G.: İşte burada.
S.: Bugün ne tavsiye edersiniz?
G.: Balık bugün çok taze.
S.: Ama ben balık sevmiyorum. Döner kebap yok mu?
G.: Döner kebap bugün maalesef kalmadı. Ama çok iyi karışık ızgara, Adana kebabı, İskender kebabı ve Urfa kebabı var.
N.: Çorbalardan ne var?
G.: Sebze çorbası, mercimek çorbası, tarhana çorbası ...
S.: Zeytinyağlılardan ne var?

G.: Patlıcan kızartması, imambayıldı, pilaki, beyin salatası ...
N.: Ne yiyeceksin, Sinancığım?
S.: Önce bir tarhana çorbası içiyorum, sonra da bir porsiyon Adana kebabı ve bir karışık salata istiyorum. Ya sen Nuriciğim?
N.: Ben hem imambayıldı hem karışık ızgara yiyeceğim.
G.: Peki, efendim. İçeceklerden ne arzu ediyorsunuz?
S.: Rakı, tabii. Küçük bir şişe rakı ve iki kadeh getirin.
G.: Baş üstüne, efendim. Tatlı istiyor musunuz?
N.: Bana baklava getirin.
S.: Ben tatlı istemiyorum, kahve içeceğim. Orta şekerli olsun.
G.: Peki, efendim.
S.: Sende ateş var mı, Nuri?
N.: Ben artık sigara kullanmıyorum. Sigara bana dokunuyor.
S.: Garson, bana kibrit de getirin, lütfen.
G.: Buyurun, efendim, kibrit, bir küçük şişe rakı, Adana kebabı ve karışık ızgara, bir de çoban salatası.
N.: Sağ olun. Afiyet olsun, Sinan.
S.: Sana da, Nuriciğim, ve şerefe!

N.: Garson, ödemek istiyoruz, hesabı lütfen!
G.: İşte hesap, efendim. Hepsi ——--- Lira ediyor.
N.: Buyurun, ——--- Lira. Üstü kalsın.
G.: Teşekkürler, efendim. Gene buyurun.

 Rätsel (bilmece)

2A / 18 Hanım içerde, saçı dışarda.

 Karikaturen (karikatürler)

2A / 19

— ESKİ HATALARI TEKRARLAMAYACAĞIZ.

— YENİ HATALAR YAPACAĞIZ...

(aus: Milliyet)

Lektion 12

2A / 20

(aus: Hürriyet)

GEL BİZE KATIL BİZE

M. SUN

Gel bi-ze ka-tıl bi-ze, Hem o-yu-na hem sö-ze, Tür-kü söy-le-yip oy oy! Oy-na-ya-lım loy loy!

Zusatzmaterial:

1. Stadtplan von Istanbul

2. Speisekarte eines türkischen Restaurants

3. Türkische Republik. Kultur- und Fremdenverkehrsministerium. Museum-Eintrittskarte

4. Stadtführer von Istanbul

Telephone: International code for Turkey: 90, İstanbul area codes: European side 212, Asian side 216. For intercity calls within Turkey first dial "0", then the area code, and then the local number. For international calls first dial "00".

EMERGENCY
Ambulance
Tel: 112 (All over Turkey)
Police
Tel: 155 (All over Turkey)
Fire
Tel: 110 (All over Turkey)
Tourism police
Tel: 527 45 03
Gendarme
Tel: 156 (All over Turkey)

TOURISM INFORMATION
TURİZM DANIŞMA
Atatürk Airport
Atatürk Havaalanı (Yeşilköy)
Tel: 663 07 93

Hilton Hotel Arcade Tel: 233 05 92

Karaköy Sea Port / **Karaköy Limanı**
Tel: 249 57 76

Sirkeci Tourism Information
Sirkeci Turizm Danışma Müdürlüğü
Tel: (0212) 511 58 88

Sultanahmet Square
Sultanahmet Meydanı Tel: 518 18 02

The Turkish Touring and Automobile Club
Türkiye Turing ve Otomobil Kurumu
(Head Office - Merkez) Tel: 282 81 40

HOTELS / OTELLER
Aden (****)
Kadıköy, Tel: 345 10 00 Fax: 346 25 67
Akgün Hotel (*****)
Vatan Caddesi
Tel: 534 48 79 Fax: 534 91 26
Askoç Otel (****)
Sirkeci, Tel: 511 80 89 Fax: 511 70 53
Büyük Sürmeli (*****)
Gayrettepe, Tel: 272 11 60 Fax: 266 36 69
Ceylan Inter-Continental İstanbul
Askerocağı Cad, Taksim
Tel: 231 21 21 Fax: 231 21 80
Color Hotel (****)
Fındıkzade
Tel: 631 20 20-39 Fax: 523 48 42
Conrad İstanbul (*****)
Beşiktaş Tel: 227 30 00 Fax: 259 66 67
Çınar Hotel (*****)
Yeşilköy Tel: 663 29 00 (18 lines/hat)
Fax: 663 29 21
Çırağan Palace Kempinski (*****)
Çırağan Tel: 258 33 77 Fax: 259 66 87
Dedeman İstanbul (*****)
Esentepe Tel: 274 88 00 Fax: 275 11 00
Dilson (****)
Taksim Tel: 252 96 00 Fax: 249 70 77
Divan (*****)
Taksim, Tel: 231 41 00 Fax: 248 85 27
Eresin (****)
Taksim, Tel: 256 08 03 Fax: 253 22 47
Eresin Hotel İstanbul (*****)
Topkapı, Tel: 631 12 12
Fax: 631 37 02
Eysan Otel (****)
Kadıköy, Tel: 3462240 Fax: 3472329
Four Seasons Hotel İstanbul (*****)
Sultanahmet, Tel: 638 82 00
Fax: 638 82 10
Grace Hotel (****)
Meşrutiyet Caddesi, Tepebaşı
Tel: 293 39 61 Fax: 252 43 70
Grand Tarabya Hotel (*****)
Tarabya, Tel: 262 10 00
Fax: 262 22 60

Güneş (****)
Merter, Tel: 555 24 41 Fax: 554 41 08
Hilton İstanbul (*****)
Harbiye, Tel: 231 46 65 Fax: 240 41 65
Holiday Inn (****)
Ataköy, Tel: 560 41 10 Fax: 559 49 19
Holiday Inn Crowne Plaza (*****)
Ataköy Tel: 560 81 00 Fax: 560 81 55
Hotel Airport Inn
Yeşilköy, Marina
Tel: 663 78 59 (3 hat) Fax: 663 78 62
Hotel İstanbul Conti (****)
Mecidiyeköy
Tel: 288 16 42 Fax: 272 95 05
Hotel Konak (****)
Cumhuriyet Caddesi, Harbiye
Tel: 225 82 50 Fax: 232 42 52
Hotel Yiğitalp (****)
Gençtürk Caddesi, Laleli
Tel: 512 98 60 Fax: 512 20 72
Hyatt Regency (*****)
Taksim Tel: 225 70 00 Fax: 225 70 07
Inter Hotels, Mim (****)
Beşiktaş, Tel: 231 28 07 Fax: 230 73 77
İstanbul Hilton (*****)
Maçka, Tel: 258 56 74 Fax: 258 56 95
İstanbul Princess Hotel (*****)
Maslak, Tel: 285 09 00 Fax: 285 09 51
İstanbul Savoy Hotel (****)
Taksim Tel: 252 93 26 Fax: 243 20 10
Kalyon (****)
Sultanahmet Tel: 517 44 00 Fax: 638 11 11
Keban (****)
Taksim Tel: 252 25 05 Fax: 243 33 10
Kervansaray (****)
Taksim Tel: 235 50 00 Fax: 253 43 78
Klassis (*****)
Silivri, Tel: 727 40 50 Fax: 727 40 49
Kumburgaz Princess Hotel (*****)
34910 Kumburgaz,
Tel: 885 90 00 Fax: 884 05 30 - 31
Maçka Hotel (****)
Teşvikiye, Tel: 234 32 00 Fax: 240 76 94
The Marmara İstanbul (*****)
Taksim, Tel: 251 46 96 Fax: 244 05 09
Merit Antique İstanbul (*****)
Laleli, Tel: 513 93 00 Fax: 512 63 90
Mega Residence İstanbul
Teşvikiye, Tel: 231 31 61
Nippon (****)
Taksim, Tel: 254 99 00 Fax: 250 45 53
Ortaköy Princess Hotel (*****)
Ortaköy, Tel: 227 60 10 Fax: 260 21 48
Olcay (****)
Topkapı, Tel: 585 32 20 Fax: 585 64 05
Pera Palas (****)
Tepebaşı, Tel: 251 45 60 Fax: 251 40 89
The Plaza Hotel (First Class)
Beşiktaş, Tel: 274 13 13 Fax: 273 15 90
Park Plaza (****)
Taksim, Tel: 254 51 00 Fax: 256 92 49
Polat Renaissance Hotel (*****)
Yeşilyurt, Tel: 663 17 00 Fax: 663 17 55
President (****)
Beyazıt, Tel: 516 69 80 Fax: 516 69 99
Prestige (****)
Laleli, Tel: 518 82 80 Fax: 518 82 90
Hotel Mercure İstanbul (****)
Tepebaşı, Tel: 251 46 46 Fax: 249 80 33
Radisson SAS (*****)
Sefaköy, Tel: 425 73 73 Fax: 425 73 63
Richmond (****)
Beyoğlu-Tünel
Tel: 252 54 60 Fax: 252 97 07
Riva (****)
Taksim, Tel: 256 44 20 Fax: 256 33 20
Swissôtel the Bosphorus
Maçka, Tel: 326 11 00 Fax: 326 11 22

HOTELS
(HOUSED IN RESTORED HISTORIC BUILDINGS)
Arena Otel
Sultanahmet Tel: 458 03 64
Avicenna
S.Ahmet Tel: 517 05 50 Fax: 516 65 55
Ayasofya Pansiyonlar
S.Ahmet Tel: 513 36 60 Fax: 513 36 69
Blue House - Mavi Ev
S.Ahmet Tel: 638 90 10 Fax: 638 90 17
Citadel
Ahırkapı, Tel: 516 23 13 Fax: 516 13 84
Hıdiv Kasrı (The Khedive's Summer Palace)
Çubuklu Tel: 331 26 51 Fax: 322 34 34
Hotel Amber
S.Ahmet Tel: 518 48 01 Fax: 518 81 19
Hotel Ararat
S.Ahmet Tel: 516 04 11 Fax: 518 52 41
Hotel Armada
Ahırkapı, Tel: 638 13 70 Fax: 518 50 60
Hotel Cartoon
Taksim Tel: 238 93 28   Fax: 238 52 01
Hotel Historia
S.Ahmet Tel: 517 74 72 Fax: 516 81 69
Hotel Türkoman
S.Ahmet Tel: 516 29 56 Fax: 516 29 57
İbrahim Paşa Hotel
S.Ahmet Tel: 518 03 94 Fax: 518 44 57
Kariye
Edirnekapı, Tel: 534 84 14 Fax: 521 66 31
Sarı Konak Oteli
Mimar Mehmet Ağa C. 42-46 S.Ahmet
Tel: 638 62 58 Fax: 517 86 35
Sultanahmet Sarayı Otel
Torun Sok. No: 19 S.Ahmet
Tel: 458 04 60 Fax: 518 62 24
Splendid Palace
Büyükada (Prince Isl.)
Tel: 382 69 50 Fax: 382 67 75
Vardar Palace Hotel
Taksim Tel: 252 28 88 Fax: 252 15 27
Yeşil Ev
S.Ahmet Tel: 517 67 85 Fax: 517 67 80
Yusufpaşa Konağı
S.Ahmet Tel: 458 00 01 Fax: 458 00 09

MUSEUMS / MÜZELER
Archeological Museum
Arkeoloji Müzesi
Sultanahmet Tel: 520 77 40
Atatürk Museum / **Atatürk Müzesi**
Halaskargazi Caddesi, 250
Şişli Tel: 240 63 19
Byzantine Great Palace Mosaic Museum
Büyük Saray Mozaikleri Müzesi
Torun Sokak, Arasta Çarşısı, S.Ahmet
Tel: 518 12 05
Calligraphy Museum
Hat Sanatları Müzesi
Beyazıt, Tel: 527 58 51
Church of St. Saviour in Chora
Kariye Müzesi
Edirnekapı Tel: 523 30 09
Haghia Sophia / **Ayasofya Müzesi**
Sultanahmet Tel:522 09 89 - 522 17 50
Military Museum / **Askeri Müze**
Harbiye Tel: 232 16 98
Museum of Painting and Sculpture
Resim ve Heykel Müzesi
Beşiktaş Tel: 261 42 98
Museum of Turkish and Islamic Art
Türk ve İslam Eserleri Müzesi
İbrahim Paşa Sarayı
Sultanahmet Tel: 518 18 05 - 06

Rahmi M. Koç Industrial Museum
Rahmi M. Koç Sanayi Müzesi
Hasköy Tel: 256 71 53 - 54
Sadberk Hanım Museum
Sadberk Hanım Müzesi
Büyükdere Caddesi, 27-29
Sarıyer Tel: 242 38 13
The Aşiyan Museum
Aşiyan Müzesi
Bebek Tel: 263 69 86
The City Museum
Şehir Müzesi
Yıldız Tel: 258 53 44
The Museum of Caricature and Humour
Karikatür ve Mizah Müzesi
Fatih Tel: 521 12 64
The Tanzimat Museum
Tanzimat Müzesi
Gülhane Parkı, Tel: 512 63 84
Topkapı Palace Museum
Topkapı Sarayı Müzesi
Sultanahmet Tel: 512 04 80
Women's Library and Information Center Foundation
Kadın Eserleri Kütüphanesi ve Bilgi Merkezi
Haliç, Tel: 534 95 50
Yıldız Palace Museum
Yıldız Sarayı Müzesi
Beşiktaş Tel: 258 30 80

PALACES / SARAYLAR
Beylerbeyi Palace / **Beylerbeyi Sarayı**
Çayırbaşı Durağı, Beylerbeyi
Tel: 321 93 20
Dolmabahçe Palace
Dolmabahçe Sarayı
Beşiktaş Tel: 258 55 44
Ihlamur Kasir / **Ihlamur Kasrı**
Ihlamur Caddesi, Beşiktaş
Tel: 261 29 91
Maslak Kasirs / **Maslak Kasırları**
Büyükdere Caddesi
Maslak Tel: 276 10 22
Yıldız Kiosks: Şale, Malta and Çadır
Yıldız Köşkleri: Şale, Malta ve Çadır
Yıldız Parkı Tel: 276 10 22

CHURCHES AND SYNAGOGUES
St. Mary's Cathedral (Armenian Patriarchate)
Şarapnel Sok. No:3 Kumkapı
Tel: 516 25 17
Aya Triada (Greek Orthodox)
Meşelik Sokak 11/1, Taksim
Tel: 244 13 58
Dutch Chapel (Union Church)
İstiklal Caddesi, Dutch Consulate
Beyoğlu Tel: 244 52 12
Sunday service in English.
Neve Shalom (Synagogue)
Büyük Hendek Caddesi. 61
Şishane Tel: 244 75 66 - 293 87 95
San Antonio di Padova (Catholic)
İstiklal Caddesi 325, Beyoğlu
Tel: 244 09 35 Sunday service in English, Italian, Polish
St. Esprit (Catholic)
Cumhuriyet Caddesi Harbiye
Tel: 248 09 10
Sunday service in French, English.
Christ Church, (Anglican) The Crimean Memorial
Serdarı Ekrem Sok. No:82, Tünel
Tel: 251 56 16
(Behind the Swedish Consulate) Holy Euchanist Sundays 10.00 a.m.

12 B

Ü 1   Bugün Galata Kulesi'ni geziyorum: Yarın Galata Kulesi'ni geziceğim.

2B / 34

1. Bugün rakı içiyoruz.
2. Nuri bugün karışık ızgara yiyor.
3. Çocuklar bugün televizyon seyrediyor.
4. Bugün İstanbul'daki akrabaları ziyaret ediyorsun.
5. Sinan bugün Sultanahmet'te bir otelde kalıyor.
6. Bugün Sinan akrabalar için ufak tefek hediyelik eşyalar alıyor.
7. Bugün Sieglinde Yabancı Diller Yüksek Okulu'nda Türkçe öğreniyor.
8. Bugün Ahmet Uludağ'da kayak kayıyor.
9. Bugün Sinan bavulunu hazırlıyor.
10. Bugün Filiz mavi bir kazak alıyor.

Ü 2   (ben)-dün-kitap okumak / bugün-büro-gitmek / yarın-sinema-gitmek: **Dün kitap okudum, bugün büroya gidiyorum, yarın sinemaya gide- ceğim.**

2B / 35

1. (sen)-dün-ütü yapmak / bugün-saz çalmak / yarın-akrabalar-ziyaret etmek
2. (biz)-dün-üniversite-gitmek / bugün-gazete okumak / yarın-top oynamak
3. Nesrin-dün-mektup yazmak / bugün-postane-gitmek / yarın-ev-telefon etmek
4. Sinan-dün-kaza yapmak / bugün-karakol-gitmek / yarın-ehliyet-kaybetmek

Ü 3   (sen)-mektup-yazmak: Mektubu ne zaman yazacaksın? **Yazdım bile. (Çoktan yazdım.)**

1. (siz)-rakı içmek
2. çocuklar-top oynamak
3. Peter-Türkçe öğrenmek
4. öğrenciler-video kaseti seyretmek
5. Ali-saz çalmak

Ü 4 film-başlamak: Film başladı mı? / Hayır ama, şimdi başlayacak.

2B / 36

1. (siz)-televizyon seyretmek
2. Michael-saz çalmak
3. Nuray-mektup yazmak
4. Metin-gazete okumak
5. Gül-ütü yapmak
6. Monika-Türk kahvesi pişirmek
7. turistler -Arkeoloji Müzesi-gezmek
8. Ruth-Sinan için-hediye almak

 Ü 5 (sen)-yazın-Türkiye-gitmek / evet-hayır:
Yazın Türkiye'ye gidecek misin? / Evet, gideceğim. / Hayır, gitmeyeceğim.

2B / 37

1. Norbert-gelecek yıl-Türkçe öğrenmek / evet-hayır
2. (biz)-yarın-sinema-gitmek / evet-hayır
3. Sinan -tatil -İstanbul-geçirmek
4. (siz)-cumartesi günü-Uludağ-çıkmak
5. turistler -yarın-Topkapı Sarayı-gezmek
6. öğrenciler-yarın-Gülhane Parkı-gitmek
7. (sen)-İstanbul-teyzen-ziyaret etmek
8. Nuri Bey-yarın akşam-döner kebap yemek

 Ü 6 Türkçe'ye tercüme edin!

2B / 38

1. Sinan wird heute abend sehr müde sein.
2. Er wird morgen einen neuen Führerschein haben.
3. Wir werden ein neues Auto haben.
4. Ihr lernt Türkisch, ihr werdet ein Türkischbuch brauchen.

Ü 7 Bilden Sie Fragesätze zu den Aussagesätzen!

2B / 39

Al, burada ekmek ve peynir var: Yiyecek bir şey var mı?
1. Al, burada bir kazak ve bir pantalon var.
2. Al, burada bir dolmakalem var.
3. Al, burada bir kâğıt var.
4. Al, burada bir kitap ve bir gazete var.
5. Bu akşam televizyonda iki tane güzel film var.
6. Al, burada bir saz ve bir gitar var.

 Ü 8 a) hem ... hem (de)

2B / 40

Tülin Hanım / et-sebze / pişirmek
Tülin Hanım hem eti hem (de) sebzeyi pişirecek.

1. Peter / saraylar-müzeler / gezmek
2. Nuri / saz-gitar / çalmak
3. (ben) / kitap-dergi / okumak
4. Michael / bira-rakı / içmek
5. Nesrin / pasta-çörek / yemek

 b) ne ... ne (de)

2B / 41

Tülin Hanım / et-sebze / pişirmek:
Tülin Hanım ne eti ne (de) sebzeyi pişirecek.

1. Peter...   4. Michael ...
2. Nuri ...   5. Nesrin ...
3. (ben) ...

 c) ya ... ya (da)

2B / 42

Tülin Hanım / et-sebze / pişirmek:
Tülin Hanım ya eti ya (da) sebzeyi pişirecek.

1. Peter ...
2. Nuri ...
3. (ben) ...
4. Michael ...
5. Nesrin ...

Ü 9   Soruları cevaplandırın!

2B / 43

1. Sinan İstanbul'da nerede kalıyor?
2. Sinan Galata Kulesi'ne nasıl gidecek?
3. Karaköy Meydanı'nda yemek yiyecek yerler var mı?
4. İstanbul'da gezecek nereleri tanıyorsunuz?
5. Sinan'ın neden başı dertte?
6. Sinan ve Nuri lokantada ne yiyorlar?
7. Hangi Türk yemeklerini tanıyorsunuz?

S/Ü   **Spielen Sie mit Ihrem Lernpartner einen Dialog und benutzen Sie die Alternativantworten. Erweitern Sie ihre Antwortsätze mit Ihrem eigenen Wortschatz. Schreiben Sie dann Ihre Sätze und zeigen Sie sie Ihrem Lehrer!**

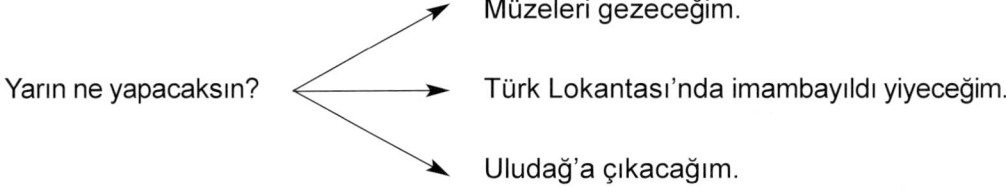

B/Ü 1 Erzählen Sie bitte, was diese Personen morgen tun werden!

B/Ü 2 Ali hazine arıyor. Ona yolu tarif edin!

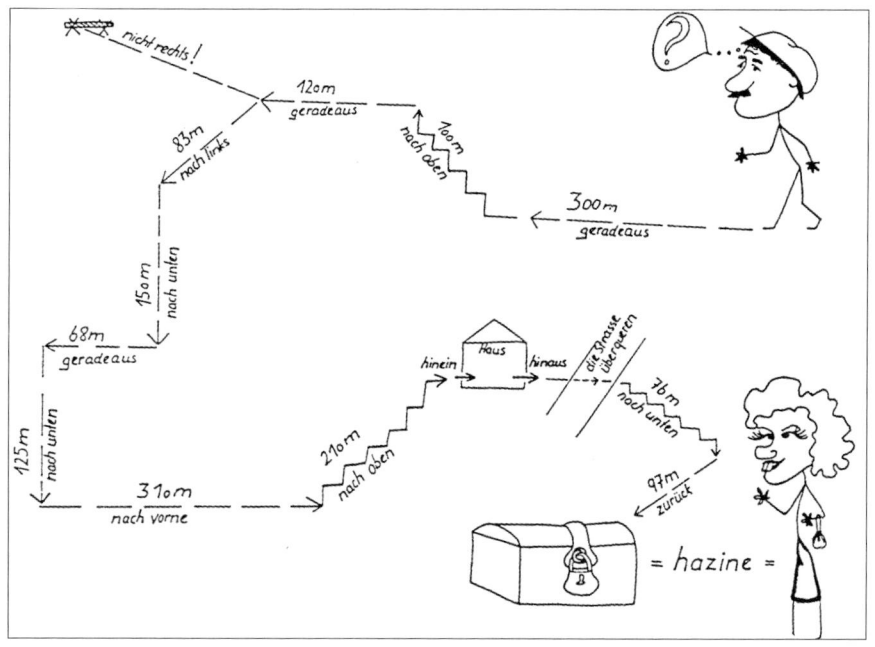

B/Ü 3 Studieren Sie den Stadtplan von Istanbul genau und den Ausschnitt unten. Sie stehen auf der Galata-Brücke und möchten zum Ägyptischen Basar, zur Yeni Cami, zum Hauptbahnhof, zum Hafen, zum Galataturm ... und fragen einen Passanten. Spielen Sie mit Ihrem Lernpartner den Dialog!

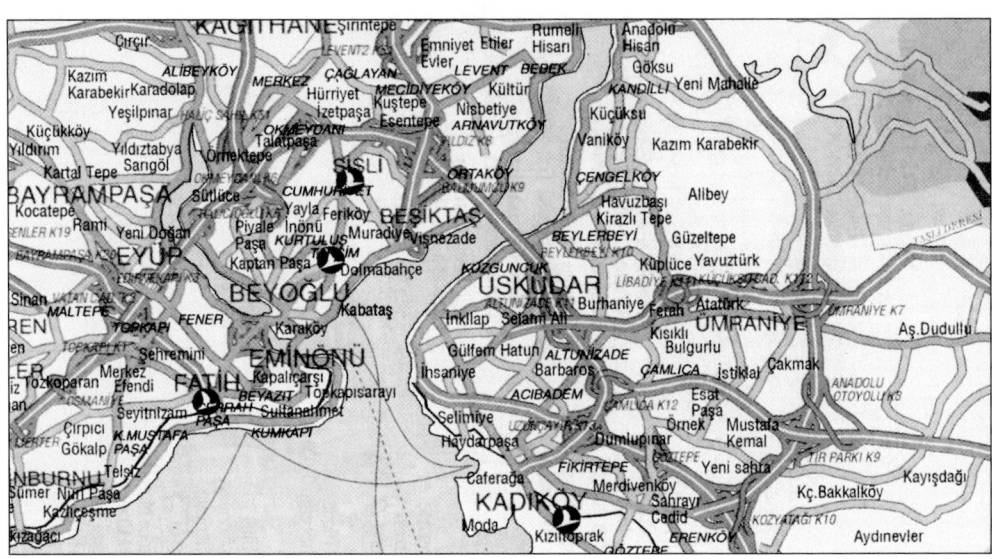

B/Ü 4 Sie sind in einem türkischen Restaurant, der Kellner steht schon vor Ihnen. Studieren Sie die Speisekarte genau und spielen Sie mit Ihrem Lernpartner einen Dialog!

12 C

1. Das Futur (Gelecek Zaman)

Die Futurendung ist ‚-ecek', sie unterliegt der kleinen Vokalharmonie (Variante ‚-acak')
und wird zwischen Verbstamm und Personalendung eingeschoben. Vor vokalisch anlautenden Personalendungen wird das ‚k' am Futursuffix weich:

gelmek:

gel-eceğ-im (ich werde kommen)
gel-ecek-sin (du wirst kommen)
gel-ecek (er/sie wird kommen)
gel-eceğ-iz (wir werden kommen)
gel-ecek-siniz (ihr werdet/Sie werden kommen)
gel-ecek-ler (sie werden kommen)

almak:

al-acağ-ım (ich werde kaufen)
al-acak-sın (du wirst kaufen)
al-acak (er/sie wird kaufen)
al-acağ-ız (wir werden kaufen)
al-acak-sınız (ihr werdet/Sie werden kaufen)
al-acak-lar (sie werden kaufen)

Bei vokalischem Auslaut am Verbstamm wird ein ‚y' als Füllkonsonant eingeschoben:
oku-y-acağ-ım, ağla-y-acak-sın usw.
Bei den Verben ‚gitmek', ‚etmek' (und den Kombinationen mit ‚etmek') und ‚tatmak' wird
das ‚t' am Verbstamm weich:
gi*d*-eceğ-im, gi*d*-ecek-sin usw.

Aufgabe: Lesen Sie den Text S 2 und versuchen Sie ihn mit Hilfe der Grammatik und
der ‚Wörterkiste' zu verstehen. Lesen Sie ihn mehrmals und erzählen Sie ihn
Ihrem Lernpartner nach! Machen Sie die Übungen 1, 2, 3 und 4, S/Ü und
B/Ü 1!

In der Frageform wird das Fragewörtchen zwischen Futur- und Personalendung eingeschoben, aber in der 3. Person im Plural nachgestellt:
gel-ecek miyim?
gel-ecek misin? usw., aber: gel-ecek-ler mi?
In der Verneinung wird die Futurendung dem durch die Verneinungspartikel ‚-me/-ma' negativierten Verbstamm angefügt:
gel-me-y-eceğ-im (ich werde nicht kommen)
gel-me-y-ecek-sin (du wirst nicht kommen), usw.
Verneinende Frage:
gel-me-y-ecek miyim? (werde ich nicht kommen?) gel-me-y-ecek misin? (wirst du nicht kommen), usw., aber: gel-me-y-ecek-ler mi? (werden sie nicht kommen).

Aufgabe: Spielen Sie mit Ihrem Lernpartner den Dialog S 1, auch auf Deutsch! Machen Sie die Übung 5. Versuchen Sie mit Hilfe der ‚Wörterkiste' die Karikaturen und die Bildgeschichte zu verstehen! Können Sie sie ins Deutsche übersetzen? Wenn Sie Schwierigkeiten haben, können Sie ja im Schlüssel nachschauen.
Finden Sie in den Karikaturen und der Bildgeschichte die Futurformen heraus und erläutern Sie die Bildungen nach Tempus- und Personalendungen! Die Bildgeschichte steht einmal auch mit leeren Sprechblasen. Können Sie sie ausfüllen, ohne das Original zu benutzen? Versuchen Sie die Bildgeschichte mündlich und/oder schriftlich nachzuerzählen, natürlich auf türkisch!

2. Futurbildung bei der Entsprechung für Hilfsverben

Das Futur der Hilfsverben wird mit der Futurform des Hilfsverbs ‚olmak' gebildet, z. B.:
yorgun ol-acağ-ım: ich werde müde sein;
evde ol-acak-sın: du wirst zu Hause sein;
büroda ol-acak: er (sie) wird im Büro sein;
yorgun ol-acağ-ız: wir werden müde sein;
evde ol-acak-sınız: ihr werdet / Sie werden zu Hause sein;
büroda ol-acak-lar: sie werden im Büro sein.

Frageform:
yorgun ol-acak mı-y-ım? (werde ich müde sein?)
evde ol-acak mı-sın? (wirst du zu Hause sein?) usw.

Verneinung:
yorgun ol-ma-y-acağ-ım: ich werde nicht müde sein
evde ol-ma-y-acak-sın: du wirst nicht zu Hause sein, usw.

Verneinende Frage:
yorgun ol-ma-y-acak mıyım? (werde ich nicht müde sein?)
evde ol-ma-y-acak mısın? (wirst du nicht zu Hause sein?), usw.

Auch das Futur von ‚es gibt' wird mit dem Hilfsverb ‚olmak' im Futur ausgedrückt:
Yarın kar olacak: Morgen wird es Schnee geben.
Yarın kar olacak mı? Wird es morgen Schnee geben?
Yarın kar olmayacak: Morgen wird es keinen Schnee geben.
Yarın kar olmayacak mı? Wird es morgen keinen Schnee geben?

Da das Hilfsverb ‚haben' auch mit ‚es gibt' wiedergegeben wird, können Sie die Futurform von Besitzverhältnissen genauso ausdrücken, wobei dem Bezugswort die Possessivendung angefügt werden muß:
ev-im olacak: ich werde ein Haus haben (wörtl.: es wird mein Haus geben),
araba-n olacak: du wirst ein Auto haben,
çanta-sı olacak: er wird eine Tasche haben, usw.

Auch bei der Wiedergabe von ‚brauchen' gebrauchen Sie das Hilfsverb ‚olmak' im Futur:
Bana kitap lazım olacak: ich werde ein Buch brauchen
(wörtl.:mir wird ein Buch nötig sein), oder:
kitaba ihtiyacım olacak: ich werde ein Buch brauchen
(wörtl.:mein Bedarf nach einem Buch wird sein),
sana kalem lazım olacak (oder: kaleme ihtiyacın olacak),
ona araba lazım olacak (oder: arabaya ihtiyacı olacak), usw.

Aufgabe: Spielen Sie mit Ihrem Lernpartner die Dialoge S 3a-b, machen Sie die Übung 6!

Das Verb ‚yapmak' (machen) in S 3b, das in diesem Zusammenhang im Deutschen mit dem Verhältniswort ‚mit' gebraucht wird, wird im Türkischen mit Akkusativ verwendet:
Türkçe kitabını ne yapacaksın: Was wirst du mit einem Türkischbuch machen?

3. Wortbildungsfunktion der Futurendung

a) Die Futurendung dient auch als Wortbildungsendung: Sie kennen bereits einige Wörter, die mit der Futurendung abgeleitet sind, z. B. ‚giyecek' (aus giymek: anziehen): Kleidungsstück(e) ‚yiyecek' (aus yemek: essen): Lebensmittel. In dieser Lektion lernen Sie auch ‚içecek' (aus içmek: trinken): Getränk.

b) In S 3c begegnen Sie der Form „... -ecek bir şey var mı'?: Gibt es (hier) etwas zum ..., z. B.:
Yaz-acak bir şey var mı? Gibt es (oder hast du, haben Sie) etwas zum Schreiben?, oder: Yiyecek bir şey var mı? Gibt es was zum Essen?, oder: Bunda gülecek bir şey yok: Da gibt's nichts zum Lachen, usw.

Aufgabe: Spielen Sie mit Ihrem Lernpartner den Dialog S 3c. Machen Sie die Übung 7!

4. Den Weg erfragen und beschreiben; wichtige Ortsadverbien

Die wichtigen Formen und Ausdrücke hierfür finden Sie im Dialog D 1 und in der ‚Wörterkiste'. Lernen Sie sie und verwenden Sie sie. Merken Sie sich folgende Formen:

* Wenn Sie einen Weg erfragen, fragen Sie am einfachsten mit ‚nerede':
Affedersiniz, en yakın eczane nerede? Affedersiniz, en yakın istasyon nerede? Affedersiniz, en yakın postane nerede, usw.
Oder wie Sinan mit Futur oder aber mit der Möglichkeitsform (vgl. Lektion 14):

İstasyona nasıl gideceğim (Futur)
İstasyona nasıl gidebilirim?   Wie komme ich zum Bahnhof?
(Möglichkeitsform)
Ihre Frage können Sie mit der Bitte ergänzen:
Bana yolu gösterin (oder tarif edin), lütfen:
Zeigen Sie (oder beschreiben Sie) mir bitte den Weg.

* yakın (nah) – uzak (weit) mit Dativ:
Buraya çok uzak mı? Ist es sehr weit von hier?
Galata Kulesi Karaköy Meydanı'na yakın: Der Galata-Turm ist nah beim Karaköy-Platz (ist in der Nähe vom Karaköy-Platz).

Neben Dativ kann aber ‚uzak' auch mit Ablativ gebraucht werden:
Postane istasyona (oder istasyon*dan*) uzak mı?
Hayır, postane istasyona çok yakın.

Die Frage ‚wie weit ist es zum...' stellen Sie mit ‚...ne kadar uzak?' ohne Endung am Bezugswort: İstasyon (buradan) ne kadar uzak? Wie weit ist es (von hier) zum Bahnhof?

* das Verb ‚geçmek'

Das Verb ‚geçmek' (gehen, fahren durch, über, an ... vorbei) verlangt den Ablativ:
Otobüs Karaköy'*den* geçiyor, değil mi?
Der Bus fährt durch (über, an) Karaköy (vorbei), nicht wahr?

Beim Erfragen und Beschreiben eines Weges brauchen Sie Ortsadverbien, die wichtigsten finden Sie unten:
aşağı: unter- (Adjektiv)
aşağı (oder aşağıya): nach unten, hinunter, herunter (Ableitung: aşağı inmek: nach unten, hinunter-, heruntergehen)
aşağıda: unten
aşağıdan: von unten
aşağıdaki: unten (befindlich)
aşağıki: unter- (Adjektiv)
aşağısı: unten (ist es ..., z. B.: aşağısı karanlık: unten ist es dunkel)
doğru, dosdoğru, düz, dümdüz: geradeaus
(Ableitung: doğrudan doğruya: direkt)
dışarı (oder dışarıya): hinaus, heraus
(Ableitung: dışarı(ya) çıkmak: hinaus-, herausgehen, ausgehen; mit einem Bezugswort mit Ablativ: *evden* dışarı: aus dem Haus heraus)
dışarıda: draußen
dışarıdan: von draußen
dışarıdaki (oder dışarıki): draußen (befindlich) (Adjektiv)
dışarısı: draußen (ist es ..., z. B.: dışarısı soğuk)
geri (oder geriye): zurück, rückwärts, nach hinten
geride: hinten
geriden: von hinten
gerideki: hinten (befindlich) hinter- (Adjektiv)
içeri (oder içeriye): hinein, herein
(Ableitung: içeri girmek: hineingehen, hereinkommen; mit einem Bezugswort mit Ablativ: *evden* içeri: in das Haus hinein, herein)
içeride: drinnen

içeriden: von drinnen
içerideki: drinnen (befindlich) (Adjektiv)
içerisi: drinnen (ist es ..., z. B.: içerisi sıcak)
ileri (oder ileriye): nach vorne, weiter vor, vorwärts (aus ‚ilerlemek': nach vorne gehen bzw. Fortschritte erzielen)
ileride: (da) vorne (auch temporal: in Zukunft)
ileriden: von vorne
ilerideki: vorne (befindlich) (auch temporal: künftig) (Adjektiv)
karşı: gegenüberliegende Seite
karşıda: gegenüber, auf der anderen Seite, vis-a-vis, drüben
karşıdan: von der anderen Seite, von drüben
karşıya: auf die andere Seite, nach drüben
karşı, karşıdaki, karşıki: auf der anderen Seite (befindlich) (Adjektiv)
karşısı: auf der anderen Seite (ist es ...)
(Ableitung: karşıdan karşıya geçmek: die Straße überqueren; karşıya geçmek: überqueren; Bezeichnung speziell für Istanbul: auf die europäische bzw. asiatische Seite der Stadt rüberfahren)
sağ: recht- (Adjektiv)
sağa: nach rechts
sağda: rechts
sağdan: von rechts
sağdaki: auf der rechten Seite (befindlich) (Adjektiv)
sol: link- (Adjektiv)
sola: nach links
solda: links
soldan: von links
soldaki: auf der linken Seite (befindlich) (Adjektiv)
taraf: Seite, Gegend, Richtung
bu tarafa: hierher
bu tarafta: hier, auf dieser Seite
bu taraftan: von hier, von dieser Seite
bu taraftaki: hier, auf dieser Seite (befindlich) (Adjektiv)
(entsprechende Ableitungen auch mit ‚şu' und ‚o')
karşı taraf: die andere Seite (auch: Gegenpartei, Gegner)
karşı tarafa: s. karşıya
karşı tarafta: s. karşıda
karşı taraftan: s. karşıdan
karşı taraftaki: s. karşıki
sağ (sol) taraf: die rechte (linke) Seite
sağ (sol) tarafa: s. sağa (sola)

sağ (sol) tarafta: s. sağda (solda)
sağ (sol) taraftan: s. sağdan (soldan)
sağ (sol) taraftaki: s. sağdaki (soldaki)
yukarı: ober- (Adjektiv)
yukarı (oder: yukarıya): nach oben,
hinauf, herauf
(Ableitung: yukarı çıkmak: nach oben,
hinauf-, heraufgehen)
yukarıda: oben
yukarıdan: von oben
yukarıdaki, yukarıki: oben (befindlich)
(Adjektiv)
yukarısı: oben (ist es ..., z. B.: yukarısı
aydınlık: oben ist es hell)

Bei den Ortsadverbien ‚dışarı-',‚içeri-' und ‚yukarı-' kann der letzte Vokal am Grundwort wegfallen, wenn Lokativ- oder Ablativendung angehängt wird, also:
dışar*ı*, aber auch dışarda(n),
içer*i*, aber auch içerde(n),
-yukar*ı*, aber auch yukarda(n).
Wie ‚dışarı' und ‚içeri' werden auch ‚aşağı' und ‚yukarı' mit einem Bezugswort mit Ablativ verwendet:
dağdan aşağı: den Berg hinunter (herunter), merdiven*den* yukarı: die Treppe rauf usw.

Aufgabe: Spielen Sie mit Ihrem Lernpartner die Dialoge D 1 und D 2. Machen Sie die B/Ü 2 und B/Ü 3. Haben Sie die Lösung des Rätsels gefunden? Wenn nicht, schauen Sie im Schlüssel nach!

5. Funktionswörter

Noch einmal zu ‚bile' (hatta)
In Ü 3 begegnen Sie wieder dem Funktionswort ‚bile': Mektubu ne zaman yazacaksın? – Yazdım bile. Wann wirst du den Brief schreiben? (Ich habe ihn) schon geschrieben.
Sie kennen bereits, daß ‚bile' auch ‚selbst, sogar' bedeutet (vgl. Lektion 10). Lernen Sie nun dazu, daß dieses Wörtchen bei Verneinung ‚nicht einmal' heißt, z. B.: Erol bile bu yaz tatile gitmiyor. Nicht einmal Erol fährt diesen Sommer in Urlaub.
Das Wörtchen ‚bile' kann zur Betonung mit dem Funktionswort ‚hatta' zusammen gebraucht werden, wobei das Bezugswort in der Mitte steht:
Hatta profesör bile Sinan'ın partisine geldi.

Sogar der Professor ist zu Sinans Party gekommen.
Hatta Erol bile bu yaz tatile gitmiyor.
Nicht einmal Erol fährt diesen Sommer in Urlaub.

hem ... hem (de): sowohl als auch
In D 4 sagt Nuri, der sehr hungrig ist:
‚Hem imambayıldı hem karışık ızgara yiyeceğim.
Ich werde *sowohl* imambayıldı *als auch* gemischte Grillplatte essen.
Das zweite ‚hem' kann auch mit der Partikel ‚de' (auch) erweitert werden: Tülin Hanım hem eti hem de sebzeyi pişirecek.

ne ... ne (de): weder noch
Auch ‚ne ... ne' wird mit oder ohne ‚de' gebraucht.
Bei ‚ne ... ne' kann auch das Verb verneint werden (doppelte Verneinung):
Tülin Hanım ne eti ne (de) sebzeyi pişir(mey)ecek:
Frau Tülin wird weder das Fleisch noch das Gemüse kochen.

ya ... ya (da): entweder oder
Ebenso wird ‚ya ... ya' mit oder ohne ‚da' verwendet:
Tülin Hanım ya eti ya (da) sebzeyi pişirecek: Frau Tülin wird entweder das Fleisch oder das Gemüse kochen.

Aufgabe: Machen Sie die Übung 8!
Können Sie das Lied ‚Gel bize kahl bize' singen?
Verstehen Sie den Text? Wenn nicht, benutzen Sie ein Lexikon!

Merken Sie:
* ‚hem ... hem' kann mit dem Synonym ‚gerek ... gerek' getauscht werden:
  Nuri gerek imambayıldıyı gerek karışık ızgarayı yedi. Nuri aß sowohl das Imambayıldı als auch die gemischte Grillplatte.

Wenn ‚hem' allein steht, ist es ein Füllwort mit verschiedenen Bedeutungen wie ‚und, außerdem, schon, jedoch, ja sogar'.
Lernen Sie auch die Wendung ‚hem de nasıl': und wie, z. B.:
- Baklava seviyor musun? (Magst du Baklava?)
- Hem de nasıl! (Und wie!)

6. Zusatzaufgaben und -informationen

In dieser Lektion finden Sie neben ‚Stadtbesichtigung' auch andere wichtige Sprechsituationen wie ‚Autopanne' und ‚Restaurant'. Lernen Sie die wichtigen Formen und Ausdrücke hierfür in W 1 und W 3. Spielen Sie mit Ihrem Lernpartner die Dialoge D 3 und D 4, auch auf Deutsch! Machen Sie die Übung 9.
Studieren Sie die Speisekarte und spielen Sie mit Ihren Lernpartnern einen Restaurantbesuch, indem einer auch die Rolle des Kellners übernimmt. Wenn Sie dieses Spiel gut beherrschen, besuchen Sie wirklich ein türkisches Restaurant und versuchen Sie dort auf türkisch zu bestellen, nachdem Sie die Speisekarte ohne Übersetzung verstanden haben!
Studieren Sie auch den Stadtführer von Istanbul mit Sehenswürdigkeiten und beraten Sie sich mit Ihren Lernpartnern auf türkisch, welche Sehenswürdigkeiten Sie demnächst besichtigen wollen, indem Sie als Zeitform das Futur nehmen!

In D 3 sagt Sinan zu Nuri: ‚Başım dertte' (ich bin in der Klemme, ich sitze in der Tinte; wörtl. ‚mein Kopf ist in Sorge').
Wenn Sie diese Wendung auch für andere Personen gebrauchen möchten, gebrauchen Sie entsprechende Possessivendungen, z. B.:
baş-*ın* dertte mi? (sitzst du in der Klemme, wörtl.: Ist dein Kopf in Sorge?), oder:
Sinan'ın *başı* dertte mi? (Ist Sinan in der Klemme, wörtl.: Ist Sinans Kopf in Sorge?)
In D 4 lernen Sie u.a. auch das türkische Gericht ‚imambayıldı' kennen, imam bayıldı, wörtlich: der Imam fiel in Ohnmacht. Die Bezeichnung dieses Gerichts geht auf eine türkische Anekdote zurück: Das Gericht soll so gut geschmeckt haben, daß der Imam vor (Gaumen-)Freude in Ohnmacht fiel. Nun verstehen Sie die 2. Karikatur sicherlich besser.
Wenn Sie in einem türkischen Restaurant fragen möchten, welche Gerichte, Getränke usw. vorhanden sind, benutzen Sie die Pluralendung im Ablativ wie Nuri: Çorba*lardan* ne var?, oder Sinan: Zeytinyağlı*lardan* ne var?
Sinan möchte einen ‚orta şekerli' Kaffee. Lernen Sie und verwenden Sie diesen für den türkischen Kaffee üblichen Ausdruck ‚mittelsüß'. Wenn Sie den Kaffee ohne alles möchten, also einen schwarzen Kaffee wollen, bestellen Sie einen ‚sade kahve'.
Sie lernten den Ausdruck ‚içecek' für Getränk; lernen Sie auch ‚içki' dazu, den Ausdruck speziell für alkoholische Getränke. Für ‚rauchen' sagt man neben ‚(sigara) içmek' auch ‚(sigara) kullanmak'. Das Verb ‚kullanmak' können Sie in bezug auf alle Genußmittel verwenden: alkol kullanmak, tütün kullanmak usw.

Ein Laden am Gewürz-
markt (Istanbul)

Wasserpfeifen auf
dem Souvenir-Basar

Überdachter Basar in Istanbul

7. Zum Hilfsverb ‚olmak'

Die Grundbedeutung von ‚olmak' ist ‚werden', aber dieses Verb wird auch als Ersatz für ‚sein' verwendet, da für das Hilfsverb ‚sein' im Türkischen kein Infinitiv existiert, und ‚sein' durch Personalendungen,... -im,... -sin ... (Vgl. Lektion 2) ausgedrückt wird. In Wörterbüchern steht deshalb unter ‚sein' ersatzweise ‚olmak'.

In der Bedeutung von ‚sein' wird ‚olmak' beim Imperativ (z. B.: ‚çalışkan ol(un)': sei(d) fleissig), Optativ (z. B.: ‚geçmiş olsun': gute Besserung, wörtlich: möge vergangen sein) und bei Nebensätzen verwendet. Die Aoristform für die 3. Person steht auch meistens als Synonym für ‚ist' (vgl. Lektion 13). Das Hilfsverb ‚olmak' haben Sie in seiner Grundbedeutung als ‚werden' beim Futur der Hilfsverben gesehen.

Merken Sie sich zu ‚olmak' folgende Beispiele:
hasta olmak: krank sein/werden;
hastayım: ich bin krank / hasta oluyorum: ich werde krank; hastaydım: ich war krank / hasta oldum: ich wurde krank; hasta olacağım: ich werde krank sein (werden).

Bei Berufen wird auch ‚olmak' verwendet:
Ünal öğretmen olacak: Ünal wird Lehrer sein (werden). Ne olmak istiyorsun? Was möchtest du werden? Doktor olmak istiyorum: Ich möchte Arzt werden, usw.

Wörterkiste

(Verweise mit C beziehen sich auf den Grammatikteil der Lektionen; die Zahlen rechts vom Punkt auf das entsprechende Kapitel im Grammatikteil!)

W 1

açıkça	ganz offen
Adana kebabı	türk. Fleischgericht
aktarma yapmak	umsteigen
alkol	Alkohol
almak	(hier:) wegnehmen
aman!	(etwa) Gnade!
arabam bozuldu	mein Auto ist kaputt
arkeoloji	Archäologie
Arkeoloji Müzesi	Archäologisches Museum
aşağı	nach unten (s. C.4)
aşağı inmek	runtergehen (s. C.4)
ateş	(hier:) Feuer
aydınlık	hell
baklava	türk. Süßigkeit
baş üstüne	jawohl, sehr wohl
başım dertte	ich bin in der Klemme (s. C.6)
bavul hazırlamak	Koffer packen
belki	vielleicht
beyin salatası	türk. Vorspeise (Hirnsalat)
bile	(s. C.5)
birden	plötzlich
birkaç	einige
Bodrum	Ferienstadt in der Südwesttürkei
boş musunuz?	sind Sie frei?
bozulmak	kaputtgehen
buralarda ne yapıyorsun yahu?	Was machst du denn hier so?
buranın yabancısıyım	ich bin hier fremd
burası boş mu?	ist hier frei?
buraya çok uzak mı?	ist es sehr weit von hier
büfe	Imbiß(-stube)
canım	(hier: mein Lieber)
çağırayım	ich rufe mal... (vgl. Lektion 15, Optativ)
çağırmak	(hier:) rufen
çamurluk	Kotflügel
çarpışmak	aufeinanderprallen, zusammenstoßen
çoban	Hirt
çoban salatası	Hirtensalat (türk. Salatspezialität)
çörek	Gebäck
dışarda	draußen (s. C.4)
dışarı-	hinaus (s. C.4)
dışarı çıkmak	hinausgehen (s. C.4)
dinlemek (mit Akkusativ)	(hier) auf jemanden hören
doğru	(hier:) geradeaus; (in der Karikatur: das stimmt)
doğrudan doğruya	direkt, unmittelbar
dokunmak	(hier:) nicht bekommen, (der Gesundheit) schaden
dolmakalem	Füller
dolmuş	Sammeltaxi
dosdoğru	geradeaus
dümdüz, düz	(hier:) geradeaus
düşünmek	(hier:) überlegen
Efes	Ephesus
ehliyet	(hier:) Führerschein
eller yukarı!	Hände hoch!
eşya	Sache, Gepäck(stück)
far	Scheinwerfer
garson	(hier auch als Anrede:) Herr Ober
geçerli	gültig
geçmek (mit Ablativ)	(hier:) passieren; gehen, fahren (durch, über, (an.. vorbei)
gerek ... gerek	sowohl als auch
geri-	(s. C.4)
gezecek başka nereler var?	welche Sehenswürdigkeiten gibt es noch?
gezmek	(hier:) herumfahren
gitgide	immer mehr
Hacıbaba Lokantası	Restaurant in Istanbul
hafiflemek	(hier) sich erleichtert fühlen
hata	Fehler
hatta	sogar (s. C.5)
hazırlamak	s. bavul hazırlamak
hazine	Schatz
hediyelik eşya	Geschenk(artikel)
hem	(s. C.5)
hem de nasıl	und wie
hem ... hem (de)	sowohl als auch
hep	immer, nur
hesap	Rechnung
hesabı lütfen	die Rechnung bitte
heykel	Skulptur
ızgara	Grill, gegrillt
içecek	Getränk
içerde	drinnen
içeri-	hinein, herein (s. C.4)
içeri girmek	hinein-, hereingehen (s. C.4)
içki	alkoholisches Getränk
ileri	nach vorne, vorwärts (s. C.4)
ilerlemek	nach vorne gehen
imam	Imam, islamischer Geistlicher
imambayıldı	türk. Gemüsespezialität (s. C.6)

imdat!	Hilfe!
İskender kebabı	türk. Fleischspezialität
kadeh	Schnapsglas
kamyon	Lastwagen
kar	Schnee
karakol	Polizeiwache
karanlık	dunkel
karışık	a) durcheinander, kompliziert b) gemischt
karışık ızgara	gemischte Grillplatte
karışık salata	gemischter Salat
karşı-	(s. C.4)
karşıda	gegenüber, drüben
karşıdan karşıya geçmek	die Straße überqueren (s. C.4)
karşıya geçmek	
kavşak	Kreuzung
kaza	Unfall
kebap	allgemeine Bezeichnung für Fleischgerichte
kesmek	(hier) aufhören
kırılmak	(hier:) zerbrechen
kızartma	Braten
korkak	(hier) Angsthase
kullanmak	rauchen, trinken (s. C.6)
mercimek	Linse
mercimek çorbası	Linsensuppe
merdiven	Treppe
Mısır Çarşısı	Ägyptischer Basar (in Istanbul)
nasıl isterseniz	wie Sie möchten
(... -e) nasıl gideceğim?	wie komme ich zu ...?
ne ... ne (de)	weder noch
ne tavsiye edersiniz?	Was würden Sie empfehlen?
numara	(hier:) Linie
Nuri	männlicher Vorname
o kadar	(hier) das ist alles
oldukça	ziemlich
olmak	(s. C.2; C.7)
onun için	(hier:) deshalb
orta şekerli	mittelsüß (s. C.6)
otobüs durağı	Bushaltestelle
Pamukkale	Hierapolis (mit Travertin-Kaskaden)
patlıcan	Aubergine
patlıcan kızartması	Auberginenbraten
pilaki	eine Art Bohnengericht, das kalt gegessen wird
porsiyon	Portion
Resim ve Heykel Müzesi	Museum für Gemälde und Skulpturen
sade	(hier:) schwarz (für Kaffee, s. C.6)
sağ-	recht- (s. C.4)
sağda	rechts
sandviç	belegtes Brot
sapmak	ab-, ein-biegen
sebze çorbası	Gemüsesuppe
sıvışmak	abhauen
sigorta	Versicherung
Sirkeci	Stadtteil in Istanbul
Sirkeci İstasyonu	Hauptbahnhof in Istanbul (West-bahnhof)
sol-	link- (s. C.4)
sola	nach links
sorma	frag lieber nicht
suçlu	schuldig
Sultanahmet	Stadtteil in Istanbul Altstadt)
şehir planı	Stadtplan
taksi	Taxi
tamam mı?	(hier) alles klar?
tampon	(hier:) Stoßstange
tarhana çorbası	eine Art türk. Suppe
taraf	Seite, Gegend, Richtung (s. C.4)
tarif etmek	beschreiben
tatlı	süß; Süßigkeit, Nachtisch
tavsiye etmek	empfehlen
Tonton	weiblicher Vor- bzw. Kosename
Topkapı Sarayı	Topkapi-Palast (in Istanbul)
tost	Toast
trafik	Verkehr
turist	Tourist
tükenmez (kalem)	Kugelschreiber
tünel	Tunnel; (hier: Bezeichnung für die alte Istanbuler U-Bahn)
tütün	Tabak
ufak	klein
ufak tefek	klein, allerhand Kleinigkeiten
Urfa kebabı	türk. Fleischspezialität
üstü kalsın	stimmt so (beim Trinkgeld geben)
üzülmek	sich Sorgen machen
video kaseti	Videokassette
ya ... ya (da)	entweder oder
yabancı	Fremde(r); Ausländer
yahu	Mensch, denn (Füllwort, Interjektion)
yemek listesi	Speisekarte
Yeni Cami	Neue Moschee (Moschee in Istanbul)
yola çıkmak	sich auf den Weg machen, aufbrechen
yolcu	Fahrgast; Reisender

yukarı-	hinauf (s. C.4)
yukarı çıkmak	hinaufgehen (s. C.4)
zeytinyağlı (yemek)	kalte (Vor-)Speise

W 2 (grammatische Termini)

gelecek zaman	Futur

W 3 (Aufbauwortschatz)

a) Stadtbesichtigung, -verkehr

anıt	Denkmal
bina	Bau, Gebäude
çıkış	Ausgang
danışma	Information
danışma bürosu	Informationsbüro
dört yol ağzı	Kreuzung
gar	(Haupt-) Bahnhof
giriş	Eingang
hayvanat bahçesi (aus: hayvan: Tier)	Zoo
iskele	(kleinerer) Hafen, Anlegeplatz
kilise	Kirche
minibüs	Kleinbus
sanat galerisi	Kunstgalerie
sergi	Ausstellung
spor sahası	Sportplatz
stadyum	Stadion
trafik lambası	Verkehrsampel
yaya	(hier:) Fußgänger
yaya geçidi	Fußgängerübergang
yeraltı geçidi	Unterführung
yokuş	Steg

b) Autopanne, Ersatzteile

araba lastiği	Autoreifen
arıza	Panne; Störung
buji	Zündkerze
conta	Dichtung
debreyaj	Kupplung
el freni	Handbremse
korna	Hupe
lastik	(hier:) Reifen
lastik patladı	ich habe einen Platten
plaka	Kennzeichen
radyatör	Kühler
şanzıman	Kupplung
tamir	Reparatur
tamirci	Automechaniker
tamirhane	Autoreparaturwerkstatt
vites	Gang
yedek lastik	Reservereifen
yedek parça	Ersatzteil

Lektion 13
Kahveyi Nasıl İçersiniz?
(Wie trinken (möchten) Sie (lieber) den Kaffee?)

Grammatik:

1. Der Aorist (das unbestimmte Präsens auf ‚-r'); Höfliche Befehlsform
2. Die Endung ‚-dir' als Entsprechung für ‚ist' in bestimmten Gebrauchssituationen; Synonymkonstruktion ‚olur'
3. ‚-mek için': Entsprechung für den Infinitivsatz mit ‚um ... zu'
4. Entsprechung für ‚nicht nur ... sondern auch'
5. Endungen an Zahlwörtern: ‚-er' (Distributivzahlen), ‚-z' (-ling)
6. Rechnen auf Türkisch
7. ‚böyle-şöyle-öyle'

Sprechsituationen:

1. Regelmäßige Handlungen, Allgemeingültigkeit und Wahrscheinlichkeit ausdrücken
2. Höfliche Befehle erteilen
3. Besuch bei einer türkischen Familie; Unterhaltung über Wohnungseinrichtung und Freizeit
4. Reisen in der Türkei

Aufbauwortschatz:
Wendungen mit Aorist

Zusatzmaterial:

1. Lied: Ali Baba'nın Çiftliği (mit einer Tabelle von Tierlauten)
2. Fernsehprogramm
3. Filmplakate
4. Plakat des Türkischen Fremdenverkehrsamts
5. ‚Cityscope' (Kulturkalender für Istanbul mit Ausstellungen, Theaterprogramm usw.)

13 A

T 1

2A / 22

Vural ile Feray'ın Yaşamı

Feray her sabah saat yedide kalkar, hemen mutfağa gider ve kahvaltıyı hazırlar. Vural saat yedi buçuğa doğru kalkar. Vural ile Feray beraber kahvaltı ederler, sonra otomobille işe giderler. İkisi de Taksim'de bir büroda mimar olarak çalışıyorlar, henüz çocukları yok. İki yıldan beri evliler.
Öğleyin Taksim'de bir büfede veya büronun kantininde öğlen yemeği yerler. Öğleden sonra saat beşe kadar çalışırlar, sonra evlerine gelirler. Akşam yemeği yerler ve televizyon seyrederler. Bazen klasik müzik dinlerler veya arkadaşlarını ziyaret ederler. Genellikle erken yatarlar.
Ama bugün erken yatmayacaklar, çünkü bu akşam misafir geliyor: Sieglinde ile Markus. Bu yüzden Feray bugün işten biraz erken çıkıyor ve yolda konuklar için alışveriş ediyor. Misafirlere ikram etmek için çeşitli yiyecekler ve içecekler alıyor. Akşam saat yediye doğru misafirler kapıyı çalıyor. Feray ile Vural misafirlerle çok güzel sohbet ediyorlar.

D 1

2A / 23

Bir Ziyaret
(kişiler: Vural, Feray, Sieglinde, Markus)

a) Feray: Oo, hoş geldiniz, efendim.
   Sieglinde: Hoş bulduk, Feray Hanım, Vural Bey.
   Tanıştırayım: Nişanlım Markus.
   Markus: Memnun oldum, efendim.
   Vural: Biz de memnun olduk, efendim.
   Türkçe biliyor musunuz?
   Markus: Evet, biraz Türkçe biliyorum.
   Sieglinde kadar iyi değil tabii.
   Feray: Buyurun, oturun. Ne içersiniz?
   Sieglinde: Zahmet etmeyin, Feray Hanım.
   Feray: Rica ederim, hiç zahmet olur mu !
   Sieglinde: O halde ben kahve rica ediyorum. Türk kahvesine bayılırım.
   Feray: Kahveyi nasıl içersiniz? Şekerli mi, orta şekerli mi?
   Sieglinde: Sade, lütfen.

b) Vural: Rakı içer misiniz, Markus Bey?
   Markus: Rakı içmem ama, bu akşam hatırınız için bir kadeh içiyorum.
   Vural: Elbette, memnuniyetle.
   Ben neşelenmek için her akşam rakı içerim. Meze olarak ne istersiniz? Fıstık, badem, beyaz peynir, kavun?
   Markus: Kavun ile beyaz peyniri tercih ederim.
   Feray: Sigara buyurun, Sieglinde Hanım.
   Sieglinde: Sigara kullanmam ama, hatırınız için şimdi bir Samsun alıyorum.
   Markus: Lütfen bize Türkçe CD veya kaset çalar mısınız? Türk müziğini çok severim.
   Feray: Memnuniyetle. Nasıl müziği tercih edersiniz? Halk müziği mi, yoksa sanat müziği mi?
   Markus: Halk müziği, lütfen.

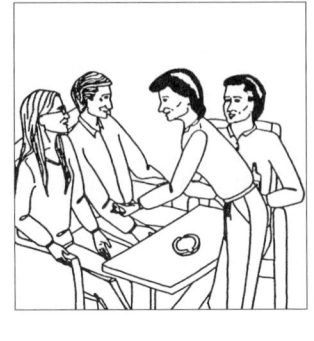

c) Sieglinde: Eviniz, çok güzel. Mobilyalar ve kilimler birbirine çok iyi uyuyor.
   Vural: Teşekkür ederiz. İltifat ediyorsunuz.
   Feray: Buraya yeni taşındık. Bu evimiz eski evimizden daha rahat ve daha konforlu. Üst katta oturuyoruz ama, asansör var. Alt katlar genellikle karanlıktır ama, burası aydınlık ve deniz manzarası var. Şu pencereden bakın, Boğaz'ı görürsünüz.
   Markus: Evet, gerçekten çok güzel. Kaç odanız var?
   Vural: Evimiz dört odalı. Şurası çalışma odası, burası oturma odası, orası yatak odası, şurası da çocuk odası ama, henüz çocuğumuz yok. Feray da çalışıyor, ev kadını değil. Şimdilik çocuk istemiyoruz.
   Sieglinde: Evet, anlıyorum.

d) Feray: Bir çörek daha alır mısınız, Sieglinde Hanım?
   Sieglinde: Elinize sağlık, kahve ve çörekler çok güzel ama, benim için kâfi.
   Vural: Boş zamanınızda ne yaparsınız, Markus Bey?
   Markus: Spor yaparım, sporu çok severim. Sık sık denize girerim, çok yüzerim, balık tutarım, su kayağı yaparım. Genç kalmak için spor yapıyorum. Fotoğraf da çekerim. Yeni bir fotoğraf makinesi aldım. Siz boş zamanınızda ne yaparsınız?

Feray:	Biz hafta sonunda genellikle arkadaşlarımızı ziyaret ederiz, çok sık televizyon seyrederiz veya sinemaya gideriz. Bazen de klasik müzik dinleriz.
Vural:	Bazen de seyahat ederiz.
Sieglinde:	Biz de yakında bir Türkiye seyahati yapmak istiyoruz. Yarın Markus ve ben turizm bürosuna gideceğiz ve bilgi alacağız.

 D 2

2A / 24

Turizm Bürosunda
(kişiler: memur, Sieglinde, Markus)

memur:	Buyurun efendim.
Sieglinde:	Bir Türkiye gezisi yapmak istiyoruz. Sizde karayolları haritası var mı?
memur:	Tabii, efendim. Buyurun. Ne zaman seyahat edeceksiniz?
Markus:	Yazın.
memur:	Nerelere gideceksiniz?
Sieglinde:	Ege ve Akdeniz Bölgelerini gezeceğiz.
memur:	Yazın Ege ve Akdeniz Bölgeleri çok sıcak olur. Otomobille yolculuk zor olur.
Markus:	Ne tavsiye edersiniz?
memur:	Gemi veya TCDD ile seyahat edin.
Markus:	TCDD ne demek?
memur:	Türkiye Cumhuriyeti Devlet Demir Yolları demek. Yazın İstanbul'dan Bandırma'ya sürekli vapur seferleri vardır. Bandırma'dan İzmir'e gidersiniz ve trenle veya otobüsle yola devam edersiniz. Türkiye'de otobüs yolculuğu çok rahattır.
Sieglinde:	Galiba haklısınız. Her halde böyle daha iyi olur. Peki İzmir'den başka gezmek için nereleri tavsiye edersiniz?
memur:	Bodrum'a her yaz yüzlerce turist gelir. Orada hayat çok canlıdır. Diskotekler ve çeşitli başka eğlenceler vardır. Orada çok turistik eşya dükkânları da vardır, örneğin Türk motifleri ile süslü milli kıyafetler ve bakır eşyalar bulursunuz. Marmaris ve Fethiye daha sakindir ama, oralarda da doğa çok güzeldir. Ölüdeniz ve çam ormanları harikadır. Ege ve Akdeniz Bölgelerinde yalnız güzel değil, aynı zamanda tarihi kentler de bulursunuz. Çok görülmeğe değer yerler vardır.
Markus:	Bu bilgiler için teşekkür ederiz.
memur:	Rica ederim, efendim, vazifemiz.

Zusatzmaterial:
Ein Plakat des türkischen Fremdenverkehrsamts

 **T 2**

2A / 25

Komşunun Kazanı

Günlerden bir gün Nasreddin Hoca komşusundan bir kazan ödünç alır. Birkaç gün sonra kazanı geri götürür ve kazanla birlikte komşuya iki tane de tencere verir. Komşu çok şaşırır ve sorar: ‚Bana neden bu tencereleri veriyorsun, Hoca Efendi'? Hoca cevap verir: ‚Senin kazan doğurdu, komşu. Bu tencereler kazanın çocukları.'
Komşu tabii çok sevinir ve kazanla birlikte tencereleri de alır. Bir süre sonra hoca yine komşusundan kazanı ödünç alır ve geri götürmez. Birkaç gün sonra komşu hocaya gelir ve kazanı ister. Hoca ona ‚senin kazan öldü? der. Komşu şaşırır ve bağırır: ‚Kazan nasıl ölür, Hoca Efendi'? Hoca güler ve şöyle der: ‚Kazan doğurdu, buna inandın. şimdi kazan öldü, buna neden inanmıyorsun'?

Rätsel (bilmece)

2A / 26

Bir küçücük kutudur,
bütün dünya yurdudur.

Sprichwörter (atasözleri)

2A / 27

Acı patlıcanı kırağı çalmaz: Unkraut vergeht nicht.
Ağır kazan geç kaynar: Gut Ding will Weile haben.
Akıl yaşta değil, baştadır: Alter schützt vor Torheit nicht.
Hatasız kul olmaz: Irren ist menschlich.
Yalancının mumu yatsıya kadar yanar: Lügen haben kurze Beine.

Gedicht (şiir)

2A / 28

Memleket İsterim (Cahit Sıtkı Tarancı, 1910-1956)

Memleket isterim
Gök mavi, dal yeşil, tarla sarı olsun;
Kuşların, çiçeklerin diyarı olsun.

Karikaturen (karikatürler)

2A / 29

1.

2. (aus: Hürriyet)

3. (aus: Hürriyet)

Lied: Ali Baba'nın Çiftliği
(Liedtext mit Noten, erweitert durch eine Tabelle mit Tierlauten)

aus: Hallo mein Schatz (Kassette), hrsg. von Kassettenprogramme für ausländische Mitbürger e.V. München.

Zusatzmaterial:
Fernsehprogramm, Filmplakate sowie ein Kulturkalender von Istanbul

KANAL D
08.30 Kurabiye
09.50 Küçük Golcü
10.20 Akıllı Bıdık
10.50 Sevimli Kahramanlar
11.30 Sinema: Ormanın Kitabı
13.00 Haber
13.10 Belgesel: Kokpit
13.50 Genç Kuşak
14.40 Sinema: Suç Kralları
16.10 Sinema: Gece Kuşu Zehra
18.00 Ana Haber Bülteni
19.00 Spor Gündemi
19.10 Keloğlan ile Can Kız
20.45 Şampiyonluk Turu
21.00 Ruhsar
22.10 Çarkıfelek
23.15 Şampiyonluk Gecesi
23.30 Haber Saati
23.40 Renagade Karaşahin
01.00 Ana Haber Bülteni
01.50 Spor Gündemi

13.50 Genç Kuşak

 Show

 TRT 1

GRT

07.00 Küçük Simba
07.30 Güne Merhaba
09.00 Fırtınalı Günler
10.00 Yeni Hugo
10.45 Klip 2001 Ece Erken konuklarını ağırlıyor.
13.00 Lezzet Saati
13.45 Minikler, Afacan Dennis
14.30 Garfield
15.00 Cesur ve Güzel
15.45 Yalan Rüzgarı
16.30 Türk Sineması
Tanrı Şahidimdir
18.30 Görmedikleriniz Duymadıklarınız

08.25 Masal Çiftliği
09.35 Bitmeyen Yaz
10.00 Haberler
10.30 Nane Limon Kabuğu
12.30 Bizim Evin Halleri
13.30 Asi Gönül
14.20 İlk Adım
15.05 Tatlı Cadı
16.00 Çocuk Haber
16.05 Vikingler
16.35 Türk Sineması
Samanyolu
18.20 Flipper
19.20 Ayrılsak da Beraberiz

06.00 Huzura Doğru
06.30 Sabah Haberi
09.00 Huzura Doğru
09.30 Pınar'ın Yemek Zevki
10.30 Evita Gülbence Gülben Ergen sizlerle...
12.00 Öğle Haberleri
12.30 Klip Shop
14.00 Türk Sineması
Düşkünüm Sana
15.30 Kezban'ın Günlüğü
17.00 TGRT Haber
17.30 Eltiler
18.00 Tirvana

23.45
ÇOK ÖZEL: Gamze Saygı sunuyor.

19.30 Show TV Haber
20.30 Spor Sayfası
20.45 Türk Sineması
Şaban Pabucu Yarım
22.15 Orada Neler Oluyor
23.00 Show Spor
23.45 Çok Özel
00.30 Haber Hattı
01.00 Sinyal
01.30 Sinema
Perili Ev

16.35
SAMANYOLU: H. Koçyiğit başrolde.

20.00 Ana Haber-Spor
20.15 Hava Durumu
20.25 2. Lig Playoff Karşılaşması Kayserispor-Malatyaspor
22.20 Kazandıran Numaralar
22.50 Sinema
Kalbini Dinle
00.20 Yolun Sonu
00.50 Sinema
Sancağa Veda

22.00
BALDIZ GELİYOR DEMEZ: N. İdiz

19.00 Ana Haber
20.30 Marziye
22.00 Baldız Geliyorum Demez Nurseli İdiz'in oynadığı dizi eğlenceli bir bölümle ekranda.
23.00 Acil Servis
24.00 Belgesel
00.30 Gece Haberleri
01.00 Durum Bundan İbaret

Filmlerden seçmeler
Erman Şener
Faks: 0216 337 53 11

Şahane Evlilik
13.10 KANAL D
Oynayanlar: Berhan Şimşek, Serpil Çakmaklı
Yön: Şahin Gök
MACERA ★★ Eşiyle anlaşamayan genç mühendis, ayrılmayı düşünmektedir. Ancak terfi etmek için örnek bir aile hayatı olması gerektiğini öğrenince tutumunu değiştirir. Ama karısı bu durumu anlamakta gecikmez ve onu terk eder. Ne yapacağını şaşıran mühendisin karşısına bir sürpriz çıkar.

13 B

Ü 1 (sen)-boş zaman-ne yapmak / tenis oynamak: Boş zamanında ne yaparsın? Tenis oynarım.

2B / 44

1. (siz)-boş zaman-ne yapmak / sinema gitmek
2. Martin-boş zaman-ne yapmak / seyahat etmek
3. Erol-boş zaman-ne yapmak / bisiklete binmek
4. (sen)-boş zaman - ne yapmak / kitap okumak
5. gençler - boş zaman - ne yapmak / müzik dinlemek
6. (siz)-boş zaman - ne yapmak / opera gitmek
7. Nuri - boş zaman - ne yapmak / ata binmek
8. öğrenciler - boş zaman - ne yapmak / Türkçe öğrenmek

Ü 2 (siz)-sigara içmek: Sigara içer misiniz? / Hayır, içmem.

2B / 45

1. Ünal - gitar çalmak
2. (sen)-rakı sevmek
3. çocuklar - bisiklete binmek
4. (siz)-yarın-bana-uğramak
5. Nesrin - araba kullanmak
6. (sen)-Türkçe gazete okumak
7. Dietmar-saz çalmak
8. (siz)-Türk yemeği sevmek
9. Gül-örgü örmek
10. İrmgard-dikiş dikmek
11. öğrenciler - Türkçe bilmek
12. Karin - Türk kahvesi pişirmek

Ü 3 a) **Finden Sie das passende Verb und setzen Sie es mit der richtigen Personalendung ein!**

1. Biz yarın belki sizi ...
2. Babam belki yazın yeni araba ...
3. Çocuklar her sabah spor ...
4. Peter her gün Türk kahvesi ...
5. Siz her akşam satranç veya iskambil ...
6. Michael saz ...
7. Ali her sabah gazete ...
8. Sen her gün Türk yemeği ...

 b) **Setzen Sie die Sätze in die Verneinung!**

 Ü 4 **Bestimmte oder unbestimmte Gegenwart? Gebrauchen Sie die Verben in Klammern in der passenden Tempusform und mit der richtigen Personalendung!**

1. Ben sigara (kullanmamak) ama, şimdi hatırınız için bir tane (içmek)
2. Ali her gün işe (gitmek) ama, bugün evde (kalmak), çünkü hasta.
3. Ahmet bugün inşallah bize (uğramak)
4. Ben şimdi eve (gitmek) ama, sonra belki sana (uğramak)
5. Gisela bugün her halde misafirler için (alışveriş etmek)
6. Ben asla sinemaya (gitmemek), televizyonu (tercih etmek)
7. Ali akşamları genellikle klasik müzik (dinlemek) ama, bu akşam (televizyon seyretmek)
8. Öğrenciler belki bugün dersten sonra tiyatroya (gitmek)

 Ü 5 **(sen)-pencere-açmak: Lütfen pencereyi açar mısın?**

1. (siz)-kapı-kapamak
2. (sen)-ben — bira — getirmek
3. (siz)-çocuklar — Türkçe kitabı — almak
4. (sen)-bakkal — rakı — almak
5. (siz)-biz — karayolları haritası — vermek

Ü 6   Mit oder ohne ‚-dir'?

2B / 50

1. Tülin hanım bugün evde----- (?), Arzu Hanım da her halde evde ----- (?)
2. Ünal bugün muhakkak üniversitede ----- (?), çünkü sınavları var.
3. Mehmet para biriktiriyor, herhalde çok parası var ----- (?)
4. Nuray kaç gündür hasta ----- (?), inşallah bugün iyi ----- (?))
5. Gemilerde sigara içmek yasak ----- (?)
6. Çocuklar şimdi okulda ----- (?)
7. Saat beş ----- (?)
8. Bu akşam Peter evde ----- (?), tahmin ediyorum.
9. Umarım, Metin Bey şimdi büroda ----- (?)
10. Metin Bey avukat----- (?)

Ü 7   Kışın İstanbul'un havası nemli olur: Kışın İstanbul'un havası nemli *dir*.

1. Kışın Erzurum'un havası çok soğuk olur.
2. Yazın İzmir'in havası çok sıcak olur.
3. Istanbul'un havası kışın kirli olur.
4. Baharda Akdeniz Bölgesi çok güzel olur.
5. Kışın Ege Bölgesi yağmurlu olur.

Ü 8   (sen)-Türkçe öğrenmek / Türk arkadaşlar - sohbet etmek: Neden Türkçe öğreniyorsun? / Türk arkadaşlarla sohbet etmek için.

2B / 51

1. Peter - Türkçe kelime - ezberlemek / Türkçe gazete okumak
2. (siz)-acele etmek / geç kalmamak
3. Gönül Hanım - bakkal - gitmek / alışveriş etmek
4. Markus-spor yapmak / genç - kalmak
5. Vural - rakı içmek / neşelenmek
6. Feray-yiyecek ve içecek almak / konuklar - ikram etmek
7. Arzu - rejim yapmak / zayıflamak
8. Sieglinde-her gün - Türkçe kursu - devam etmek / Türkçesini ilerletmek
9. Günter - para biriktirmek / bir çiftlik - almak
10. Hans da - para biriktirmek / harcamak

Ü 9 yazın- Ankara'nın havası / sıcak-kirli:
Yazın Ankara'nın havası yalnız sıcak değil, aynı zamanda kirli olur.

1. kışın-Istanbul'un havası / yağmurlu-soğuk
2. ilkbaharda-Akdeniz Bölgesi / ılık-güzel
3. yazın - Ege Bölgesi / sıcak - kalabalık
4. İstanbul'un-eğlence yerleri / kalabalık-pahalı

Ü 10 (siz)-dün-ne-yemek / 2 lahmacun: Dün ne yediniz? /
İkişer tane lahmacun yedik.

1. çocuklar-dün-ne-içmek / 3 limonata
2. öğrenciler-dün-ne yazmak / 2 dilekçe
3. (siz)-dün — ne — içmek / 4 ayran
4. (siz)-dün — ne yemek / I döner kebap
5. Sieglinde ile Markus-dün-ne-yemek / 5 çörek

Ü 11 Rechnen Sie laut auf Türkisch! 5 + 7 =?:
beş artı yedi eşittir on iki / beş artı yedi on iki eder

110 + 320 =?   450-240 =?
390 + 110 =   690-410 =?
15 x 20 =?   350 : 35 =?
55 x 30 =?   1500 : 500 =?

S/Ü 1 Spielen Sie mit Ihrem Lernpartner einen Dialog und benutzen Sie die Alternativantworten. Erweitern Sie die Antwortsätze mit Ihrem eigenen Wortschatz. Schreiben Sie diese Sätze und zeigen Sie sie Ihrem Lehrer:

a)

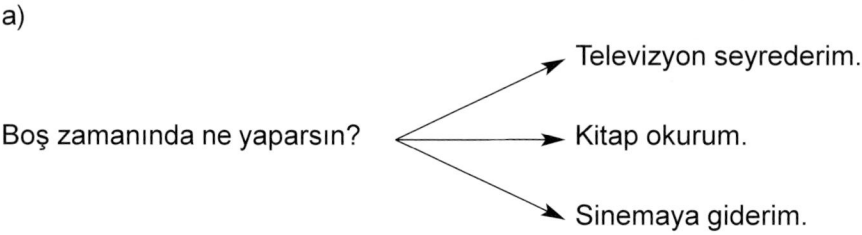

b)

Nasıl filmler seyredersin? → Polisiye filmleri severim.
→ Dizi filmleri seyrederim.
→ Korku filmlerini severim.

c)

Nasıl kitaplar okursun? → Roman okurum.
→ Şiir kitapları okurum.
→ Masal kitaplarını severim.

d)

Nasıl müziği tercih edersin? → Klasik müzik severim.
→ Modern müzik severim.
→ Arabesk dinlerim.

S/Ü 2 **Studieren Sie bitte das Fernsehprogramm, die Filmplakate und den Kulturkalender von Istanbul. Wörter, die Sie nicht in der ‚Wörterkiste' finden, können Sie ja im Lexikon nachschlagen. Dann beantworten Sie bitte die Fragen:**

1. Bugün televizyonda ne var? Siz hangi programları izlemek istersiniz?
2. Bugün sinemalarda ne var? Siz hangi filmlere gitmek istersiniz?
3. Bu ara Istanbul'da hangi kültür programları var? Siz hangilerini izlemek istersiniz?

B/Ü 1 Erzählen Sie bitte, was diese Menschen jeden Tag machen!

B/Ü 2 Sie besuchen eine türkische Familie. Sie unterhalten sich mit Ihrem Gastgeber über verschiedene Themen (Wohnungseinrichtung, Beruf, Freizeit usw.). Spielen Sie mit Ihrem Lernpartner den Dialog!

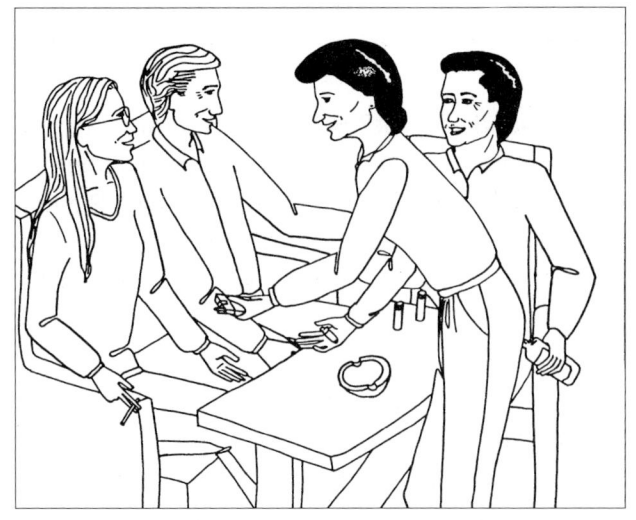

13 C

1. Der Aorist (geniş zaman)

1.1. Verwendungsbereich
Der Aorist, auch das unbestimmte Präsens genannt, ist eine Zeitform im Türkischen, deren Verwendungsbereich sehr breit ist. Deshalb wird sie im Türkischen als ‚geniş zaman' (‚breite Zeit') bezeichnet.
Im Deutschen wird der Aorist mit Präsens wiedergegeben, während er eine genaue Entsprechung in ‚Simple Present Tense' im Englischen findet.

okuyor	/ okur
er liest (gerade)	/ er liest (regelmäßig)
(im Englischen:	
he is reading	/ he reads

Während das bestimmte Präsens auf ‚-yor' Handlungen ausdrückt, die gerade geschehen, wird der Aorist für folgende Situationen gebraucht:

* Allgemeingültigkeit
Da bei Allgemeingültigkeit der Aorist verwendet wird, begegnet man dieser Zeitform in wissenschaftlichen Texten und in Lehrbüchern, z. B.:
Balık suda yaşar: Der Fisch lebt im Wasser.

* kurze anekdotenhafte Texte
Neben wissenschaftlichen Texten ist der Aorist die Zeitform der Erzählsprache in kurzen, anekdotenhaften Texten. Als Beispiel finden Sie in dieser Lektion eine Anekdote von Nasreddin Hoca, dem türkischen Eulenspiegel.

* Regelmäßige Handlungen, Eigenschaften, Gewohnheiten
Die Regelmäßigkeit kann auch in Eigenschaften oder Gewohnheiten liegen, und in diesem Zusammenhang kann der Aorist auch im Sinne von ‚können' gebraucht werden, z. B.:
Ali saz çalar: Ali spielt Laute (kann Laute spielen).
Somit drückt der Aorist auch eine Möglichkeit aus:
* Möglichkeit, Wahrscheinlichkeit
Bei Möglichkeit, Wahrscheinlichkeit, Vermutung und Hoffnung wird der Aorist benutzt, oft betont und ergänzt durch Füllwörter wie her halde (wahrscheinlich, vermutlich), muhakkak (sicher, sicherlich), inşallah (hoffentlich), belki (vielleicht),

z. B.:
Ali her halde yarın bize uğrar.
Peter belki yazın Türkiye'ye gider.
Sinan inşallah ehliyetini geri alır.

* Höfliche Ausdrucksweise mit konjunktivischem Klang

Die höfliche Ausdrucksweise mit ‚würde' wird auch mit Aorist wiedergegeben. Sie kennen bereits von Lektion 12 (Restaurant) die Frage ‚bugün ne tavsiye edersiniz'? (Was würden Sie heute empfehlen?).
Auch die Geschmacksrichtung wird häufig mit Aorist ausgedrückt; wie Markus in D 1 b sagt: ‚Türk müziğini çok severim.'
Da der Aorist auch Höflichkeit ausdrückt, wird die höfliche Befehlsform (würden Sie bitte ...) mit der Frageform des Aorist gebildet:
Lütfen pencereyi açar mısınız? (Würden Sie bitte das Fenster öffnen?)
Der Aorist wird im Türkischen häufiger als das bestimmte Präsens verwendet, wobei die Grenzen zwischen der bestimmten und unbestimmten Gegenwart für die Verwendungsbereiche 1, 3 und 5 (mit Ausnahme der höflichen Befehlsform) fließend sind. Für diese Verwendungsbereiche können beide Präsensformen gebraucht werden.

1.2. Konjugation

Die Aoristendung ist ‚-r':

okumak: oku-r-um   oku-r-uz
               oku-r-sun   oku-r-sunuz
               oku-r   oku-r-lar

Beim Konsonantenauslaut am Verbstamm wird ein Bindevokal eingeschoben, der meistens der kleinen Vokalharmonie unterliegt:
açmak: aç-*a*-r / sevmek: sev-*e*-r /
dövmek: döv-*e*-r / koşmak: koş-*a*-r.
Nach ‚l' und ‚r' am Verbstamm richtet sich der Bindevokal meistens nach der großen Vokalharmonie:
gelmek: gel-*i*-r / vermek: ver-i-r.
Es gibt aber viele Ausnahmen, die wichtigsten sind:
gülmek: gül-*e*-r / sormak: sor-*a*-r.
Da der Bindevokal der Aoristendung relativ unregelmäßig ist, finden Sie in Wörterbüchern bei jedem Verb die Aoristform, wenn es sich um einen Zweifelsfall handelt. Außerdem finden Sie diese unregelmäßigen Formen auch in der Grammatiktabelle (vgl. Übersicht über die Aoristdeklination!). Als allgemeingültige Regel können Sie sich merken, daß der Bindevokal bei mehrsilbigen Verbstämmen stets der großen Vokalharmonie unterliegt:

getirmek: getir-*i*-r / götürmek: götür-*ü*-r usw.
Bei den Verben ‚gitmek', ‚etmek' und ‚tatmak' wird das t am Verbstamm (in der Aussage- und Frageform) weich: gi*d*er, e*d*er, ta*d*ar.

Frageform:

oku-r mu-y-um? oku-r mu-y-uz?
oku-r mu-sun?   oku-r mu-sunuz?
oku-r mu?   oku-r-lar mı?

Verneinung:
Dem durch das Negationssuffix ‚-me/-ma' negativierten Verbstamm werden Personalendungen des verneinten Aorist angefügt.

gel-me- m	al-ma- m
gel-me- zsin	al-ma- zsın
gel-me- z	al-ma- z
gel-me- yiz	al-ma- yız
gel-me- zsiniz	al-ma- zsınız
gel-me- zler	al-ma- zlar

Verneinte Frage:

gel-me-m mi?   gel-me-z miyiz?
gel-me-z misin? gel-me-z misiniz?
gel-me-z mi?   gel-me-zler mi?

Aufgabe: Spielen Sie mit Ihrem Lernpartner den Dialog D 1a, auch auf Deutsch! Machen Sie die Übungen 2, 3, 4, 5 und B/Ü 1! Lesen Sie das Gedicht und versuchen Sie es mit Hilfe der ‚Wörterkiste' zu verstehen. Können Sie es auswendiglernen?
Lesen Sie in T 2 die Anekdote von Nasreddin Hoca mit dem Kessel und den Kochtöpfen. Verstehen Sie die Pointe? Erzählen Sie die Anekdote mit Ihren eigenen Worten mündlich und schriftlich nach! Die 1. Karikatur handelt auch von dieser Anekdote. Versuchen Sie, sie mit Hilfe der ‚Wörterkiste' zu verstehen. Wenn Sie Schwierigkeiten haben, können Sie ja im Schlüssel nachschauen.

In der 2. Karikatur befindet sich die Verneinung des Aorist. Haben Sie schon herausgefunden, in welcher Sprechblase? Gleichzeitig handelt es sich um eine Wendung, die in der Umgangssprache sehr häufig gebraucht wird und auch in W 4 steht! Haben Sie die Pointe verstanden? Können Sie den Inhalt der Sprechblase ins Deutsche übersetzen?
In der 3. Karikatur finden Sie ein authentisches Beispiel für die Verwendung der Frageform von Aorist als höfliche Befehlsform. Versuchen Sie, auch die 3. Karikatur mit Hilfe der 'Wörterkiste' zu verstehen und ins Deutsche zu übersetzen!

Das Lied ‚Ali Baba'nın Çiftliği' ist ein berühmtes Kinderlied und ein typisches Beispiel für den Aoristgebrauch, da Tierlaute in jeder Sprache eine feste und allgemeingültige Lautreihe bilden. Im Deutschen schreit der Esel ‚ia - ia', im Türkischen ‚ai - ai' usw.
Was das Lied betrifft: Auf dem Bauernhof von Ali Baba sind verschiedene Tiere, und die Laute, die sie von sich geben, werden lautmalend nachgeahmt, indem das Verb ‚bağırmak' (=schreien) im Aorist gebraucht wird. Versuchen Sie dieses Lied mit Hilfe der Wörterkiste zu verstehen (die Wörter, die Sie nicht in der Wörterkiste finden, können Sie ja im Lexikon nachschlagen!) und singen Sie es, entweder allein oder im Chor mit Ihren Lernpartnern! Zum Spaß können Sie auch die Tierlaute im Türkischen mit denen im Deutschen vergleichen.

1.3. Wortbildungsfunktion der Aoristendung
Wie die Futurendung hat auch die Aoristendung eine wortbildende Funktion, z. B.:
okumak: okur (Leser), yazmak: yazar (Schriftsteller), aber: okuryazar: wer lesen und schreiben kann (Nicht-Analphabet); düşünmek: düşünür (Denker) usw.
Darüber hinaus wird der Aoriststamm auch als Partizip I verwendet, z. B.:
gülmek: güler yüz (lachendes Gesicht).

2. Die Endung ‚-dir':

Sie haben bis jetzt gelernt, daß bei der Entsprechung für das Hilfsverb ‚sein' die Endung für die 3. Person entfällt. Auch für die 3. Person existiert eine Endung:‚-dir' (große Vokalharmonie: -dır/-dür/-dur, nach stimmlosen Konsonanten: -tir/-tır/-tür/-tur), die aber nur in ganz bestimmten Situationen gebraucht wird, die den Verwendungsbereichen des Aorist ähneln:
* Allgemeingültigkeit, Unabänderlichkeit
Ankara Türkiye'nin başkenti*dir:* Ankara *ist* die Hauptstadt der Türkei.
Almanya'nın başkenti Berlin'*dir.*
Yazın Antalya çok sıcak*tır.*
Kışın Erzurum çok soğuk*tur.*

* Möglichkeit, Wahrscheinlichkeit, Hoffnung
Ali her halde (muhakkak, inşallah) evde*dir.*
Ali ist wahrscheinlich (sicherlich, hoffentlich) zu Hause.

* Betonung
Da ‚-dir' für die Betonung der Aussage sorgt, wird die Endung in der Regel auch für Verbote benutzt:
Sigara içmek yasak*tır:* Rauchen *(ist)* verboten.
Bei der Frageform wird das Fragewörtchen vor die Endung eingeschoben:
Acaba Ali evde mi*dir*? (Ob Ali wohl zu Hause ist?)
Die Verneinung erfolgt mit ‚değil': Şef her halde büroda *değildir.*
Um Möglichkeit, Wahrscheinlichkeit und Hoffnung auszudrücken, kann die Endung allen Personalendungen angefügt werden:
Yarın her halde (belki, inşallah, muhakkak) evdey*imdir.*
Ich bin morgen wahrscheinlich (vielleicht, hoffentlich, sicher) zu Hause.
In allen ihren Verwendungsbereichen kann die Endung auch an die Strukturwörter ‚var',‚yok' und ‚lazım' angehängt werden:
İstanbul'da çok güzel camiler var*dır.*
Ankara'da deniz *yoktur.*
Peter Türkçe öğreniyor. Her halde ona bir Türkçe kitabı lazım*dır.*
Die Aoristform vom Hilfsverb ‚olmak':‚olur' wird häufig als Synonym für die Endung ‚-dir' gebraucht:
Yazın Antalya çok sıcak olur (statt ‚sıcak*tır*');
Mehmet bu akşam muhakkak otelde olur (statt ‚otelde*dir*').
Wie die Endung ‚-dir' kann auch ‚olur' für andere Personen außer bei der 3. Person gebraucht werden:
Yarın her halde evde olur-um. (Morgen bin ich wahrscheinlich zu Hause.)
Die Verneinung erfolgt mit der verneinten Aoristform für ‚ol-mak':
Yarın her halde büroda olmam: Morgen bin ich wahrscheinlich
nicht im Büro.
Yarın belki üniversitede olmazsın: Morgen bist du vielleicht nicht in der Uni.
Kışın Antalya soğuk olmaz: Im Winter ist (es in) Antalya nicht kalt, usw.

Aufgabe: Spielen Sie mit Ihrem Lernpartner den Dialog D 2, auch auf Deutsch! Haben Sie schon die Lösung für das Rätsel? Wenn nicht, schauen Sie im ‚Schlüssel' nach. Bei den Sprichwörtern ist zwar die deutsche Entsprechung angegeben, aber können Sie die Sprichwörter auch wörtlich übersetzen? Versuchen Sie es! Machen Sie die Übungen 6 und 7!

3. Der Infinitivsatz mit ‚um ... zu'

Der Infinitivsatz mit ‚um .. .zu' wird im Türkischen mit dem Infinitiv und dem Verhältniswort ‚için' gebildet:
Markus genç *kalmak için* spor yapar: Markus treibt Sport, um jung zu bleiben.
Sieglinde Türkçe öğren*mek için* kurslara devam etti: Sieglinde besuchte Kurse, um Türkisch zu lernen.
Die Infinitivkonstruktion kann auch am Satzanfang stehen:
Genç kalmak için Markus spor yapar.
Türkçe öğrenmek için Sieglinde kurslara devam etti.
Bei der Verneinung wird der Infinitiv durch ‚-me/-ma' negativiert:
Kilo al*mamak için* az yemek yiyorum: Um nicht zuzunehmen, esse ich wenig.

Aufgabe: Lesen Sie den Text T 1 und versuchen Sie ihn mit Hilfe der Grammatik und ‚Wörterkiste' zu verstehen. Spielen Sie mit Ihrem Lernpartner die Dialoge D 1b, c, d, auch auf Deutsch! Machen Sie die Übungen 8, S/Ü 1-2 und B/Ü 2.

4. Entsprechung für ‚nicht nur ... sondern auch'

In D 2 sagt die Angestellte zu Sieglinde und Markus:
‚Ege ve Akdeniz Bölgeleri'nde yalnız güzel değil aynı zamanda tarihi kentler de bulursunuz.'
‚In den Ägäischen- und den Mittelmeerregionen finden Sie nicht nur schöne, sondern auch historische Städte.' ‚Nicht nur ... sondern auch' wird ausgedrückt durch ‚yalnız ... değil, aynı zamanda ...', wobei ‚yalnız"' mit dem Synonymwort ‚sadece' ausgetauscht werden kann:
Ali yalnız (oder sadece) saz değil aynı zamanda gitar çalar: Ali spielt nicht nur Laute, sondern auch Gitarre.
Das zweite Bezugswort kann auch mit der Partikel ‚de' (‚da') (auch) erweitert werden:
Markus yalnız halk müziği değil aynı zamanda sanat müziği de sever.

Aufgabe: Machen Sie die Übung 9! Spielen Sie mit Ihrem Lernpartner den Dialog D 2, auch auf deutsch!

5. Endungen an Zahlwörtern

5.1. Distributivzahlen (üleştirme sayıları)

Sinan ile Nuri *birer* kadeh rakı içtiler.
Sinan und Nuri tranken *je ein* Glas Raki.
Çocuklar *üçer* (oder üçer tane) elma yedi.
Die Kinder aßen *je drei* Äpfel.
Nach vokalischem Auslaut am Zahlwort wird ein ‚ş' als Bindekonsonant eingeschoben: iki-ş-er (je zwei), altı-ş-ar (je sechs) usw.
Das Zahlwort mit Distributivendung wird häufig mit ‚tane' erweitert: Çocuklar ikişer tane elma yedi.
Die Distributivzahlen können Sie auch als Adverb gebrauchen: ikişer ikişer: zwei und zwei

Aufgabe: Machen Sie die Übung 10!

5.2. Die Endung ‚-z' (-ling)

Für ‚Zwilling', ‚Drilling' usw. wird die Endung ‚-z' benutzt::
iki: iki-z-ler: Zwillinge.
Nach vokalischem Auslaut am Zahlwort wird ein Bindevokal eingeschoben, der der großen Vokalharmonie unterliegt: üç: üç-ü-z; beş: beş-i-z usw.

5.3. Die Endung ‚-ce'

Diese Endung (kleine Vokalharmonie, Variante ‚-ca') wird an die Pluralform großer Zahlen (yüz, bin, milyon) angehängt: yüzlerce (hunderte von ...), binlerce (tausende von ...) usw. usw.

6. Rechnen auf Türkisch

Die Rechungsarten und -zeichen sind:

toplama: Addition:	(aus ‚toplamak': addieren)	artı (plus)
çıkarma: Subtraktion:	(aus: çıkarmak: subtrahieren)	eksi (minus)
çarpma: Multiplikation:	(aus ‚çarpmak': multiplizieren)	çarpı (mal)
bölme: Division:	(aus ‚bölmek': teilen)	bölü (durch)
		und: eşit*tir (ist* gleich)

z. B.:

on artı beş eşittir on beş /	on eksi beş eşittir beş
10 + 5 = 15	10 - 5 = 5
on çarpı beş eşittir elli /	on bölü beş eşittir iki
10 x 5 = 50	10 : 5 = 2

In der Umgangssprache nimmt man aber oft die Form ‚eder' (macht), die dem Ergebnis nachgestellt wird:

on eksi beş	beş eder	
10-5	5	(= Zehn minus Fünf macht Fünf)

Bei der Addition benutzt man in der Umgangssprache oft ‚daha' statt ‚artı'; vergleichen Sie:

on beş daha on beş eder /	on artı beş eşittir on beş
10 + 5 = 15	10 + 5 = 15

Bei der Multiplikation sagt man in der Umgangssprache ‚kere' statt ‚çarpı':
on kere beş elli eder.
10 mal 5 macht 50

Aufgabe: Machen Sie die Übung 11!
Zusatzaufgabe: Lernen und verwenden Sie die Wendungen in W 4, die mit Aorist gebildet werden!

7. Grammatik zum Weiterlernen

7.1. Zu einigen Verbformen
In Ü 2 begegnen Sie Verben wie ‚dikiş dikmek' und ‚örgü örmek'. ‚Dikmek' heißt ‚nähen' und ‚örmek' ist ‚stricken', wenn Sie diese Verben mit einem Objekt gebrauchen, z. B.:
Bir elbise diktim: ich habe ein Kleid genäht;
Bir kazak ördüm: Ich habe einen Pulli gestrickt.
Wenn Sie aber diese Verben ohne ein Objekt gebrauchen, müssen Sie Ergänzungen wie ‚dikiş' (Näharbeit) oder ‚örgü' (Strickarbeit) verwenden, z. B.:
Dün dikiş diktim: Gestern habe ich genäht.
Her gün örgü örerim: Ich stricke jeden Tag.

7.2. böyle-şöyle-öyle

‚Böyle', ‚şöyle', ‚öyle', die sich aus den Demonstrativpronomen ‚bu-şu-o' ableiten, bedeuten ‚so' und entsprechen in ihrer Unterscheidung und Funktion den Eigenschaften von ‚bu-şu-o'.

Idiomatisiert ist ‚öyle' in der Frageform: Öyle mi? ‚So?' Idiomatisiert ist ‚şöyle' als ‚folgendermaßen', ‚folgendes', z. B.: ‚şöyle yapın' (Tun Sie folgendes).

Darüber hinaus kann ‚şöyle' eine abwertende Bedeutung haben:

Şef Mehmet'e şöyle bir baktı: Der Chef hat Mehmet (prüfend, mit Verachtung, ohne ihn ernst zu nehmen) angeschaut.

Sie kennen bereits die Wendung ‚şöyle böyle' in der Bedeutung ‚es geht, so la la', die aber auch ‚so etwa, ungefähr' bedeuten kann:

Mehmet şöyle böyle on beş yıldır Almanya'da yaşıyor: Mehmet lebt so etwa (ungefähr) seit 15 Jahren in Deutschland.

‚Böyle bir', ‚şöyle bir', ‚öyle bir' bedeuten ‚so ein(e), ‚solch-'. Die entsprechenden Adverbformen sind: böylece (oder böylelikle), şöylece (oder şöylelikle), öylece (öylelikle): auf diese Weise, derart, so.

Mit der Possessivendung der 3. Person:

böylesi (şöylesi, öylesi): so etwas; in der Deklination mit ‚n' als Füllkonsonant vor der Fallendung:

Böyle*ni* hiç bilmiyorum. So etwas kenne ich gar nicht.

Im Plural:

böyle*leri*, şöyle*leri*, öyle*leri*: solche (als Pronomen):

Böyle insanlar çok para kazanır. / Böyleleri çok para kazanır. Solche Leute verdienen viel Geld. / Solche verdienen viel Geld.

Wörterkiste

(Verweise mit C beziehen sich auf den Grammatikteil; die Zahlen rechts vom Punkt auf das entsprechende Kapitel im Grammatikteil)

W 1

acele etmek	sich beeilen
acı	(hier:) ranzig, kaputt
akıl	Verstand
Ali Baba	'Vater Ali': Titelfigur eines berühmten Kinderliedes
alt-	unter (Adjektiv)
ara	s. 'bu ara'
araba kullanmak	Auto fahren
araba sürmek	Auto fahren
arabesk	eine Art modische Musik
artı	plus
asansör	Lift, Aufzug
at	Pferd
ata binmek	reiten
aynı zamanda	gleichzeitig (s. yalnız ...)
badem	Mandel (Delikatesse zum Raki)
bağırmak	schreien
balık tutmak	fischen, angeln
başka	ander-
bayılmak (mit Dativ)	(hier:) sehr gern haben, schwärmen für
bir süre sonra	nach einer Weile, nach einiger Zeit
biriktirmek	(hier:) sparen
birbirine uymak	zusammenpassen
bisiklete binmek	radfahren
boş zaman	Freizeit
bölme	Division
bölmek	teilen, dividieren
bölü	(geteilt) durch
böyle	so (s. C.7.2)
böylece	auf diese Weise (s. C.7.2)
bu ara	zur Zeit
bu yüzden	deshalb
buna	(hier:) daran, das
canlı	(hier:) rege, bunt, bewegt
CD	CD
çalışma odası	Arbeitszimmer
çalmak	s. kapıyı çalmak; kırağı çalmak
çam	Tanne
çarpı	mal (beim Rechnen)
çarpma	Multiplikation
çarpmak	(hier:) multiplizieren
çeşitli	(hier:) verschieden
çıkarma	Subtraktion
çıkarmak	subtrahieren
çıkmak	(hier:) verlassen
çıldırtmak	verrückt machen
çiçek	Blume
çiftlik	Bauernhof
çocuk odası	Kinderzimmer
çok sık	sehr oft
daha	(hier:) plus
dal	Zweig
deniz manzarası	Blick übers Meer
denize girmek	im Meer baden
devam etmek	s. yola devam etmek
dikiş	Näharbeit
dikiş dikmek	nähen (s. C.7.1)
dikmek	(hier:) nähen
dilemek	wünschen
diskotek	Diskothek
diyar (Altw.)	Land
dizi film	Fernsehserie
doğa	Natur (Neuw.)
doğum kontrol hapı	Antibabypille
doğurmak	gebären
dolmak	voll werden, sich füllen
dövmek	schlagen
durmadan	ständig, unaufhörlich
düşünür	Denker
eder	macht (beim Rechnen)
eğlence yeri	Vergnügungslokal
eksi	minus
eşit	gleich
eşittir	ist gleich (beim Rechnen)
ezberlemek	auswendig lernen
fıstık	Pistazie
geniş	breit
gerçekten	wirklich
geri almak	zurückbekommen
geri götürmek	zurückbringen
gerilim filmi	Thriller (s. auch 'korku filmi')
gezi	(hier:) Reise
gök	Himmel
görülmeğe değer	sehenswert
görülmeğe değer yerler	Sehenswürdigkeiten
günlerden bir gün	eines Tages
hafta sonu	Wochenende
haklısın(ız)	du hast (Sie haben) recht
halk	Volk
halk müziği	Volksmusik
harika	(hier:) sehr schön
hatırın(ız) için	dir (Ihnen) zu liebe
hava	Wetter; Luft; Klima
hayat (Altw.)	Leben
hem de	außerdem, noch dazu
hiç zahmet olur mu	das macht doch keine Mühe

huysuz	mürrisch	modern	modern
ılık	lauwarm	motif	Motiv
ilgilendirmek	interessieren	muhakkak	sicher, sicherlich
ikiz(ler)	Zwillings-, (Zwillinge)	mum	Kerze
ikram etmek	anbieten	Nasreddin Hoca	eine bedeutende Figur der türk. Volksliteratur, vergleichbar mit Eulenspiegel
ilerletmek	erweitern (Kenntnisse usw.)		
iltifat	Kompliment		
iltifat etmek	Kompliment machen	ne yapayım?	Was soll ich machen?
inanmak (mit Dativ)	glauben	nemli	feucht
iskambil	Kartenspiel	neşelenmek	fröhlich werden, in Stimmung kommen
iskambil oynamak	Karten spielen		
izlemek	verfolgen (z. B. ein Programm)	okur	Leser
		okuryazar	wer lesen und schreiben kann
kâfi	genug		
kalabalık	voll, überfüllt	olmaz	(hier:) es gibt nicht
kapıyı çalmak	(an der Tür) klingeln, läuten	olur	(s. C.2)
		opera	Oper
karayolları	Verkehrsstraßen, Autobahnnetz	orman	Wald
		oturmak	(hier:) sich setzen
karayolları haritası	Straßenkarte	oturma odası	Wohnzimmer
karpuz	Wassermelone	ödünç almak	sich (bei jdm etw.) ausleihen
kaynamak	kochen, sieden		
kazan	Kessel	ölmek	sterben
kelime	(hier:) Vokabel	Ölüdeniz	Totes Meer (bei Fethiye)
kere	mal (beim Rechnen)	öpmek	küssen
kırağı	Reif	örgü	Strickarbeit
kırağı çalmak	(hier:) schaden, beschädigen	örgü örmek	stricken (s. C.7.1)
		örmek	stricken
kıyafet	s. milli kıyafet	öyle	so (s. C.7.2)
kilim	Kelim	polisiye film	Krimi
kilo almak	zunehmen, dick werden	portakal	Orange
kilo vermek	abnehmen, schlank werden	program	Programm
		rahat	gemütlich; bequem
kiraz	Kirsche	rejim yapmak	Diät machen
kirli	schmutzig	roman	Roman
klasik	klassisch	sakin	(hier:) ruhig
klasik müzik	klassische Musik	Samsun	(hier:) türk. Zigarettenmarke
konfor	Komfort	sanat	Kunst
konforlu	komfortabel	sanat müziği	Kunstmusik (im Gegensatz zu Volksmusik)
korku	Angst, Furcht		
korku filmi	Horrorfilm (s. auch 'gerilim filmi')	satranç	Schachspiel
		saymak	(hier) aufzählen
kul	(hier:) Mensch	sefer	(hier:) Fahrt, Reise
kullanmak	(hier:) fahren	ses	Stimme
kutu	Schachtel	sevinmek	sich freuen
küçücük	ganz klein, winzig	seyahat (Altw.)	Reise
kültür	Kultur	seyahat etmek (Altw.)	reisen
kültür programı	Kulturprogramm	sık sık	oft
limonata	Limonade	sınav	Prüfung
memleket (Altw.)	Land, Heimat	sohbet	Unterhaltung
meze	kleine Speisen zum Raki	sohbet etmek	sich unterhalten
milli	national	söyleşmek	Neuw. zu sohbet etmek
milli kıyafet	Nationaltracht	spor	Sport
mimar	Architekt	spor yapmak	Sport treiben

sözcük	Neuw. für kelime
su kayağı	Wasserski
süre	Dauer, Weile s. bir süre sonra
sürekli	(hier:) regelmäßig
süslü	verziert
şaşırmak	staunen, sich wundern
şimdilik	vorläufig
şöyle	so (s. C.7.2)
şöyle böyle	(hier:) ungefähr (s. C.7.2)
tabiat (Altw.)	Natur
tahmin	Vermutung
tahmin etmek	vermuten
tarihi	historisch
tarla	Feld, Acker
TCDD	s. Türkiye Cumhuriyeti Devlet ...
tencere	Kochtopf
tenis	Tennis
tercih	Bevorzugung, Vorzug
tercih etmek	bevorzugen, vorziehen
toplama	Addition
toplamak	(hier:) addieren
TRT	Abk. für Türkische Rundfunk- und Fernsehanstalt
turistik eşya	für Touristen interessante Sachen (zum Kaufen)
turizm	Fremdenverkehr
turizm bürosu	Fremdenverkehrsbüro
tutmak	(hier:) fangen (s. balık tutmak)
Türkiye Cumhuriyeti	Türkische Republik
Türkiye Cumhuriyeti Devlet Demiryolları	Staatliche Eisenbahn der Türkischen Republik (etwa wie DB)
ummak:	hoffen
umarım	ich hoffe
uymak	passen, s. birbirine uymak
üst	ober- (Adjektiv)
üzüm	Weintraube(n)
vapur seferi	Schiffsverbindung
vazife	Pflicht
vazifemiz	aber bitte, gern geschehen
yağmurlu	regnerisch
yalancı	Lügner
yalnız ... değil aynı zamanda	nicht nur ... sondern auch
yapayım	s.: ne yapayım
yanmak	brennen
yasak	(hier:) verboten
yaş	(hier:) Alter
yaşam	Leben (Neuw.)
yaşantı	s. yaşam
yatak	Bett
yatak odası	Schlafzimmer
yatsı	Zeit nach Sonnenuntergang
yazar	Schriftsteller
yeni	(hier:) vor kurzem
yeter, yeterli	genug, ausreichend
yetmek	genügen, ausreichen
yola devam etmek	weiterfahren
yüzlerce	hunderte von (s. C.5.3)
yüzmek	schwimmen
zahmet	Mühe
zahmet etmeyin(iz)	machen Sie bitte keine Umstände
zayıflamak	(hier:) abnehmen, schlank werden

W 2 (grammatische Termini)

geniş zaman	Aorist
üleştirme sayıları	Distributivzahlen

W 4 (Umgangssprachliches: Wendungen im Aorist)

Allah bilir	Gott weiß
başarılar dilerim	Ich wünsche viel Erfolg (von : dilemek: wünschen)
beni ilgilendirmez	das interessiert mich nicht
kim bilir?	wer weiß?
kutlarım	ich gratuliere, herzlichen Glückwunsch
von: kutlamak	gratulieren
ne dersin(iz)?	was meinst Du (was meinen Sie?)
olmaz	das geht nicht (strikte Ablehnung)
olur	okay, in Ordnung
olur mu?	geht es, geht das? okay?
olur olmaz	x-beliebig, passend oder nicht passend
sen bilirsin	wie du willst
siz bilirsiniz	wie Sie wollen
tebrik ederim	Altw. für kutlarım (von: tebrik (Glückwunsch), tebrik etmek: gratulieren))
yeter!	jetzt reicht's aber!

Lektion 14
Size Yardım Edebilirim (Ich kann Ihnen helfen)

Grammatik:

1. Entsprechung für die Modalverben ‚können' und ‚dürfen'; Möglichkeits- und Unmöglichkeitsform; Fähigkeitsform
2. Vergangenheit und Futur der Möglichkeits- und Unmöglichkeitsform
3. Funktionswörter: ‚ancak', ‚yoksa', ‚nihayet'
4. Wortbildungsendungen: ‚-ci'; ‚lik' (Berufe)
5. Beanstandungen
6. Pronomen mit Possessivendungen (Entsprechung für: ander-, manch-, meist; einer-keiner-jemand-niemand-jeder-alle; alles-etwas-nichts; irgendein-irgendwo; überall; der-, die-, das-selbe)

Sprechsituationen :

1. Möglichkeit, Unmöglichkeit und Fähigkeit ausdrücken
2. Verbotsschilder verstehen
3. Hotel, Zimmersuche, Anmeldung
4. Unterhaltung über Hobbys
5. Beanstandungen

Zusatzmaterial:

Verbotsschilder

14 A

 S 1

2A / 31

Yarın akşam bana gelebilir misin?
   Evet, gelebilirim, vaktim var.
Gelecek hafta bana uğrayabilir misiniz?
   Maalesef uğrayamam, hiç vaktim yok.
Hakan yarın bana bir Türkçe sözlük alabilir mi?
   Her halde alamaz, yarın onun çok işi var.

 S 2

2A / 32

a)   Pencereyi kapatabilir miyim?
      Tabii kapatabilirsiniz.
    Burada sigara içmek serbest mi?
      Okuma bilmiyor musunuz? Bakın, orada ne yazıyor:
      Sigara içmek yasaktır!

b)   Burada park etmek serbest mi?
      Hayır, burada park etmek yasaktır.

c)   Rakı alır mısın?
      Hayır, teşekkür ederim.
      Benim alkol kullanmam yasak.
      Doktorum izin vermiyor.

d)   Burada çadır kurabilir miyiz?
      Hayır. Burada çadır kurmak yasak ve tehlikelidir.
    Nerede kamp yapabiliriz?
      Marmaris'te kamp yapabilirsiniz.

Lektion 14

 S 3

2A / 33

Yüzme biliyor musun?
    Evet, biliyorum. Ya sen?

Araba kullanmayı biliyor musun?
    Hayır, ehliyetim yok.

Herta Türk yemekleri pişirmeyi biliyor mu?
    Tabii biliyor, onun kocası Türk.

 S 4

2A / 34

Dün mektubu yazabildin mi?
    Hayır, yazamadım, misafir geldi.
Markus Türkçe konuşabiliyor mu?
    Daha pek iyi konuşamıyor ama, kursa gidiyor.
    Yakında çok iyi Türkçe konuşabilecek.

 T/D 1

2A / 35

Sieglinde ile Markus Ege Bölgesi'ni gezdiler. Şimdi Akdeniz Bölgesi'ni gezmek istiyorlar. Bu akşam otobüsle Marmaris'e geldiler. Marmaris, Anadolu'nun güneybatısında şirin bir tatil kasabası. Sieglinde ile Markus, Marmaris'te deniz kenarında bir otel veya pansiyon arıyorlar.

Otelde
(kişiler: resepsiyoncu, Sieglinde, Markus)

R.: Buyurun, efendim.
M.: Boş odanız var mı?
R.: Oda ayırttınız mı?
S.: Hayır, oda ayırtmadık.
R.: Kaç kişilik ve kaç gecelik olsun?
M.: İki kişilik ve iki gecelik.
R.: Tek yataklı boş odalar var ama, iki yataklı yok galiba. Ama bir dakika, size yardım edebilirim, sanıyorum. İki yataklı bir odamız şimdi boşaldı, yalnız iki gece için orada kalabilirsiniz.
S.: Harika! Duşlu mu yoksa banyolu mu?

R.: Maalesef yalnız duşlu.
M.: Zararı yok.
R.: Şu kayıt formülerini doldurun, lütfen. Buyurun, anahtarınız.
S.: Kahvaltı saat kaçta?
R.: Kahvaltı saat yediden dokuz buçuğa kadar ama, otelimizin restoranı devamlı açıktır. Orada her saat yemek yiyebilirsiniz.
M.: Bizi yarın sabah saat yedide uyandırabilir misiniz?
R.: Tabii, efendim. Bagajınız nerede?
S.: Fazla bagajımız yok, sadece iki valiz.
R.: Size hamal lazım mı?
M.: Hayır, valizleri yalnız taşıyabilirim.
　　Ertesi sabah...
M.: Bir şikâyette bulunmak istiyorum.
R.: Buyurun?
M.: Odamızda bir havlu ve bir yatak takımı eksik. Bize bir havlu, bir yastık, bir çarşaf ve ince bir yorgan gönderebilir misiniz?
R.: Tabii efendim, baş üstüne.

T/D 2

2A / 36

Sieglinde ile Markus Marmaris'teki otelde genç bir Türk çift, Nesrin ve Faruk'la, tanışıyorlar. Otelin plajında sohbet ediyorlar.

Plajda
(kişiler: Nesrin, Faruk, Markus, Sieglinde)

F.: Markus Bey, demek siz sporla ilgileniyorsunuz.
M.: Evet, bilhassa su kayağını çok severim.
F.: Dağa da çıkabilir misiniz?
S.: Tabii. Markus Münihli, Alpler'i avucunun içi gibi bilir.
N.: Siz de su kayağı yapmayı biliyor musunuz? Su kayağı zordur.
S.: Ben pek sporla ilgilenmem, Nesrin Hanım.
N.: Sizin meraklarınız nedir, efendim?
S.: Seyahat ve edebiyat.
N.: Ben de edebiyatla çok ilgilenirim.
F.: Nesrin çok güzel yemek de pişirebilir. Siz Türk yemekleri pişirmeyi biliyor musunuz, Sieglinde Hanım?
S.: Biraz biliyorum, efendim, ama öğreniyorum.

F.: Mesleğiniz ne, Markus Bey, ne iş yapıyorsunuz?
M.: Aslında mühendisim ama, bu ara işsizim. İstanbul'daki Alman firmalarında iş arıyorum.
F.: O halde meslektaşız. Ben de mühendisim. Hanımım ise öğretmenlik yapıyor.

 Karikaturen (karikatürler)

2A / 37

1. (aus: Fırt)

2. (aus: Hürriyet)

14 B

 Ü 1 a) Ahmet-bisiklete binmek / evet - hayır: Ahmet bisiklete binebilir mi? / Evet, binebilir-Hayır, binemez.

1. Hakan-tavla oynamak / evet - hayır
2. Gisela-dikiş dikmek / evet - hayır
3. Ruth-örgü örmek / evet - hayır
4. Dietmar-araba-tamir etmek / evet - hayır
5. (sen)-piyano çalmak / evet - hayır
6. (siz)-araba kullanmak / evet - hayır
7. öğrenciler-ata binmek / evet - hayır
8. Filiz-iyi-dans etmek / evet - hayır

 b) Ahmet bisiklete binmeyi biliyor mu? / Evet biliyor-Hayır bilmiyor.

1. Hakan-tavla-oynamak ...
2.
3.
4.
5.
6.
7.
8.

 Ü 2 Bir terzi dikiş dikebilir ama, radyo tamir edemez. Bir elektrikçi ...

terzi	dikiş dikmek
elektrikçi	radyo tamir etmek
fırıncı	ekmek yapmak
yazar	kitap yazmak
balıkçı	balık tutmak
şarkıcı	şarkı söylemek
berber	saç kesmek
dişçi	diş çekmek
pastacı	pasta yapmak
ressam	resim yapmak . . .

Ü 3 Türkçe'ye tercüme edin!

1. Faruk kann nicht singen, aber er kann gut tanzen.
2. Kann Nesrin Auto fahren?
3. Darf ich Sie morgen besuchen?
4. Konntest du gestern den Brief zur Post bringen?
5. Markus wird bald türkische Zeitungen lesen können.

 Ü 4 a) (sen)-dün-mektup-yazmak: Dün mektubu yazabildin mi? Hayır, yazamadım. Ancak yarın yazabileceğim.

1. (siz)-dün-kitap-okumak
2. Nesrin-dün-Türk yemeği pişirmek
3. Markus-dün-su kayağı yapmak
4. Sieglinde-dün-Türkçe çalışmak
5. (sen)-dün-piyano çalmak
6. Faruk-dün-satranç oynamak
7. öğrenciler-dün-tenis oynamak

 b) (sen)-kitap-okumak / Kitabı okudun mu? / Evet, nihayet okuyabildim.

1. Hans-Türkçe öğrenmek
2. Ayşe-yemek pişirmek
3. Doğan-mektup yazmak
4. Filiz-kahvaltı etmek
5. (siz)-rakı içmek

c) (sen) acele etmek / trene yetişmek: **Acele et, yoksa trene yetişemezsin.**

1. (siz) az yemek yemek / kilo vermek
2. (sen) Türkçe öğrenmek / Türkiye'de iş bulmak
3. (sen) erken yatmak / erken kalkmak
4. (siz) Türkçe gazete okumak / Türkçe öğrenmek

Ü 5 Leiten Sie Wörter ab!

1. eine Reise für zwei Wochen: ...
2. ein Zimmer für zwei Personen: ...
3. ein Kurs für 20 Studenten: ...
4. ein Besuch für drei Tage: ...
5. ein Auto für 7500 Euro: ...
6. Urlaub für drei Wochen: ...
7. ein Zimmer für vier Nächte: ...

Ü 6 Leiten Sie Wörter mit den Endungen -ci und/oder -lik ab und geben Sie jeweils die deutsche Entsprechung an!

çocuk	gazete	yol
şarkı	göz	söz
genç	anne	ağaç
kapı	sigara	odun

Ü 7 (ben)-şarkı: Şarkıcıyım. / Şarkıcılık yapıyorum.

a. (siz)-diş
b. Nuri-pasta
c. (biz)-elektrik
d. Mehmet-kapı
e. Doğan-gazete
f. (biz)-ayakkabı
g. (siz)-fırın

Ü 8 Soruları cevaplandırın!

1. Marmaris hakkında ne biliyorsunuz?
2. Sieglinde ile Markus otelde oda bulabiliyorlar mı?
3. Sieglinde ile Markus'un fazla bagajı var mı?
4. Markus neden şikâyette bulunmak istiyor?
5. Nesrin ne ile ilgileniyor?
6. Sizin meraklarınız ne?
7. Sieglinde Türk yemekleri pişirmeyi biliyor mu?
8. Siz Türk yemekleri pişirmeyi biliyor musunuz?

B/Ü 1 Erzählen Sie bitte Ihrem Lernpartner, was diese Personen alles können!

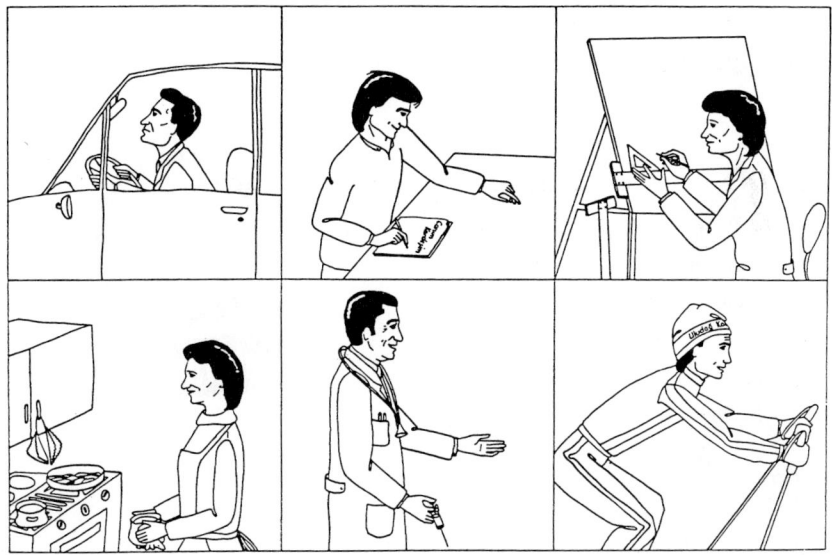

B/Ü 2 Sie suchen Zimmer bei einem Hotel. Spielen Sie mit Ihrem Lernpartner einen Dialog!

B/Ü 3 Verbotsschilder

Zusatzaufgabe: Studieren Sie die Verbotsschilder und erklären Sie Ihrem Lernpartner, was alles verboten ist mit der Benutzung der Konstruktion ‚nicht dürfen' mit ‚-eme/-ama' indem Sie ihm sagen: ‚Du darfst (bzw. Sie dürfen) nicht ...'. Dann tauschen Sie die Rollen!

DİKKAT!

GİRİLMEZ

Nichtraucher

İNŞAAT VAR

SAĞA DÖNÜLÜR

GEÇİŞ ÜSTÜNLÜĞÜ

BİSİKLET GİREMEZ

TRAFİK LAMBASI

DUR!

14 C

1. Entsprechung für die Modalverben ‚können' und ‚dürfen'

1.1. Die Partikel ‚-ebil / -abil'
Das Suffix, das die Modalität für ‚können' und ‚dürfen' ausdrückt, ist ‚-ebil' (kleine Vokalharmonie, Variante ‚-abil'). Es ist durch die Verbindung eines Verbs mit ‚bilmek' (wissen) entstanden:

gelmek	bilmek	gel-ebil-mek:	kommen können,
almak	bilmek	al-abil-mek:	kaufen können.

Nach vokalisch auslautendem Verbstamm wird ein ‚y' als Bindekonsonant eingeschoben:
okumak: oku-y-abil-mek.
Bei den Verben ‚gitmek', ‚etmek' und ‚tatmak' wird das t am Verbstamm weich:
gid-ebil-mek: gehen (fahren) können.

Das durch das Anfügen von ‚-ebil / -abil' abgeleitete Verb wird im Aorist konjugiert, weil ‚-ebil / -abil' die Möglichkeit ausdrückt und somit in den Verwendungsbereich des Aorist fällt:

gel-ebil-ir-im	al-abil-ir-im
gel-ebil-ir-sin	al-abil-ir-sin
gel-ebil-ir	al-abil-ir
gel-ebil-ir-iz	al-abil-ir-iz
gel-ebil-ir-siniz	al-abil-ir-siniz
gel-ebil-ir-ler	al-abil-ir-ler

Der Verwendung des bestimmten Präsens auf ‚-yor' begegnet nur in seltenen Situationen, z. B. wenn die Handlung augenblicklich geschieht oder vorübergehend ist:
Bu ara iyi uyu-y-abil-iyor-um: Zur Zeit kann ich gut schlafen.

* Frageform
Das Fragewörtchen wird vor die Personalendung eingeschoben, in der 3.Person im Plural aber nachgestellt:

gel-ebil-ir miyim?	gel-ebil-ir miyiz?
gel-ebil-ir misin?	gel-ebil-ir misiniz?
gel-ebil-ir mi?	gel-ebil-ir-ler mi?

* Verneinung = Unmöglichkeitsform

Die Unmöglichkeitsform wird durch die Endung ‚-eme' (kleine Vokalharmonie, Variante ‚-ama') ausgedrückt:

gel-eme-mek: nicht kommen können,
al-ama-mak: nicht kaufen können.

Die Konjugation erfolgt in der Regel im Aorist und in o.g. begrenzten Fällen mit dem bestimmten Präsens:

gel-eme-m	al-ama-m
gel-eme-zsin	al-ama-zsın
gel-eme-z	al-ama-z
gel-eme-yiz	al-ama-yız
gel-eme-zsiniz	al-ama-zsınız
gel-eme-zler	al-ama-zlar

Aber:

Markus henüz çok iyi Türkçe konuş*amıyor.* (Markus kann noch nicht sehr gut Türkisch sprechen.)

In der Konjugation mit dem bestimmten Präsens wird das ‚a' (bzw. ‚e') an der Unmöglichkeitspartikel zu ‚ı' (bzw. zu ‚i'):

gel-emiyor-um, gel-emiyor-sun ...
al-amıyor-um, al-amıyor-sun ...

Verneinende Frage:

gel-eme-z miyim?	al-ama-z mıyım?
gel-eme-z misin?	al-ama-z mısın?
gel-eme-z mi?	al-ama-z mı?
gel-eme-z miyiz?	al-ama-z mıyız?
gel-eme-z misiniz?	al-ama-z mısınız?
gel-eme-zler mi?	al-ama-zlar mı?

Aufgabe: Spielen Sie mit Ihrem Lernpartner den Dialog S 1, auch auf Deutsch! Machen Sie die Übungen 1a, 2 und B/Ü 1! Versuchen Sie, mit Hilfe der ‚Wörterkiste' die 2. Karikatur zu verstehen. Welche grammatische Form ist hier besonders wichtig? Finden Sie sie heraus und erläutern Sie die Bildung nach Endungen der Möglichkeits- bzw. Unmöglichkeitsform, Tempus und Person! Können Sie die Karikatur ins Deutsche übersetzen? Wenn Sie Schwierigkeiten haben, können Sie ja im Schlüssel nachschauen.

1.2. Das Modalverb ‚dürfen' wird auch durch die Partikel ‚-ebil' ausgedrückt, wenn es sich um höfliche Fragen handelt, z. B.:
Burada sigara içebilir miyim?   Darf ich hier rauchen?
Burada sigara içebilirsiniz: Sie dürfen hier rauchen.
Burada sigara içemezsiniz: Sie dürfen hier nicht rauchen.

Bei der Frage ‚darf man...' gebraucht man den Infinitiv mit dem Wort ‚serbest' (frei, im Sinne von ‚erlaubt') mit dem Fragewörtchen ‚mi':
Burada sigara içmek serbest mi?   Darf man hier rauchen?
Das Modalverb ‚dürfen' im Sinne von ‚keine Erlaubnis haben' wird so ausgedrückt:
Sigara içmem yasak (ich darf nicht rauchen). Wörtlich: Mein Rauchen (ist) verboten.
Hierfür brauchen Sie folgende Konstruktion:
Das Verb wird substantiviert, indem das ‚-k' der Infinitivendung weggelassen wird: sigara içme (das Rauchen). Dem substantivierten Verb wird die Possessivendung angefügt:
sigara içme-m: mein Rauchen

Aufgabe: Spielen Sie mit Ihrem Lernpartner den Dialog S 2a, b, c, d, auch auf Deutsch!

1.3. ‚Können' als Fähigkeit
In S 2 begegnen Sie der Form:
Okuma bilmiyor musunuz? Können Sie nicht lesen?
Wenn das Modalverb ‚können' nicht die Möglichkeit, sondern die Fähigkeit ausdrückt, wird das substantivierte Verb mit dem Hilfsmodalverb ‚bilmek' gebraucht, wobei ‚bilmek' in diesem Fall häufiger im bestimmten Präsens als im Aorist konjugiert wird:
Yüzme biliyorum (yüzme bilirim): Ich kann schwimmen.
Der Gebrauch des substantivierten Verbs ohne Endung gilt jedoch nur für die Verben ‚okumak', ‚yüzmek' und ‚okumak yazmak', z. B.:
Mehmet okuma yazma biliyor: Mehmet kann lesen und schreiben (im Sinne von ‚nicht Analphabet' sein).
Bei den anderen Verben wird das substantivierte Verb in den Akkusativ gesetzt:
Nesrin araba kullanma-y-ı biliyor mu? Kann Nesrin Auto fahren?
Herta Türk yemeklerini pişir*meyi* biliyor mu? Kann Herta türkische Gerichte kochen?
Filiz dans et*meyi* biliyor mu? Kann Filiz tanzen?
In der Umgangssprache jedoch wird die Akkusativendung am substantivierten Verb durch die Endung ‚-sini' (kleine Vokalharmonie, Variante: ‚-sını') ersetzt:
Faruk piyano çalma*sını* biliyor mu? Kann Faruk Klavier spielen?

Sieglinde Türk yemekleri pişirme*sini* biliyor mu? Kann Sieglinde türkische Gerichte kochen? Tavla oynama*sını* biliyor musun? Kannst du Backgammon spielen?

Aufgabe: Spielen Sie mit Ihrem Lernpartner den Dialog S 3, auch auf Deutsch! Machen Sie die Übung 1b!

Da es im Türkischen keinen Infinitiv für die Modalverben gibt, können diese auch nicht allein gebraucht werden, z. B. als ‚ich kann' oder ‚ich kann nicht'. Das übergeordnete Verb muß in einem Antwortsatz immer wiederholt werden, aber Sie können das Objekt und/oder das Adverb weglassen, z. B.:
- Yarın bana gelebilir misin?
- Evet, gelebilirim (statt ‚yarın sana gelebilirim')
Nur in der Fähigkeitsform können Sie das Hilfsmodalverb ‚bilmek' ohne das Verbindungsverb in einem Antwortsatz gebrauchen, z. B.:
- Piyano çalmayı biliyor musun?
- Evet, biliyorum.

1.4. Vergangenheit und Futur der Möglichkeitsform
Die Endung für die Möglichkeitsform wird durch die Endung der Vergangenheitsform bzw. das Futursuffix erweitert:
gel-ebil-di-m: ich konnte kommen / gel-ebil-eceğ-im: ich werde kommen können.

gel-ebil-di-n /	gel-ebil-ecek-sin
gel-ebil-di /	gel-ebil-ecek
gel-ebil-di-k /	gel-ebil-eceğ-iz
gel-ebil-di-niz /	gel-ebil-ecek-siniz
gel-ebil-di-ler /	gel-ebil-ecek-ler

Frageform:

gel-ebil-di-m mi?	gel-ebil-ecek miyim?
gel-ebil-di-n mi?	gel-ebil-ecek misin?
gel-ebil-di- mi?	gel-ebil-ecek mi?
gel-ebil-di-k mi?	gel-ebil-ecek miyiz?
gel-ebil-di-niz mi?	gel-ebil-ecek misiniz?
gel-ebil-di-ler mi?	gel-ebil-ecek-ler mi?

Verneinung:

gel-eme-di-m	gel-eme-y-eceğ-im
gel-eme-di-n	gel-eme-y-ecek-sin
gel-eme-di	gel-eme-y-ecek
gel-eme-di-k	gel-eme-y-eceğ-iz
gel-eme-di-niz	gel-eme-y-ecek-siniz
gel-eme-di-ler	gel-eme-y-ecek-ler

Verneinende Frage:

gel-eme-di-m mi?	gel-eme-y-ecek miyim?
gel-eme-di-n mi?	gel-eme-y-ecek misin?
gel-eme-di mi?	gel-eme-y-ecek mi?
gel-eme-di-k mi?	gel-eme-y-ecek miyiz?
gel-eme-di-niz mi?	gel-eme-y-ecek misiniz?
gel-eme-di-ler mi?	gel-eme-y-ecek-ler mi?

Aufgabe: Spielen Sie mit Ihrem Lernpartner den Dialog S 4, auch auf Deutsch! Machen Sie die Übung 3!

2. Funktionswörter ‚ancak', ‚nihayet', ‚yoksa'

2.1. ancak
In Übung 4 a heißt es: Dün mektubu yazabildin mi? Konntest du gestern den Brief schreiben?
Hayır, ancak yarın yazabileceğim. Nein, ich werde (ihn) erst morgen schreiben können.
Das Funktionswort ‚ancak' bedeutet hier also ‚erst' (temporal). In der Vergangenheitsform gebraucht, kann ‚ancak' auch ‚erst gerade' oder ‚endlich' heißen:
Ancak geldim: Ich bin gerade erst gekommen.
Ancak gelebildim: Endlich konnte ich kommen.
Oder aber ‚ancak' bedeutet: knapp, gerade, mit Mühe und Not: Ancak trene yetişebildim.
Das Funktionswort ‚ancak' bedeutet aber auch: nur, allein:
Ancak bir tane Türkçe kitabım var: Ich habe nur ein (einziges) Türkischbuch.
‚Ancak heißt ebenso: aber, jedoch, indessen:
Dün seni ziyaret etmek istedim, ancak vaktim yoktu.
In der Umgangssprache wird ‚ancak' ohne ‚k', also als ‚anca' gebraucht.

2.2. nihayet
In der Übung 4b heißt es: Kitabı okuyabildin mi? (Konntest du das Buch lesen?)
Evet, nihayet okuyabildim. (Ja, ich konnte (es) endlich lesen).
Das Funktionswort ‚nihayet' heißt also ‚endlich', das Neuwort dazu ist ‚sonunda'.

2.3. yoksa
Sie kennen ‚yoksa' als ‚oder' in Fragesätzen. ‚Yoksa' hat aber auch eine andere Bedeutung als ‚sonst': Acele et, yoksa trene yetişemezsin (Beeile dich, sonst kannst du den Zug nicht erreichen).
In dieser Bedeutungsebene sind die Synonyme für ‚yoksa': ‚aksi halde', ‚aksi takdirde' (andernfalls).

Aufgabe: Machen Sie die Übungen 4a, b und c!
Spielen Sie mit Ihrem Lernpartner die Dialoge ‚Otelde' und ‚Plajda', auch auf Deutsch. Machen Sie die Übungen 8 und B/Ü 3!

3. Wortbildungsendungen

3.1. Die Endung ‚-ci'
Die Funktion dieser Endung ist die Ableitung von Berufsbezeichnungen. Das Suffix ‚-ci' ist betont und unterliegt der großen Vokalharmonie: ‚cı/-cü-/-cu' nach stimmlosen Konsonanten: -çi/-çı/-çü/-çu.
Das Stammwort ist in der Regel ein Substantiv, selten ein Verb:
balık: Fisch, balıkçı: Fischer
kapı: Tür, kapıcı: Pförtner
gazete: Zeitung, gazeteci: Journalist, Zeitungsverkäufer
odun: Brennholz, oduncu: Holzfäller, Holzverkäufer
okumak: lesen, oku-y-ucu: Leser
yüzmek: schwimmen, yüzücü: Schwimmer
Durch diese Endung kann auch Anhängerschaft ausgedrückt werden, z. B.:
akşam (Abend), akşamcı: Nachtschwärmer (oder jemand, der zwar kein Trinker ist, aber abends gerne sein Gläschen trinkt, oder: jemand, der in Nachtschicht arbeitet bzw. Nachtdienst hat.)

3.2. Die Endung ‚-lik'

Auch diese Endung ist betont und unterliegt der großen Vokalharmonie: ‚-lık/-lük/-luk'.
Sie hat verschiedene Funktionen:

* Ableitung von Gebrauchsgegenständen und Ortsbezeichnungen
göz: Auge, gözlük: Brille
söz: Wort, sözlük: Wörterbuch
gece: Nacht, gecelik: Nachthemd
ağaç: Baum, ağaçlık: Baumhain, kleiner Wald
kömür: Kohle, kömürlük: Kohlenschuppen

* Entsprechung für die Verhältniswörter ‚für', ‚zu'
Als Sieglinde und Markus ein Zimmer im Hotel suchen, fragt der Mann bei der Rezeption:
Kaç kişilik ve kaç gecelik olsun?
Für wieviele Personen und für wieviele Nächte soll es sein?
Oder:
2 Euroluk posta pulu: eine Briefmarke zu 2 Euro;
20000 Euroluk araba: ein Auto zu 20000 Euro.
Lernen Sie auch die Bezeichnungen:
yazlık (wörtl.: ‚für Sommer bestimmt') Sommer-, z. B. yazlık ev: Sommerhaus;
kışlık (wörtl.: ‚für Winter bestimmt') Winter-, z. B.: kışlık manto: Wintermantel.
Den Ausdruck ‚aylık' (für ... Monate) gebraucht man auch bei Altersangabe von weniger als einem Jahr:
Bebeğim dokuz aylık: Mein Baby ist 9 Monate alt. Aber als Substantiv ist ‚aylık' Monatsgehalt.
Ähnlich ist es auch mit der Ableitung ‚günlük' (aus ‚gün' = Tag), die die Altersangabe bei einem Neugeborenen angibt (‚iki günlük bebek': ein Baby, das zwei Tage alt ist), oder aber auch als Substantiv (‚günlük' = Tagebuch) fungieren kann. Ähnlich verhält es sich mit ‚haftalık', das das Alter eines Neugeborenen mit Wochen angibt, als Substantiv aber ‚Wochenlohn' bedeutet.
‚Yıllık', die Ableitung aus ‚yıl' (Jahr), gibt einerseits die Zeitdauer an (z. B. ‚iki yıllık kontrat': ein Vertrag für zwei Jahre), andererseits aber ist es auch ein Substantiv mit der Bedeutung ‚Jahrbuch'.
Natürlich können auch ‚günlük' und ‚haftalık' Zeitdauer angeben.

* Ableitung von Abstrakta
çocuk: Kind, çocukluk: Kindheit
güzel: schön, güzellik: Schönheit
hasta: krank, hastalık: Krankheit

Ein einsames Minarett auf dem Lande (Westküste)

Holzschlappen im Vorhof einer Moschee (zum Betreten der Moschee)

Das Auge der Fatima, oder kurz: Boncuk, als Glücksbringer und zur Übelabwehr ist überall zu finden

Festgeknotete Papier-, Stoff- oder Plastikschnipsel als Glücksbringer und zur Erfüllung von Wünschen am Zaun eines verehrten Ortes

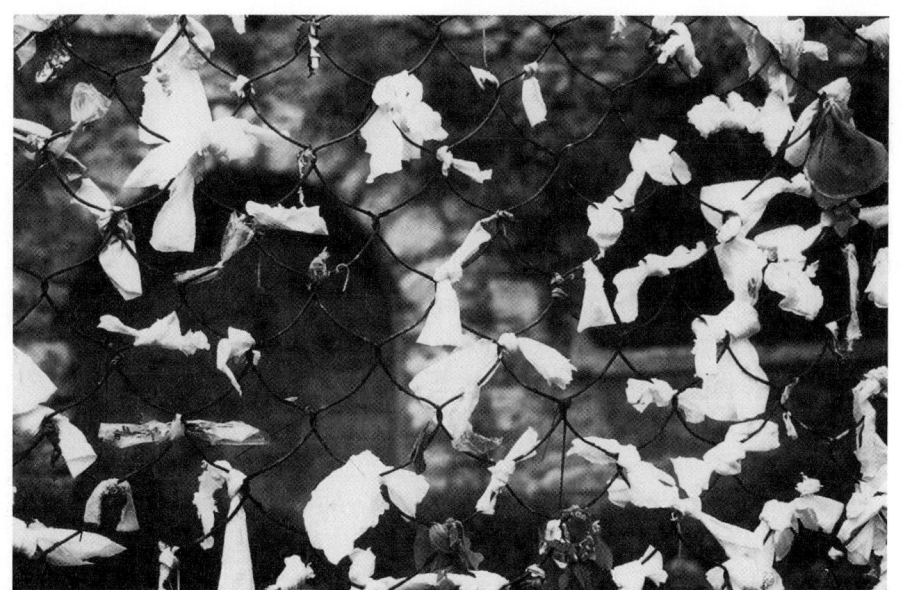

Die Entsprechung ist aber nicht immer ‚-heit', denn ‚-lik' leitet auch Kollektiva ab;
Türk: Türke, Türklük: Türkentum,
Müslüman: Moslem, Müslümanlık: Islam,
Hıristiyan: Christ, Hıristiyanlık: Christentum,
und dient als Bezeichnung einer Aufgabe oder eines Amtes:
anne: Mutter, annelik: Mutterschaft, baba: Vater, babalık: Vaterschaft,
müdür: Direktor; müdürlük: Direktoriat (oder: Beruf eines Direktors),
sekreter: Sekretär, sekreterlik: Sekretariat (oder Beruf eines Sekretärs).

Da die Endung ‚-lik' auch Amt und Beruf ausdrückt, wird sie bei der Angabe des Berufs häufig benutzt, wie z. B. Faruk in T/ D 2 sagt:
Hanımım öğretmen*lik* yapıyor: Meine Frau ist Lehrerin (wörtl.: ‚übt den Lehrberuf aus').
Die Endungen ‚-ci' und ‚-lik' können auch zusammen gebraucht werden, z. B. göz (Auge), gözlük (Brille), gözlükçü: Optiker, oder: yol (Weg), yolcu (Reisende), yolculuk: Reise, oder: gazete (Zeitung), gazeteci (Journalist), gazetecilik: Journalismus; Publizistik.

Aufgabe: Machen Sie die Übungen 5, 6 und 7!
Verstehen Sie die 1. Karikatur? Als was arbeitet jetzt Hüsnü? Finden Sie die grammatischen Formen der Lektion in dieser Karikatur heraus und analysieren Sie sie nach Endungen der Verbform bzw. der Wortbildung!
Können Sie die Karikatur ins Deutsche übersetzen? Wenn Sie Schwierigkeiten haben, können Sie ja im Schlüssel nachschauen.
Wie Sie sicherlich festgestellt haben, wird in dieser Karikatur auf das Problem der Arbeitslosigkeit angespielt. Diskutieren Sie über dieses Problem in der Türkei und in Deutschland mit Ihren Lernpartnern, natürlich auf türkisch!

4. Die Wörtchen ‚tek' und ‚çift'

In T/D 1 sagt der Mann an der Rezeption:
Tek yataklı boş odalar var: Es sind Einbettzimmer frei.
Das Adjektiv ‚tek' (einzeln, auch: einzig, allein) wird im Deutschen in Zusammensetzungen mit ‚Ein-', ‚Einzel-' wiedergegeben, z. B. ‚tek kişilik oda' (Einzelzimmer).
‚Tek' bedeutet auch das Einzelstück von einem Paar, z. B.:
papucun teki: der eine Schuh, eldivenin teki: der eine Handschuh.
Lernen Sie auch die Ableitungen:
tek başına: allein; unbegleitet; ohne fremde Hilfe (Synonym: yalnız başına);

tek sayı: ungerade Zahl;
teker teker: einzeln, gesondert, getrennt; einer nach dem anderen.
In T/D 2 lernen Sieglinde und Markus am Strand ‚genç bir Türk çift' (ein junges türkisches Paar) kennen. Das Wort ‚çift' bedeutet nicht nur bei Menschen, sondern auch bei Sachen ‚Paar': bir çift pabuç (ein Paar Schuhe). Als Adjektiv ist ‚çift' das Gegenteil von ‚tek' (doppelt, Doppel-), kann aber wie im Deutschen durch das Zahlwort ‚zwei' ersetzt werden: çift yataklı oda: Doppelzimmer, iki yataklı oda: Zweibettzimmer.
Lernen Sie auch die Ableitungen:
çift sayı: gerade Zahl,
çifter çifter: je zwei (gesondert); paarweise.

Bei Beanstandungen sagen Sie wie Markus in T/D 1:
Bir şikâyette bulunmak istiyorum: Ich möchte mich (über etwas) beschweren, ich möchte etwas reklamieren. (Man kann auch sagen: ‚Bir şikâyetim var'.)
z. B.: Bir şikâyette bulunmak istiyorum. Bu kazağın bir hatası var. Onu geri verebilir miyim? Dieser Pulli hat einen Fehler. Kann ich ihn zurückgeben?
oder:
Bu mantonun bir düğmesi eksik. Başkasıyla değiştirebilir miyim?
An diesem Mantel fehlt ein Knopf. Kann ich ihn mit einem anderen umtauschen?
(zu der Form ‚başkası' s. unten 6.2.)

6. Grammatik zum Weiterlernen

6.1. Die Form ‚-meyebilir'

Eine unterschiedliche Struktur der Unmöglichkeitsform ist ‚-meyebilir' (kleine Vokalharmonie: ‚-mayabilir'), wenn statt der Verneinungspartikel ‚-eme/-ama' das sonst übliche Verneinungssuffix ‚-me/-ma' mit der Möglichkeitspartikel gebraucht wird: gel-me-y-ebil-mek.
Mit dieser Struktur ändert sich aber die Bedeutung: Partiye gel-me-y-ebil-irsin: Du mußt (brauchst) nicht zur Party (zu) kommen.
Oder:
Yarın büroya gel-me-y-ebil-ir-im: Es kann sein, daß ich morgen nicht ins Büro komme.
Auch die Unmöglichkeitspartikel kann mit der Möglichkeitspartikel zusammen gebraucht werden:
gel- *eme* -y- *ebil*-mek:
Mehmet yarın fabrikaya gel-eme-y-ebil-ir: Vielleicht kann Mehmet morgen nicht in die Fabrik kommen.

Also:
-me-y-ebil- drückt aus:
a) nicht müssen, nicht brauchen (zu)
b) es kann sein, daß ...
-eme-y-ebil- drückt aus: vielleicht ... kann ... nicht

6.2. Pronomen mit Possessivendungen
-ander-, manch-, meist-
‚Başka' bedeutet ‚ander-' bei der Unbestimmtheit:
Plajda başka turistler de var: Am Strand gibt es auch andere Touristen.

Bei der Bestimmtheit wird ‚diğer-' (Synonyme: öbür, öteki) gebraucht:
Plaja diğer (öbür, öteki) turistler de geldi:
Auch die anderen Touristen sind zum Strand gekommen.
Wenn ‚başka' und ‚diğer' als Pronomen gebraucht werden, wird ihnen die Possessivendung der 3. Person angefügt:
başkası: ein anderer / diğeri (öbürü, aber nur öteki): der (die, das) andere,
im Plural:
başkaları: andere / diğerleri (öbürleri, aber: ötekiler): die anderen.

Bei der Deklination wird vor die Fallendung ein ‚n' eingeschoben:
başkasını istemiyorum: ich möchte keinen anderen / diğerini (öbürünü, ötekini) istemiyorum: ich möchte den anderen nicht;
im Plural:
başkalarını istemiyorum: ich möchte keine anderen / diğerlerini (öbürlerini, ötekileri) istemiyorum: ich möchte die anderen nicht.
Ableitungen: başka zaman: ein anderes Mal, diğer günler: Werktage, an Werktagen (im Gegensatz zu ‚tatil günleri' Feiertage).

Auch ‚bazı' (Synonym: kimi) (manch-) wird als Pronomen mit Possessivendungen gebraucht:
bazısı (oder kimisi): mancher, bazıları (oder kimileri): manche, z. B.: ‚Bazıları sıcak sever' (Manche mögen's heiß).
Vor Fallendung mit ‚n':
Bazılarını dün gördüm: Manche habe ich gestern gesehen.

Auch als Genitivverbindung:
Turistlerin bazılarını dün plajda gördüm: Manche Touristen (wörtl.: manche der Touristen) habe ich gestern am Strand gesehen. Ableitung: kimi zaman (oder kimi vakit): manchmal.

Ebenso kann ‚çoğu' (meist-) adjektivisch und in Genetivverbindung gebraucht werden:
Çoğu turistler Marmaris'e geldi: Die meisten Touristen sind nach Marmaris gekommen.
Turistlerin çoğu Marmaris'i sever: Die meisten (der) Touristen mögen Marmaris.
Ableitung: çoğu zaman: meistens; auch birçok (viel, mehrere):
Birçok arkadaşlar Bodrum'da tatil yapar: Viele Freunde machen Urlaub in Bodrum.
Arkadaşların birçoğu tatilde Bodrum'a gider: Viele (der) Freunde fahren im Urlaub nach Bodrum.

An diese Wörter können auch die Possessivendungen für andere Personen angehängt werden:
bazı-mız: mancher von uns; bazı-ları-mız: manche von uns
bazı-nız: mancher von euch; bazı-ları-nız: manche von euch/ Ihnen;
çoğu-muz: die meisten von uns, çoğu-nuz: die meisten von euch; birçoğu-muz (oder birçok-ları-mız): viele von uns, birçoğu-nuz (oder birçok-ları-nız): viele von euch.
Die gleichen Konstruktionen sind auch mit ‚birkaç' (einige) möglich:
birkaç-ımız: einige von uns, birkaç-ınız: einige von euch ...

* Possessivendungen werden auch Zahlwörtern angefügt:
bir-imiz: einer von uns   iki-miz: wir beide
bir-iniz: einer von euch iki-niz: ihr beide
                iki-si   beide (als Pronomen)

Erweiterung durch ‚hiç' und ‚her':
hiç bir-imiz: keiner von uns,
her iki-miz: jeder von uns beiden,
her birimiz: jeder von uns,
her iki-si: beide (als Pronomen),
aber:
her iki: beide (als Adjektiv):
her iki çocuk: beide Kinder; im Satz meistens durch die Partikel ‚de' erweitert:
Her iki çocuk da geldi: Beide Kinder sind gekommen.

Aber:
Her ikisi de geldi: Beide sind gekommen, auch in Fügung: Çocukların (her) ikisi de geldi. Beide (der) Kinder sind gekommen.

* einer - keiner / jemand - niemand / jeder - alle

biri (oder birisi) ist ‚einer, jemand'; hiç biri (oder hiç birisi) ist ‚keiner':
Turistlerin yalnız birisi bakır eşyalar aldı: Nur einer der Touristen hat Kupfersachen gekauft.
Turistlerin hiç birisi bakır eşyalar almadı: Keiner der Touristen hat Kupfersachen gekauft. (Doppelte Verneinung bei ‚hiç'!)
kimse: jemand (bei Verneinung ‚niemand'):
Kimse beni sordu mu? Hat jemand nach mir gefragt? Kimse seni sormadı. Niemand hat nach dir gefragt.
Auch:
Hiç kimse seni sormadı.
herkes: jeder, alle:
Sinan'ın partisine herkes geldi: Jeder ist (alle sind) zu Sinans Party gekommen.
hepsi: alle (im darauffolgenden Satz nach ‚bütün': vgl. Lektion 10):
Sinan'ın partisine bütün arkadaşlar geldi mi?
Evet, hepsi geldi, (auch in Fügung: Arkadaşların hepsi geldi.)

Außer ‚kimse' und ‚herkes' wird bei der Deklination dieser Pronomen vor der Fallendung ein ‚n' als Bindekonsonant eingeschoben:
Elmaların hepsini yedik: Wir haben alle (der) Äpfel gegessen.
Merken Sie: * hepimiz (wir alle), hepiniz (ihr alle):
Dün hepinizi plajda gördüm. Ich habe euch gestern alle am Strand gesehen.

* alles-etwas-nichts

Sie wissen bereits, daß ‚hepsi' ‚alle, alles' bedeutet und ohne Bezugswort gebraucht wird. Die Personen oder Sachen, auf die sich ‚hepsi' bezieht, müssen bekannt oder vorher genannt sein. Wenn aber ‚alles' sich nur auf Sachen bezieht, ohne Bezug auf Bekanntes oder vorher Genanntes, wird ‚her şey' verwendet:
Her şey çok güzel: Alles ist schön.

Auch mit Fallendung:
Her şeyi gördüm: Ich habe alles gesehen.
Sie kennen auch bereits, daß ‚bir şey' ‚etwas' bedeutet, z. B.:
Başka bir şey istiyor musunuz? Möchten Sie sonst noch etwas? (vgl. Lektion 5).
Mit einem verneinten Verb gebraucht, bedeutet jedoch ‚bir şey' ‚nichts': Bir şey bilmiyorum (ich weiß nichts). Es kann durch ‚hiç' (vgl. Lektion 10, C.2.) hervorgehoben werden:
Hiç bir şey bilmiyorum: Ich weiß gar nichts.

Auch ‚her şey' und ‚(hiç) bir şey' können mit Possessivendungen gebraucht werden:
Her şey*im* var: ich habe alles (wörtl.: Mein Alles gibt es).
Hiç bir şey*im* yok: ich habe nichts (wörtl.: Mein Nichts gibt es).

* Possessivendungen können auch Fragewörtern angefügt werden:
kaç-ımız: wieviele von uns? kaç-ınız: wieviele von euch? hangi-miz: welche(r) von uns? hangi-niz: welche(r) von euch?

* irgendein
her hangi ist ‚irgendein' als Adjektiv:
her hangi bir yerde: irgendwo (wörtl.: an irgendeinem Platz),
her hangi bir zaman: irgendwann (wörtl.: in irgendeiner Zeit),
wird aber auch als Pronomen gebraucht:
her hangi biri: irgendjemand.

* Entsprechung für ‚überall'
Das Adverb ‚überall' wird durch ‚her yer' (wörtl.: jeder Platz) ausgedrückt, wenn es im Deutschen ‚überall ist es ...' heißt, z. B.:
İstanbul'da her yer güzel: Überall ist es schön in Istanbul. Akdeniz Bölgesi'nde her yer sıcak: Überall ist es warm in der Mittelmeerregion.
Die Konstruktion ‚her yer' kann auch mit Fallendungen versehen werden:
Türkiye'de her yer*i* gezdim: In der Türkei habe ich überall besichtigt (wörtl.: ich habe jeden Ort besichtigt).
İstanbul'da her yer*e* gittim: In Istanbul bin ich überall hingegangen.
‚Überall gibt es ...' wird mit der Lokativendung ausgedrückt:
Her yer*de* kar var: Überall gibt es Schnee.
‚Von überall' wird mit der Ablativendung ausgedrückt:
Her yer*den* konuklar geldi: Von überall kamen Gäste.
An ‚her yer' können auch Possessivendungen angefügt werden:
Her yer-im ağrıyor: Mir tut es überall weh (wörtl.: mein Überall schmerzt).
Und ‚her yer' kann auch in Genitivverbindungen stehen:
Türkiye'*nin* her yer*i* güzel: Überall in der Türkei ist es schön (wörtl.: Jeder Ort der Türkei ist schön).

* der-, die-, dasselbe als Pronomen
Das Adjektiv ‚aynı' (gleich) wird auch mit der Possessivendung der 3. Person gebraucht:
aynısı (der-, die-, dasselbe; der, die, das gleiche).
Aynısını aldım: ich habe denselben (dieselbe, dasselbe) gekauft.
Mantonun aynısını aldım: ich habe den gleichen Mantel gekauft.
(Oder: aynı mantoyu aldım.)

Im Plural: aynıları (dieselben, die gleichen), aynılarını çarşıda gördüm: Ich habe die gleichen im Basar gesehen.

6.3. In T/D 2 sagt Sieglinde: Markus Alpler'i avucunun içi gibi bilir: Markus kennt die Alpen wie seine Hosentasche. Die Wendung leitet sich auch von ‚avuç' (Handfläche) und ‚iç' (das Innere) ab. Bei der Konjugation muß die entsprechende Possessivendung gebraucht werden:
İstanbul'u avuc*um* -un içi gibi bilirim: Ich kenne Istanbul wie meine Hosentasche, usw.

6.4. Die Endung ‚-lik' an einem Grundwort in Verbindung mit dem Hilfsverb ‚etmek' leitet oft Wendungen ab wie:
(aus: akıllı: klug) akıllılık etmek: klug handeln,
(aus: aptal: dumm) aptallık etmek: eine Dummheit begehen, (aus: çocuk: Kind) çocukluk etmek: sich wie ein Kind benehmen,
(aus: deli: verrückt) delilik etmek: eine Verrücktheit begehen, (aus: eşek: Esel, eşeklik: Eselei) eşeklik etmek: sich wie ein Esel benehmen.

6.5. Die Endung ‚-ci' kann in der Umgangssprache auch an das Fragewort ‚ne' angefügt werden: neci (etwa: von welchem Beruf), z. B.:
Ahmet neci? Was macht Ahmet beruflich?

Wörterkiste

(Verweise mit C beziehen sich auf den Grammatikteil der Lektionen; die Zahlen rechts vom Punkt auf das entsprechende Kapitel im Grammatikteil!)

W 1

ağaçlık	Baumhain (s. C.3)
akıllı	klug
aksi halde	sonst, andernfalls
aksi takdirde	
akşamcı	Nachtschwärmer (s. C.3)
almak	(hier) trinken; (in der Karikatur 2: wegnehmen)
Alpler	die Alpen
anahtar	Schlüssel
ancak	erst (zeitlich) (s. C.2)
annelik	Mutterschaft (s.C.3)
aptallık	Dummheit (s. C.6.4)
aslında	(hier:) eigentlich
ateş	Feuer
ateş yakmak	Feuer machen
avucunun içi gibi	wie seine Hosentasche
bilmek	kennen (s. C.6.3)
ayırtmak	(hier:) reservieren, buchen
aylık	Monatsgehalt (s. C.3)
aynısı	der- (die-, das-) selbe (s. C.6.2)
babalık	Vaterschaft (s. C.3)
bagaj	Gepäck
balıkçı	Fischer
başka zaman	ein anderes Mal
başkası	ein anderer (s. C.6.2)
berber	Friseur
bir şikâyette bulunmak	sich über etwas beschweren, etwas reklamieren
birçok	viele, mehrere
boş odanız var mı?	haben Sie Zimmer frei?
bu ara	zur Zeit
ceza	Strafe
çadır	Zelt
çadır kurmak	zelten
çalışmak	(hier:) lernen (für ein bestimmtes Fach)
çarşaf	Bettlaken
çekmek	ziehen
çevre	Umgebung, Umwelt
çift	Paar (s. C.4.)
çift sayı	gerade Zahl
çifter çifter	je zwei (gesondert); paarweise (s. C.4)
çocukluk	Kindheit
çoğu zaman	meistens
dağa çıkmak	Berg steigen
değiştirmek	(hier:) umtauschen
delilik	Verrücktheit (s. C.6.4)
devamlı	ständig
dikkat	(hier:) Achtung
dişçi	Zahnarzt
düğme	Knopf
ekmek yapmak	Brot backen
eksik: ...-i eksik	vom (von der) ... fehlt ein(e)...
elektrikçi	Elektriker
en sonunda	letzten Endes
eşek	Esel
eşeklik	Eselei (s. C.6.4)
fırıncı	Bäcker
gazeteci	Journalist; Zeitungsverkäufer (s. C.3)
gazetecilik	Publizistik (s. C.3)
gene mi?	schon wieder?
geri vermek	zurückgeben
gözlükçü	Optiker
günlük	Tagebuch (s. C.3)
güzellik	Schönheit
haftalık	Wochenlohn (s. C.3)
Hakan	männlicher Vorname
hamal	Gepäckträger
havlu	Handtuch
hepimiz	wir alle
hepiniz	ihr alle
her hangi	irgendein-
her iki	beide (s. C.6.2)
her ikisi (de)	beide (s. C.6.2)
her şey	alles
her yer	überall
herkes	jeder, alle (s. C.6.2)
Hıristiyan	Christ
Hıristiyanlık	Christentum
Hüsnü	männlicher Vorname
(... ile) ilgilenmek	sich interessieren (für)
iki yataklı oda	Zweibettzimmer, Doppelzimmer
ikisi	beide (s. C.6.2)
ince	dünn
izin	Erlaubnis
izin vermek	erlauben, Erlaubnis erteilen
kaç gecelik	für wieviel Nächte (s. C.3)
kaç kişilik	für wieviel Personen (s. C.3)
kamp	Camping
kapıcı	(hier:) Pförtner
kasaba	Kleinstadt
kayıt formüleri	Anmeldeformular
kesmek	(hier:) schneiden
kışlık	für Winter bestimmt, Winter-
kimi	manch-
kimi vakit,	manchmal

kimi zaman		tavla	Backgammon (orientalisches Brettspiel)
kirletmek	verunreinigen		
kontrat	Vertrag		
kömür	Kohle	tek	einzeln (s. C.4)
kömürlük	Kohlenschuppen	tek başına	allein (s. C.4)
kullanmak	(hier) nehmen (für Genußmittel)	tek sayı	ungerade Zahl
		tek yataklı oda	Einzelzimmer (s. C.4)
kurmak	(hier:) aufschlagen (Zelt)	teker teker	einzeln, gesondert (s. C.4)
merak	(hier:) Hobby	terzi	Schneider
meslek	Beruf	trafik	Verkehr
mesleğin(iz) ne?	was ist dein (euer/ Ihr) Beruf	trafik cezası	Verkehrsstrafe
		Türklük	Türkentum (s. C.3)
müdür	Direktor	uyandırmak	wecken
müdürlük	Direktoriat (s. C.3)	valiz	(kleinerer) Koffer, Reisekoffer
mühendis	Ingenieur		
Müslüman	Moslem	yalamak	(auf-, ab- aus-)lecken
Müslümanlık	Islam	yalnız	(hier:) allein
nihayet	endlich	yalnız başına	allein (s. C.4)
odun	Brennholz	(... -mem) yasak	ich darf nicht ...
oduncu	Holzfäller, Holzverkäufer	yastık	(hier:) (Kopf-) Kissen
		yatak takımı	Bettzeug
okuma bilmek	lesen können (s. C.1)	yazlık	für Sommer bestimmt, Sommer-
okuyucu	Leser		
öbür	ander- (s. C.6.2)	yazmak	(hier:) (geschrieben) stehen
öğretmenlik yapmak	den Lehrberuf ausüben (s. C.3)		
		yetişmek (mit Dativ)	(hier:) erreichen
öteki	ander- (s. C.6.2)	yıllık	Jahrbuch (s. C. 3.2)
pansiyon	Pension, Gasthof	yoksa	(hier:) sonst (s. C.2)
park etmek, park yapmak	parken	yorgan	(Bett-) Decke
		yüzme bilmek	schwimmen können (s. C.1)
pasta yapmak	Kuchen backen		
pastacı	Konditor	yüzücü	Schwimmer
piyano	Klavier	yakmak	verbrennen, s. ateş yakmak
Plaj	(Bade-)Strand		
resepsiyon	Rezeption (Hotel)		
resepsiyoncu	Empfangschef (Hotel)	**W 4 Umgangssprachliches**	
resim yapmak	malen	olabilir	kann sein
ressam	Maler	olamaz	das ist nicht möglich; kommt nicht in Frage; das gibt's doch nicht
restoran	Restaurant		
sekreterlik	Sekretariat (s. C.3)		
serbest	frei (hier: erlaubt)	tanıştırabilir miyim?	darf ich bekannt machen?, darf ich vorstellen?
... serbest mi?	darf man . ...?		
söz	Wort (Plural Worte)		
şarkı	Lied		
şarkı söylemek	singen		
şarkıcı	Sänger		
şikâyette bulunmak	s. bir şikâyette bulunmak		
şirin	süß, lieb, nett		
tamir etmek	reparieren		
tanışmak (mit ,ile')	kennenlernen		
taşımak	tragen		
tatil günleri	Feiertage		

Lektion 15
Vapura Yetişmemiz Gerek (Wir müssen das Schiff erreichen)

Grammatik:

1. Notwendigkeitsform: Entsprechungen für das Modalverb ‚müssen' mit ‚gerek' (‚lazım'), ‚mecbur olmak', ‚zorunda olmak', (auch als eine Wiedergabemöglichkeit für ‚sollen'=)-,meli/-malı'
2. Vergangenheit und Futur der Notwendigkeitsform;
3. Gebrauch der Notwendigkeitsform bei der Entsprechung für Hilfsverben und als Ausdruck der Wahrscheinlichkeit
4. Der Optativ bzw. die ‚Wunsch- Befehlsform' (eine weitere Wiedergabemöglichkeit für das Modalverb ‚sollen')
5. Rektion der Verben und Entsprechung für den Infinitivsatz mit ‚zu'
6. Postpositionen: ‚dolayı' (‚ötürü'), ‚yüzünden'; ‚yerine'; ‚rağmen' (‚karşın'); ‚sırasında' (‚esnasında')
7. Entsprechung für das unbestimmte Subjekt ‚man' bei der Notwendigkeitsform

Sprechsituationen:

1. Notwendigkeit ausdrücken
2. Intentionen, Wünsche und Befehle ausdrücken
3. Wetterbericht, Wetter- und Naturerscheinungen
4. Picknick

Aufbauwortschatz:

Wetter- und Naturerscheinungen

Zusatzmaterial:

1. Wetterbericht
2. Ansichtskarte von den Prinzeninseln

15 A

 S 1

2A / 38

a) Bu akşam ne yapıyorsun?
   Bu akşam ders çalışmam gerek. Yarın Türkçe sınavım var. Ya sen bu akşam ne yapıyorsun?
   Benim erken yatmam gerek. Yarın sabah trenim saat altı buçukta hareket ediyor. Trene yetişmeye mecburum, yoksa işe geç kalırım ve şefim kızar.

b) Nesrin zayıflamaya mecbur mu?
   Hayır, Nesrin zayıflamaya mecbur değil. Nesrin şişman değil, kilo vermeye ihtiyacı yok.

c) Dün evde yiyecek hiç bir şey yoktu. Alışveriş yapmam gerekti. Sen dün ne yaptın?
   Ben dün çok hastaydım. Bütün gün yatmak zorundaydım.

d) Yakında Türkçe öğrenmeye mecbur olacağım.
   Neden Türkçe öğrenmeniz gerekecek?
   Çünkü okulda Türk öğrencilerim olacak.

 S 2

2A / 39

a) Çok borcum var ama, hiç param yok. Borçlarımı nasıl ödeyeceğim, bilmiyorum.
   Borçlarını ödemelisin.
   Evet ama, nasıl?

b) Sigara içmemen gerek.
   Evet, haklısın. Çok öksürüyorum. Artık sigara içmemeliyim.

S 3

2A / 40

a) - Türkiye'de çalışma izni almak istiyorum.
 - Türkiye'de çalışma izni almak için Türkiye'de işin olmalı.
 - Burgazada'da ev tutmak istiyoruz.
 - Burgazada'da oturmak için çok paranız olmalı.

b) - Metin kaç gündür neden büroya gelmiyor?
 - Bilmiyorum. Her halde hasta olmalı.
 - Ali bugün neden toplantıya gelmiyor?
 - Bilmiyorum. Her halde yorgun olmalı.

 S 4

2A / 41

a) - Ne içersin?
 - Ben bir ayran alayım Ya sen?
 - Ben de bir çay içeyim.

b) - Konuklar için pasta yapayım mı?
 - Pasta yapmaya gerek yok. Konuklara börek de ikram edebiliriz.
 - Ya da Hakan'a söyle, fırıncıdan simit getirsin.

c) - Sinemaya mı yoksa tiyatroya mı gidelim?
 - Ne sinemaya ne tiyatroya gitmeyelim.
 - En iyisi konsere gidelim!

 T 1

2A / 42

İstanbul'da Yeni Yaşam

Sieglinde kış sömestrinde İstanbul Üniversitesi'nde Türkoloji okumaya başlıyor. Markus da İstanbul'da iş bulmaya ve daha iyi Türkçe konuşmaya çalışıyor. Sieglinde ile Markus Türkiye'de yaşamayı seviyorlar ve şimdilik daha birkaç yıl Türkiye'de kalmayı düşünüyorlar. Markus spor yapmaya, Sieglinde Türkçe kitaplar okumaya devam ediyor. Türk Dili ve Edebiyatı başlangıçta oldukça zor ama, Sieglinde Türkoloji okumaktan korkmuyor.

T 2

2A / 43

Vapura Yetişmemiz Gerek

Pazar günü Feray, Vural ve arkadaşları piknik yapmak istiyorlar. Önce hava çok güzel, güneş parlıyor, kuşlar ötüyor. Feray, Vural ve arkadaşları Adalar'a gitmeye karar veriyorlar. Piknik sepetlerine ekmek, beyaz peynir, domates, salatalık, haşlanmış yumurta, kavun ve karpuz koyuyorlar. Tabii mayolarını da alıyorlar. Sirkeci'den gemiye biniyorlar, Burgazada'da iniyorlar. Faytonla Kalpazankaya'ya gidiyorlar ve yolda şarkılar söylüyorlar. Kalpazankaya'da mayolarını giyiyorlar ve güneşleniyorlar. Fakat hava birdenbire bulutlanıyor ve şiddetli bir rüzgâr esmeye başlıyor. Feray, ‚eyvah!' diyor, ‚hava bozuyor.' Feray, Vural ve arkadaşları hemen giyiniyorlar ve eşyalarını topluyorlar. O sırada yağmur yağmaya başlıyor. Vural, ‚on dakika sonra bir vapur var' diyor, ‚şehre dönmek için vapura yetişmemiz gerek. Vapuru kaçırmamalıyız!' Fayton bulamıyorlar ve iskeleye doğru koşmaya başlıyorlar. Bardaklardan boşanırcasına yağmur yağıyor. Nefes nefese iskeleye geliyorlar ama, iskele memuru, ‚vapur bir dakika önce kalktı', diyor. O zaman Feray, Vural ve arkadaşları sahilde bir balıkçı kahvesine çay içmeye gidiyorlar ve titreyerek gelecek vapuru bekliyorlar.

Zusatzmaterial: Ansichtskarte von den Prinzeninseln

Burgazada: Anlegeplatz und Uferpromenade

 **T 3**

2A / 44

Hava Raporu

Burası TRT, Türkiye Radyoları ve Televizyonu. Sayın dinleyiciler, şimdi Marmara Bölgesi için yarınki hava raporunu veriyoruz: Yarın sabah hava güneşli ve 20 derece olacak, fakat öğlene doğru kuzeybatıdan rüzgâr esmeye başlayacak. Öğleden sonra hava bulutlu olacak ve ısı gittikçe düşecek ve gece Marmara Bölgesi'nde genellikle yağışlı geçecek. Bursa, Balıkesir ve Bozcaada'da yağmur yağacak, İstanbul ve İzmit'te gece kuru, fakat rüzgârlı geçecek.

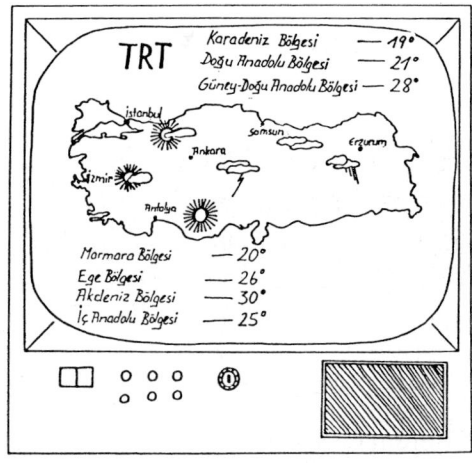

 **T 4**

2A / 45

Kötü Havaya Karşın

Piknik sırasında yağmur yağmaya başladı. Kötü havadan dolayı Feray, Vural ve arkadaşları piknik yapamadılar. Şehre dönmek istediler ama, vapuru kaçırdılar. Bu yüzden adada bir kahvede gelecek vapuru beklemek zorunda kaldılar. Domates veya salatalık yerine kahvede pasta ve taze simit yediler. Kötü havaya karşın çok güzel vakit geçirdiler.

 T 5

2A / 46

Eşeğin Sözü

Bir gün bir komşu hocaya gelir ve ondan eşeğini ödünç almak ister. Hoca eşeğini komşuya vermek istemez ve yalan söyler: ‚Eşeğimi pazara gönderdim.' Tam o sırada ahırdaki eşek anırmaya başlar. Bunun üzerine komşu Hoca'ya şöyle der: ‚Ayıp, Hoca Efendi, bu beyaz sakalına rağmen yalan söylemeye utanmıyor musun?' Hoca da şöyle cevap verir: ‚Asıl sana ayıp, komşum. Bu beyaz sakalıma rağmen bana inanmıyorsun ama, eşeğin sözüne inanıyorsun.'

 Gedichte (Şiirler)

2A / 47

1. Güzel Havalar (Orhan Veli Kanık, 1914-1950)

Beni bu güzel havalar mahvetti,
Böyle havada istifa ettim
Evkaftaki memuriyetimden.
Tütüne böyle havada alıştım,
Böyle havada aşık oldum;
Eve ekmekle tuz götürmeyi
Böyle havalarda unuttum;
Şiir yazma hastalığım
Hep böyle havalarda nüksetti;
Beni bu güzel havalar mahvetti.

2. Kerem Gibi (Nazım Hikmet, 1902-1963)
Hava kurşun gibi ağır

Bağır
    bağır
        bağır
            bağırıyorum.
Koşun
    kurşun
        eritmeğe
            çağırıyorum ...

Karikaturen (karikatürler):

2A / 48

1. (aus: Fırt)

2. (aus: Fırt)

3. (aus: Sabah)

4. (aus: Gırgır)

5. (aus: Gırgır)

6. (aus: Gırgır)

Sprichwort (atasözü)

2A / 49

Bilmemek ayıp değil, sormamak ayıp:
Es ist keine Schande, (etwas) nicht zu wissen, (sondern) eine Schande, nicht zu fragen.

Zusatzmaterial:
Wetterbericht aus einer türkischen Zeitung

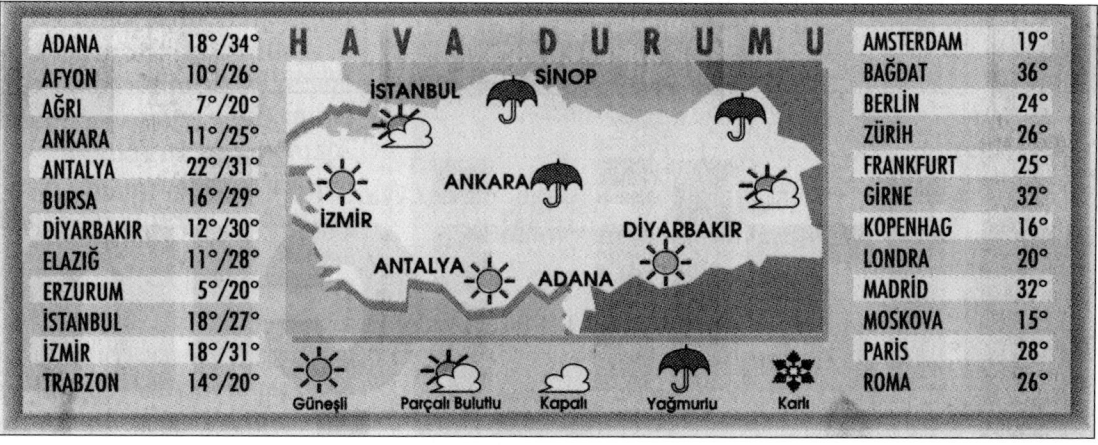

15 B

Ü 1 a) **(ben)-Türkçe öğrenmek: Türkçe öğrenmem gerek.**

1. (sen)-yarın-doktor-gitmek
2. Gül-hafta sonu için-alışveriş etmek
3. öğrenciler-Türkçe kelimeler-öğrenmek
4. Sieglinde-Feray-hediye götürmek
5. (siz)-zayıflamak
6. (ben)-şefin bürosu-gitmek
7. (biz)-Nesrin-telefon etmek
8. Peter-yarın-Türkiye-gitmek

b) Bilden Sie die gleichen Sätze mit den Konstruktionen mit ‚mecbur olmak' und ‚zorunda olmak'

c) Bilden Sie die gleichen Sätze mit der Wiedergabemöglichkeit der Notwendigkeitsform mit ‚-meli'.

Ü 2 Türkçe öğrenmeye mecburum: **Türkçe öğrenmeye mecburdum / Türkçe öğrenmeye mecbur olacağım.**

a. Peter'in pasaportunu bulması gerek.
b. Her sabah erken kalkmaya mecburuz.
c. Vapura yetişmemiz gerek.
d. Markus Türkiye'de oturma izni almak zorunda.
e. Sinan'ın Kars'taki akrabalarını ziyaret etmesi gerek.
f. Sınavlar için ders çalışmaya mecburum

Ü 3 (sen)-(ben)-sigara içmemek: **Sigara içmemen gerek. / Evet, sigara içmemeliyim.**

1. (siz)-(ben)-çok içki içmemek:
2. (siz)-(biz)-çok geç yatmamak:
3. (sen)-(ben)-çocuklara kızmamak:
4. (siz)-(ben)-fazla kilo almamak:
5. (sen)-(ben)-vapuru kaçırmamak:

Ü 4 (sen)-araba kullanmak / ehliyet: **Araba kullanmak için ehliyetin olmalı**

2B / 66

1. Markus-Türkiye'de çalışmak / çalışma izni
2. Sieglinde-Türkiye'de oturmak / oturma izni
3. (biz)-vapurla Adalar'a gitmek / vapur bileti
4. (siz)-Adalar'da ev tutmak / çok para
5. Peter-Türkiye'ye gitmek / pasaport

Ü 5 Bilden Sie sinnvolle Sätze mit ,-mem gerek', ,mecbur olmak', ,zorunda olmak' oder ,-meli/-malı', z. B.: **Trene yetişmek için erken kalkmam gerek.**

Hans	trene yetişmek	para biriktirmek
Özcan	izne gitmek	perhiz yapmak
(sen)	zayıflamak	iyi Türkçe bilmek
Sieglinde	iyileşmek	erken kalkmak
(ben)	ıslanmamak	iyice dinlenmek
öğrenciler	vapuru kaçırmamak	şemsiye almak
Gül	Türkoloji okumak	koşmak

 Ü 6 (ben)-şimdi-bira içmek / hayır-önce-mektup yazmak:
Şimdi bir bira içeyim. / Hayır, önce mektubu yazmalısın.

2B / 67

1. (biz)-şimdi-televizyon seyretmek / hayır-önce-Türkçe çalışmak
2. çocuklar-şimdi-top oynamak / hayır-önce-kitap okumak
3. (ben)-şimdi-sinema-gitmek / hayır-önce-hasta arkadaş-ziyaret etmek
4. (biz)-yeni araba-almak / hayır-önce-borçlar-ödemek
5. (ben)-şimdi-lahmacun yemek / hayır-artık-rejim yapmak

 Ü 7 (biz)- Adalar/Emirgân- piknik yapmak: **Adalar'da piknik yapalım mı? / Hayır, Adalar'da piknik yapmayalım, Emirgân'da piknik yapalım.**

2B / 68

1. (ben)- konuklar için- kahve/çay- pişirmek
2. gençler- sinema/parti- gitmek
3. (biz)- simit/börek - yemek
4. Metin- büro/ev - çalışmak
5. misafir- ayran/limonata - içmek
6. (ben)- alışveriş/doktor - gitmek

Ü 8   Finden Sie den passenden Satzteil heraus und setzen Sie ihn ein!

1. Markus spor yapmaya _____ a. seviyor b. tercih ediyor, c. devam ediyor.
2. Faruk iki hafta sonra Adana'da çalışmaya _____
   a. düşünüyor,   b. başlıyor,   c. unutuyor.
3. Mehmet artık Türkiye'ye dönmeyi _____
   a. çalışıyor,   b. düşünüyor,   c. karar veriyor.

Ü 9   Bilden Sie Infinitivsätze mit Akkusativ, Dativ und Ablativ, z. B.:Orhan-yarın-çalışmak / başlamak: Orhan yarın çalışmaya başlıyor.

1. Ruth-Türkler'le sohbet etmek / sevmek
2. Faruk-yeni bir iş bulmak / çalışmak
3. Peter-Türkçe öğrenmek / devam etmek
4. Mehmet-Almanya'da çalışmak / bıkmak
5. Mehmet-Türkiye'ye dönmek / düşünmek
6. Sieglinde-İstanbul'da oturmak / tercih etmek
7. doktor-Hans'a içki içmek / yasak etmek
8. Ünal-hasta olmak / korkmamak

Ü 10   Geben Sie den Wetterbericht auf türkisch an!

İstanbul:
sonnig,
20 Grad,
aber am
Nachmittag
bewölkt und
etwas Regen

Ankara:
trocken,
aber
kalt,
9 Grad

İzmir:
zuerst
etwas
Regen,
später
sonnig
und warm,
23 Grad

Balıkesir:
zuerst
bewölkt,
am Nachmittag
stark windig, 15 Grad

Erzurum:
Schnee,
-1 Grad

Antalya:
sonnig,
heiß und trocken,
25 Grad

Ü 11 Setzen Sie mit der richtigen Kasusendung ein:
dolayı (yüzünden, ötürü) / karşın (rağmen) / sırasında / yerine

1. Filiz bluz .... kazak aldı.
2. Piknik .... yağmur yağmaya başladı.
3. Yağmur .... piknik yapamadık.
4. Kötü hava .... Ada'da güzel vakit geçirdik.
5. Sis .... uçak inemedi.
6. Ders .... öğrenciler sigara içmez.
7. Feray konuklara pasta .... çörek ikram etti.

 Ü 12 Setzen Sie ein: bunun yerine; buna rağmen; bundan dolayı (bu yüzden)!

1. Dün hava çok sisliydi ama, uçak .... rötar yapmadı.
2. Dün vaktim yoktu, ... sana gelemedim.
3. Sieglinde kitapçıdan sözlük almadı, ... iki tane roman aldı.
4. Mehmet'in az parası var ama, ... her akşam lokantada yemek yiyor.
5. Dün hava güzeldi,............ öğrenciler ormanda piknik yaptı.
6. Hafta sonunda hava çok soğuktu, ... evden çıkmadık.

 Ü 13 Türkçe'ye tercüme edin!

1. Mehmet muß jeden morgen sehr früh aufstehen.
2. Muß ich jetzt Nesrin anrufen?
3. Du brauchst sie nicht anzurufen, sie wird morgen sowieso bei uns vorbeischauen.
4. Markus wird besser Türkisch sprechen müssen.
5. Ich gehe jetzt schlafen. / Nein, du mußt jetzt für die Prüfung lernen.
6. Um in der Türkei zu arbeiten, muß Markus eine Arbeitserlaubnis haben.
7. Ünal ist heute nicht zur Uni gekommen. Er muß wohl krank sein.
8. Nesrin geht gerne ins Kino, Faruk geht lieber ins Theater.
9. Faruk beginnt nächste Woche, in Adana zu arbeiten.

B/Ü 1 Erzählen Sie Ihrem Lernpartner, was diese Personen jeden Tag tun müssen!

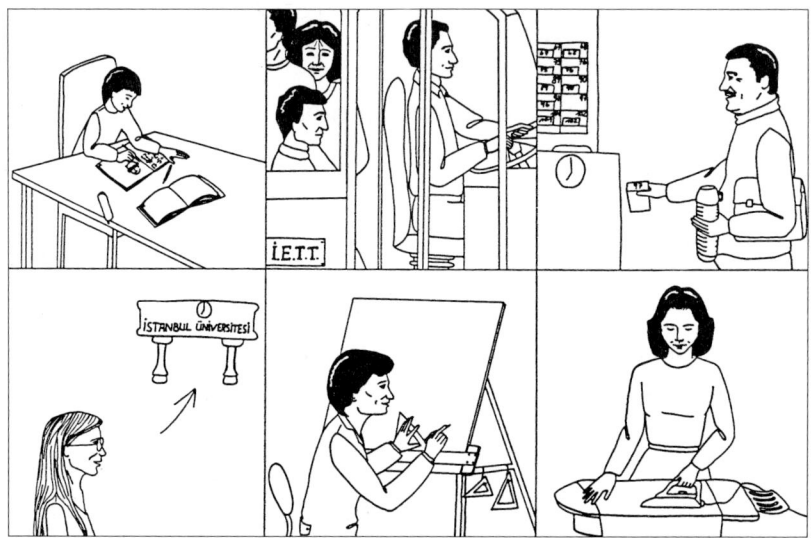

B/Ü 2 Erzählen Sie Ihrem Lernpartner die Geschichte vom Picknick auf der Insel!

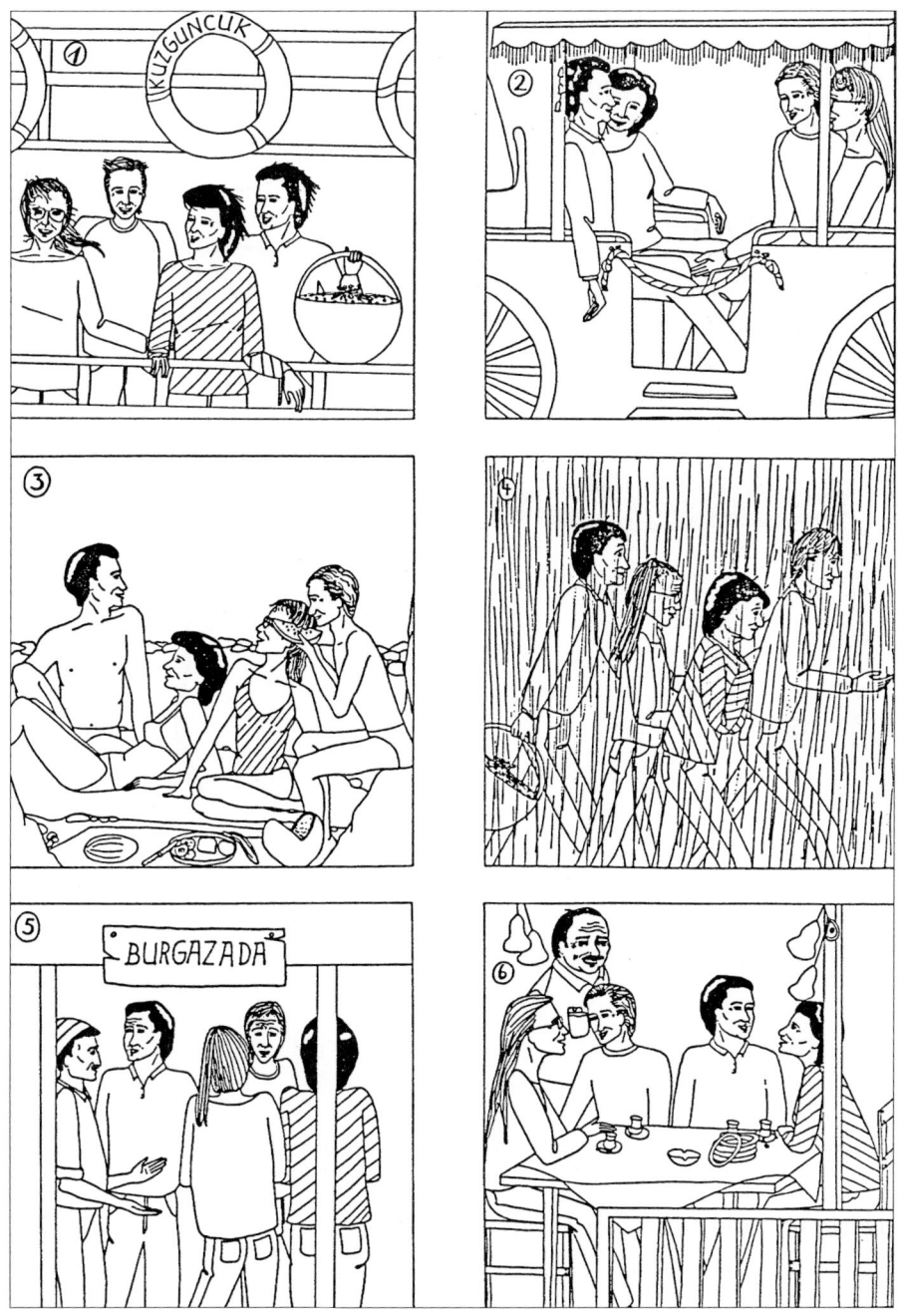

B/Ü 3 Beschreiben Sie das Wetter!

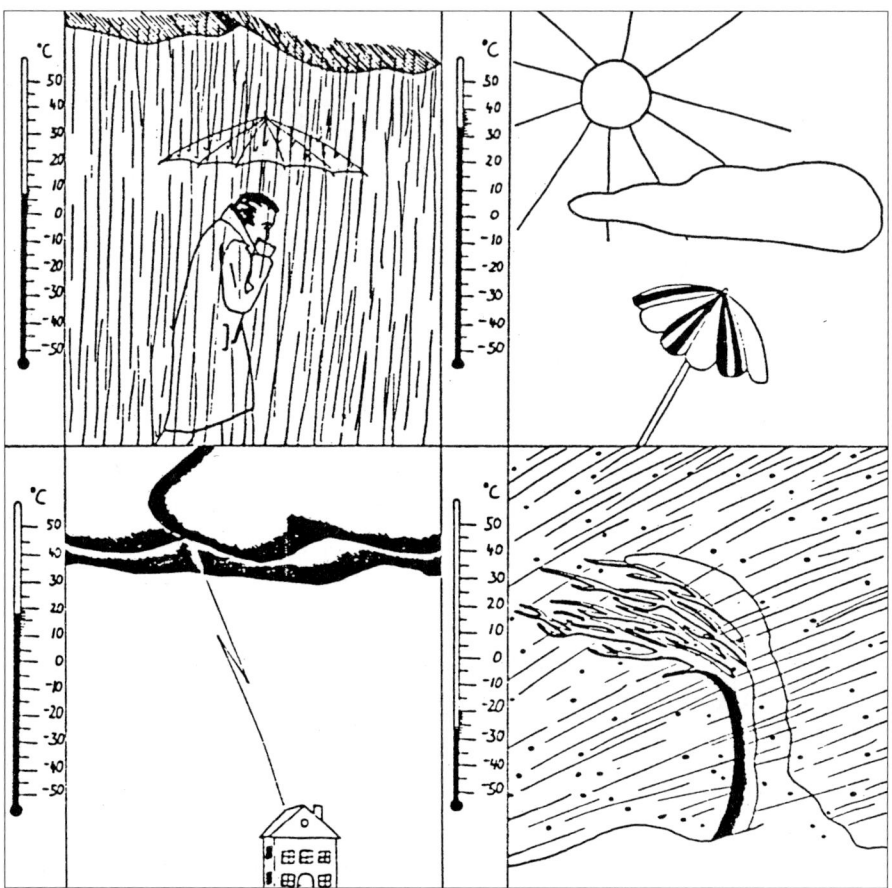

15 C

1. Notwendigkeitsform: Entsprechungen für das Modalverb ‚müssen'

Für die Notwendigkeitsform gibt es im Türkischen verschiedene Ausdrucksmöglichkeiten. Die gebräuchlichste ist mit ‚gerek' (nötig):

1.1. Substantiviertes Verb (durch k-Ausfall verkürzter Infinitiv) mit Possessivendung und ‚gerek':

Türkçe öğrenmek: Türkisch lernen; der Infinitiv wird durch k-Ausfall verkürzt und dadurch wird das Verb substantiviert: Türkçe öğrenme: das Türkischlernen:
(Benim) Türkçe öğrenme-*m* gerek: Ich muß Türkisch lernen, (wörtl.: Mein Türkischlernen ist nötig.)

Das Possessivpronomen wird nach üblichen Regeln (wenn es keine Betonung oder Gegenüberstellung ist) weggelassen:

Türkçe öğrenme-m gerek   Türkçe öğrenme-miz gerek
Türkçe öğrenme-n gerek   Türkçe öğrenme-niz gerek
Türkçe öğrenme-si gerek   Türkçe öğrenme-leri gerek.

Wenn die Person durch ein Substantiv oder einen Namen ausgedrückt werden muß, ist in der 3. Person eine Genitivkonstruktion erforderlich:
Markus'*un* Türkçe öğrenme*si* gerek. Öğrenciler*in* Türkçe öğrenme*si* gerek.
Statt ‚gerek' wird in der Umgangssprache oft sein Synonym ‚lazım' (nötig, vgl. Lektion 6) gebraucht:
Bugün alışveriş etmem lazım. (Heute muß ich einkaufen.)
Man begegnet auch oft der Form:
Alışveriş etme-m gerekiyor (‚gerekmek' als Vollverb: nötig sein).
Doktora gitme-n gerekiyor.
Metin'in büroya gitmesi gerekiyor, usw.
Veraltet ist die Form mit ‚icap etmek' (nötig sein), beherrschen Sie sie deshalb nur passiv: Alışverişe gitme-m icap ediyor.

1.2. Substantiviertes Verb (durch k-Ausfall verkürzter Infinitiv) mit Dativendung und ‚mecbur':

Etwas stärker ist die Notwendigkeit bei dem Verb ‚mecbur olmak' (müssen, wörtl.: genötigt sein zu). Bei dieser Konstruktion wird an das substantivierte Verb die Dativendung angehängt:
gitmek: gehen, gitme: das Gehen, gitmeye: zum Gehen. Gitmeye mecburum: Ich muß gehen (wörtl.: Ich bin genötigt zum Gehen).
Bei der Konjugation werden die Personalendungen für das Hilfsverb ‚sein' an das Strukturwort ‚mecbur' angehängt:

gitmeye mecbur*um*   gitmeye mecbur*uz*
gitmeye mecbur*sun*   gitmeye mecbur*sunuz*
gitmeye mecbur   gitmeye mecbur*lar*.

1.3. Der Infinitiv in der Grundform

Noch stärker wird die Notwendigkeit durch das Verb ‚zorunda olmak' (müssen, wörtl.: gezwungen sein) ausgedrückt. Bei dieser Konstruktion wird der Infinitiv in der Grundform gebraucht. Bei der Konjugation werden die Endungen für das Hilfsverb ‚sein' an das Strukturwort ‚zorunda' (gezwungen) angehängt:

Gitmek zorunda*yım* (ich muß - unbedingt - gehen)
    zorunda*sın*
    zorunda
    zorunda*yız*
    zorunda*sınız*
    zorunda*lar*

Merken Sie:
* Bei der Konstruktion mit ‚gerek' (lazım, gerekiyor, icap ediyor) wird die Person durch die Possessivendung am substantivierten Verb ausgedrückt, bei den Konstruktionen mit ‚mecbur' und ‚zorunda' durch die Personalendung für das Hilfsverb ‚sein' an den Strukturwörtern ‚mecbur' und ‚zorunda'.

1.4. Frageform

Bei der Konstruktion mit substantiviertem Verb und Possessivendung wird das Fragewörtchen nachgestellt:
Yarın gelme-m gerek mi (lazım mı, gerekiyor mu, icap ediyor mu)?

Die Frageformen ‚gerek mi' (lazım mı, gerekiyor mu, icap ediyor mu) bleiben unverändert. Eine zusätzliche Möglichkeit für die Frageform ist die Konstruktion der mit der Dativendung erweiterten Possessivendung am substantivierten Verb, wobei hier nur das Strukturwort ‚gerek' (hier: Bedarf) verwendet wird; die Frage wird durch ‚var mı' (gibt es) gestellt:
gelme-m-e gerek var mı: muß ich kommen (wörtl.: gibt es Bedarf nach meinem Kommen?).
Da die Frageform mit ‚... -e gerek var mı' häufig gebraucht wird, lernen Sie sie bitte auch. Bei den Konstruktionen mit ‚mecbur' und ‚zorunda' wird das Fragewörtchen vor die Personalendung eingeschoben:
gelmeye mecbur muyum?   gelmek zorunda mıyım?
gelmeye mecbur musun?   gelmek zorunda mısın? usw.

1.5. Verneinung

Bei der Konstruktion mit Possessivendung gibt es drei Möglichkeiten für die Verneinung:
gelme-m gerek (oder lazım) değil
gelme-n gerek (oder lazım) değil, usw.

oder:

gelme-m gerekmiyor (oder icap etmiyor)
gelme-n gerekmiyor (oder icap etmiyor), usw.

oder:

gelme-m-e gerek yok
gelme-n-e gerek yok, usw.

Da die Person durch die Possessivendung am substantivierten Verb ausgedrückt wird, bleiben die Verneinungsformen ‚gerek (oder lazım) değil', ‚gerekmiyor (oder icap etmiyor)' und ‚gerek yok' unverändert.
Bei den Konstruktionen mit ‚mecbur' und ‚zorunda' erfolgt die Verneinung nur mit ‚değil', wobei die Personalendungen für das Hilfsverb ‚sein' an ‚değil' angehängt werden:
gelme-ye mecbur değil*im*   gelmek zorunda değil*im*
gelme-ye mecbur değil*sin*   gelmek zorunda değil*sin*, usw.
Es gibt auch eine zusätzliche Verneinungsform im Sinne von ‚nicht brauchen ... zu', die mit ‚ihtiyaç' (Bedarf, vgl. Lektion 11) ausgedrückt wird, wobei das substantivierte Verb in den Dativ gesetzt wird und an ‚ihtiyaç' Possessivendungen angehängt werden:
gelme-ye ihtiyac-ım yok: Ich brauche nicht zu kommen.
gelme-ye ihtiyac-ın yok
Ali'nin gelme-ye ihtiyac-ı yok, usw.

1.6. Verneinende Frage: Muß ich nicht Türkisch lernen?
* Türkçe öğrenme-m gerek (lazım) değil mi?
  Türkçe öğrenme-m gerekmiyor mu?
  Türkçe öğrenme-m icap etmiyor mu?
* Türkçe öğrenme-m-e gerek yok mu?
  Türkçe öğrenme-ye ihtiyac-ım yok mu?   Brauche ich nicht T. zu lernen?
Oder: Gelme*ye* mecbur değil miyim? Gelmek zorunda değil miyim?: Muß ich nicht kommen?

Aufgabe: Spielen Sie mit Ihrem Lernpartner den Dialog S 1a-b, auch auf Deutsch! Machen Sie die Übungen 1 a und b und B/Ü1.

1.7. Vergangenheit und Futur der Notwendigkeitsform

Vergangenheit:
Bei der Konstruktion mit substantiviertem Verb und Possessivendung:
gelme-m gerekti (oder lazımdı, oder icap etti)
gelme-n gerekti (oder lazımdı, oder icap etti)

Ali'nin gelme-si gerekti (oder lazımdı, oder icap etti)
Frage:
gelme -m gerek miydi (lazım mıydı, gerekti mi, icap etti mi)?
        -n gerek miydi (lazım mıydı, gerekti mi, icap etti mi)?
gelme -m-e gerek var mıydı? Mußte ich kommen?

Verneinung :
gelme -m gerek (lazım) değildi (gerekmedi, icap etmedi)
auch:
gelme -m-e gerek yoktu: Ich mußte nicht kommen,

Verneinende Frage:
gelme-m gerek (lazım) değil miydi (gerekmedi mi, icap etmedi mi)?
gelme -m-e gerek yok muydu? Mußte ich nicht kommen?

Bei den Konstruktionen mit ‚mecbur' und ‚zorunda' wird die Vergangenheitspartikel vor die Personalendung der Vergangenheit eingeschoben:
gelme -ye mecbur-du-m   -gelmek zorunda-y-dı-m
        usw.

Frage:
gelmeye mecbur muydum?   gelmek zorunda mıydım?

Verneinung:
gelmeye mecbur değildim   gelmek zorunda değildim

Verneinende Frage:
gelmeye mecbur değil miydim? gelmek zorunda değil miydim?
gelmeye mecbur değil miydin? gelmek zorunda değil miydin?, usw.

Merken Sie:
* Bei der Vergangenheit von ‚mecbur' ‚olmak' kann dieses Verb statt der Personalendungen für die Vergangenheit des Hilfsverbs ‚sein' auch mit der Vergangenheitsform von ‚olmak' (werden) konjugiert werden: Doktora gitmeye mecbur oldum
　　　　　　　　　　　　　　　　　　　　　　　　　　　　　　　　　　　　　oldun
　　　　　　　　　　　　　　　　　　　　　　　　　　　　　　　　　　　　　oldu, usw.

In diesem Fall gibt es aber einen Bedeutungsunterschied. Diese Form wird für eine vorher nicht erwartete, plötzlich eingetretene und/oder vorübergehende Situation verwendet, z. B.: Dün birdenbire hastalandım ve doktora gitmeye mecbur oldum.
Gestern wurde ich plötzlich krank und mußte zum Arzt gehen (wörtl.: wurde genötigt, zum Arzt zu gehen).
Neben ‚olmak' wird in diesem Zusammenhang häufig auch das Verb ‚kalmak' verwendet, das letztere auch bei Konstruktionen mit ‚zorunda', z. B.: Dün şemsiyem yoktu, yağmurda ıslanmak zorunda kaldım:
Gestern hatte ich keinen Schirm, ich mußte beim Regen naß werden (wörtl.: ich wurde gezwungen, naß zu werden.)
Für Näheres zum Verb ‚kalmak' vgl. unten 5.1.

1.8. Futur:
Bei der Konstruktion mit substantiviertem Verb und Possessivendungen wird statt ‚gerek', ‚gerekli' (nötig) gebraucht: gelme-m gerekli (oder lazım) olacak (gerekecek, icap edecek). Während die Formen ‚olacak', ‚gerekecek', ‚‚icap edecek' hier unverändert bleiben, wird das Hilfsverb ‚olmak' bei den Konstruktionen mit ‚mecbur' und ‚zorunda' im Futur konjugiert:
gelme-ye mecbur olacağım - gelmek zorunda olacağım
gelme-ye mecbur olacaksın - gelmek zorunda olacaksın, usw.

Frage:
gelme -m gerekli (lazım) olacak mı (gerekecek mi, icap edecek mi)?
　　　　-n gerekli (lazım) olacak mı (gerekecek mi, icap edecek mi)?
gelme -m-e gerek olacak mı?
　　　　-n-e gerek olacak mı?
gelme -ye mecbur olacak mıyım / gelmek zorunda olacak mıyım?
gelmeye mecbur olacak mısın?/ gelmek zorunda olacak mısın?,
usw.

Verneinung:
gelme -m gerekli (lazım) olmayacak (gerekmeyecek, icap etmeyecek)
gelme -m-e gerek olmayacak
gelme -ye mecbur olmayacağım / gelmek zorunda olmayacağım
                 olmayacaksın usw.

Verneinende Frage:
gelme- m gerekli (lazım) olmayacak mı (gerekmeyecek mi, icap etmeyecek mi)?
gelme- m-e gerek olmayacak mı?
gelme- ye mecbur olmayacak mıyım?
gelmek zorunda olmayacak mıyım?
gelme- ye mecbur olmayacak mısın?
gelmek zorunda olmayacak mısın? usw.
Wie in der Vergangenheit wird auch im Futur das Verb ‚kalmak' für o.g. Situationen gebraucht:
Doktora gitmeye mecbur kalacağım;
Yağmurda ıslanmak zorunda kalacaklar.

Aufgabe: Spielen Sie mit Ihrem Lernpartner den Dialog S 1c-d, auch auf Deutsch! Machen Sie die Übung 2!

1.9. Notwendigkeitsform mit ‚-meli'

Die Notwendigkeitsform mit der Partikel ‚-meli' (kleine Vokalharmonie, Variante ‚-malı'), die dem Verbstamm angefügt und mit der Personalendung versehen wird, drückt neben der Notwendigkeit auch oft eine (moralische) Verpflichtung aus und entspricht im Aussage- und Fragesatz den Modalverben ‚müssen' und ‚sollen' zugleich. Da die 2. Person im Singular und Plural für Optativ (sollen, vgl. unten ab 2.) in der Hochsprache ausfällt (vgl. unten), wird sie oft durch die Form ‚-melisin(iz) / -malı-sın(ız) ersetzt.
Mektubu yaz-malı-y-ım: Ich muß (ich soll) den Brief schreiben.
Mektubu yaz-malı-sın
Mektubu yaz-malı
Mektubu yaz-malı-sınız
Mektubu yaz-malı-lar
Frageform:
Mektubu yaz-malı mıyım? Mektubu yaz-malı mıyız?
Mektubu yaz-malı mısın? Mektubu yaz-malı mısınız?
Mektubu yaz-malı mı?   Mektubu yaz-malılar mı?

Verneinung:
Die durch die Verneinungspartikel ‚-me/-ma' abgeleitete verneinte Form ‚-memeli' (-mamalı) drückt ‚nicht dürfen' aus:
Sigara iç-me-meli-y-im: Ich darf nicht rauchen.
Sigara iç-me-meli-sin
sigara iç-me-meli
Sigara iç-me-meli-y-iz
Sigara iç-me-meli-siniz
Sigara iç-me-meli-ler

Verneinte Frageform:
Sigara iç-me-meli miyim? Darf ich nicht rauchen?
Sigara iç-me-meli misin?
Sigara iç-me-meli mi?
Sigara iç-me-meli miyiz?
Sigara iç-me-meli misiniz?
Sigara iç-me-meli-ler mi?

‚Nicht dürfen' wird neben der Struktur ‚-me-meli' auch durch die Konstruktion mit dem substantivierten Verb und Possessivendung ausgedrückt, wobei die Verneinungspartikel zwischen Verbstamm und Possessivendung eingeschoben wird:
Sigara iç-me-me-m gerek (oder lazım): Ich darf nicht
Sigara iç-me-me-n gerek   rauchen.
Ali'nin Sigara iç-me-me-si gerek
Sigara iç-me-me-miz gerek
Sigara iç-me-me-niz gerek
Sigara iç-me-me-leri gerek.

Die verschiedenen Strukturen ‚-me-meli' und ‚-me-me-si gerek' sind in ihrer Bedeutung als ‚nicht dürfen' identisch.

Aufgabe: Spielen Sie mit Ihrem Lernpartner den Dialog S 2a-b, auch auf Deutsch! Machen Sie die Übungen 1 c, 3 und 5! Versuchen Sie, die 3. Karikatur mit Hilfe der ‚Wörterkiste' zu verstehen!
Können Sie sie ins Deutsche übersetzen? Wenn Sie Schwierigkeiten haben, können Sie ja im Schlüssel nachschauen.
Finden Sie die Notwendigkeitsformen in den Texten der Sprechblasen heraus und analysieren Sie nach Endungen!

Merken Sie:
* Es gibt keine Futurbildung mit ‚-meli'. Die Vergangenheit mit ‚-meli' wird konjunktivisch gebraucht. Sie werden diese Form im Fortsetzungsband lernen.

1.10. Gebrauch von ‚-meli' mit Hilfsverben
Bei der Entsprechung für die Hilfsverben ‚sein' und ‚haben' wird ‚-meli' mit dem Hilfsverb ‚olmak' (sein) gebraucht:

Beispiele für die Entsprechung von ‚sein'
çalışkan ol-malı-y-ım: ich muß (soll) fleißig sein
çalışkan ol-malı-sın
çalışkan ol-malı
çalışkan ol-malı-y-ız
çalışkan ol-malı-sınız
çalışkan ol-malı-lar

Frage:
çalışkan olmalı mıyım?   çalışkan olmalı mıyız?
çalışkan olmalı mısın?   çalışkan olmalı mısınız?
çalışkan olmalı mı?   çalışkan olmalılar mı?

Verneinung:
deli ol-ma-malı-y-ım (ich darf (soll) nicht verrückt sein (werden))
deli ol-ma-malı-sın usw.

Verneinende Frage:
Hasta ol- ma- malı mıyım: Darf (soll, muß) ich nicht krank werden?
Hasta ol-ma-malı mısın?
Hasta ol-ma-malı mı? usw.

Beispiele für die Entsprechung von ‚haben'
Bei der Entsprechung für ‚haben müssen' bleibt die Form ‚olmalı' unverändert, die Person wird durch die Possessivendung am Bezugswort ausgedrückt.
para-m ol-malı: ich muß Geld haben (wörtl.: mein Geld muß sein)
para- n ol-malı: Du mußt Geld haben
Ali'nin para-sı olmalı: Ali muß Geld haben usw.

Frage:
para-m olmalı mı? (muß ich Geld haben?)
para-n olmalı mı?
Ali'nin para-sı olmalı mı? usw.

Verneinung:
ateş-im olma-malı (ich darf kein Fieber haben)
ateş-in olma-malı
Ali'nin ateş-i olma-malı, usw.

Die Partikel ,-meli' drückt gleichzeitig Vermutung und Wahrscheinlichkeit aus, in diesem Fall aber erfolgt der Gebrauch oft mit dem Füllwort ,her halde' (wahrscheinlich, sicherlich, wohl):
Ali her halde hasta olmalı: Ali muß wohl krank sein.
Ali'nin her halde çok parası olmalı: Ali muß wohl viel Geld haben.

Aufgabe: Spielen Sie mit Ihrem Lernpartner den Dialog S 3 a-b, auch auf Deutsch! Machen Sie die Übung 4!

2. Der Optativ (istek kipi) bzw. die ,Wunsch- Befehlsform' (eine weitere Wiedergabemöglichkeit für das Modalverb ,sollen?)
Sie kennen den Optativ bereits von der Lektion 7. Damals hatten Sie nur die 3. Person (Singular und Plural) von dieser Zeitform gelernt, die gleichzeitig auch eine Modusform ist und u.a. als die ,Wunsch- Befehlsform' bezeichnet werden kann. Der Grund dafür ist der vielschichtige Verwendungsbereich vom Optativ. Er drückt nämlich neben spontanen (Wunsch-) Entscheidungen (bei der 1. Person Singular) und Aufforderungen (1. Person Plural) auch Wünsche und/oder Befehle aus (3. Person Singular und Plural), die von einer dritten Person oder von dritten Personen ausgeführt werden sollen. Da diese Funktion in der dritten Person dem Imperativ ähnlich ist, hatten Sie sie in der Lektion 7 im Rahmen der anderen Imperativformen (Imperativ in der Lektion 6 und der Imperativ mit -sene/-sana' in der Lektion 7) gelernt.
Konjugationsnuancen in der Form und in der Modalität:
Die 1. Person im Singular und Plural unterliegt der kleinen, die 3. Person im Singular und Plural der großen Vokalharmonie. Die 2. Person im Singular und Plural wird in der Hochsprache nicht gebraucht, sondern durch Imperativ (vgl. Lektion 6) oder Notwendigkeitsform (vgl. in dieser Lektion, oben ab 1. ff) ersetzt; nur in westtürkischen Dialekten (Ägäische Region, Thrakien, Balkan) werden die Formen der 2. Person noch aktiv verwendet.
Die Betonung liegt auf ,-e-' (1 und 2. Person Sing. u. Plur.) und auf ,-sin-' (3. Pers. Sing. u. Plur.):

gel-e-yim: ich will/ich soll kommen (bzw.: eine spontane (Wunsch-)Entscheidung, die im Deutschen mit dem Füllwort ‚mal' ausgedrückt wird, z. B.: ‚ich komme mal ...' oder ‚bir çay içeyim': ‚Ich trinke mal einen Tee')
gel-e-sin: du sollst/mögest kommen (entfällt im Hochtürkischen)
gel-sin: er/sie soll kommen
gel-e-lim: wir wollen/sollen kommen (bzw. Aufforderung (im Lateinischen ‚Hortativ') mit ‚laßt uns...'; z. B.: Sinemaya gidelim: ‚Laßt uns ins Kino gehen')
gel-e-siniz: ihr sollt/mögt - Sie sollen/mögen- kommen (entfällt im Hochtürkischen)
gel-sin-ler: sie sollen kommen

Weitere Beispiele mit vokalharmonisch bedingten Varianten:

almak:	**görmek**	**sormak:**
al-a-yım	gör-e-yim	sor-a-yım
al-a-sın	gör-e-sin	sor-a-sın
al-sın	gör-sün	sor-sun
al-alım	gör-e-lim	sor-a-lım
al-a-sınız	gör-e-siniz	sor-a-sınız
al-sın-lar	gör-sün-ler	sor-sun-lar

Nach Vokalauslaut am Verbstamm wird bei der 1. Person im Singular und Plural ein ‚y' als Füllkonsonant eingeschoben:
oku-y-a-yım   oku-y-a-lım
Bei den Verben ‚demek' und ‚yemek' wird das e am Verbstamm zu i außer bei der 3. Person im Singular und Plural:

di-y-e-yim	di-y-e-lim	und:	yi-y-e-yim	yi-y-e-lim
di-y-e-sin	di-y-e-siniz		yi-y-e-sin	yi-y-e-siniz
de- sin	de-sin-ler		ye-sin	ye-sin-ler

Bei den Verben ‚gitmek', ‚etmek' und ‚tatmak' wird das t am Verbstamm bei der 1. Person im Singlar und Plural zu d erweicht, z. B.
gi-d-e-yim (Sing.)   gi-d-e-lim (Plur.)
Die letztere Form werden Sie in der Umgangssprache sehr oft hören; lernen und gebrauchen Sie sie:
‚gidelim': gehen wir, wollen wir gehen, packen wir's; im Englischen mit der genauen Entsprechung ‚let's go'!
Zahlreiche Wendungen der Umgangssprache sind mit Optativ gebildet. Solche, die mit der Endung der 3. Person im Singular gebildet sind, haben Sie bereits in der Lektion 7 gelernt. Lernen Sie jetzt weitere dazu, nachdem Sie sie in der ‚Wörterkiste' gefunden haben!

Die Form ‚bakalım' (aus ‚bakmak', ‚schauen', 1. Person Plural)), die auch in W 4 aufgeführt ist, wird in der Umgangssprache sehr häufig verwendet: Entweder als ‚Schauen wir mal' oder nur als Füllwort ‚mal', zum Beispiel ‚gel bakalım': Komm mal her.
Versuchen Sie die Karikaturen 4, 5 und 6 mit Hilfe der ‚Wörterkiste' zu verstehen. Finden Sie jeweils die Bedeutungsnuancen für den Ausdruck ‚bakalım' heraus und übersetzen Sie diese Karikaturen ins Deutsche. Wenn Sie Schwierigkeiten haben, können Sie ja im Schlüssel nachschauen.

Frageform und verneinende Frage
In der Frageform und Verneinung sowie in der verneinenden Frage hat der Optativ im Deutschen eine einheitliche Entsprechung im Modalverb ‚sollen'. Vergleichen Sie die Beispiele:

gel-e-yim mi: Soll ich kommen?
gel-e-sin mi: (entfällt im Hochtürkischen): Sollst du kommen?
gel-sin mi? Soll er/sie kommen?
gel-e-lim mi? Sollen wir kommen?
gel-e-siniz mi (entfällt im Hochtürkischen): Sollt ihr kommen?
gel-sin-ler mi: Sollen Sie kommen?

gel-me-y-eyim: Ich soll nicht kommen
gel-me-y-e-sin: du sollst nicht kommen
gel-me-sin: er/sie soll nicht kommen
gel-me-y-e-siniz: ihr sollt nicht kommen
gel-me-sin-ler: sie sollen nicht kommen

Merken Sie:
Die 2. Person im Singular und Plural wird in der Verneinung auch im Türkischen gebraucht, allerdings in der Regel mit der Kombination des Füllworts ‚sakın' (ja nicht), z. B.:
‚Sakın gelmeyesin': Du sollst ja nicht kommen! Oder:
‚Sakın gelmeyesiniz': Ihr sollt ja nicht kommen!

gel-me-y-eyim mi: Soll ich nicht kommen?
(gel-me-y-e-sin mi: Sollst du nicht kommen?)
gel-me-sin mi: Soll er nicht kommen.
gel-me-y-elim mi: Sollen wir nicht kommen?
(gel-me-y-e-siniz mi: Sollt ihr nicht kommen?)
gel-me-sin-ler mi: Sollen Sie nicht kommen?

Aufgabe: Spielen Sie mit Ihrem Lernpartner den Dialog S 4 a,b,c, machen Sie die Übungen Ü 6 und Ü 7!

3. Rektion der Verben und Entsprechung für den Infinitivsatz mit ‚zu'

Im Deutschen und Türkischen haben die Verben zum größten Teil die gleiche Rektion. Unterschiedliche Fallfolgen werden bei jedem Verb in der Wörterliste angegeben. Um den Infinitivsatz mit ‚zu' zu bilden, ist es nötig, die Rektion der Verben zu kennen, denn der Fall, in dem das substantivierte Verb bzw. der durch den k-Ausfall verkürzte Infinitiv steht, wird von der Fallfolge des Hauptverbs bestimmt, z. B.:
‚başlamak' (anfangen) regiert den Dativ:
Faruk gelecek hafta Adana'da çalışma-*ya* başlıyor.
Faruk fängt nächste Woche an, in Adana zu arbeiten.
Im folgenden sind die Fallfolgen der gebräuchlichsten Verben zusammengestellt:

Akkusativ:	**Dativ**:	**Ablativ**:
bırakmak: lassen, sein lassen, aufhören mit	alışmak: sich gewöhnen an	bıkmak: es satt haben
düşünmek: planen, vorhaben	başlamak: anfangen	hoşlanmak: Gefallen finden an
	çalışmak: sich Mühe geben, versuchen zu	
istemek: wünschen, wollen		korkmak: Angst haben vor
sevmek: gerne tun	devam etmek: weitermachen, fortsetzen	vazgeçmek: verzichten auf
tercih etmek: etw. lieber tun		
	gelmek: kommen	
unutmak: vergessen		
	gitmek: gehen	
ummak: hoffen		
	izin vermek: erlauben	
yasak etmek: verbieten	karar vermek: be	

Akkusativ:	Dativ:	Ablativ:
	schließen, sich entscheiden	
	söz vermek: versprechen	

Unter den Verben, die den Akkusativ regieren, wird ‚istemek' auch im Nominativ gebraucht:
Markus Türkiye'de yaşamak (oder: yaşamayı) istiyor: Markus will in der Türkei leben.
Hierzu einige Beispiele für die Bildung des Infinitivsatzes mit ‚zu':
Çocuklar top oynama*yı* bırakın, yemeğe gelin: Kinder, hört damit auf, Ball zu spielen und kommt zum Essen (oder: Laßt das Ballspielen sein).
Vural ekmek *almayı* unuttu: Vural hat vergessen, Brot zu kaufen.
Nesrin sinemaya gitme*yi* seviyor: N. geht gerne ins Kino. Faruk tiyatroya gitme*yi* tercih ediyor: F. geht lieber ins Theater.
Doktor bana sigara içme*yi* yasak etti: Der Arzt hat mir verboten zu rauchen (oder: Der Arzt hat mir das Rauchen verboten).

Einige Beispiele für Dativ-Verben:
Markus Türkçe öğrenme*ye* çalışıyor: M. versucht, Türkisch zu lernen.
Nesrin dikiş dikme*ye* devam ediyor: N. näht weiter (oder: N. setzt das Nähen fort).
Size çay *içmeye* geldik: Wir sind zu Euch gekommen, Tee zu trinken (oder: zum Teetrinken).
Peter postaneye telgraf çekme*ye* gitti: P. ist zum Postamt gegangen, ein Telegramm aufzugeben.
Doktor sigara *içmeye* izin vermiyor: Der Arzt erlaubt das Rauchen nicht.
Sieglinde Türkoloji okuma*ya* karar verdi: S. hat sich entschieden, Turkologie zu studieren.
Sinan Kars'taki akrabaları ziyaret etme*ye* söz verdi: Sinan hat versprochen, die Verwandten in Kars zu besuchen.
Bei den Verben, die den Ablativ regieren, wird der Infinitiv nicht verkürzt, sondern mit ‚k' gebraucht:
Markus Türkiye'de *yaşamaktan* hoşlanıyor: M. gefällt es, in der Türkei zu leben.
Mehmet işini kaybetmek*ten* korkuyor: M. hat Angst davor, seine Arbeit zu verlieren.
Mehmet Almanya'da çalışmak*tan* vazgeçiyor: M. verzichtet darauf, in Deutschland zu arbeiten.

Bei dem Verb ‚bıkmak' wird vorwiegend die Vergangenheitsform gebraucht:
Mehmet fabrikada çalışmak*tan* bıktı: M. hat es satt, in der Fabrik zu arbeiten.

Aufgabe: Lesen Sie die Texte T 1 und T 2 und versuchen Sie sie mit Hilfe der Grammatik und der ‚Wörterkiste' zu verstehen. Lesen Sie sie mehrmals und erzählen Sie sie Ihrem Lernpartner nach!
Lesen Sie auch die Gedichte mehrmals, bis Sie sie verstehen. Lernen Sie das 2. Gedicht auswendig.
Verstehen Sie die Pointe bzw. die Anspielung in der 1.Karikatur? Sie übertreibt nur wenig, weil die Inflation und Preiserhöhungen wirklich ein großes Problem in der Türkei bilden. Diskutieren Sie darüber mit Ihren Lernpartnern auf türkisch! Übersetzen Sie die Karikatur ins Deutsche, nachdem Sie die grammatische Form mit dem verkürzten Infinitiv herausgefunden und nach Endungen analysiert haben. Wenn Sie Schwierigkeiten haben, suchen Sie die Übersetzung im ‚Schlüssel'.
Machen Sie die Übungen 8, 9, 13 und B/Ü 2!

Merken Sie:
* Bei den Infinitivsätzen im Akkusativ und Dativ mit verkürztem Infinitiv, begegnet man in der Orthographie manchmal statt ‚y' auch ‚ğ', z. B.: Çalışmağa başlıyorum (neben ‚çalışmaya başlıyorum'). Es gibt auch Infinitivsätze, die wie im Deutschen in der Grundform und ohne Fallendung gebraucht werden. In diesem Fall ist das Hauptverb die Entsprechung für das Hilfsverb ‚sein':
Türkçe öğrenmek kolay: Es *ist* leicht, Türkisch zu lernen. Türkçe öğrenmek zor değil: Es *ist* nicht schwer, Türkisch zu lernen.
Her gün erken kalkmak çok zor: Es *ist* sehr schwer, jeden Tag früh aufzustehen.
İstanbul'da yaşamak güzel: Es *ist* schön, in Istanbul zu leben.

Aufgabe: Haben Sie das Sprichwort verstanden?

Bei der Entsprechung für das Hilfsverb ‚haben' wird wieder der verkürzte Infinitiv im Dativ gebraucht:
Kitap okuma*ya* vaktim yok: Ich habe keine Zeit, ein Buch zu lesen.

4. Wetter

Die wichtigen Ausdrücke für Wetter- und Naturerscheinungen finden Sie in T 2 und in der ‚Wörterkiste' (W 1, W 3). Lernen Sie sie und verwenden Sie sie. Wie Sie im 1. Gedicht und bei der 2. Karikatur sehen, wird ‚hava' (Wetter) auch im Plural gebraucht.
Da es im Türkischen kein unbestimmtes Subjekt ‚es' gibt, muß bei allen Wettererscheinungen ‚hava' als Subjekt gebraucht werden, z. B. ‚hava bulutlu' (es ist bewölkt), ‚hava rüzgârlı' (es ist windig) usw. Merken Sie bitte, daß für alle Niederschläge das Verb ‚yağmak' gebraucht wird: yağmur yağıyor (es regnet), kar yağıyor (es schneit), dolu yağıyor (es hagelt) usw.

Aufgabe: Studieren Sie den Wetterbericht (Z/M) genau ein und lesen Sie den Text T 3. Dann sammeln Sie Wetterbericht-Texte aus deutschen und türkischen Zeitungen und versuchen Sie sie jeweils in die andere Sprache zu übersetzen! Machen Sie die Übungen Ü 10 und B/Ü 3!
Auch zum Thema ‚Wetter' finden Sie in dieser Lektion eine Karikatur (Nr. 2). Versuchen Sie, sie mit Hilfe der ‚Wörterkiste' zu verstehen und ins Deutsche zu übersetzen. Wenn Sie Schwierigkeiten haben, können Sie ja im Schlüssel nachschauen. Erzählen Sie die kurze Geschichte dieser Karikatur mündlich und/oder schriftlich nach! Haben Sie selber Erfahrungen mit dem Istanbuler Wetter gemacht? Oder wie ist das Wetter in Ihrem Heimatort? Führen Sie ein Gespräch mit Ihren Lernpartnern über das Thema ‚Wetter', natürlich auf türkisch! Sie können auch einen kurzen Text über dieses Thema verfassen, ebenfalls auf türkisch!

5. Entsprechung für die Präpositionen ‚wegen', ‚statt', ‚trotz', ‚während'

Die Präpositionen ‚wegen', ‚statt', ‚trotz' und ‚während', die im Deutschen früher einheitlich Genitivpräpositionen waren, heute aber oft auch mit dem Dativ gebraucht werden, haben im Türkischen folgende Entsprechungen:
wegen: dolayı (oder veraltend: ötürü) verlangt den Ablativ:
kötü *havadan* dolayı (oder ötürü): wegen (des) schlechten Wetters; sis*ten* dolayı (oder ötürü): wegen des Nebels, usw.
‚yüzünden' verlangt den Nominativ:
kötü hava yüzünden, sis yüzünden; bei Personalpronomen jedoch die Possessivform:
benim yüzümden: wegen mir (auch pejorativ: wegen meiner Schuld);
senin yüzünden, onun yüzünden: Das Grundwort ‚yüz' (Gesicht) wird auch mit

Possessivendungen versehen: bizim yüz-ümüz-den, sizin yüz-ünüz-den, aber: onların yüzünden.

Ableitungen (Bindewörter): bundan (oder ondan) dolayı (oder ötürü); bu (oder o) yüzden: deshalb.

statt: yerine, verlangt den Nominativ:

Manto yerine ceket aldım: Statt eines Mantels kaufte ich eine Jacke. Bei Pronomen wird die Possessivform gebraucht, wobei das Grundwort ‚yer' (Stelle) ebenfalls mit Possessivendungen versehen wird: benim yer-im-e: statt meiner, an meiner Stelle

senin yer-in-e

onun yer-i-n-e

bizim yer-imiz-e

sizin yer-iniz-e, aber: onların yerine.

Ableitung (Bindewort): bunun (oder onun) yerine: stattdessen.

trotz: rağmen (Neuwort: karşın) verlangt den Dativ:

kötü *havaya* rağmen (karşın): trotz des schlechten Wetters. Ableitung (Bindewort): buna rağmen, buna karşın, ona rağmen, ona karşın: trotzdem

während: sırasında (Altw. esnasında) verlangt den Nominativ:

Yemek sırasında hiç konuşmadı: Während des Essens hat er nichts gesprochen.

Ders sırasında sigara içmeyiz: Während des Unterrichts rauchen wir nicht.

Ableitungen (Zeitadverbien): bu (oder o) sırada: in diesem Augenblick, bu (oder o) esnada: in diesem Augenblick.

Aufgabe: Lesen Sie die Texte T 4 und T 5 und versuchen Sie sie, mit Hilfe der Grammatik und der ‚Wörterkiste' zu verstehen. Lesen Sie sie mehrmals und erzählen Sie sie Ihrem Lernpartner nach! Machen Sie die Übungen 11 und 12!

Merken Sie sich auch die Postpositionen ‚dolayısıyla' (infolge, anläßlich, wegen) und ‚nedeniyle' (Altw. ‚sebebiyle': aufgrund: neden, sebep: Grund), die den Nominativ verlangen. Für ‚sırasında ' (während) kann für einen längeren Zeitraum auch ‚süresince' (Altw. devamınca) und ‚boyunca' (das letztere auch lokal: entlang) gebraucht werden, auch diese Postpositionen regieren den Nominativ.

Merken Sie:

* Die Postposition ‚dolayı' kann auch weggelassen werden, ‚wegen' wird auch durch den Ablativ allein ausgedrückt:

Sis*ten* uçak inemedi: Wegen des Nebels konnte das Flugzeug nicht landen.

6. Grammatik zum Weiterlernen

6.1. Das Verb ‚kalmak'

Neben seiner Grundbedeutung 'bleiben, sich aufhalten' wird das Verb 'kalmak' auch als 'werden' gebraucht in Verbindungen wie ‚işsiz kalmak': arbeitslos werden, seine Arbeit verlieren, 'evsiz kalmak': obdachlos werden (wörtl.: ohne Wohnung bleiben, wohnungslos werden).

6.2. Entsprechung für ‚man' bei der Notwendigkeitsform

Das unbestimmte Subjekt 'man' wird bei der Notwendigkeitsform durch Subjektlosigkeit und durch die Struktur mit 'gerek' (lazım) oder 'gerekmek' (als Vollverb) mit dem Infinitiv in der Grundform ausgedrückt, z. B.:
Hastayı ziyaret *etmek gerek* (lazım, gerekir): Man muß den Kranken besuchen.
oder mit '-meli':
Hastayı ziyaret etm*eli*: Man muß (soll) den Kranken besuchen.
Die Verneinung mit '-memek gerek' und '-memeli' entspricht dann 'man darf nicht ...',
z. B. : Kilo al*mamak gerek* / Kilo al*mamalı*: Man darf (soll) nicht zunehmen.

6.3. Erweiterung der Infinitivsätze mit der Modalitätspartikel

Türkçe öğren-ebil-me-*yi* umuyorum: Ich hoffe, Türkisch lernen zu können.
Yarın sana uğra-y-abil-me-*yi* istiyorum: Ich wünsche es, morgen bei dir vorbeischauen zu können.
Hans Türkçe öğrenebilmeye çalışıyor: Hans gibt sich Mühe, Türkisch lernen zu können.
Der Infinitivsatz mit '... zu können' wird gebildet, indem die Modalitätspartikel '-ebil/-abil' für die Möglichkeits- und Fähigkeitsform dem Verbstamm des verkürzten Infinitivs angefügt wird.
Die Erweiterung durch die Modalitätspartikel '-ebil/-abil' kann auch bei der Entsprechung für den Infinitivsatz mit 'um ... zu' vorkommen: Sieglinde Türkçe öğren-ebil-mek için Türkçe kurslarına devam etti: S. besuchte Türkischkurse, um Türkisch lernen zu können.

Wörterkiste

(Verweise mit C beziehen sich auf den Grammatikteil der Lektionen; die Zahlen rechts vom Punkt auf das entsprechende Kapitel im Grammatikteil!)

W 1

açık	hier: klar (Wetter)
Adalar	Prinzeninseln (bei Istanbul)
ahır	Stall
akşama	(hier): (für) heute abend
alçak	niedrig
alçak basınç	Tief (meteorologisch)
alışmak (mit Dativ)	sich gewöhnen (an)
almak	(hier:) mitnehmen
anırmak	schreien (Esel)
artmak	(hier:) steigen, sich erhöhen
asıl	(hier:) eigentlich
aşık olmak	sich verlieben
ayıp	(hier:) Schande
ayırmak	(hier:) auslesen, (aus)sortieren, raustun
bakalım	s. W 4
bardaklardan boşanırcasına yağmur yağıyor	es gießt in Strömen
başlangıç	Anfang
bıkmak	es satt haben (s. C.3)
bil bakalım	s. W 4
bir garip	etwas seltsam
bir gün	eines Tages
birdenbire	plötzlich
borç	Schuld(en) (finanziell)
boyunca	während, entlang (s. C.5)
Bozcaada	Insel im Marmarameer (Meteorologiestation)
bozmak	(hier:) sich verschlechtern, umschlagen (Wetter)
börek	Blätterteigpastete (türk. Spezialität)
bu sırada	in diesem Augenblick
bu yüzden	deshalb
bulutlanmak: hava bulutlanıyor	sich bewölken es bewölkt sich
bulutlu hava bulutlu	bewölkt es ist bewölkt
bunun yerine	stattdessen
buna göre	demnach
buna rağmen	trotzdem
bundan dolayı	deshalb
bunun üzerine	darauf (beim Erzählen)
CD Rom	CD Rom
çalışma izni	Arbeitserlaubnis
çalışmak	(hier:) sich Mühe geben (um), versuchen (zu)
çürük	(hier:) verfault
derece	Thermometer; Grad
ders çalışmak	lernen (für ein bestimmtes Fach)
devam etmek (mit Dativ)	(hier:) weitermachen, fortsetzen
devamınca	während (s. C.5)
dinlenmek	(hier:) sich erholen, ausruhen
dinleyici	Hörer
doğru	gegen (lokal), in Richtung auf
dolar	Dollar
dolayı	wegen
dolayısıyla	infolge; anläßlich; wegen
düşmek	(hier:) sinken, fallen
düşünmek	(hier:) planen, vorhaben
Emirgân	noble Gegend am Bosporus in Istanbul
eritmek	(etwas) schmelzen
esnasında (Altw.)	während
esmek	wehen (Wind)
etki	Einfluß, Wirkung(sbereich)
evkaf	Verwaltung der Frommen Stiftungen
eyvah	o weh!
fayton	Pferdekutsche
garip	(hier:) seltsam
geçmek	verlaufen, (hier:) sein (Wetterbericht)
gerek	nötig (s. C.1)
gerekli	nötig (s. C.1)
gerekmek	nötig sein (s. C.1)
gittikçe	allmählich
giyinmek	sich anziehen
güneşlenmek	sich sonnen
hafta sonu	Wochenende
hal:	s. ne bu halin
haşlanmış yumurta	gekochtes Ei (gekochte Eier)
hava	(hier auch:) Himmel
hava raporu	Wetterbericht
her an	jeden Augenblick
hoşlanmak	Gefallen finden (an), gefallen
ısı	Temperatur
ıslanmak	naß werden
icap etmek	nötig sein (s. C.1.)
iç kesimler	innere Gebiete (hier: das Landesinnere)
inmek	(hier:) landen
istifa etmek (mit Ablativ)	zurücktreten (von einem Amt)
iyice	(hier:) gründlich
izin vermek	erlauben
kaçırmak	(hier:) verpassen, versäumen
kalmak	(hier:) werden, (s. C.1, C.6)
Kalpazankaya	Ort auf der Burgaz-Insel
kanal	(Fernseh)Kanal

karşın	trotz	hava sisli	es ist neblig
kavga	Streit	söz vermek	versprechen, Wort geben
kavga etmek	streiten	süresince	während
Kerem	Held einer türkischen Sage	şemsiye	Regenschirm
kızmak	(hier:) böse werden, sich ärgern	şiddetli	(hier:) stark
		tam	(hier:) gerade (zeitlich)
kitapçı	Buchhändler, Bücherladen	tercih etmek (mit Akkusativ)	lieber tun
korkmak (mit Ablativ)	Angst haben (vor)	titremek	zittern
koşmak	laufen, rennen	titreyerek	zitternd
koymak	(hier:) hineintun	toplamak: eşyalarını toplamak	(seine, ihre Sachen) packen, aufräumen
kurşun	(hier:) Blei	toplantı	Versammlung
kuru	trocken	tutmak	(hier:) mieten
mahvetmek	verderben	TRT	Abk. für türk. Rundfunk- und Fernsehanstalt
mecbur olmak (kalmak)	müssen (s. C.1)		
memuriyet	Amt, Beamtenberuf	Türk Dili ve Edebiyatı	Türkische Sprache und Literatur
Naciye	weiblicher Vorname		
ne bu halin?	wie siehst du denn aus?	TV	TV
neden	(hier:) Grund	TV programı	Fernsehprogramm
nedeniyle	aufgrund (s. C.4)	utanmak (mit Dativ oder Ablativ)	sich schämen
nefes nefese	außer Atem		
nüksetmek	einen Rückfall haben	vapur bileti	Schiffahrtskarte
o sırada	in diesem Augenblick	vazgeçmek	verzichten (auf), (etwas) aufgeben
oturma izni	Aufenthaltserlaubnis		
ödemek	(hier:) zurückzahlen	yağışlı	regnerisch
ödev	(Haus)Aufgabe	yağmur	Regen
ötmek	singen (Vögel)	yağmak	regnen (schneien, hageln ...)
ötürü	wegen (s. C.5)		
parçalı (bulutlu)	heiter bis bewölkt	yağmurlu	regnerisch
parlamak	scheinen	yalan	Lüge
pazar	(hier:) Wochenmarkt	yalan söylemek	lügen
perhiz (oder pehriz)	Diät, Schonkost	yarınki	morgig
piknik	Picknick	yasak	Verbot
piknik sepeti	Picknickkorb	yasak etmek (mit Akkusat.)	verbieten
pusu	Lauer		
pusuda	auf der Lauer	yer	Ort, Platz, Stelle
radyo	(hier:) Rundfunk	yerine	statt
rağmen	trotz	yüksek	hoch
rüzgâr	Wind	yüksek basınç	Hoch (meteorologisch)
rüzgârlı:	windig	yükselmek	steigen
hava rüzgârlı	es ist windig	yüzünden	wegen
sahil	Strand	zam	(hier:) Preiserhöhung
sebebiyle	aufgrund (s. C.4)	zorunda olmak	müssen (s. C.1)
sebep	Grund	zorunda kalmak	müssen (s. C.1.4)
sevmek (mit Akkusativ)	(hier:) etw. gerne tun		
sıcaklık	Wärme, Hitze, Temperatur		
sırasında	während		
simit	Sesamkringel (türk. Spezialität)		
sis	Nebel		
sisli:	neblig		

W 3 (Aufbauwortschatz: Wetter- und Naturerscheinungen)

anakara (Neuw.)	Kontinent
ay	Mond
ay ışığı	Mondschein
ay tutulması	Mondfinsternis
barometre	Barometer
basınç	Druck
batmak	untergehen (Sonne usw.)
boğucu	s. bunaltıcı
bulut	Wolke
bulutsuz	wolkenlos
bunaltıcı	schwül
çiy	Tau
dalga	Welle
dalgalı	wellig
dalgasız	wellenlos
değişken	veränderlich
değişmez	beständig
deprem	Erdbeben
doğmak	aufgehen (Sonne usw.)
dolu:	(hier:) Hagel
dolu yağıyor	es hagelt
don	Frost
donmak	gefrieren
erimek	schmelzen, tauen
fırtına	Sturm
fırtınalı	stürmisch
gelgit	Ebbe und Flut
gök gürlüyor	es donnert
gök gürültüsü	Donner
göl	(der) See
güneş tutulması	Sonnenfinsternis
hava basıncı	Luftdruck
hava durumu	Witterung, Wetterlage, Wetterbericht
hava tahmini	Wettervorhersage
ılıman	gemäßigt (Klima)
ıslak	naß
ıslaklık	Nässe; Feuchtigkeit
iklim	Klima
kapalı:	(hier:) bewölkt
hava kapalı	es ist bewölkt
kar yağıyor	es schneit
kara	Land (im Gegensatz zu Wasser)
karlı	verschneit, Schnee-
karlı hava	Schneewetter
kasırga	Wirbelsturm
kasırga çıktı	ein Wirbelsturm hat sich erhoben
kırağı	Reif
kıta (Altw.)	Kontinent
kuraklık	Dürre
mehtap	Mondschein
nem	Feuchtigkeit
okyanus	Ozean
rüzgâr çıktı	es hat sich ein Wind erhoben
serin	kühl
serinlemek	kühl (frisch) werden
hava serinledi	es wird kühl (frisch)
şimşek	Blitz
şimşek çakıyor	es blitzt
termometre	Thermometer
yağış	Niederschlag
yağışsız	ohne Niederschläge
yağmur	Regen
yağmur serpiştiriyor	es nieselt
yağmur yağacağa benziyor	es sieht nach Regen aus
yağmur yağıyor	es regnet
yıldırım	Blitz(-schlag)
yıldırım düşüyor	der Blitz schlägt ein
yıldız	Stern
zelzele (Altw.)	Erdbeben

W 4 Umgangssprachliches
(Wendungen mit Optativ/ vgl. auch Lektion 7, W 4)

bakalım	wollen wir sehen, schauen wir mal
bil bakalım!	rate mal!
gidelim!	Gehen wir! Packen wir's!
hadi bakalım	los! (auch: a- Packen wir's! b- heraus damit!)
ne bileyim ben!	woher soll ich das wissen, was weiß ich!

Grammatiktabellen

I. Übersicht über die Deklination

1. Substantive

a) Konsonantischer Auslaut, der letzte Vokal ist

	e oder i	a oder ı	ö oder ü	o oder u
Nominativ	ev (das Haus)	adam (der Mann)	göz (das Auge)	okul (die Schule)
Akkusativ	ev*i* (das Haus)	adam*ı* (den Mann)	göz*ü* (das Auge)	okul*u* (die Schule)
Dativ	ev*e* (dem Haus, ins Haus)	adam*a* (dem Mann)	göz*e* (dem Auge, ins Auge)	okul*a* (in die Schule)
Lokativ	ev*de* (im Haus, zu Hause)	adam*da* (bei dem Mann)	göz*de* (im Auge)	okul*da* (in der Schule)
Ablativ	ev*den* (von (aus) dem Haus)	adam*dan* (von dem Mann)	göz*den* (vom Auge)	okul*dan* (von, aus der Schule)
Genitiv	ev*in* (des Hauses)	adam*ın* (des Mannes)	göz*ün* (des Auges)	okul*un* (der Schule)

b) Vokalischer Auslaut, der letzte Vokal ist

	e oder i	a oder ı	ö oder ü	o oder u
Nominativ	kedi	çanta	ütü	manto
Akkusativ	kedi*yi*	çanta*yı*	ütü*yü*	manto*yu*
Dativ	kedi*ye*	çanta*ya*	ütü*ye*	manto*ya*
Lokativ	kedi*de*	çanta*da*	ütü*de*	manto*da*
Ablativ	kedi*den*	çanta*dan*	ütü*den*	manto*dan*
Genitiv	kedi*nin*	çanta*nın*	ütü*nün*	manto*nun*

c) Konsonantischer Auslaut auf ç, k, p, t

Nominativ	ağaç	çocuk	kitap	kâğıt
Akkusativ	ağacı	çocuğu	kitabı	kâğıdı
Dativ	ağaca	çocuğa	kitaba	kâğıda
Lokativ	ağaçta	çocukta	kitapta	kâğıtta
Ablativ	ağaçtan	çocuktan	kitaptan	kâğıttan
Genitiv	ağacın	çocuğun	kitabın	kâğıdın

d) Lautliche Besonderheiten im Lokativ und Ablativ: Nach allen stimmlosen Konsonanten (ç, f, h, k, p, s, ş, t) im Auslaut, der letzte Vokal ist

e, i, ö, ü	a, ı, o, u
Münih'te	Kars'ta
Münih'ten	Kars'tan

e) Plural: Konsonantischer oder vokalischer Auslaut; der letzte Vokal ist

	e, i, ö, ü (ev)	a, ı, o, u (adam)
Nominativ	evler (die Häuser)	adamlar (die Männer)
Akkusativ	evleri (die Häuser)	adamları (die Männer)
Dativ	evlere (den Häusern, in die Häuser)	adamlara (den Männern)
Lokativ	evlerde (in den Häusern)	adamlarda (bei den Männern)
Ablativ	evlerden (von, aus den Häusern)	adamlardan (von den Männern)
Genitiv	evlerin (der Häuser)	adamların (der Männer)

f) Possessivendungen an Substantiven

– Konsonantischer Auslaut, der letzte Vokal ist

e oder i	a oder ı	ö oder ü	o oder u
ev	kız	göz	okul
ev*im* (mein Haus)	kız*ım* (meine Tochter)	göz*üm* (mein Auge)	okul*um* (meine Schule)
ev*in* (dein Haus)	kız*ın* (deine Tochter)	göz*ün* (dein Auge)	okul*un* (deine Schule)
ev*i* (sein/ihr Haus)	kız*ı* (seine/ihre Tochter)	göz*ü* (sein/ihr Auge)	okul*u* (seine/ihre Schule)
ev*imiz* (unser Haus)	kız*ımız* (unsere Tochter)	göz*ümüz* (unser Auge)	okul*umuz* (unsere Schule)
ev*iniz* (euer/Ihr Haus)	kız*ınız* (eure/Ihre Tochter)	göz*ünüz* (euer/Ihr Auge)	okul*unuz* (eure/Ihre Schule)
ev*leri* (ihr Haus, ihre Häuser)	kız*ları* (ihre Tochter, ihre Töchter)	göz*leri* (ihr Auge, ihre Augen)	okul*ları* (ihre Schule, ihre Schulen)

– Vokalischer Auslaut, der letzte Vokal ist

e oder i	a oder ı	ö oder ü	o oder u
kedi	çanta	ütü	manto
kedi*m*	çanta*m*	ütü*m*	manto*m*
kedi*n*	çanta*n*	ütü*n*	manto*n*
kedi*si*	çanta*sı*	ütü*sü*	manto*su*
kedi*miz*	çanta*mız*	ütü*müz*	manto*muz*
kedi*niz*	çanta*nız*	ütü*nüz*	manto*nuz*
kedi*leri*	çanta*ları*	ütü*leri*	manto*ları*

– Konsonantischer Auslaut auf

ç	k	p	t
ağaç	çocuk	kitap	kâğıt
ağacım	çocuğum	kitabım	kâğıdım
ağacın	çocuğun	kitabın	kâğıdın
ağacı	çocuğu	kitabı	kâğıdı
ağacımız	çocuğumuz	kitabımız	kâğıdımız
ağacınız	çocuğunuz	kitabınız	kâğıdınız
ağaçları	çocukları	kitapları	kâğıtları

– Plural: Konsonantischer oder vokalischer Auslaut, der letzte Vokal ist

e, i, ö, ü	a, ı, o, u
ev, evler	çanta, çantalar
ev*lerim* (meine Häuser)	çanta*larım* (meine Taschen)
ev*lerin* (deine Häuser)	çanta*ların* (deine Taschen)
ev*leri* (seine/ihre Häuser)	çanta*ları* (seine/ihre Taschen)
ev*lerimiz* (unsere Häuser)	çanta*larımız* (unsere Taschen)
ev*leriniz* (eure/Ihre Häuser)	çanta*larınız* (eure/Ihre Taschen)
ev*leri* (ihr Haus, ihre Häuser)	çanta*ları* (ihre Tasche(n))

– Deklination der Possessivendungen, konsonantischer oder vokalischer Auslaut, der letzte Vokal ist e oder i

Nominativ	Akkusativ	Dativ	Lokativ	Ablativ	Genitiv
evim (mein Haus)	evim*i* (mein Haus)	evim*e* (in mein Haus)	evim*de* (in meinem Haus)	evim*den* (aus meinem Haus)	evim*in* (meines Hauses)
evin (dein Haus)	evin*i* (dein Haus)	evin*e* (in dein Haus)	evin*de* (in deinem Haus)	evin*den* (aus deinem Haus)	evin*in* (deines Hauses)
evi (sein/ihr Haus)	evin*i* (sein/ihr Haus)	evin*e* (in sein/ihr Haus)	evin*de* (in seinem/ihrem Haus)	evin*den* (aus seinem/ihrem Haus)	evin*in* (seines/ihres Hauses)
evimiz (unser Haus)	evimiz*i* (unser Haus)	evimiz*e* (in unser Haus)	evimiz*de* (in unserem Haus)	evimiz*den* (aus unserem Haus)	evimiz*in* (unseres Hauses)
eviniz (euer/Ihr Haus)	eviniz*i* (euer/Ihr Haus)	eviniz*e* (in euer/Ihr Haus)	eviniz*de* (in eurem/Ihrem Haus)	eviniz*den* (aus eurem/Ihrem Haus)	eviniz*in* (eures/Ihres Hauses)
evleri (ihr Haus, ihre Häuser)	evleri*ni* (ihr Haus, ihre Häuser)	evleri*ne* (in ihr Haus, in ihre Häuser)	evleri*nde* (in ihrem Haus, in ihren Häusern)	evleri*nden* (aus ihrem Haus, aus ihren Häusern)	evleri*nin* (ihres Hauses, ihrer Häuser)

nach a oder ı	nach ö oder ü	nach o oder u			
Nominativ	Akkusativ	Dativ	Lokativ	Ablativ	Genitiv
kızım	kızım*ı*	kızım*a*	kızım*da*	kızım*dan*	kızım*ın*
gözüm	gözüm*ü*	gözüm*e*	gözüm*de*	gözüm*den*	gözüm*ün*
okulum	okulum*u*	okulum*a*	okulum*da*	okulum*dan*	okulum*un*
kızın	kızın*ı*	kızın*a*	kızın*da*	kızın*dan*	kızın*ın*
gözün	gözün*ü*	gözün*e*	gözün*de*	gözün*den*	gözün*ün*
okulun	okulun*u*	okulun*a*	okulun*da*	okulun*dan*	okulun*un*
kızı	kızı*nı*	kızı*na*	kızı*nda*	kızı*ndan*	kızı*nın*
gözü	gözü*nü*	gözü*ne*	gözü*nde*	gözü*nden*	gözü*nün*
okulu	okulu*nu*	okulu*na*	okulu*nda*	okulu*ndan*	okulu*nun*
kızımız	kızımız*ı*	kızımız*a*	kızımız*da*	kızımız*dan*	kızımız*ın*
gözümüz	gözümüz*ü*	gözümüz*e*	gözümüz*de*	gözümüz*den*	gözümüz*ün*
okulumuz	okulumuz*u*	okulumuz*a*	okulumuz*da*	okulumuz*dan*	okulumuz*un*
kızınız	kızınız*ı*	kızınız*a*	kızınız*da*	kızınız*dan*	kızınız*ın*
gözünüz	gözünüz*ü*	gözünüz*e*	gözünüz*de*	gözünüz*den*	gözünüz*ün*
okulunuz	okulunuz*u*	okulunuz*a*	okulunuz*da*	okulunuz*dan*	okulunuz*un*
kızları	kızları*nı*	kızları*na*	kızları*nda*	kızları*ndan*	kızları*nın*
gözleri	gözleri*ni*	gözleri*ne*	gözleri*nde*	gözleri*nden*	gözleri*nin*
okulları	okulları*nı*	okulları*na*	okulları*nda*	okulları*ndan*	okulları*nın*

– Deklination der Possessivendungen im Plural:
Konsonantischer oder vokalischer Auslaut; der letzte Vokal ist
e, i, ö, ü   oder a, ı, o, u

Nominativ	Akkusativ	Dativ	Lokativ	Ablativ	Genitiv
evlerim	evlerimi	evlerime	evlerimde	evlerimden	evlerimin
kızlarım	kızlarımı	kızlarıma	kızlarımda	kızlarımdan	kızlarımın
evlerin	evlerini	evlerine	evlerinde	evlerinden	evlerinin
kızların	kızlarını	kızlarına	kızlarında	kızlarından	kızlarının
evleri	evlerini	evlerine	evlerinde	evlerinden	evlerinin
kızları	kızlarını	kızlarına	kızlarında	kızlarından	kızlarının
evlerimiz	evlerimizi	evlerimize	evlerimizde	evlerimizden	evlerimizin
kızlarımız	kızlarımızı	kızlarımıza	kızlarımızda	kızlarımızdan	kızlarımızın
evleriniz	evlerinizi	evlerinize	evlerinizde	evlerinizden	evlerinizin
kızlarınız	kızlarınızı	kızlarınıza	kızlarınızda	kızlarınızdan	kızlarınızın
evleri	evlerini	evlerine	evlerinde	evlerinden	evlerinin
kızları	kızlarını	kızlarına	kızlarında	kızlarından	kızlarının

2. Pronomen

a) Personalpronomen

Nominativ	Akkusativ	Dativ	Lokativ	Ablativ	Possessiv
ben (ich)	beni (mich)	bana (mir)	bende (bei mir)	benden (von mir)	benim (mein)
sen (du)	seni (dich)	sana (dir)	sende (bei dir)	senden (von dir)	senin (dein)
o (er, sie, es)	onu (ihn, sie, es)	ona (ihm, ihr)	onda (bei ihm/ihr)	ondan (von ihm/ihr)	onun (sein/ihr)
biz (wir)	bizi (uns)	bize (uns)	bizde (bei uns)	bizden (von uns)	bizim (unser)
siz (ihr/Sie)	sizi (euch/Sie)	size (euch/Ihnen)	sizde (bei euch/Ihnen)	sizden (von euch/Ihnen)	sizin (euer/Ihr)
onlar (sie)	onları (sie)	onlara (ihnen)	onlarda (bei ihnen)	onlardan (von ihnen)	onların (ihr)

b) Demonstrativpronomen: bu, şu, o

(mit einem Bezugswort werden ‚bu-şu-o' in der Grundform gebraucht, aber ohne ein Bezugswort dekliniert)

Nominativ	Akkusativ	Dativ	Lokativ	Ablativ	Genitiv
bu	bunu	buna	bunda	bundan	bunun
şu	şunu	şuna	şunda	şundan	şunun
o	onu	ona	onda	ondan	onun

Plural:

bunlar	bunları	bunlara	bunlarda	bunlardan	bunların
şunlar	şunları	şunlara	şunlarda	şunlardan	şunların
onlar	onları	onlara	onlarda	onlardan	onların

3. Fragewörter: kim; ne

Nominativ	Akkusativ	Dativ	Lokativ	Ablativ	Genitiv
kim (wer)	kimi (wen)	kime (wem)	kimde (bei wem)	kimden (von wem)	kimin (wessen)
ne (was)	neyi (was)	neye (zu was, wozu)	nede (in was, worin)	neden (woraus, wovon)	neyin (von was, wovon)

Plural:

kimler	kimleri	kimlere	kimlerde	kimlerden	kimlerin
neler	neleri	nelere	nelerde	nelerden	nelerin

4. Ortsadverbien: nere(si), bura(sı), şura(sı), ora(sı)

Nominativ	Akkusativ	Dativ	Lokativ	Ablativ	Genitiv
nere, neresi (welcher Ort, wo)	nereyi (welchen Ort)	nereye (wohin)	nerede (wo)	nereden (woher)	nerenin (welchen Ortes)
bura(sı) (dieser Ort, hier)	burayı (diesen Ort)	buraya (hierher)	burada (hier)	buradan (von hier)	buranın (dieses Ortes)
şura(sı) (jener Ort, da)	şurayı (jenen Ort)	şuraya (dorthin)	şurada (dort, da)	şuradan (von dort)	şuranın (jenes Ortes)
ora(sı) (jener Ort, da)	orayı (jenen Ort)	oraya (dorthin)	orada (dort)	oradan (von dort)	oranın (jenes Ortes)

Plural:

Nominativ	Akkusativ	Dativ	Lokativ	Ablativ	Genitiv
nereler	nereleri	nerelere	nerelerde	nerelerden	nerelerin
buralar	buraları	buralara	buralarda	buralardan	buraların
şuralar	şuraları	şuralara	şuralarda	şuralardan	şuraların
oralar	oraları	oralara	oralarda	oralardan	oraların

II. Übersicht über die Konjugation

1. Entsprechung für Hilfsverben

a) ‚sein' (Personalendungen)

– Konsonantischer Auslaut, der letzte Vokal ist

e oder i	a oder ı	ö oder ü	o oder u
güzel*im* (ich bin hübsch)	çalışkan*ım* (ich bin fleißig)	üzgün*üm* (ich bin traurig)	yorgun*um* (ich bin müde)
güzel*sin* (du bist hübsch)	çalışkan*sın* (du bist fleißig)	üzgün*sün* (du bist traurig)	yorgun*sun* (du bist müde)
güzel (er, sie, es ist hübsch)	çalışkan (er, sie, es ist fleißig)	üzgün (er, sie, es ist traurig)	yorgun (er, sie, es ist müde)
güzel*iz* (wir sind hübsch)	çalışkan*ız* (wir sind fleißig)	üzgün*üz* (wir sind traurig)	yorgun*uz* (wir sind müde)
güzel*siniz* (ihr seid/Sie sind hübsch)	çalışkan*sınız* (ihr seid/Sie sind fleißig)	üzgün*sünüz* (ihr seid/Sie sind traurig)	yorgun*sunuz* (ihr seid/Sie sind müde)
güzel(*ler*) (sie sind hübsch)	çalışkan(*lar*) (sie sind fleißig)	üzgün(*ler*) (sie sind traurig)	yorgun(*lar*) (sie sind müde)

– Vokalischer Auslaut, der letzte Vokal ist

e oder i	a oder ı	ö oder ü	o oder u
evde*yim*	hasta*yım*	güçlü*yüm*	tutumlu*yum*
evde*sin*	hasta*sın*	güçlü*sün*	tutumlu*sun*
evde	hasta	güçlü	tutumlu
evde*yiz*	hasta*yız*	güçlü*yüz*	tutumlu*yuz*
evde*siniz*	hasta*sınız*	güçlü*sünüz*	tutumlu*sunuz*
evde(*ler*)	hasta(*lar*)	güçlü(*ler*)	tutumlu(*lar*)

(güçlü: stark; tutumlu: sparsam)

Frageform: Konsonantischer oder vokalischer Auslaut, der letzte Vokal ist

e oder i	a oder ı	ö oder ü	o oder u
güzel miyim?	hasta mıyım?	Türk müyüm?	yorgun muyum?
(bin ich hübsch?)	(bin ich krank?)	(bin ich Türke/Türkin?)	(bin ich müde?)
güzel misin?	hasta mısın?	Türk müsün?	yorgun musun?
güzel mi?	hasta mı?	Türk mü?	yorgun mu?
güzel miyiz?	hasta mıyız?	Türk müyüz?	yorgun muyuz?
güzel misiniz?	hasta mısınız?	Türk müsünüz?	yorgun musunuz?
güzel(ler) mi?	hasta(lar) mı?	Türk(ler) mi?	yorgun(lar) mı?

Verneinung: mit ‚değil'

tembel değil*im*	(ich bin nicht faul)
tembel değil*sin*	(du bist nicht faul)
tembel değil	(er/sie/es ist nicht faul)
tembel değil*iz*	(wir sind nicht faul)
tembel değil*siniz*	(ihr seid/Sie sind nicht faul)
tembel değil*(ler)*	(sie sind nicht faul)

Verneinende Frage

yorgun değil *miyim*	(bin ich nicht müde)?
yorgun değil *misin*	(bist du nicht müde)?
yorgun değil *mi*	(ist er/sie/es nicht müde)?
yorgun değil *miyiz*	(sind wir nicht müde)?
yorgun değil *misiniz*	(seid ihr/sind Sie nicht müde)?
yorgun değil*(ler) mi*	(sind sie nicht müde)?

– Personalendung für die 3. Person (s. auch Lektion 13)

Vokalischer oder konsonantischer Auslaut, der letzte Vokal ist

e oder i	*a oder ı*	*ö oder ü*	*o oder u*
güzel*dir*	hasta*dır*	üzgün*dür*	yorgun*dur*

Stimmlose Konsonanten im Auslaut, der letzte Vokal ist

e oder i	*a oder ı*	*ö oder ü*	*o oder u*
bebek*tir*	aç*tır*	küçük*tür*	soğuk*tur*

Frageform: Vokalischer oder konsonantischer Auslaut, der letzte Vokal ist:

e oder i	a oder ı	ö oder ü	o oder u
güzel midir?	hasta mıdır?	üzgün müdür?	yorgun mudur?

Verneinung:		*Verneinende Frage*:	
tembel değil*dir*		tembel değil *midir*?	

– Vergangenheit

	Konsonantischer Auslaut am Bezugswort, der letzte Vokal ist		
e oder i	*a oder ı*	*ö oder ü*	*o oder u*
güzel*dim*	çalışkan*dım*	üzgün*düm*	yorgun*dum*
(ich war hübsch)	(ich war fleißig)	(ich war traurig)	(ich war müde)
güzel*din*	çalışkan*dın*	üzgün*dün*	yorgun*dun*
güzel*di*	çalışkan*dı*	üzgün*dü*	yorgun*du*
güzel*dik*	çalışkan*dık*	üzgün*dük*	yorgun*duk*
güzel*diniz*	çalışkan*dınız*	üzgün*dünüz*	yorgun*dunuz*
güzel*diler*	çalışkan*dılar*	üzgün*düler*	yorgun*dular*
(güzel*lerdi*)	(çalışkan*lardı*)	(üzgün*lerdi*)	(yorgun*lardı*)

nach stimmlosen	Konsonanten (ç, f, h, k, p, s, ş, t)		
bebek*tim*	aç*tım*	küçük*tüm*	tok*tum*
bebek*tin*	aç*tın*	küçük*tün*	tok*tun*
bebek*ti*	aç*tı*	küçük*tü*	tok*tu*
bebek*tik*	aç*tık*	küçük*tük*	tok*tuk*
bebek*tiniz*	aç*tınız*	küçük*tünüz*	tok*tunuz*
bebek*tiler*	aç*tılar*	küçük*tüler*	tok*tular*
(bebek*lerdi*)	(aç*lardı*)	(küçük*lerdi*)	(tok*lardı*)

Vokalischer Auslaut am Bezugswort			
evde*ydim*	hasta*ydım*	güçlü*ydüm*	tutumlu*ydum*
evde*ydin*	hasta*ydın*	güçlü*ydün*	tutumlu*ydun*
evde*ydi*	hasta*ydı*	güçlü*ydü*	tutumlu*ydu*
evde*ydik*	hasta*ydık*	güçlü*ydük*	tutumlu*yduk*
evde*ydiniz*	hasta*ydınız*	güçlü*ydünüz*	tutumlu*ydununz*
evde*ydiler*	hasta*ydılar*	güçlü*ydüler*	tutumlu*ydular*
(evde*lerdi*)	(hasta*lardı*)	(güçlü*lerdi*)	(tutumlu*lardı*)

Frageform

(konsonantischer oder vokalischer Auslaut)

evde *miydim*?	aç *mıydım*?	küçük *müydüm*?	tok *muydum*?
(war ich zu Hause?)	(war ich hungrig?)	(war ich klein?)	(war ich satt?)
evde *miydin*	aç *mıydın*?	küçük *müydün*?	tok *muydun*?
evde *miydi*	aç *mıydı*?	küçük *müydü*?	tok *muydu*?
evde *miydik*?	aç *mıydık*?	küçük *müydük*?	tok *muyduk*?
evde *miydiniz*?	aç *mıydınız*?	küçük *müydünüz*?	tok *muydunuz*?
evde *miydiler*?	aç *mıydılar*?	küçük *müydüler*?	tok *muydular*?
(evde*ler miydi*?)	(aç*lar mıydı*?)	(küçük*ler miydi*?)	(tok*lar mıydı*?)

Verneinung

hasta değil*dim*	(ich war nicht krank)
küçük değil*din*	(du warst nicht klein)
aç değil*di*	(er/sie/es war nicht hungrig)
hasta değil*dik*	(wir waren nicht krank)
küçük değil*diniz*	(ihr wart / Sie waren nicht klein)
aç değil*diler*	(sie waren nicht hungrig)
(aç değil*lerdi*)	

Verneinende Frage

hasta değil *miydim*?	(war ich nicht krank?)
küçük değil *miydin*?	(warst du nicht klein?)
aç değil *miydi*?	(war er/sie/es nicht müde?)
hasta değil *miydik*?	(waren wir nicht krank?)
küçük değil *miydiniz*?	(wart ihr / waren Sie nicht klein?)
aç değil miydiler?	(waren sie nicht hungrig?)
(aç değiller miydi?)	

b) ‚haben'

1. Besitzverhältnisse für alltägliche Gebrauchsgegenstände, etwa ‚bei sich haben', ‚dabei haben' (Vgl. auch Lektion 3)

bende para par	(ich habe Geld (dabei); wörtlich: bei mir gibt es Geld)
sende para var	(du hast Geld)
onda para var	(er/sie/es hat Geld)
bizde para var	(wir haben Geld)
sizde para var	(ihr habt / Sie haben Geld)
onlarda para var	(sie haben Geld)

– Frageform

bende para var mı?	(habe ich Geld?)
sende par var mı?	(hast du Geld?)
onda para var mı?	(hat er/sie/es Geld?)
bizde para var mı?	(haben wir Geld?)
sizde para var mı?	(habt ihr / haben Sie Geld?)
onlarda para var mı?	(haben sie Geld?)

– Verneinung

bende para yok	(ich habe kein Geld)
sende para yok	(du hast kein Geld)
onda para yok	(er/sie/es hat kein Geld)
bizde para yok	(wir haben kein Geld)
sizde para yok	(ihr habt / Sie haben kein Geld)
onlarda para yok	(sie haben kein Geld)

– Verneinende Frage

bende para yok mu?	(habe ich kein Geld?)
sende para yok mu?	(hast du kein Geld?)
onda para yok mu?	(hat er/sie/es kein Geld?)
bizde para yok mu?	(haben wir kein Geld?)
sizde para yok mu?	(habt ihr / haben Sie kein Geld?)
onlarda para yok mu?	(haben Sie kein Geld?)

2. Besitzverhältnisse allgemein (vgl. auch Lektion 9)

evim var	(ich habe ein Haus, wörtlich: mein Haus es gibt)
evin var	(du hast ein Haus)
evi var	(er/sie/es hat ein Haus)
evimiz var	(wir haben ein Haus)
eviniz var	(ihr habt / Sie haben ein Haus)
evleri var	(sie haben ein Haus/Häuser)

– Frageform

evim var mı?	(habe ich ein Haus?)
evin var mı?	(hast du ein Haus?)
evi var mı?	(hat er/sie/es ein Haus?)
evimiz var mı?	(haben wir ein Haus?)
eviniz var mı?	(habt ihr / haben Sie ein Haus?)
evleri var mı?	(haben sie ein Haus/Häuser?)

– Verneinung

evim yok	(ich habe kein Haus)
evin yok	(du hast kein Haus)
evi yok	(er/sie/es hat kein Haus)
evimiz yok	(wir haben kein Haus)
eviniz yok	(ihr habt / Sie haben kein Haus)
evleri yok	(sie haben kein Haus/keine Häuser)

– Verneinende Frage

evim yok mu?	(habe ich kein Haus?)
evin yok mu?	(hast du kein Haus?)
evi yok mu?	(hat er/sie/es kein Haus?)
evimiz yok mu?	(haben wir kein Haus?)
eviniz yok mu?	(habt ihr / haben Sie kein Haus?)
evleri yok mu?	(haben sie kein Haus/keine Häuser?)

– Vergangenheit

bende para vardı / param vardı (ich hatte Geld)
sende para vardı / paran vardı
onda para vardı / parası vardı
bizde para vardı / paramız vardı
sizde para vardı / paranız vardı
onlarda para vardı / paraları vardı

– Frageform

bende para var mıydı? / param var mıydı? (hatte ich Geld?)
sende para var mıydı? / paran var mıydı?
onda para var mıydı? / parası var mıydı?
bizde para var mıydı? / paramız var mıydı?
sizde para var mıydı? / paranız var mıydı?
onlarda para var mıydı? / paraları var mıydı?

– Verneinung

bende para yoktu / param yoktu (ich hatte kein Geld)
sende para yoktu / paran yoktu
onda para yoktu / parası yoktu
bizde para yoktu / paramız yoktu
sizde para yoktu / paranız yoktu
onlarda para yoktu / paralan yoktu

– Verneinende Frage

bende para yok muydu? / param yok muydu? (hatte ich kein Geld?)
sende para yok muydu? / paran yok muydu?
onda para yok muydu? / parası yok muydu?
bizde para yok muydu? / paramız yok muydu?
onlarda para yok muydu? / paraları yok muydu?

2. Entsprechung für ‚brauchen'

a)

bana para lazım	(ich brauche Geld, wörtlich: mir ist Geld nötig)
sana para lazım	(du brauchst Geld)
ona para lazım	(er/sie/es braucht Geld)
bize para lazım	(wir brauchen Geld)
size para lazım	(ihr braucht / Sie brauchen Geld)
onlara para lazım	(sie brauchen Geld)

– Frageform

bana para lazım mı?	(brauche ich Geld?)
sana para lazım mı?	(brauchst du Geld?)
ona para lazım mı?	(braucht er/sie/es Geld?)
bize para lazım mı?	(brauchen wir Geld?)
size para lazım mı?	(braucht ihr / brauchen Sie Geld?)
onlara para lazım mı?	(brauchen sie Geld?)

– Verneinung

bana para lazım değil	(ich brauche kein Geld)
sana para lazım değil	(du brauchst kein Geld)
ona para lazım değil	(er/sie/es braucht kein Geld)
bize para lazım değil	(wir brauchen kein Geld)
size para lazım değil	(ihr braucht / Sie brauchen kein Geld)
onlara para lazım değil	(sie brauchen kein Geld)

– Verneinende Frage

bana para lazım değil mi?	(brauche ich kein Geld?)
sana para lazım değil mi?	(brauchst du kein Geld?)
ona para lazım değil mi?	(braucht er/sie/es kein Geld?)
bize para lazım değil mi?	(brauchen wir kein Geld?)
size para lazım değil mi?	(braucht ihr/brauchen Sie kein Geld?)
onlara para lazım değil mi?	(brauchen sie kein Geld?)

b)

paraya ihtiyacım yok	(ich brauche kein Geld, wörtlich: ich habe keinen Bedarf an Geld)
paraya ihtiyacın yok	(du brauchst kein Geld)
paraya ihtiyacı yok	(er/sie/es braucht kein Geld)
paraya ihtiyacımız yok	(wir brauchen kein Geld)
paraya ihtiyacınız yok	(ihr braucht / Sie brauchen kein Geld)
paraya ihtiyaçları yok	(sie brauchen kein Geld)

– Frageform

paraya ihtiyacım var mı?	(brauche ich Geld?)
paraya ihtiyacın var mı?	(brauchst du Geld?)
paraya ihtiyacı var mı?	(braucht er/sie/es Geld?)
paraya ihtiyacımız var mı?	(brauchen wir Geld?)
paraya ihtiyacınız var mı?	(braucht ihr / brauchen Sie Geld?)
paraya ihtiyaçları var mı?	(brauchen sie Geld?)

– Verneinung

eve ihtiyacım yok	(ich brauche kein Haus)
eve ihtiyacın yok	(du brauchst kein Haus)
eve ihtiyacı yok	(er/sie/es braucht kein Haus)
eve ihtiyacımız yok	(wir brauchen kein Haus)
eve ihtiyacınız yok	(ihr braucht / Sie brauchen kein Haus)
eve ihtiyaçları yok	(sie brauchen kein Haus)

– Verneinende Frage

kitaba ihtiyacım yok mu?	(brauche ich kein Buch?)
kitaba ihtiyacın yok mu?	(brauchst du kein Buch?)
kitaba ihtiyacı yok mu?	(braucht er/sie/es kein Buch?)
kitaba ihtiyacımız yok mu?	(brauchen wir kein Buch?)
kitaba ihtiyacınız yok mu?	(braucht ihr / brauchen Sie kein Buch?)
kitaba ihtiyaçları yok mu?	(brauchen sie kein Buch?)

– Vergangenheit

bana çanta lazımdı / çantaya ihtiyacım vardı (ich brauchte eine Tasche)
sana çanta lazımdı / çantaya ihtiyacın vardı
ona çanta lazımdı / çantaya ihtiyacı vardı
bize çanta lazımdı / çantaya ihtiyacımız vardı
size çanta lazımdı / çantaya ihtiyacınız vardı
onlara çanta lazımdı / çantaya ihtiyaçları vardı

– Frageform

bana çanta lazım mıydı? / çantaya ihtiyacım var mıydı? (brauchte ich eine Tasche?)
sana çanta lazım mıydı? / çantaya ihtiyacın var mıydı?
ona çanta lazım mıydı? / çantaya ihtiyacı var mıydı?
bize çanta lazım mıydı? / çantaya ihtiyacımız var mıydı?
size çanta lazım mıydı? / çantaya ihtiyacınız var mıydı?
onlara çanta lazım mıydı? / çantaya ihtiyaçları var mıydı?

– Verneinung

bana çanta lazım değildi / çantaya ihtiyacım yoktu (ich brauchte keine Tasche)
sana çanta lazım değildi / çantaya ihtiyacın yoktu
ona çanta lazım değildi / çantaya ihtiyacı yoktu
bize çanta lazım değildi / çantaya ihtiyacımız yoktu
size çanta lazım değildi / çantaya ihtiyacınız yoktu
onlara çanta lazım değildi / çantaya ihtiyaçları yoktu

– Verneinende Frage

bana çanta lazım değil miydi? / çantaya ihtiyacım yok muydu? (brauchte ich keine Tasche?)
sana çanta lazım değil miydi? / çantaya ihtiyacın yok muydu?
ona çanta lazım değil miydi? / çantaya ihtiyacı yok muydu?
bize çanta lazım değil miydi? / çantaya ihtiyacımız yok muydu?
size çanta lazım değil miydi? / çantaya ihtiyacınız yok muydu?
onlara çanta lazım değil miydi? / çantaya ihtiyaçları yok muydu?

3. Verben

a) *das bestimmte Präsens auf -yor*

1. Konsonantischer Auslaut am Verbstamm, der letzte Vokal ist

e oder i	a oder ı	ö oder ü	o oder u
gelmek	almak	görmek	koşmak
gel*iyorum* (ich komme)	al*ıyorum* (ich nehme)	gör*üyorum* (ich sehe)	koş*uyorum* (ich laufe)
gel*iyorsun* (du kommst)	al*ıyorsun* (du nimmst)	gör*üyorsun* (du siehst)	koş*uyorsun* (du läufst)
gel*iyor* (er/sie/es kommt)	al*ıyor* (er/sie/es nimmt)	gör*üyor* (er/sie/es sieht)	koş*uyor* (er/sie/es läuft)
gel*iyoruz* (wir kommen)	al*ıyoruz* (wir nehmen)	gör*üyoruz* (wir sehen)	koş*uyoruz* (wir laufen)
gel*iyorsunuz* (ihr kommt/ Sie kommen)	al*ıyorsunuz* (ihr nehmt/ Sie nehmen)	gör*üyorsunuz* (ihr seht/ Sie sehen)	koş*uyorsunuz* (ihr lauft/ Sie laufen)
gel*iyorlar* (sie kommen)	al*ıyorlar* (sie nehmen)	gör*üyorlar* (sie sehen)	koş*uyorlar* (sie laufen)

– *Frageform*

gel*iyor muyum*? (komme ich?)	al*ıyor muyum*? (nehme ich?)	gör*üyor muyum*? (sehe ich?)	koş*uyor muyum*? (laufe ich?)
gel*iyor musun*?	al*ıyor musun*?	gör*üyor musun*?	koş*uyor musun*?
gel*iyor mu*?	al*ıyor mu*?	gör*üyor mu*?	koş*uyor mu*?
gel*iyor muyuz*?	al*ıyor muyuz*?	gör*üyor muyuz*?	koş*uyor muyuz*?
gel*iyor musunuz*?	al*ıyor musunuz*?	gör*üyor musunuz*?	koş*uyor musunuz*?
gel*iyorlar mı*?	al*ıyorlar mı*?	gör*üyorlar mı*?	koş*uyorlar mı*?

– Verneinung

gelmiyorum (ich komme nicht)	almıyorum (ich nehme nicht)	görmüyorum (ich sehe nicht)	koşmuyorum (ich laufe nicht)
gelmiyorsun	almıyorsun	görmüyorsun	koşmuyorsun
gelmiyor	almıyor	görmüyor	koşmuyor
gelmiyoruz	almıyoruz	görmüyoruz	koşmuyoruz
gelmiyorsunuz	almıyorsunuz	görmüyorsunuz	koşmuyorsunuz
gelmiyorlar	almıyorlar	görmüyorlar	koşmuyorlar

– Verneinende Frage

gelmiyor muyum? (komme ich nicht?)	almıyor muyum? (nehme ich nicht?)	görmüyor muyum? (sehe ich nicht?)	koşmuyor muyum? (laufe ich nicht?)
gelmiyor musun?	almıyor musun?	görmüyor musun?	koşmuyor musun?
gelmiyor mu?	almıyor mu?	görmüyor mu?	koşmuyor mu?
gelmiyor muyuz?	almıyor muyuz?	görmüyor muyuz?	koşmuyor muyuz?
gelmiyor musunuz?	almıyor musunuz?	görmüyor musunuz?	koşmuyor musunuz?
gelmiyorlar mı?	almıyorlar mı?	görmüyorlar mı?	koşmuyorlar mı?

2. Vokalischer Auslaut am Verbstamm

a)

Aussage	Verneinung	Frage	Verneinende Frage
okuyorum (ich lese)	okuyor muyum? (lese ich?)	okumuyorum (ich lese nicht)	okumuyor muyum? (lese ich nicht?)
okuyorsun	okuyor musun?	okumuyorsun	okumuyor musun?
okuyor	okuyor mu?	okumuyor	okumuyor mu?
okuyoruz	okuyor muyuz?	okumuyoruz	okumuyor muyuz?
okuyorsunuz	okuyor musunuz?	okumuyorsunuz	okumuyor musunuz?
okuyorlar	okuyorlar mı?	okumuyorlar	okumuyorlar mı?

b) Lautliche Besonderheiten

– Vokalischer Auslaut auf ‚-e', nur bei den Verben ‚demek' und ‚yemek'

diyorum	diyor muyum?	demiyorum	demiyor muyum?
diyorsun	diyor musun?	demiyorsun	demiyor musun?
diyor	diyor mu?	demiyor	demiyor mu?
diyoruz	diyor muyuz?	demiyoruz	demiyor muyuz?
diyorsunuz	diyor musunuz?	demiyorsunuz	demiyor musunuz?
diyorlar	diyorlar mı?	demiyorlar	demiyorlar mı?

– Vokalischer Auslaut auf ‚e-' oder ‚-a', der vorletzte Vokal ist e oder i: istemek

istiyorum	istiyor muyum?	istemiyorum	istemiyor muyum?
istiyorsun	istiyor musun?	istemiyorsun	istemiyor musun?
istiyor	istiyor mu?	istemiyor	istemiyor mu?
istiyoruz	istiyor muyuz?	istemiyoruz	istemiyor muyuz?
istiyorsunuz	istiyor musunuz?	istemiyorsunuz	istemiyor musunuz?
istiyorlar	istiyorlar mı?	istemiyorlar	istemiyorlar mı?

der vorletzte Vokal ist a oder ı: başlamak

başlıyorum	başlıyor muyum?	başlamıyorum	başlamıyor muyum?
başlıyorsun	başlıyor musun?	başlamıyorsun	başlamıyor musun?
başlıyor	başlıyor mu?	başlamıyor	başlamıyor mu?
başlıyoruz	başlıyor muyuz?	başlamıyoruz	başlamıyor muyuz?
başlıyorsunuz	başlıyor musunuz?	başlamıyorsunuz	başlamıyor musunuz?
başlıyorlar	başlıyorlar mı?	başlamıyorlar	başlamıyorlar mı?

der vorletzte Vokal ist ö oder ü: söylemek

söylüyorum	söylüyor muyum?	söylemiyorum	söylemiyor muyum?
söylüyorsun	söylüyor musun?	söylemiyorsun	söylemiyor musun?
söylüyor	söylüyor mu?	söylemiyor	söylemiyor mu?
söylüyoruz	söylüyor muyuz?	söylemiyoruz	söylemiyor muyuz?
söylüyorsunuz	söylüyor musunuz?	söylemiyorsunuz	söylemiyor musunuz?
söylüyorlar	söylüyorlar mı?	söylemiyorlar	söylemiyorlar mı?

der vorletzte Vokal ist o oder u: oynamak

oynuyorum	oynuyor muyum?	oynamıyorum	oynamıyor muyum?
oynuyorsun	oynuyor musun?	oynamıyorsun	oynamıyor musun?
oynuyor	oynuyor mu?	oynamıyor	oynamıyor mu?
oynuyoruz	oynuyor muyuz?	oynamıyoruz	oynamıyor muyuz?
oynuyorsunuz	oynuyor musunuz?	oynamıyorsunuz	oynamıyor musunuz?
oynuyorlar	oynuyorlar mı?	oynamıyorlar	oynamıyorlar mı?

b) *der Aorist (das unbestimmte Präsens auf -r)*

1. Vokalischer Auslaut am Verbstamm, der letzte Vokal ist

e oder i	*a oder ı*	*ö oder ü*	*o oder u*
Aussage			
iste*rim* (ich möchte)	başla*rım* (ich beginne)	yürü*rüm* (ich gehe)	oku*rum* (ich lese)
iste*rsin*	başla*rsın*	yürü*rsün*	oku*rsun*
iste*r*	başla*r*	yürü*r*	oku*r*
iste*riz*	başla*rız*	yürü*rüz*	oku*ruz*
iste*rsiniz*	başla*rsınız*	yürü*rsünüz*	oku*rsunuz*
iste*rler*	başla*rlar*	yürü*rler*	oku*rlar*
Frage			
ister *miyim*? (möchte ich?)	başlar *mıyım*? (beginne ich?)	yürür *müyüm*? (gehe ich?)	okur *muyum*? (lese ich?)
ister *misin*?	başlar *mısın*?	yürür *müsün*?	okur *musun*?
ister *mi*?	başlar *mı*?	yürür *mü*?	okur *mu*?
ister *miyiz*?	başlar *mıyız*?	yürür *müyüz*?	okur *muyuz*?
ister *misiniz*?	başlar *mısınız*?	yürür *müsünüz*?	okur *musunuz*?
ister*ler mi*?	başlar*lar mı*?	yürür*ler mi*?	okur*lar mı*?
Verneinung			
iste*mem* (ich möchte nicht)	başla*mam* (ich beginne nicht)	yürü*mem* (ich gehe nicht)	oku*mam* (ich lese nicht)
iste*mezsin*	başla*mazsın*	yürü*mezsin*	oku*mazsın*
iste*mez*	başla*maz*	yürü*mez*	oku*maz*
iste*meyiz*	başla*mayız*	yürü*meyiz*	oku*mayız*
iste*mezsiniz*	başla*mazsınız*	yürü*mezsiniz*	oku*mazsınız*
iste*mezler*	başla*mazlar*	yürü*mezler*	oku*mazlar*
Verneinende Frage			
iste*mez miyim*? (möchte ich nicht?)	başla*maz mıyım*? (beginne ich nicht?)	yürü*mez miyim*? (gehe ich nicht?)	oku*maz mıyım*? (lese ich nicht?)
iste*mez misin*?	başla*maz mısın*?	yürü*mez misin*?	oku*maz mısın*?
iste*mez mi*?	başla*maz mı*?	yürü*mez mi*?	oku*maz mı*?
iste*mez miyiz*?	başla*maz mıyız*?	yürü*mez miyiz*?	oku*maz mıyız*?
iste*mez misiniz*?	başla*maz mısınız*?	yürü*mez misiniz*?	oku*maz mısınız*?
iste*mezler mi*?	başla*mazlar mı*?	yürü*mezler mi*?	oku*mazlar mı*?

2. Konsonantischer Auslaut am Verbstamm, der letzte Vokal ist
e, i, ö, ü (Bindevokal ‚e')
a, ı, o, u (Bindevokal ‚a')
der Bindevokal richtet sich nach der kleinen Vokalharmonie

Aussage

severim	koşarım
seversin	koşarsın
sever	koşar
severiz	koşarız
seversiniz	koşarsınız
severler	koşarlar

Frage

sever miyim ?	koşar mıyım ?
sever misin ?	koşar mısın ?
sever mi ?	koşar mı ?
sever miyiz ?	koşar mıyız ?
sever misiniz ?	koşar mısınız ?
severler mi ?	koşarlar mı ?

Verneinung

sevmem	koşmam
sevmezsin	koşmazsın
sevmez	koşmaz
sevmeyiz	koşmayız
sevmezsiniz	koşmazsınız
sevmezler	koşmazlar

Verneinende Frage

sevmem mi ?	koşmam mı ?
sevmez misin ?	koşmaz mısın ?
sevmez mi ?	koşmaz mı ?
sevmez miyiz ?	koşmaz mıyız ?
sevmez misiniz ?	koşmaz mısınız ?
sevmezler mi ?	koşmazlar mı ?

3. Konsonantischer Auslaut am Verbstamm, der Bindevokal richtet sich nach der großen Vokalharmonie

a) bei den Verben

almak(alır), bilmek (bilir), bulmak (bulur), durmak (durur), gelmek (gelir), görmek (görür), kalmak (kalır), olmak (olur), ölmek (ölür), sanmak (sanır), varmak (varır), vermek (verir), vurmak (schlagen) (vurur):
nach

e oder i	a oder ı	ö oder ü	o oder u
Aussage			
gelirim	alırım	görürüm	dururum
gelirsin	alırsın	görürsün	durursun
gelir	alır	görür	durur
geliriz	alırız	görürüz	durruz
gelirsiniz	alırsınız	görürsünüz	durursunuz
gelirler	alırlar	görürler	dururlar
Frage			
gelir miyim?	alır mıyım?	görür müyüm?	durur muyum?
gelir misin?	alır mısın?	görür müsün?	durur musun?
gelir mi?	alır mı?	görür mü?	durur mu?
gelir miyiz?	alır mıyız?	görür müyüz?	durur muyuz?
gelir misiniz?	alır mısınız?	görür müsünüz?	durur musunuz?
gelirler mi?	alırlar mı?	görürler mi?	dururlar mı?
Verneinung			
gelmem	almam	görmem	durmam
gelmezsin	almazsın	görmezsin	durmazsın
gelmez	almaz	görmez	durmaz
gelmeyiz	almayız	görmeyiz	durmayız
gelmezsiniz	almazsınız	görmezsiniz	durmazsınız
gelmezler	almazlar	görmezler	durmazlar
Verneinende Frage			
gelmez miyim?	almaz mıyım?	görmez miyim?	durmaz mıyım?
gelmez misin?	almaz mısın?	görmez misin?	durmaz mısın?
gelmez mi?	almaz mı?	görmez mi?	durmaz mı?
gelmez miyiz?	almaz mıyız?	görmez miyiz?	durmaz mıyız?
gelmez misiniz?	almaz mısınız?	görmez misiniz?	durmaz mısınız?
gelmezler mi?	almazlar mı?	görmezler mi?	durmazlar mı?

b) bei mehrsilbigen Verbstämmen, z.B.:

getirmek:	çalışmak:	düşünmek:	konuşmak:
getir*irim*	çalış*ırım*	düşün*ürüm*	konuş*urum* usw.

(die gleiche Konjugationstabelle wie oben)

c) Die Bestimmte *Vergangenheit auf -‚di'*

1. Konsonantischer oder vokalischer Auslaut am Verbstamm, der letzte Vokal ist

e oder i	a oder ı	ö oder ü	o oder u
Aussage			
gel*dim*	al*dım*	gör*düm*	oku*dum*
(ich bin gekommen)	(ich habe genommen)	(ich habe gesehen)	(ich habe gelesen)
gel*din*	al*dın*	gör*dün*	oku*dun*
gel*di*	al*dı*	gör*dü*	oku*du*
gel*dik*	al*dık*	gör*dük*	oku*duk*
gel*diniz*	al*dınız*	gör*dünüz*	oku*dunuz*
gel*diler*	al*dılar*	gör*düler*	oku*dular*
Frage			
gel*dim* mi?	al*dım* mı?	gör*düm* mü?	oku*dum* mu?
(bin ich gekommen?)	(habe ich genommen?)	(habe ich gesehen?)	(habe ich gelesen?)
gel*din* mi?	al*dın* mı?	gör*dün* mü?	oku*dun* mu?
gel*di* mi?	al*dı* mı?	gör*dü* mü?	oku*du* mu?
gel*dik* mi?	al*dık* mı?	gör*dük* mü?	oku*duk* mu?
gel*diniz* mi?	al*dınız* mı?	gör*dünüz* mü?	oku*dunuz* mu?
gel*diler* mi?	al*dılar* mı?	gör*düler* mi?	oku*dular* mı?
Verneinung			
gel*medim*	al*madım*	gör*medim*	oku*madım*
(ich bin nicht gekommen)	(ich habe nicht genommen)	(ich habe nicht gesehen)	(ich habe nicht gelesen)
gel*medin*	al*madın*	gör*medin*	oku*madın*
gel*medi*	al*madı*	gör*medi*	oku*madı*
gel*medik*	al*madık*	gör*medik*	oku*madık*
gel*mediniz*	al*madınız*	gör*mediniz*	oku*madınız*
gel*mediler*	al*madılar*	gör*mediler*	oku*madılar*

e oder i	a oder ı	ö oder ü	o oder u
Verneinende Frage			
gelmedim mi? (bin ich nicht gekommen?)	almadım mı? (habe ich nicht genommen?)	görmedim mi? (habe ich nicht gesehen?)	okumadım mı? (habe ich nicht gelesen?)
gelmedin mi?	almadın mı?	görmedin mi?	okumadın mı?
gelmedi mi?	almadı mı?	görmedi mi?	okumadı mı?
gelmedik mi?	almadık mı?	görmedik mi?	okumadık mı?
gelmediniz mi?	almadınız mı?	görmediniz mi?	okumadınız mı?
gelmediler mi?	almadılar mı?	görmediler mi?	okumadılar mı?

2. Konsonantischer Auslaut auf stimmlose Konsonanten (ç, f, h, k, p, s, ş, t), der letzte Vokal ist

e oder i	a oder ı	ö oder ü	o oder u
Aussage			
gittim	açtım	öptüm	koştum
gittin	açtın	öptün	koştun
gitti	açtı	öptü	koştu
gittik	açtık	öptük	koştuk
gittiniz	açtınız	öptünüz	koştunuz
gittiler	açtılar	öptüler	koştular
Frage			
gittim mi?	açtım mı?	öptüm mü?	koştum mu?
gittin mi?	açtın mı?	öptün mü?	koştun mu?
gitti mi?	açtı mı?	öptü mü?	koştu mu?
gittik mi?	açtık mı?	öptük mü?	koştuk mu?
gittiniz mi?	açtınız mı?	öptünüz mü?	koştunuz mu?
gittiler mi?	açtılar mı?	öptüler mi?	koştular mı?
Verneinung			
gitmedim	açmadım	öpmedim	koşmadım
gitmedin	açmadın	öpmedin	koşmadın
gitmedi	açmadı	öpmedi	koşmadı
gitmedik	açmadık	öpmedik	koşmadık
gitmediniz	açmadınız	öpmediniz	koşmadınız
gitmediler	açmadılar	öpmediler	koşmadılar

e oder i	a oder ı	ö öder ü	o oder u

Verneinende Frage

git*medim mi*?	aç*madım mı*?	öp*medim mi*?	koş*madım mı*?
git*medin mi*?	aç*madın mı*?	öp*medin mi*?	koş*madın mı*?
git*medi mi*?	aç*madı mı*?	öp*medi mi*?	koş*madı mı*?
git*medik mi*?	aç*madık mı*?	öp*medik mi*?	koş*madık mı*?
git*mediniz mi*?	aç*madınız mı*?	öp*mediniz mi*?	koş*madınız mı*?
git*mediler mi*?	aç*madılar mı*?	öp*mediler mi*?	koş*madılar mı*?

(öpmek: küssen)

d) *das Futur*

1. Konsonantischer Auslaut am Verbstamm, der letzte Vokal ist

e, i, ö, ü	a, ı, o, u

Aussage

gel*eceğim* (ich werde kommen)	al*acağım* (ich werde nehmen)
gel*eceksin*	al*acaksın*
gel*ecek*	al*acak*
gel*eceğiz*	al*acağız*
gel*eceksiniz*	al*acaksınız*
gel*ecekler*	al*acaklar*

Frage

gel*ecek miyim*? (werde ich kommen?)	al*acak mıyım*? (werde ich nehmen?)
gel*ecek misin*?	al*acak mısın*?
gel*ecek mi*?	al*acak mı*?
gel*ecek miyiz*?	al*acak mıyız*?
gel*ecek misiniz*?	al*acak mısınız*?
gel*ecekler mi*?	al*acaklar mı*?

e, i, ö, ü	a, ı, o, u
Verneinung	
gel*meyeceğim*	al*mayacağım*
(ich werde nicht kommen)	(ich werde nicht nehmen)
gel*meyeceksin*	al*mayacaksın*
gel*meyecek*	al*mayacak*
gel*meyeceğiz*	al*mayacağız*
gel*meyeceksiniz*	al*mayacaksınız*
gel*meyecekler*	al*mayacaklar*
Verneinende Frage	
gel*meyecek miyim* ?	al*mayacak mıyım* ?
(werde ich nicht kommen?)	(werde ich nicht nehmen?)
gel*meyecek misin* ?	al*mayacak mısın* ?
gel*meyecek mi* ?	al*mayacak mı* ?
gel*meyecek miyiz* ?	al*mayacak mıyız* ?
gel*meyecek misiniz* ?	al*mayacak mısınız* ?
gel*meyecekler mi* ?	al*mayacaklar mı* ?

2. Vokalischer Auslaut am Verbstamm, der letzte Vokal ist

e, i, ö, ü,	a, ı, o, u
Aussage	
bekle*yeceğim*	oku*yacağım*
bekle*yeceksin*	oku*yacaksın*
bekle*yecek*	oku*yacak*
bekle*yeceğiz*	oku*yacağız*
bekle*yeceksiniz*	oku*yacaksınız*
bekle*yecekler*	oku*yacaklar*
Frage	
bekle*yecek miyim* ?	oku*yacak mıyım* ?
bekle*yecek misin* ?	oku*yacak mısın* ?
bekle*yecek mi* ?	oku*yacak mı* ?
bekle*yecek miyiz* ?	oku*yacak mıyız* ?
bekle*yecek misiniz* ?	oku*yacak mısınız* ?
bekle*yecekler mi* ?	oku*yacaklar mı* ?

e, i, ö, ü,	a, ı, o, u

Verneinung

bekle*meyeceğim*	oku*mayacağım*
bekle*meyeceksin*	oku*mayacaksın*
bekle*meyecek*	oku*mayacak*
bekle*meyeceğiz*	oku*mayacağız*
bekle*meyeceksiniz*	oku*mayacaksınız*
bekle*meyecekler*	oku*mayacaklar*

Verneinende Frage

bekle*meyecek miyim*?	oku*mayacak mıyım*?
bekle*meyecek misin*?	oku*mayacak mısın*?
bekle*meyecek mi*?	oku*mayacak mı*?
bekle*meyecek miyiz*?	oku*mayacak mıyız*?
bekle*meyecek misiniz*?	oku*mayacak mısınız*?
bekle*meyecekler mi*?	oku*mayacaklar mı*?

4. *Optativ: Wunsch-Befehl-Form*

1. Konsonantischer Auslaut am Verbstamm, der letzte Vokal ist

e oder i	a oder ı	ö oder ü	o oder u

Aussage

e oder i	a oder ı	ö oder ü	o oder u
gel*eyim* (ich soll kommen; ich komme mal)	aç*ayım* (ich soll öffnen; ich öffne mal)	gör*eyim* (ich soll sehen; ich sehe mal)	koş*ayım* (ich soll laufen; ich laufe mal)
(gel*esin*) gel*sin* (er/sie/es soll kommen)	(aç*asın*) aç*sın* (er/sie/es soll öffnen)	(gör*esin*) gör*sün* (er/sie/es soll sehen)	(koş*asın*) koş*sun* (er/sie/es soll laufen)
gel*elim* (wir sollen kommen; laßt uns kommen)	aç*alım* (wir sollen öffnen; laßt uns öffnen)	gör*elim* (wir sollen sehen; laßt sehen)	koş*alım* (wir sollen laufen; laßt uns laufen)
(gel*esiniz*) gel*sinler* (sie sollen kommen)	(aç*asınız*) aç*sınlar* (sie sollen öffnen)	(gör*esiniz*) gör*sünler* (sie sollen sehen)	(koş*asınız*) koş*sunlar* (sie sollen laufen)

e oder i	a oder ı	ö oder ü	o oder u
Frage			
geleyim mi?	açayım mı?	göreyim mi?	koşayım mı?
(soll ich kommen?)	(soll ich öffnen?)	(soll ich sehen?)	(soll ich laufen?)
(gelesin mi?)	(açasın mı?)	(göresin mi?)	(koşasın mı?)
gelsin mi?	açsın mı?	görsün mü?	koşsun mu?
gelelim mi?	açalım mı?	görelim mi?	koşalımı mı?
(gelesiniz mi?)	(açasınız mı?)	(göresiniz mi?)	(koşasınız mı?)
gelsinler mi?	açsınlar mı?	görsünler mi?	koşsunlar mı?
Verneinung			
gelmeyeyim (ich soll nicht kommen; ich komme nicht)	açmayayım (ich soll nicht öffnen; ich öffne nicht)	görmeyeyim (ich soll nicht sehen: ich sehe nicht)	koşmayayım (ich soll nicht laufen; ich laufe nicht)
(gelmeyesin)	(açmayasın)	(görmeyesin)	(koşmayasın)
gelmesin (er/sie/es soll nicht kommen)	açmasın (er/sie/es soll nicht öffnen)	görmesin (er/sie/es soll nicht sehen)	koşmasın (er/sie/es soll nicht laufen)
gelmeyelim	açmayalım	görmeyelim	koşmayalım
(gelmeyesiniz)	(açmayasınız)	(görmeyesiniz)	(koşmayasınız)
gelmesinler	açmasınlar	görmesinler	koşmasınlar
Verneinende Frage			
gelmeyeyim mi? (soll ich nicht kommen?)	açmayayım mı? (soll ich nicht öffnen?)	görmeyeyim mi? (soll ich nicht sehen?)	koşmayayım mı? (soll ich nicht laufen?)
(gelmeyesin mi?)	(açmayasın mı?)	(görmeyesin mi?)	(koşmayasın mı?)
gelmesin mi?	açmasın mı?	görmesin mi?	koşmasın mı?
gelmeyelim mi?	açmayalım mı?	görmeyelim mi?	koşmayalım mı?
(gelmeyesiniz mi?)	(açmayasınız mı?)	(görmeyesiniz mı?)	(koşmayasınız mı?)
gelmesinler mi?	açmasınlar mı?	görmesinler mi?	koşmasınlar mı?

2. Vokalischer Auslaut am Verbstamm, der letzte Vokal ist

e oder i	a oder ı	ö oder ü	o oder u

Aussage

e oder i	a oder ı	ö oder ü	o oder u
bekle*yeyim*	başla*yayım*	yürü*yeyim*	oku*yayım*
(bekle*yesin*)	(başla*yasın*)	(yürü*yesin*)	(oku*yasın*)
bekle*sin*	başla*sın*	yürü*sün*	oku*sun*
bekle*yelim*	başla*yalım*	yürü*yelim*	oku*yalım*
(bekle*yesiniz*)	(başla*yasınız*)	(yürü*yesiniz*)	(oku*yasınız*)
bekle*sinler*	başla*sınlar*	yürü*sünler*	oku*sunlar*

Frage

e oder i	a oder ı	ö oder ü	o oder u
bekle*yeyim mi*?	başla*yayım mı*?	yürü*yeyim mi*?	oku*yayım mı*?
(bekle*yesin mi*?)	(başla*yasın mı*?)	(yürü*yesin mi*?)	(oku*yasın mı*?)
bekle*sin mi*?	başla*sın mı*?	yürü*sün mü*?	oku*sun mu*?
bekle*yelim mi*?	başla*yalım mı*?	yürü*yelim mi*?	oku*yalım mı*?
(bekle*yesiniz mi*?)	(başla*yasınız mı*?)	(yürü*yesiniz mi*?)	(oku*yasınız mı*?)
bekle*sinler mi*?	başla*sınlar mı*?	yürü*sünler mi*?	oku*sunlar mı*?

Verneinung und verneinende Frage wie beim konsonantischen Auslaut am Verbstamm.

5. *Entsprechung für Modalverben* (vgl. Lektion 14)

a) *Möglichkeitsform*

1. Konsonantischer Auslaut am Verbstamm, der letzte Vokal ist

e, i, ö, ü	a, ı, o, u

Aussage

e, i, ö, ü	a, ı, o, u
gel*ebilirim*	yaz*abilirim*
(ich kann / darf kommen)	(ich kann / darf schreiben)
gel*ebilirsin*	yaz*abilirsin*
gel*ebilir*	yaz*abilir*
gel*ebiliriz*	yaz*abiliriz*
gel*ebilirsiniz*	yaz*abilirsiniz*
gel*ebilirler*	yaz*abilirler*

e, i, ö, ü	*a, ı, o, u*

Frage

gel*ebilir miyim*?	yaz*abilir miyim*?
(kann / darf ich kommen?)	(kann / darf ich schreiben?)
gel*ebilir misin*?	yaz*abilir misin*?
gel*ebilir mi*?	yaz*abilir mi*?
gel*ebilir miyiz*?	yaz*abilir miyiz*?
gel*ebilir misiniz*?	yaz*abilir misiniz*?
gel*ebilirler mi*?	yaz*abilirler mi*?

Verneinung

gel*emem*	yaz*amam*
(ich kann / darf nicht kommen)	(ich kann / darf nicht schreiben)
gel*emezsin*	yaz*amazsın*
gel*emez*	yaz*amaz*
gel*emeyiz*	yaz*amayız*
gel*emezsiniz*	yaz*amazsınız*
gel*emezler*	yaz*amazlar*

Verneinende Frage

gel*emez miyim*?	yaz*amaz mıyım*?
(kann / darf ich nicht kommen?)	(kann /darf ich nicht schreiben?)
gel*emez misin*?	yaz*amaz mısın*?
gel*emez mi*?	yaz*amaz mı*?
gel*emez miyiz*?	yaz*amaz mıyız*?
gel*emez misiniz*?	yaz*amaz mısınız*?
gel*emezler mi*?	yaz*amazlar mı*?

2. Vokalischer Auslaut, der letzte Konsonant ist

e, i, ö, ü	*a, ı, o, u*

Aussage

bekle*yebilirim*	oku*yabilirim*
bekle*yebilirsin*	oku*yabilirsin*
bekle*yebilir*	oku*yabilir*
bekle*yebiliriz*	oku*yabiliriz*
bekle*yebilirsiniz*	oku*yabilirsiniz*
bekle*yebilirler*	oku*yabilirler*

e, i, ö, ü	a, ı, o, u

Frage

bekle*yebilir miyim*?	oku*yabilir miyim*?
bekle*yebilir misin*?	oku*yabilir misin*?
bekle*yebilir mi*?	oku*yabilir mi*?
bekle*yebilir miyiz*?	oku*yabilir miyiz*?
bekle*yebilir misiniz*?	oku*yabilir misiniz*?
bekle*yebilirler mi*?	oku*yabilirler mi*?

Verneinung

bekle*yemem*	oku*yamam*
bekle*yemezsin*	oku*yamazsın*
bekle*yemez*	oku*yamaz*
bekle*yemeyiz*	oku*yamayız*
bekle*yemezsiniz*	oku*yamazsınız*
bekle*yemezler*	oku*yamazlar*

Verneinende Frage

bekle*yemez miyim*?	oku*yamaz mıyım*?
bekle*yemez misin*?	oku*yamaz mısın*?
bekle*yemez mi*?	oku*yamaz mı*?
bekle*yemez miyiz*?	oku*yamaz mıyız*?
bekle*yemez misiniz*?	oku*yamaz mısınız*?
bekle*yemezler mi*?	oku*yamazlar mı*?

b) *Notwendigkeitsform* (vgl. Lektion 15)

1. Konjugation mit ‚gerek‘, der letzte Vokal ist

e, i, ö, ü	a, ı, o, u

Aussage

gel*mem gerek*	oku*mam gerek*
(ich muß kommen)	(ich muß lesen)
gel*men gerek*	oku*man gerek*
gel*mesi gerek*	oku*ması gerek*
gel*memiz gerek*	oku*mamız gerek*
gel*meniz gerek*	oku*manız gerek*
gel*meleri gerek*	oku*maları gerek*

Frage

gel*mem* (oku*mam*) *gerek mi* ?
(muß ich kommen (lesen))?
gel*men* (oku*man*) *gerek mi* ?
gel*mesi* (oku*ması*) *gerek mi* ?
gel*memiz* (oku*mamız*) *gerek mi* ?
gel*meniz* (oku*manız*) *gerek mi* ?
gel*meleri* (oku*maları*) *gerek mi* ?

auch:

gel*meme* (oku*mama*) *gerek var mı* ?
(muß ich kommen (lesen))?
gel*mene* (oku*mana*) *gerek var mı* ?
gel*mesine* (oku*masına*) *gerek var mı* ?
gel*memize* (oku*mamıza*) *gerek var mı* ?
gel*menize* (oku*manıza*) *gerek var mı* ?
gel*melerine* (oku*malarına*) *gerek var mı* ?

Verneinung

gel*mem* (oku*mam*) *gerek değil*
(ich muß nicht kommen (lesen))
gel*men* (oku*man*) *gerek değil*
gel*mesi* (oku*ması*) *gerek değil*
gel*memiz* (oku*mamız*) *gerek değil*
gel*meniz* (oku*manız*) *gerek değil*
gel*meleri* (oku*maları*) *gerek değil*

gel*meme* (oku*mama*) *gerek yok*
(ich muß nicht kommen (lesen))
gel*mene* (oku*mana*) *gerek yok*
gel*mesine* (oku*masına*) *gerek yok*
gel*memize* (oku*mamıza*) *gerek yok*
gel*menize* (oku*manıza*) *gerek yok*
gel*melerine* (oku*malarına*) *gerek yok*

auch:

gel*meye* (oku*maya*) *ihtiyacım yok*
(ich brauche nicht zu kommen (lesen))
gel*meye* (oku*maya*) *ihtiyacın yok*
gel*meye* (oku*maya*) *ihtiyacı yok*
gel*meye* (oku*maya*) *ihtiyacımız yok*
gel*meye* (oku*maya*) *ihtiyacınız yok*
gel*meye* (oku*maya*) *ihtiyaçları yok*

Verneinende Frage

gel*mem* (oku*mam*) *gerek değil mi* ?
(muß ich nicht kommen (lesen))?
gel*men* (oku*man*) *gerek değil mi* ?
gel*mesi* (oku*ması*) *gerek değil mi* ?
gel*memiz* (oku*mamız*) *gerek değil mi* ?
gel*meniz* (oku*manız*) *gerek değil mi* ?
gel*meleri* (oku*maları*) *gerek değil mi* ?

auch:

gel*meye* (oku*maya*) *ihtiyacım yok mu* ?
(brauche ich nicht zu kommen (lesen))?
gel*meye* (oku*maya*) *ihtiyacın yok mu* ?
gel*meye* (oku*maya*) *ihtiyacı yok mu* ?
gel*meye* (oku*maya*) *ihtiyacımız yok mu* ?
gel*meye* (oku*maya*) *ihtiyacınız yok mu* ?
gel*meye* (oku*maya*) *ihtiyaçları yok mu* ?

auch:

gel*meme* (oku*mama*) *gerek yok mu* ?
(muß ich nicht kommen (lesen))?
gel*mene* (oku*mana*) *gerek yok mu* ?
gel*mesine* (oku*masına*) *gerek yok mu* ?
gel*memize* (oku*mamıza*) *gerek yok mu* ?
gel*menize* (oku*manıza*) *gerek yok mu* ?
gel*melerine* (oku*malarına*) *gerek yok mu* ?

2. Konjugation mit ‚mecbur olmak',
der letzte Vokal ist e, i, ö, ü, (a, ı, o, u)

Aussage

gel*meye* (oku*maya*) *mecburum*
(ich muß kommen (lesen))
gel*meye* (oku*maya*) *mecbursun*
gel*meye* (oku*maya*) *mecbur*
gel*meye* (oku*maya*) *mecburuz*
gel*meye* (oku*maya*) *mecbursunuz*
gel*meye* (oku*maya*) *mecburlar*

Frage

gel*meye* (oku*maya*) *mecbur muyum* ?
(muß ich kommen (lesen))?
gel*meye* (oku*maya*) *mecbur musun* ?
gel*meye* (oku*maya*) *mecbur mu* ?
gel*meye* (oku*maya*) *mecbur muyuz* ?
gel*meye* (oku*maya*) *mecbur musunuz* ?
gel*meye* (oku*maya*) *mecburlar mı* ?

Verneinung

gel*meye* (oku*maya*) *mecbur değilim*
(ich muß nicht kommen (lesen))
gel*meye* (oku*maya*) *mecbur değilsin*
gel*meye* (oku*maya*) *mecbur değil*
gel*meye* (oku*maya*) *mecbur değiliz*
gel*meye* (oku*maya*) *mecbur değilsiniz*
gel*meye* (oku*maya*) *mecbur değiller*

Verneinende Frage

gel*meye* (oku*maya*) *mecbur değil miyim* ?
(muß ich nicht kommen (lesen))?
gel*meye* (oku*maya*) *mecbur değil misin* ?
gel*meye* (oku*maya*) *mecbur değil mi* ?
gel*meye* (oku*maya*) *mecbur değil miyiz* ?
gel*meye* (oku*maya*) *mecbur değil misiniz* ?
gel*meye* (oku*maya*) *mecbur değiller mi* ?

3. Konjugation mit ‚zorunda olmak'
der letzte Vokal ist e, i, ö, ü (a, ı, o, u)

Aussage

gel*mek* (oku*mak*) *zorundayım*
(ich muß kommen (lesen))

gel*mek* (oku*mak*) *zorundasın*

gel*mek* (oku*mak*) *zorunda*

gel*mek* (oku*mak*) *zorundayız*

gel*mek* (oku*mak*) *zorundasınız*

gel*mek* (oku*mak*) *zorundalar*

Frage

gel*mek* (oku*mak*) *zorunda mıyım* ?
(muß ich kommen (lesen))?

gel*mek* (oku*mak*) *zorunda mısın* ?

gel*mek* (oku*mak*) *zorunda mı* ?

gel*mek* (oku*mak*) *zorunda mıyız* ?

gel*mek* (oku*mak*) *zorunda mısınız* ?

gel*mek* (oku*mak*) *zorundalar mı* ?

Verneinung

gel*mek* (oku*mak*) *zorunda değilim*
(ich muß nicht kommen (lesen))

gel*mek* (oku*mak*) *zorunda değilsin*

gel*mek* (oku*mak*) *zorunda değil*

gel*mek* (oku*mak*) *zorunda değiliz*

gel*mek* (oku*mak*) *zorunda değilsiniz*

gel*mek* (oku*mak*) *zorunda değiller*

Verneinende Frage

gel*mek* (oku*mak*) *zorunda değil miyim* ?
(muß ich nicht kommen (lesen))?

gel*mek* (oku*mak*) *zorunda değil misin* ?

gel*mek* (oku*mak*) *zorunda değil mi* ?

gel*mek* (oku*mak*) *zorunda değil miyiz* ?

gel*mek* (oku*mak*) *zorunda değil misiniz* ?

gel*mek* (oku*mak*) *zorunda değiller mi* ?

4. Konjugation mit ‚-meli'

Konsonantischer oder vokalischer Auslaut am Verbstamm, der letzte Vokal ist

e, i, ö, ü	*a, ı, o, u*

Aussage

git*meliyim* (ich muß / soll gehen)	yaz*malıyım* (ich muß / soll schreiben)
git*melisin*	yaz*malısın*
git*meli*	yaz*malı*
git*meliyiz*	yaz*malıyız*
git*melisiniz*	yaz*malısınız*
git*meliler*	yaz*malılar*

Frage

git*meli miyim* ? (muß / soll ich gehen?)	yaz*malı mıyım* ? (muß / soll ich schreiben?)
git*meli misin* ?	yaz*malı mısın*?
git*meli mi* ?	yaz*malı mı* ?
git*meli miyiz* ?	yaz*malı mıyız* ?
git*meli misiniz* ?	yaz*malı mısınız* ?
git*meliler mi* ?	yaz*malılar mı* ?

Verneinung

git*memeliyim* (ich darf / soll nicht gehen)	yaz*mamalıyım* (ich darf / soll nicht schreiben)
git*memelisin*	yaz*mamalısın*
git*memeli*	yaz*mamalı*
git*memeliyiz*	yaz*mamalıyız*
git*memelisiniz*	yaz*mamalısınız*
git*memeliler*	yaz*mamalılar*

Verneinende Frage

git*memeli miyim* ? (darf / soll ich nicht gehen?)	yaz*mamalı mıyım* ? (darf / soll ich nicht schreiben?)
git*memeli misin* ?	yaz*mamalı mısın* ?
git*memeli mi* ?	yaz*mamalı mı* ?
git*memeli miyiz* ?	yaz*mamalı mıyız* ?
git*memeli misiniz* ?	yaz*mamalı mısınız* ?
git*memeliler mi* ?	yaz*mamalılar mı* ?

5. Imperativ

a) Konsonantischer Auslaut am Verbstamm, der letzte Vokal ist

e, i	a, ı	ö, ü	o, u
gel (komm)	al (nimm)	gül (lache)	koş (lauf)
gel*sin* (er/sie/es soll kommen)	al*sın* (er/sie/es soll nehmen)	gül*sün* (er/sie/es soll lachen)	koş*sun* (er/sie/es soll laufen)
gel*in* (kommt, kommen Sie)	al*ın* (nehmt, nehmen Sie)	gül*ün* (lacht, lachen Sie)	koş*un* (lauft, laufen Sie)
gel*iniz* (kommen Sie)	al*ınız* (nehmen Sie)	gül*ünüz* (lachen Sie)	koş*unuz* (laufen Sie)
gel*sinler* (sie sollen kommen)	al*sınlar* (sie sollen) nehmen	gül*sünler* (sie sollen lachen)	koş*sunlar* (sie sollen laufen)

Vokalischer Auslaut am Verbstamm, der letzte Vokal ist

e, i	a, ı	ö, ü	o, u
bekle	başla	yürü	oku
bekle*sin*	basla*sın*	yürü*sün*	oku*sun*
bekle*yin*	başla*yın*	yürü*yün*	oku*yun*
bekle*yiniz*	başla*yınız*	yürü*yünüz*	oku*yunuz*
bekle*sinler*	başla*sınlar*	yürü*sünler*	oku*sunlar*

Grammatiktabellen

Verneinung

Konsonantischer oder vokalischer Auslaut am Verbstamm, der letzte Vokal ist

e, i, ö, ü	*a, ı, o, u*
gel*me* (komm nicht)	oku*ma* (lies nicht)
gel*mesin* (er/sie/es soll nicht kommen)	oku*masın* (er/sie/es soll nicht lesen)
gel*meyin* (kommt nicht, kommen Sie nicht)	oku*mayın* (lest nicht, lesen Sie nicht)
gel*meyiniz* (kommen Sie nicht)	oku*mayınız* (lesen Sie nicht)
gel*mesinler* (sie sollen nicht kommen)	oku*masınlar* (sie sollen nicht lesen)

b) Konsonantischer oder vokalischer Auslaut am Verbstamm, der letzte Vokal ist

e, i, ö, ü	*a, ı, o, u*
gel*sene* (komm doch)	oku*sana* (lies doch)
gel*senize* (kommt doch, kommen Sie doch)	oku*sanıza* (lest doch, lesen Sie doch)

Verneinung

gel*mesene* (komm doch nicht)	oku*masana* (lies doch nicht)
gel*mesenize* (kommen Sie doch nicht)	oku*masanıza* (lest doch nicht, lesen Sie doch nicht)

Sachregister

Sachregister

Das Sachregister enthält Stichworte zur Grammatik sowie türkische Endungen. Endungen, die der kleinen Vokalharmonie unterliegen, sind mit -e-, Endungen, die der großen Vokalharmonie unterliegen, mit -i- aufgeführt. Das Sachregister ist alphabetisch geordnet.

Die Zahlen neben den Stichwörtern verweisen auf die Lektionen.

Verweise mit E beziehen sich auf die Einführungslektion.

Bei gleichlautenden Endungen oder Partikeln verschiedener Funktion ist jeweils in Klammern entweder die deutsche Entsprechung oder ein Anwendungsbeispiel angegeben.

Neben Stichworten zur Grammatik finden Sie im Sachregister auch Stichworte zu einigen Wortschatzbereichen und/oder Sprechsituationen wie ‚Körperteile', ‚Selbstvorstellung', ‚Wetter' usw., die auch im Inhaltsverzeichnis aufgeführt sind.

A

Ablativ 5; 12
– beim Komparativ 7
– als Wortbildungsendung 5
Ableitungsform s. Ablativ
Adverbien mit – 5; 12
   Postpositionen mit – 5; 15
   Verben mit – 15
Abschiedsformeln 1
Adjektiv 5
   Steigerung des – 7
   Substantivierung des – in Genitiv-
   verbindungen 11
Adverb 5
Adverbien des Ortes s. Ortsadverbien
– der Zeit s. Zeitadverbien
– im Superlativ 7
– mit Ablativ 5
– mit ‚ile' 6
Agglutination E
ait 9
Akkusativ,
   bestimmter 7; 9
   unbestimmter 4
   Verben mit – 15
aksi halde 14
Akzent s. Betonung
Alphabet E
Alter 3
ama 4

ancak 14
Anrede
– mit „du" und „Sie" 2
   Anredetitel 2
Aorist 13
– als Wortbildungsendung 13
– als höfliche Befehlsform 13
   Apostroph E
   artık 10
   Artikel,
betimmter – E
unbestimmter – E
aşağı 12
aşırı 7
Aussprache E
aynı(sı) 14

B

bana 6
baş 11
başka 5; 14
bazı(sı) 14
Befehlsform s. Imperativ
Bejahung 1; 2
ben 2
bence 7
benden 5
beni 7
... benim (ich bin ...) 2

benim (mein/e) 9
benimki(si) 9
beri 5; 8
Berufsbezeichnungen E; 14
Bestimmtheit E; 3; 6; 7
Betonung E
bile 10; 12
Bindevokal 4; 13
Bindewörter E; 4; 6; 15
bir E; 1
bir şey 10; 14
birçok 14
biri(si) 14
birkaç 14
biz 2
bizde 3
bizden 5
bize 6
bizi 7
bizim 9
bizler 2
boyunca 15
böyle (böylece, böylesi) 13
brauchen 6; 10; 11; 12
   nicht – zu ... 15
Briefanrede und -schluß 10
bu 1; 8; 9
bu sırada 15
bu yüzden 15
buçuk 5; 8
bulunmak 10
buna 9
buna rağmen (buna karşın) 15
bundan 9
bundan dolayı (bundan ötürü) 15
bunlar 1; 9
bunu 7; 9
bunun 11
bunun için 9
bunun yerine 15
bura 11
burada 3; 11
buradaki 10
burası 11
buraya 6
burayı 7
bütün 10

C

-ce (Sprachenbezeichnung) 4
-ce (bence) 7
-ce (günlerce) 8
-ce (yüzlerce) 13
-ceğiz 10
-ci 14
-ciğim 10
-cik 10
çeyrek 8
çift 11
çünkü 6

D

daha: (Komparativ) 7
   (noch) 10
   (plus) 13
dahi:
   (auch) 2
   (sogar) 10
Dativ 6; 11; 12; 15
   Postpositionen mit – 8; 15
   Verben mit – 15
Datum 8; 9; 10; 11
de (auch; und) 2; 3; 7
-de (Lokativ) 3; 8
-de bir kere 8
değil 1; 2; 4; 10; 15
değil mi? 2
-deki 10
Deklination: s. Ablativ; Akkusativ; Dativ; Genitiv; Lokativ; Nominativ
– der Demonstrativpronomen 9
– der Ortsadverbien 11
– der Possessiv- und Genitivverbindungen 9
– der Wortzusammensetzungen 11
   Besonderheiten der – 9
-sendungen s. -i; -e; -de; -den; -in
-sübersicht 9
Demonstrativpronomen 1
-den 5; 7
devamınca 15
devrik cümle E
dışarı 12
-di 10
diğer 14
Diphthonge E
-dir (seit) 8
-dir (Endungsverb) 13

Distributivzahlen 13
doğru 8
dolayı 15
dolayısıyla 15
Doppelkonsonanten E
dürfen 14; 15

E

-e (Dativ) 6
-e (seneye) 8
-ebil 14
-ecek 12
Eigennamen E; 11
Einzahl s. Singular
eksik 14
-eme 14
en 7
Endungen s. Deklinations-; Personal-; Possessiv-; Tempussuffix; Wortbildungs-
    Reihenfolge der – 3; 9
    helle – an dunklen Vokalen 9
Endungsabwurf 9
Endungsverb s. Kopula
-er (Distributivendung) 13
-er (Aorist) 13
esnasında 15
etmek 4

F

fakat s. ama
Fälle s. Deklination
Fallfolge s. Rektion
Farben 9
fazla
    (Steigerung) 7
Fragepartikel 1; 2; 3; 4; 7; 10; 12; 13; 14; 15
Fragepronomen s. Fragewörter
Fragesatz 1
Fragewörtchen s. Fragepartikel
Fragewörter 1; 2; 3; 5; 6; 7; 8; 9
Fügung s. Genitivverbindung
Füllkonsonant s. -n-; -y-
Fürwörter s. Pronomen
Futur 12
– der Hilfsverben 12
– der Modalverben 14; 15
    Futurendung als Wortbildungsendung 12

G

geçe 8
geçiyor 8
gefallen 5; 7; 11; 15
Gegenwart s. Präsens
gehören 9
Genitiv,
    bestimmter 9; 11
    unbestimmter 11
Genitivverbindung 9; 11; 14
Genus s. Geschlecht, grammatisches
gerek(li) 15
gerek ... gerek 12
gerekmek s. gerek(li)
geri 8; 12
Geschlecht, grammatisches E
gibi 7; 9
Großschreibung E
Grundform 4; 15; s. a. Nominativ
Grundzahlen 3
Gruß und Abschied 1
Grüße bestellen 10

H

haben:
    Entsprechung für – 3; 9; 15
hakkında 11
hala 10
hangi 7; 11
Hauptsatz E; 4; 6
henüz 10
hem 12
hem ... hem (de) 12
hepsi 10; 14
her hangi 14
her iki 14
her şey 14
her yer 14
herkes 14
hiç 10; 14
hiç bir şey 10; 14
hiç biri 14
Hilfsverben s. etmek; haben; olmak; sein; werden
    Futur der – 12
    Vergangenheit der – 10
    – und -meli 15
Hilfszeichen E
Himmelsrichtungen 11

I

-i (Akkusativendung) 7
-i (Possessivendung) 9
içeri 12
için 6; 9; s. a. -mek için
idi 10
ihtiyacı olmak 11; 12; 15
ile 6; 9
-im (ich bin) 2
-im (mein/e) 9
-imiz 9
Imperativ 6; 7; 13
Imperfekt s. Präteritum
-in (dein/e) 9
-in (ımperativ) 6
-in (Genitivendung) 9
-inci 10
Infinitiv 4; 13
    verkürzter – 14; 15
Infinitivendung 4; 14
Infinitivsatz mit um zu: Entsprechung für den – 13; 15
Infinitivsatz mit zu: Entsprechung für den – 15
-iniz (euer/Ihr) 9
-iniz (Imperativ) 6
Interpunktion E
-ir (Aorist) 13
itibaren 5
-iyor s. -yor
-iz (wir sind) 2
-iz s. -z

J

Jahreszahlen 8; 11
Jahreszeiten 8

K

kaç 3
kaç para 5
kaç tane 3; 5
kaça 5
kaçıncı 10
kadar 7; 8; 9
kala 8
Kalender 8
Kardinalzahlen s. Grundzahlen
karşı 12
karşın 15

-ki (şimdiki) 8
-ki (benimki) 9
kilosu 5
kim 1
kimde 3
kimden 5
kime 6
kimi (Akkusativ) 7
kimi(si) 14
kimin 9
kimler 3
kimse 14
Komparativ 7; 11
Konjugation s. Aorist; Futur; haben; Möglichkeitsform; Notwendigkeitsform; Optativ; Präsens; sein; Vergangenheit
Konjunktionen s. Bindewörter
können 14
Konsonanten, stimmhafte und stimmlose E
Konsonantenverdoppelung 9
Konsonantenwandel E; 9
Kopula 1
Körperteile 11

L

Ländernamen 4; 11
Lautlehre E
lazım:
    (brauchen) 6; 10; 12
    (müssen) s. gerek
-le s. ile
Lehnwörter E
-ler s. Plural
-leri (Possessivendung) 9
-leri (geceleri) 8
-leri (Plural der Wortzusammensetzungen) 11
-leyin 8
-li (nereli) 2; 4
-li (mit) 7
-lik 14
-lik etmek 14
Lokativ 3; 8

M

-m 9
man:
    Entsprechung für
    – bei ‚dürfen' 14
    – bei ‚müssen' 15

Maßangaben: Gewichte 5
-me (Verneinungspartikel) 4; 6; 7; 10; 12; 13; 15
-me s. substantiviertes Verb
mecbur (olmak) 15
Mehrzahl s. Plural
-mek s. Infinitivendung
-mek için 13; 15
-mek serbest mi? 14
-meli 15
-mesini bilmek 14
-meyebilir 14
-meyi bilmek 14
-mez 13
mi s. Fragepartikel
-midir 13
-miyor 4
Modalverben s. dürfen; können; müssen; sollen; wollen
– im Infinitivsatz 15
Möglichkeitsform 14
Monatsnamen 8
müssen 15

N

-n- (Füllkonsonant) 9; 11; 14
nasıl 5
nasıl bir 7
Nationalitätenbezeichnungen E; 4; 11
ne 1; 11
ne demek 2
ne gibi 7
ne kadar 5; 8
ne... ne (de) 12
Nebensätze E
nece 4
neci 14
neden (woraus) 5
neden (warum) 6
nedeniyle 15
Negation s. Verneinung
neler 3
Neologismen E
nere 11
nerede 3; 11
nereden 5; 11
nereli 2
nerenin 11
nereye 6; 11
nereyi 7; 11
neresi 11

neyi 7
neyle 6
niçin 6
nihayet 14
niye 6
Nominativ 6; 7; 8; 9; 15; s.a. Grundform
Notwendigkeitsform 15

O

o (Demonstrativpronomen) 1
o (Personalpronomen) 2
Objekt E
olarak 4
olmak 10; 11; 12
olur 13
ona 6
onda 3
ondan 5
onlar 1; 9
onlar (Personalpronomen) 2
onlara 6
onlarda 3
onlardan 5
onları 7
onların 9
onu 7
onun 9
Optativ 7
ora 11
orada 3; 9; 11
oradaki 10
oradan 5; 11
oranın 11
orası 11
oraya 6; 11
orayı 7; 11
Ordinalzahlen s. Ordnungszahlen
Ordnungszahlen 10; 11
Ortsadverbien 3; 5; 6; 7; 12
Ortsform s. Lokativ
öbür 14
önce 5
öteki 14
ötürü 15
öyle 13

P

Perfekt 10
Personalendungen 2; s.a. Optativ; Vergangenheit
Personalpronomen 2
– im Akkusativ 7
– im Dativ 6
– im Lokativ 3
– im Ablativ 5
Plural E; 1; 3
– der Wortzusammensetzungen 11
Possessivendungen 9; 10; 11; 12; 14;15
Possessivpronomen 9
Postpositionen E
– mit Ablativ 5; 15
– mit Nominativ (und Possessiv) 6; 7; 11; 15
– mit Dativ 8; 15
Präfixe E
Präpositionen s. Postpositionen
Präsens,
   das bestimmte 4
   das unbestimmte s. Aorist
Präteritum 10
Pronomen s. Demonstrativpronomen; Personalpronomen; Possessivpronomen
– mit Possessivendungen 14

R

-r- s. Aorist
rağmen 15
Rechnen 13
Rektion der Verben 15
Richtungsfom s. Dativ

S

sakın 6
Satzbau E
Satzzeichen s. Interpunktion
sein:
   Entsprechung für das Hilfsverb – 2; 10; 12; 15
Selbstvorstellung 2
-sene (-senize) 7
Silbentrennung E
-si 9
-sin s. Optativ
-sin (du bist) 2
Singular E
sırasında 15
-sinler s. Optativ
-siz (ohne) 7
siz (ihr/Sie) 2
size 6
sizde 3
sizden 5
sizi 7
sizin 9
sizler 2
sollen 7; 15
sonra 5
Sprachenbezeichnung 4; 11
Sprachgeschichte, türkische E
Sprachgruppe, türkische E
Sprachraum, türkischer E
Sprachreform, türkische E
Sprachverein, türkischer E
Steigerung s. Adjektiv
Substantiv E
Superlativ 7; 11
Subjekt E
Subjektpronomen 1
Syntax s. Satzbau
-ş(er) (tane) 13
şöyle 13
şöyle böyle 13
şu 1
şuna 9
şunlar 1; 9
şunu 7; 9
şunun 9
şura 11
şurada 3; 11
şuradaki 10
şuradan 5; 11
şuranın 11
şurası 11
şuraya 6; 11
şurayı 7; 11

T

Tageszeiten 8
tane 3
tanesi 5
tek 14
Tempussuffix s. -di; -ecek; -er; -yor

U

Uhrzeit 8
Unbestimmtheit E; 3; 6; 7
Unmöglichkeitsform 14

V

var 3; 8; 9; 10; 12
Verb E; 4,1.1
   substantiviertes – 14; 15
Verbstamm 4; 6; 7; 10; 12; 14
Vergangenheit, die bestimmte 10
– der Hilfsverben 10
– der Modalverben 14; 15
Verhältniswörter s. Postpositionen
Verneinung s. değil; -me; yok
   doppelte – 10; 12
– -übersicht 4
Verwandtschaftsbezeichnungen 9
veya 7
Vokalausfall 9
Vokale E
Vokalharmonie, die kleine, die große E

W

Weg:
   den – erfragen und beschreiben 12
werden 12
Wetter 15
Wochentage 8
wollen 6
Wortbildungsendungen s. -ce; -ceğiz; -ci; -cik;
   -ecek; -ders; -ki; -leyin; -li; -lik; -er; -siz
Wortstellung s. Satzbau
Wortzusammensetzungen 11
Wunsch-(Befehl-)Form s. Optativ

Y

-y- (Füllkonsonant) 1; 3; 6; 7; 9; 10; 14; 15
ya ... ya (da) 12
yalnız (başına) 14
yalnız ... değil, aynı zamanda 13
yarım 5; 8
yerine 15
yok 3; 9; 10
yoksa 7; 14
-yor 4

yukarı 12
yüzünden 15

Z

-z- (ikiz) 13
Zahlen s. Grundzahlen; Ordnungszahlen;
   Distributivzahlen
Zeitadverbien 5; 8
Zeitangaben s. Datum; Jahreszahlen; Tages-
   zeiten; Uhrzeit
Zeitformendung s. Tempussuffix
Zirkumflex E
zorunda (olmak) 15
Zugehörigkeitsform s. Genitiv
Zukunft s. Futur
zusammengesetzte Wörter s. Wortzusammen-
   setzungen

Inhaltsverzeichnis der Begleit-CDs

CD 1A			CD 1B		
Track	Lektion	Dialog/Text	Track	Lektion	Übung
01	L1		01	L1	Ü1
02	L1	S a-f	02	L1	Ü2 a/b
03	L1	D1	03	L1	Ü3
04	L1	D2	04	L1	Ü4
05	L1	Karikatur	05	L1	Ü5
06	L2	S1	06	L2	Ü1
07	L2	S2	07	L2	Ü2
08	L2	T	08	L2	Ü3
09	L2	D1	09	L2	Ü4
10	L2	D2	10	L2	Ü5
11	L2	Karikatur	11	L2	Ü6
12	L3	T	12	L3	Ü1
13	L3	S1 a-c	13	L3	Ü3
14	L3	S2	14	L3	Ü4
15	L3	D1 a-c	15	L3	Ü5
16	L3	D2	16	L3	Ü6
17	L3	Karikatur	17	L3	Ü7
			18	L3	Ü8
18	L4	T1	19	L4	Ü1
19	L4	S1 a/b	20	L4	Ü2
20	L4	S2	21	L4	Ü3
21	L4	T2	22	L4	Ü4
22	L4	Da	23	L4	Ü6
23	L4	Db	24	L4	Ü7
24	L4	Karikatur	25	L4	Ü8
			26	L4	Ü9
			27	L4	Ü10
			28	L4	Ü11
			29	L4	Ü12
25	L5	S	30	L5	Ü1
26	L5	D1	31	L5	Ü4
27	L5	D2 a/b	32	L5	Ü5
28	L5	D3	33	L5	Ü6
29	L5	T	34	L5	Ü8
30	L5	Sprichwort	35	L5	Ü9
31	L5	Karikatur			
32	L5	Lied			
33	L6	S1 a/b	36	L6	Ü1
34	L6	T	37	L6	Ü3
35	L6	S2	38	L6	Ü4
36	L6	S3	39	L6	Ü5
37	L6	S4 a/b	40	L6	Ü6
38	L6	D1	41	L6	Ü8

CD 1A

Track	Lektion	Dialog/Text
39	L6	D2
40	L7	S
41	L7	T
42	L7	T/D
43	L7	D
44	L7	Karikatur
45	L8	Sa-d
46	L8	T1
47	L8	T2
48	L8	D1
49	L8	D2
50	L8	Karikatur
51	L9	Sa-f
52	L9	D1
53	L9	D2 a/b
54	L9	D3
55	L9	D4
56	L9	Gedicht 1/2
57	L9	Rätsel
58	L9	Karikaturen 1-4
59	L10	S1 a/b
60	L10	S2 a-c
61	L10	S3
62	L10	T1
63	L10	D

CD 1B und CD 2B

Track	Lektion	Übung
42	L6	Ü9
43	L6	Ü10
44	L6	Ü11a
45	L6	Ü11b
46	L6	Ü12
47	L6	Ü13
48	L7	Ü1
49	L7	Ü2
50	L7	Ü3
51	L7	Ü4
52	L7	Ü5
53	L7	Ü6
54	L7	Ü7
55	L7	Ü8
56	L7	Ü9
57	L7	Ü10a
58	L7	Ü10b
59	L7	Ü11
60	L8	Ü1
61	L8	Ü3
62	L8	Ü4
63	L8	Ü5
64	L8	Ü6
65	L8	Ü7
66	L8	Ü8
67	L8	Ü9
68	L8	Ü10

CD 2B

Track	Lektion	Übung
01	L9	Ü1
02	L9	Ü2
03	L9	Ü3a
04	L9	Ü3b
05	L9	Ü4
06	L9	Ü5
07	L9	Ü6a
08	L9	Ü6b
09	L9	Ü7
10	L9	Ü8
11	L9	Ü9b
12	L9	Ü10
13	L9	Ü11
14	L10	Ü1
15	L10	Ü2
16	L10	Ü3
17	L10	Ü4
18	L10	Ü8

CD-Verzeichnis

CD 1A und CD 2A			CD 2B		
Track	Lektion	Dialog/Text	Track	Lektion	Übung
64	L10	T2	19	L10	Ü9
65	L10	T3	20	L10	Ü10
66	L10	Gedicht 1/2	21	L10	Ü11
67	L10	Karikaturen 1-5	22	L10	Ü13
			23	L10	Ü14
CD 2A					
01	L11	S1	24	L11	Ü1a
02	L11	S2	25	L11	Ü1b
03	L11	S3	26	L11	Ü2
04	L11	T1	27	L11	Ü3
05	L11	D	28	L11	Ü4
06	L11	T/D1	29	L11	Ü6
07	L11	T/D2	30	L11	Ü9
08	L11	T2	31	L11	Ü10a
09	L11	Karikatur	32	L11	Ü10b
10	L11	Sprichwort	33	L11	Ü10c
11	L12	S1	34	L12	Ü1
12	L12	S2	35	L12	Ü2
13	L12	S3 a-c	36	L12	Ü4
14	L12	D1	37	L12	Ü5
15	L12	D2	38	L12	Ü6
16	L12	D3	39	L12	Ü7
17	L12	D4	40	L12	Ü8a
18	L12	Rätsel	41	L12	Ü8b
19	L12	Karikatur	42	L12	Ü8c
20	L12	Bildgeschichte	43	L12	Ü9
21	L12	Lied			
			44	L13	Ü1
22	L13	T1	45	L13	Ü2
23	L13	D1 a-d	46	L13	Ü3a
24	L13	D2	47	L13	Ü3b
25	L13	T2	48	L13	Ü4
26	L13	Rätsel	49	L13	Ü5
27	L13	Sprichwort	50	L13	Ü6
28	L13	Gedicht	51	L13	Ü8
29	L13	Karikaturen			
30	L13	Lied			
			52	L14	Ü1a
31	L14	S1	53	L14	Ü1b
32	L14	S2 a-d	54	L14	Ü2
33	L14	S3	55	L14	Ü3
34	L14	S4	56	L14	Ü4a
35	L14	T/D1	57	L14	Ü4b
36	L14	T/D2	58	L14	Ü4c
37	L14	Karikatur	59	L14	Ü5
			60	L14	Ü7

CD 2A			**CD 2B**		
Track	Lektion	Dialog/Text	Track	Lektion	Übung
38	L15	S1 a-d	61	L15	Ü1a
39	L15	S2 a/b	62	L15	Ü1b
40	L15	S3 a/b	63	L15	Ü1c
41	L15	S4 a-c	64	L15	Ü2
42	L15	T1	65	L15	Ü3
43	L15	T2	66	L15	Ü4
44	L15	T3	67	L15	Ü6
45	L15	T4	68	L15	Ü7
46	L15	T5	69	L15	Ü8
47	L15	Gedichte 1/2	70	L15	Ü9
48	L15	Karikaturen 1-6	71	L15	Ü10
49	L15	Sprichwort	72	L15	Ü11
			73	L15	Ü12
			74	L15	Ü13

Günaydın

Einführung in die moderne türkische Sprache.
Ein Lehrgang mit vielen Illustrationen, Fotos, Karikaturen,
Gedichten, Anekdoten und Liedern
von Alev Tekinay unter Mitwirkung von Osman Tekinay

Der Türkisch-Lehrgang *Günaydın* umfasst neben dem vorliegenden ersten Buch auch einen zweiten Band (Teil 2), der alle Erscheinungsformen der türkischen Grammatik und einen großen Teil des Wortschatzes enthält. Auch der zweite Band verfügt über ein Begleitheft mit der Übersetzung aller Texte und Dialoge, einem Schlüssel zu den Übungen und einer Gesamtwörterliste.
Günaydın eignet sich sowohl für Selbstunterricht als auch für das interaktive Lernen mit zahlreichen Partnerübungen.

Günaydın, Teil 1:

Lehrbuch. Teil 1
496 S., 252 Abb., kart.
(978-3-89500-275-5)

Schlüssel zu Teil 1
136 S., kart.
(978-3-89500-276-2)

4 CDs. Texte und Übungen
(978-3-89500-278-6)

Paket zu Teil 1:
Lehrbuch, Schlüssel + CDs
(978-3-89500-009-9)

Günaydın, Teil 2:

Lehrbuch. Teil 2
452 S., 50 Abb., kart.
(978-3-89500-445-2)

Schlüssel zu Teil 2
96 S., kart.
(978-3-89500-446-9)

Günaydın, Teil 3:

Türkische Texte. Lese- und Arbeitsbuch
218 S., 92 Abb., geb.
(978-3-88226-852-2)

Sesatürk
Vokabeltrainer zum Türkisch-Lehrgang
Günaydın. Programm auf Diskette.
Von Klaus und Fritjof Binder
3,5"-Diskette, Handbuch mit 24 S., kart.
(978-3-88226-750-1)

Sprachvergleich Deutsch – Türkisch
Möglichkeiten und Grenzen
einer kontrastiven Analyse
Von Alev Tekinay
112 S., kart.
(978-3-88226-396-1)

Ich spreche Türkisch
Ein Sprachführer mit vielen Gesprächssituationen des Alltags, Kurzgrammatik und Aufbauwortschatz
Von Alev Tekinay
200 S., kart.
(978-3-88226-367-1)

Arabisch

Lehrgang für die arabische Schriftsprache der Gegenwart
In Verbindung mit Nabil Jubrail von Wolfdietrich Fischer und Otto Jastrow

---

Arabisch, Teil 1:

Lehrbuch. Teil 1.
5. Aufl., 480 S., geb.
(978-3-88226-865-2)

Beiheft zu Teil 1
2. Aufl., 114 S., kart.
(978-3-88226-866-9)

5 Kassetten. Übungsstücke mit
Sprachlaborübungen
(978-3-88226-918-5)

Paket zu Teil 1:
Lehrbuch, Beiheft + Kassetten
(978-3-89500-010-2)

Arabisch, Teil 2:

Lehrbuch. Teil 2.
Wörterverzeichnis, Paradigmentafeln,
syntaktische Strukturen und Einführung
in die literarische Sprache.
416 S., kart.
(978-3-88226-290-2)

5 Kassetten zu Teil 2
(978-3-88226-560-6)

**Weitere Materialien
für den Arabischunterricht:**

Modernes Hocharabisch. Grammatik
Von Eckehard Schulz
268 S., geb.
(978-3-89500-381-3)

Ahlan wa Sahlan
Eine Einführung in die Kairoer
Umgangssprache
Von Manfred Woidich
2., überarb. Aufl., 394 S., kart.
(978-3-89500-265-6)

Ahlan wa Sahlan. Schlüssel
68 S., kart.
(978-3-88226-517-0)

Lernwortschatz Arabisch
Von Ingelore Goldmann
3., überarb. Aufl., 320 S., kart.
(978-3-89500-384-4)

Arabischer Wortschatz · Lernspiele
Von Ingelore Goldmann
3., überarb. Aufl., 320 S., kart.
(978-3-89500-384-4)

Wortschatz Politik · Wirtschaft · Geographie
Deutsch-Arabisch / Arabisch-Deutsch
Von Hans-Hermann Elsäßer
und Ingelore Goldmann
544 S., geb.
(978-3-89500-102-4)

Materialien für den Arabischunterricht
unter Berücksichtigung des Häufigkeits-
wortschatzes
Von Martin Forstner
304 S., kart.
(978-3-88226-369-5)

Gesprächsbuch Deutsch-Arabisch
Von Monem Jumaili
2., überarb. Aufl., 320 S., kart.
(978-3-88226-827-0)

Konversationskurs Arabisch
Übungsbuch zur modernen Kommunikation
in der arabischen Schriftsprache
Von Zafer Youssef und Werner Arnold
328 S., kart.
(978-3-89500-195-6)

Arabische Korrespondenz
Von Monem Jumaili
208 S., kart.
(978-3-89500-528-2)

Arabische Stilistik
Von Kristina Stock
140 S., geb.
(978-3-89500-402-5)